EXCEL 在實驗金融學中的應用

（第二版）

主編 潘席龍

第二版前言

　　呈現在您面前的，是一本在教學過程中，從同學的需要出發、在老師指導下由同學們完成的課程結晶，因此，也可以說本書是源於學生、成於學生、服務於學生，切實以學生在金融專業學習和金融工作中的實際需求為基礎完成的。

　　眾所周知，Excel是一款常見的辦公軟件，當課程中要求同學們用Excel做大量金融計算時，最初都會有種感覺：這軟件很熟悉嘛，用了好多年了，小意思，沒問題！但真正稍一深入，才發現這款軟件的潛力遠遠超出了許多同學的想像：一是功能遠比最初接觸的強大；二是有太多的東西根本就不懂；三是原來這軟件還可以和其他多種語言和工具結合使用；四是Excel居然可以作為一種金融實驗的工具和平臺！

　　正如自然科學需要做實驗，金融學也需要進行實驗。其中，一部分實驗是需要相關主體真實參與進行的，這類實驗難度較大、成本高、可控性弱；另一部分實驗則是根據對相關主體行為的把握和預測，通過計算機模擬方式來開展。Excel作為常用且功能十分強大的電子表格軟件，是開展後一類實驗的重要工具，本書也正是基於這樣一種想法來完成的。為了避免為實驗而實驗，書中並未刻意強調這一特點，而是給出了基本的函數和實驗模型，讀者在閱讀時，可以通過參數變換、改變、替代和模型比較等方法，進行低成本而又形象的實驗，這裡所指的形象，主要是充分運用Excel強大的圖形和表格功能，對相關實驗結果以多種方式進行呈現。雖然本書不是專門討論實驗金融學的，但仍然希望讀者能本著懷疑精神，充分利用本書提供的函數、模型和模板，大膽假設可能存在的多種情況，嘗試去設想不同的應用情景和市場環境、人文條件、經濟狀況等，開展相關試驗研究，至少，希望讀者能利用本書中的相關資料，建立起一個基本理念：模型、參數、方法等，都不會是一成不變的，相反，都是可能會變的，甚至變得超乎自己的想像。大膽懷疑、小心求證，通過金融實驗，建立起自己科學的懷疑精神，則我們將十分欣慰並充滿感激。

根據讀者的反饋，這一版將繼續保留前一版的基本特色，即堅持以實用、上手、緊密結合金融實際工作需求為特點，以增進讀者的實際工作能力為目標，突出綜合使用 Excel 及相關軟件解決實際金融問題的具體做法和步驟，力求讀者在閱讀和練習後能加以掌握，並能在實踐中切實感受到能力的提升。

本次修訂，主要是就第一版在使用中發現的不足和存在的個別錯漏等進行了修改和完善，但限於筆者水平和精力，書中仍然可能存在問題，歡迎廣大讀者批評指正。

潘席龍

目錄

1 現金流的現值與終值	1
1.1 現值	1
1.2 項目內部收益率	7
1.3 遠期值	17
1.4 年金	20
1.5 常規收益率與貼現率	29
1.6 情景分析（If-Then）	33
2 貸款償付	36
2.1 本金、利息的單期償付	36
2.2 貸款的分期等額償付——PMT 函數	41
2.3 貸款的跨期累積償付	43
2.4 相關的 RATE 函數和 NPER 函數	48
2.5 實際利率和名義利率的換算——EFFECT 函數和 NOMINAL 函數	51
2.6 利用 Excel 製作貸款本息償付表	53
2.7 利用 Excel 解決提前還貸問題	62
2.8 相關函數公式總結	69

3 證券函數 … 71

3.1 基本參數及相關說明 … 71
3.2 息票相關函數 … 73
3.3 附息票債券的價格、收益率與利息計算 … 79
3.4 期末付息債券的價格與收益率 … 93
3.5 全再投資債券的價格與收益率 … 95
3.6 TBILLEQ 短期國債相當收益率函數 … 96

4 收益曲線模型 … 99

4.1 收益曲線 … 99
4.2 國債理論即期收益率 … 105
4.3 利率期限結構 … 108
4.4 企業債券收益率與信用風險溢酬 … 112

5 抵押債券及資產擔保債券的分析與定價 … 116

5.1 資產池分析 … 116
5.2 提前償付率/額的計算 … 118
5.3 順序償付型債券 … 127
5.4 計劃攤還型 … 130
5.5 利息累積型 … 131
5.6 抵押擔保債券的剝離 … 133

6 ECXEL 在財務報表分析中的應用 … 136

6.1 三大財務報表的創建和連結 … 136
6.2 主要財務比率分析 … 151
6.3 現金預算 … 158
6.4 財務預測 … 171

| 6.5 | 盈虧平衡點分析和企業經濟利潤分析 | 186 |

7　公司財務分析　189

7.1	資本資產定價模型（CAPM）的應用	189
7.2	加權平均資本成本計算	194
7.3	投資項目分析	201
7.4	租賃與股票定價	212
7.5	企業庫存管理	217
7.6	授信管理與應收款管理	222
7.7	信用條件決策模型	224
7.8	實物期權與公司財務管理	231

8　期貨定價　234

8.1	基差風險	234
8.2	持有成本	242
8.3	商品期貨	248
8.4	外匯期貨	250
8.5	指數期貨	252
8.6	轉換因子	254
8.7	最便宜交割債券	257

9　互換定價　262

9.1	利率互換（interest rate swap）	262
9.2	互換交易中的比較優勢	265
9.3	仲介費率	267
9.4	利率互換合約的定價	269
9.5	貨幣互換（currency swap）	273

10　期權定價方法及其應用　281

10.1　期權支付與盈虧　281
10.2　期權交易策略　283
10.3　Black-Scholes 模型　290
10.4　期權定價的二叉樹　295
10.5　三叉樹期權定價方法　311
10.6　Monte Carlo 模擬的方法　315
10.7　有限差分方法　319

11　嵌期權債券定價　324

11.1　提前償還權與過手債券定價　324
11.2　內嵌期權債券定價　332
11.3　可轉換債券定價　344
11.4　可轉換債券案例分析　349

12　在險價值（VaR）的計算　352

12.1　數據採集與統計　353
12.2　動態 VaR 模型　366
12.3　回溯測試　367
12.4　壓力測試　370

13　Credit Metrics 模型　371

13.1　單一金融工具的信用在險價值　371
13.2　投資組合的信用在險價值　375
13.3　KMV 模型　385

1 現金流的現值與終值

金融學區別於其他經濟學科的一個重要區別點,就是金融學中的貨幣資金是有時間價值的。貨幣的時間價值(TVM)是指當前所持有的一定量貨幣比未來獲得的等量貨幣具有更高的價值。貨幣之所以具有時間價值,至少有三方面的原因:①貨幣可用於投資,獲得利息,從而在將來擁有更多的貨幣量;②貨幣的購買力會因通貨膨脹的影響而隨時間改變;③一般來說,未來的預期收入具有不確定性。貨幣的時間價值通常有兩種表示形式:一種是絕對額形式,即利息(interest)和相對比率形式,即利率(interest rate)。

因為貨幣有時間價值,不同時間點的貨幣就不能直接相加減。只有把不同時間點的貨幣價值折算到同一時點,才能做進一步的運算。這就是對現金流進行現值和終值運算的過程。

1.1 現值

1.1.1 基本概念

單利:每次計算利息時都以本金作為計算基數。用公式表示為:
$$I = p \cdot r \cdot n \tag{1.1}$$
複利:每次計算利息時都以上期期末的本利和作為計算基數。用公式表示為:
$$I = p[(1+r)^n - 1] \tag{1.2}$$
其中:I 表示利息;p 表示本金;r 表示利率;n 表示計息期數。

終值(future value):本金按照給定利率在若幹計息期后按複利計算的本利和,本書用 FV 表示。其計算公式為:

Excel 在實驗金融學中的應用

$$FV = p \cdot (1+r)^n \tag{1.3}$$

其中：FV 表示終值；p、r、n 同前。

相應的終值函數為：FV(Rate, Nper, Pmt, PV, Type)。

其中：Rate 表示利率或貼現率；Nper 表示期數；Pmt 表示每期收支金額，在計算一筆固定資金終值時該參數取值為 0(該參數是用於計算多重現金流量的計息和貼現的)；PV 表示現值或本金；Type 表示收支時間類型(type 為數字 0 或 1，它指定存款時間是月初還是月末)，在計算一筆固定資金現值時該參數取值省略。

1.1.2 現值及現值函數

1.1.2.1 單一現金流量的淨值

現值(present value)是未來的資金按照一定利率折算而成的當前價值，本書用 pv 表示；其折算過程稱為折現(discount)，計算現值的利率稱為折現率(discount rate)。現值的計算公式為：

$$PV = FV \cdot (1+r)^{-n} \tag{1.4}$$

在 Excel 中可以用 PV 函數(Excel 的「插入」菜單項的財務函數中)解決，其語法如下：PV(Rate, Nper, Pmt, FV, Type) 其中的參數含義同前。

注意：用該函數求現值時，在同一計算過程當中終值和現值的符號是相反的，造成這種現象的原因是在 Excel 內部設置了一個現值和終值(對於多重現金流量還包括每期的收支金額之間的關係)。

【例題 1-1】(1) 本金 1,000 元，年複利為 10%，用 FV 函數計算 5 年後的終值；

(2) 5 年後的終值 1,000 元，年複利為 10%，用 PV 函數計算現值。

在 Excel 中，用 FV 和 PV 函數計算結果如表 1-1 所示，PV 函數的具體計算過程如表 1-1 所示。

表 1-1 　　　　用 FV 和 PV 函數計算終值和現值

	A	B	C	D	E
1		終值的計算			
2	本金	￥1,000.00			
3	利率	10%			
4	期數	10			
5	終值	￥-2,593.74	公式為「=FV(B3,B4,,B2)」		
6		現值的計算			
7	終值	￥-2,593.74			
8	利率	10%			
9	期數	10			
10	現值	￥1,000.00	公式為「=PV(B8,B9,,B7)」		

1 現金流的現值與終值

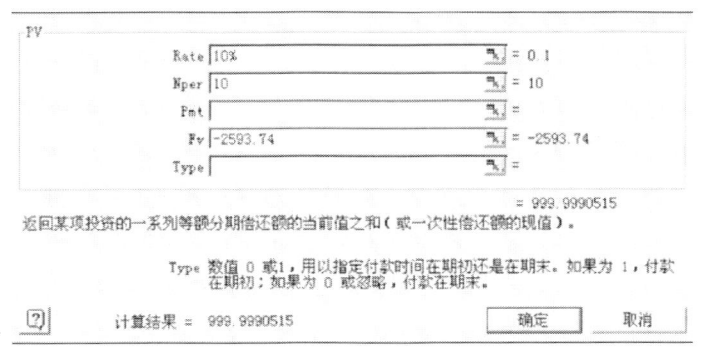

圖1-1 值用PV函數計算現值的過程

1.1.2.2 多重現金流量的現值

計算多重現金流量現值有三種思路和方法:第一種方法是從最后一期開始,在每期的期初計算累積金額在當期的現值,並從后向前逐期推算;第二種方法是將各期的現金流量按照其發生的期間貼現到起點,然后將各期現值累加,可以得到與第一種方法相同的結果;第三種方法是直接用Excel的PV函數得到。

【例題1-2】從當前開始5年內,每年年底要支出100元、200元、300元、400元、500元,年利率為10%,要求計算為滿足這些支出目前要準備的資金數額。

在Excel環境下,可用時間線的方法來分析計算過程,有三種處理方法:

方法一,從最后一期逐期向前推算現值並與當期現金流量疊加,最后推算出全部現金流量的現值。比如,第五年年底支出的500元,用10%的貼現率貼現到第四年年底,其現值為:454.55元(Excel中公式為:「=500/(1+10%)」),再將454.55與當期(第四年年底)現金流400相加,所得結果854.55,再用相應的貼現率(本題仍為10%)貼現到第三年年底,其現值為:776.86(Excel中公式為:「=854.55/(1+10%)」)。依此逐年向前一年底類推,最后得到全部現金流量的現值為1,065.28元。

方法二,分別將各期現金流量貼現到當前(第一年年初),比如,第五年年底支出的500元貼現到當前為310.46元(公式為:「=500/(1+10%)^5」),第四年底支出的400元貼現到當前為273.21元(公式為:「=400/(1+10%)^4」),其餘同理,然后累加得出現值為1,065.28元。

方法三,直接用Excel的PV函數得到目前要準備的資金數額。每年年底支出的現金流分別用Excel的PV函數按照如圖1-1所示的方法算出各年底支出的現金流的現值,然后全部相加,結果仍為1,065.28元。

另外,在計算中要注意現金流量是發生在各期的期末還是期初,兩種情況下的計算結果是不同的。本例中,如果各期現金流量發生在期初,則現值應為1,171.78元,因為貼現期限都分別減少一年。

1.2.3 淨現值(net present value, NPV)

當預期未來多重現金流量不均勻時,事實上,我們可用淨現值法更直接地解決,而避免【例題 1-2】中所示的三種方法的繁瑣過程。值得一提的是:當預期未來多重現金流量不均勻時,PV 函數不能直接運用(只能按照【例題 1-2】中方法三所示,逐一進行貼現後求和)。此時,可借助 NPV 函數加以解決,用 NPV 函數求解【例題 1-2】,計算過程如圖 1-2 所示,點擊「確定」即得結果,仍為 1,065 元。

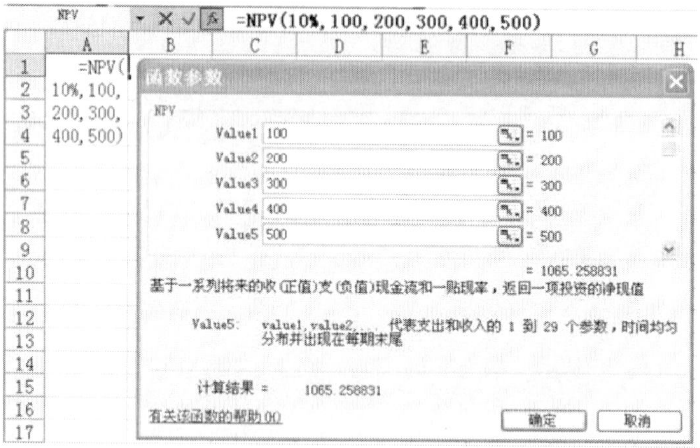

圖 1-2 用 NPV 函數求解多重不規則現金流的淨現值

事實上,淨現值法是資本預算中最常用的評價指標,也是最完善的投資評價方法。它等於項目在未來的整個經濟年限內,各年份預期產生的淨現金流量貼現後累計的和與其初始投資的差額。企業的價值在於其未來預期產生的現金流量,而淨現值恰好反應了某一投資項目扣除初始投資後淨現金流量的貼現結果。

在 Excel 中有一個專門計算淨現值的函數 NPV,其語法如下:

NPV(Rate, Value1, Value2, Value3……)

其中:Value1,Value2,Value3……表示各期現金流量,最多允許使用 29 個值,這些現金流量在時間上必須定期發生,且發生在期末。

NPV 函數使用給定的現金流量順序(Value1, Value2, Value3……)來解釋現金流量發生的時間,所以必須保證其數額按正確的順序輸入。如果某期的現金流量為負值,則必須按負值輸入。NPV 函數的計算公式為(n<30):

$$NPV = \sum_{i=1}^{n} \frac{values_i}{(1+rate)^i} \qquad (1.5)$$

【例題 1-3】某投資方案的初始投資金額為 200 萬元,經濟年限為 6 年,預期各年末的淨現金流量為:30 萬元、40 萬元、60 萬元、90 萬元、80 萬元、50 萬元,貼現率為 8%,要求計算該方案的淨現值。

1 現金流的現值與終值

用 Excel 按照表 1-2 所示的方法計算即可。

表 1-2　　　　　　　　　　淨現值的計算方法

	A	B	C	D	E	F	G	H
1	淨現值法(單位:萬元)							
2	貼現率	8%						
3	年份	0	1	2	3	4	5	6
4	現金流量	-200	30	40	60	90	80	50
5	貼現現金流量	(￥200.00)	￥27.78	￥34.29	￥47.63	￥66.15	￥54.45	￥31.51
6	淨現值(NPV)	￥61.81						
7		￥61.81						

表中計算各年份現值的公式為(以 C5 為例,公式為:「=PV(B2,C3,-C4)」。然后將各年份現金流量的現值求和並與初始投資金額相加,就可以得到淨現值,如表中的 B6,其中的公式為:「=B5+SUM(C5:H5)」所示。另外,圖中 B7 是用 Excel 中的 NPV 函數得到的,公式為:「=B5+NPV(B2,C4:H4)」。

注意:①函數 NPV 假定整個投資項目始於 Value1(第一筆現金流量)現金流量所在期,並結束於最後一筆現金流量的當期。對於項目的初始投資,如果假定其發生在第一個週期的期初,則應將它加在函數 NPV 的計算結果中,而不應把它包含在 Values 參數中。

②如果參數是數值、空白單元格、邏輯值或表示數值的文字表達式,則都會計算在內,因此,在沒有現金流的年份,單元格應輸入「0」,而不應該是空白單元格,否則會造成錯誤計算;如果參數是錯誤值或不能轉化為數值的文字,則被忽略。

③如果參數是一個數組或引用,則只有其中的數值部分計算在內,忽略數組或引用中的空白單元格、邏輯值、文字及錯誤值。

④如果把初始投資(負值)作為 NPV 函數的 Value 參數輸入,從理論上講這是可以的,但是這時的計算結果與將其與 $\sum PV$ 相加是不同的。因為 NPV 函數的貼現是以第一項 Value 參數為起點的,所以若將初始投資作為 Value 參數輸入 NPV 函數,就相當於將包括初始投資在內的全部現金流量貼現期統統延長了一年。

1.1.4　不規則現金流量的淨現值

前面所討論的非均勻現金流量情況下的投資方案淨現值是基於一個隱含前提:要求項目產生的現金流量必須是定期發生的(定期均勻發生的現金流量——年金將在后續章節介紹)。對於大多數的投資評價,如果分析基於預測財務報表而進行,基本可以滿足這個要求。但是現實生活中也還存在一些特殊情況,即項目產生的現金流量

Excel 在實驗金融學中的應用

是不定期發生的。從原理上講,對於這種不規則現金流量的淨現值可以採用分別將各次現金流量按其發生的準確時間進行貼現,然後求和計算淨現值。但如果現金流量的次數比較多,這種方法計算起來會很繁瑣。在 Excel 中,專門針對這種情況提供了一個函數 XNPV,用來計算不定期現金流量的淨現值。其語法如下:

XNPV(Rate, Values, Dates)

其中:Values 表示與 Dates 中日期相對應的一系列現金流量。首期現金流量如果是初始投資金額則必須是負值,且將不被貼現。后續的所有現金流量都將基於 365 日/年按日貼現。在全部現金流量中,必須保證至少有一個是負值和一個正值。

Dates 表示與現金流量相對應的發生日期表。第一個日期代表投資項目的開始,也就是初始投資發生的日期。其他日期應遲於該日期,但可按任何順序排列。

XNPV 的計算公式是:

$$XNPV = \sum_{i=1}^{n} \frac{values_i}{(1+rate)^{\frac{(d_i-d_1)}{365}}} \tag{1.6}$$

其中:d_i 表示第 i 次現金流量的發生日期;d_1 表示首次現金流量發生日期(初始投資);$values_i$ 是第 i 個或最后一個現金流量。

【例題 1-4】某投資方案的初始投資金額為 100 萬元,從 2002 年年底開始,此后的 6 個月、12 個月、15 個月、21 個月、24 個月分別可產生現金流量:15 萬元、25 萬元、40 萬元、30 萬元、20 萬元,貼現率為 6%,要求計算該方案的淨現值。

將數據輸入 Excel 工作表,如表 1-3 所示,在單元格 B6 中用 XNPV 函數計算現金流量系列的淨現值,結果為 20.23 萬元,其計算過程如單元格 C6 所示。

表 1-3　　　　　用 XNPV 函數計算現金流量系列的淨現值

	A	B	C	D	E	F	G
1	不規則現金流量的淨現值(單位:萬元)						
2	貼現率	6%					
3	初始投資金額	-¥100.00					
4	日期	12/31/2003	6/30/2004	12/31/2004	3/31/2005	9/30/2005	12/31/2005
5	現金流量	-¥100.00	¥15.00	¥25.00	¥40.00	¥30.00	¥20.00
6	淨現值(NPV)	¥20.23	公式為「=XNPV(B2,B5:G5,B4:G4)」				

在 XNPV 函數中,每一項 Value 參數都對應著確定的日期,包括初始投資,所以全部現金流量都作為參數輸入。仔細對比公式(1.5)和公式(1.6),可以看出其中的細微差別:①XNPV 函數中 Values 與 Dates 中的支付時間相對應的一系列現金流,首期支付是可選的,並與投資開始時的成本或支付有關。如果第一個值為成本或支付,則其必須是一個負數,所有后續支付基於的是 365 天/年貼現。數值系列必須至少要包含一個正數和一個負數。Dates 與現金流支付相對應的支付日期表,第一個支付日期代

1 現金流的現值與終值

表支付表的開始,其他日期應遲於該日期,但可按任何順序排列。②NPV 函數使用數組中數值的順序來解釋支付和收入的順序,因此要確保支付和收入值是用正確的順序輸入的。NPV 函數假定投資開始於 Value1 現金流所在日期的前一期,並結束於數組中最后一筆現金流的當期。它只能計算在同一貼現率下,各年限均為年末,且第一年限必須是第一年年末(不能是上年年末)的一組現金流量(一組 Values 值)的淨現值。如果第一筆現金流在第一期期初時發生,那麼 NPV 返回的值必須加上第一筆值才是淨現值,而且 Values 數組不可包含第一筆值。③返回一組現金流的淨現值,這些現金流不一定定期發生時,用 XNPV 函數;若要計算一組等時間間隔且發生在各期末的現金流淨現值時,使用函數 NPV。

1.2 項目內部收益率

在資本預算的理論體系中,有一個幾乎和淨現值同等重要的評價指標——內部收益率。所謂內部收益率(internal rate of return, IRR)是指使得一系列現金流量淨現值為零的貼現率。

1.2.1 IRR 內部收益函數

從內部收益率的定義可以得出其計算式:

$$NPV = \sum_{i=0}^{n} \frac{CF_i}{(1+IRR)^n} = 0 \qquad (1.7)$$

其中:CF_i 表示項目預期的各期現金流量,它包括現金流出(項目投資)和現金流入(項目收益);IRR 表示內部收益率。

從定義式可知,給定一個任意的貼現率,如果計算出的淨現值為正,則逐漸提高貼現率,反之如果淨現值為負,則降低貼現率,反覆試算,直至淨現值為零,就得到內部收益率。即使這種試算的方法,在 Excel 中可借用稱作「單變量求解」的工具來解決,但仍嫌麻煩。實際上,在 Excel 中有一個計算內部收益率的專用函數 IRR,其語法如下:

IRR(Values, Guess)

其中:Values 表示數組或單元格的引用,包含用來計算內部收益率的數字,Values 必須包含至少一個正值和一個負值,以計算內部收益率,函數 IRR 根據數值的順序來解釋現金流的順序,故應確定按需要的順序輸入支付和收入的數值,如果數組或引用包含文本、邏輯值或空白單元格,這些數值將被忽略。Guess 表示對函數 IRR 計算結果的估計值。

注意:Excel 使用迭代法計算函數 IRR。從 Guess 開始,IRR 函數進行循環計算,直至結果的精度達到 0.000,01%。如果 IRR 函數經過 20 次迭代,仍未找到結果,則返

Excel 在實驗金融學中的應用

回錯誤值「#NUM」!。在大多數情況下，可以省略 Guess，它的默認值為 10%。如果 IRR 函數返回錯誤值「#NUM」!，或結果沒有靠近期望值，可用另一個 Guess 值再試一次。

【例題 1-5】某投資方案的初始投資金額為 1,000 萬元，經濟年限為 5 年，預期的各年淨現金流量為 150 萬元、200 萬元、350 萬元、300 萬元、200 萬元。要求計算該方案的內部收益率。

在 Excel 環境下，用 IRR 函數計算該方案的內部收益率，如表 1-4 所示。

表 1-4　　　　　　　　用 IRR 函數計算內部收益率

	A	B	C	D	E	F	G
1	用 IRR 函數計算內部收益率(單位:萬元)						
2	年份	0	1	2	3	4	5
3	現金流量	-￥1,000.00	￥150.00	￥200.00	￥350.00	￥300.00	￥200.00
4	IRR	6%	公式為「=IRR(B3:G3)」				

用內部收益率作為投資評價的指標，其含義是很直觀的，它反應了真實意義上的收益率。據此可以得出用內部收益率評價投資的準則:①當內部收益率高於投資者要求的收益率的下限，項目是可以接受的，反之項目應被拒絕;②在滿足規則現金流量和項目之間相互獨立的條件下，應首選內部收益率較大的項目(所謂規則現金流量是指在項目整個期限內現金流的流向改變且只改變一次的現金流量)。如果不滿足這兩個條件，就不能使用內部收益率來比較不同的投資方案。

要特別注意的是，內部收益率隱含了一個非常重要的假定，那就是項目或投資工具的再投資收益率與項目或投資工具本身的內部收益率相等，而 NPV 暗含的假設是收回的現金流再投資利率等於資本成本。那麼現金流再投資的利率究竟是資本成本還是項目的內部收益率呢？根據最佳的再投資假設的結論可知，項目收回的現金流再投資的利率是資本成本[①]。

內部收益率的另一個問題是，當投資項目有多個流出現金流及多個流入現金流時，可能出現同時具有多個內部收益率均符合淨現值為零的判斷標準。這時，就需要在多個內含收益率中選擇最符合實際情況的一個。為了避免這類問題，又出現了調整內部收益率，其原理是將全部的現金流入以公司的加權平均資本成本或投資者的要求收益率折算成終值;同時也將全部的流出現金流以同樣的利率折算成為現值，然後解出一種利率能使流入現金流的終值折算成為流出現金流的現值相等，這時的利率就是調整后的內部收益率。

[①] BRIGHAM, DAVES. Intermediate Financial Management[M]. 7th ed. Cengage Learning, 2008.

1 現金流的現值與終值

1.2.2 調整內部收益率函數

調整內部收益率函數(modified internal rate of return, MIRR)，根據內部收益率的定義，它等於使項目淨現值為零時的貼現率，用公式表示就是：

$$NPV = \sum_{i=0}^{n} \frac{CF_i}{(1+IRR)^i} = 0 \tag{1.8}$$

請注意，淨現值是根據項目的全部現金流量貼現後計算的，而全部現金流量包括現金流出量(項目投資)和現金流入量(項目收益)兩個部分。用公式表示就是：

$$NPV = \sum_{i=0}^{n} \frac{COF_i}{(1+IRR)^i} - \sum_{i=0}^{n} \frac{CIF_i}{(1+IRR)^i} = 0 \tag{1.9}$$

這裡，CIF是現金流入量，即項目收益，而COF是現金流出量，即項目投資。從這裡可以看到內部收益率的內在含義是，將投資和收益同時用內部收益率貼現使得兩者正好相等。

為了避免不規則現金流量導致內部收益率的不確定性，定義調整內部收益率如下：

$$\sum_{i=0}^{n} \frac{COF_i}{(1+FRate)^i} - \frac{\sum_{i=0}^{n} CIF_i(1+RRate)^{n-i}}{(1+MIRR)^i} = 0 \tag{1.10}$$

其中：COF表示現金流出量，即項目投資；CIF表示現金流入量，即項目收益；FRate表示融資利率，即項目投資的貼現率；RRate表示再投資利率，即項目收益到終端價值的貼現率；MIRR表示調整內部收益率。

在Excel中有一個計算調整內部收益率的專用函數MIRR，其語法如下：

MIRR(Values, Finance_Rate, Reinvest_Rate)

其中：Finance_Rate表示融資利率，即項目投資的貼現率；Reinvest_Rate表示再投資利率，即項目收益到終端價值的貼現率。

下面用例子來演示MIRR的計算過程，或許不讓人感到那麼抽象。

【例題1-6】某公司投資一項目，其流入與流出的現金流情況如下：-500,200,-300,400,500,100，單位：萬元。且該公司的加權平均資本成本為10%，求該公司的內部收益率和調整內部收益率。

根據前面的闡述，我們可以得到如表1-5所示結果。其中，單元格B5中的內含收益率，直接由IRR函數得到，公式為：「=IRR(B2:G2)」。單元格E5中的值也直接由MIRR函數得到，公式為：「=MIRR(B2:G2,10%,10%)」。單元格B7中的淨現值是將5期現金流全部按10%的貼現率貼現，然後相加而得，所用公式為：「=SUM(B6:G6)」。

Excel在實驗金融學中的應用

表1-5　　　內部收益率(IRR)與調整內部收益率(MIRR)的計算　　　單位:萬元

	A	B	C	D	E	F	G	H
1	時間	0	1	2	3	4	5	總和
2	現金流	-500	200	-300	400	500	100	
3	現值	-500		(247.93)				(747.93)
4	終值		292.82		484.00	550.00	100	1,426.82
5	內部收益率	17.94%		調整內部收益率	13.79%			
6	現值	(500.00)	181.82	(247.93)	300.53	341.51	62.09	
7	淨現值	138.01						

表1-5中現值、終值計算所用利率均為企業的加權平均資本成本10%，而不是內部收益率，因此其內在的假設也就不再是項目投資收益率與再投資收益率相同，而是以企業的加權平均資本成本來計算企業投資的成本，從而更準確地計算出項目本身的內部收益率。

通過這樣的分析，可以直觀地理解調整內部收益率的真正含義。它假定項目的所有現金流入量以給定的再投資利率投資得到終點價值，而常規內部收益率則假定現金流入量以內部收益率再投資。另外，對於互斥項目的比較分析，如果項目的投資規模相同，經濟年限相同，則MIRR將給出和NPV相同的判斷，即MIRR比較大的項目NPV也較大。如果投資規模相同，經濟年限不同，通過延長較短項目的年限(將延長期的現金流量設為0)，使之與另一項目的年限相等，這樣MIRR仍然可以保持與NPV的判斷結果一致。如果投資規模不同，就有可能導致兩者的評價結果相反，這時MIRR也失去了作為比較標準的效力。

1.2.3　不規則現金流內部收益率函數(XIRR)

在討論淨現值時，介紹了如何計算不規則發生的現金流量的淨現值。與XNPV函數相對應，在Excel中還有一個XIRR函數，專門用來計算不規則現金流量的內部收益率。其語法是：

XIRR(Rate, Values, Dates)

XIRR的計算公式是：
$$\sum_{i=0}^{n} \frac{values_i}{(1 + XIRR)^{\frac{(d_i - d_1)}{365}}} = 0 \qquad (1.11)$$

【例題1-7】某投資方案的初始投資金額為100萬元，從2003年年底開始，此後的6個月、12個月、15個月、21個月、24個月後分別可產生現金流量：15萬元、25萬元、40萬元、30萬元、20萬元，貼現率為6%。要求計算該方案的內部收益率。

將數據輸入Excel工作表，如表1-6所示。在單元格B5中用XIRR函數計算現

1 現金流的現值與終值

金流量系列的內部收益率,公式為「=XIRR(B4:G4,B3:G3)」,結果為21.88%。

表1-6　　　　　用XIRR()函數計算現金流量系列的內部收益率

	A	B	C	D	E	F	G
1	不定期現金流量的內部收益率(單位:萬元)						
2	初始投資金額	¥-100.00					
3	日期	12/31/2003	6/30/2004	12/31/2004	3/31/2005	9/30/2005	12/31/2005
4	現金流量	¥-100.00	¥15.00	¥25.00	¥40.00	¥30.00	¥20.00
5	內部收益率	21.88%	公式為「=XIRR(B4:G4,B3:G3)」				

1.2.4 對NPV和IRR進一步的探討

　　淨現值等於所有的未來流入現金流的現值減去現在和未來流出現金流現值的差額。NPV直接反應出投資項目給投資者帶來的價值,它被廣泛地用於評價項目的盈利能力;如果一個項目的NPV是正數,就採納它。它只受資本預算過程本身的限制,現金流量的預測和貼現率的確定,而不受其他因素的干擾。使用NPV評價投資項目的準則是只能接受有正值的NPV項目,不過,如果NPV恰好為零,在一定意義上項目仍然是可以接受的。淨現值的一個不足之處是忽略了項目規模問題,特別是當存在多個項目可供選擇而公司的融資能力有限時,這是一個比較重要的因素。在NPV基礎上衍生的盈利指數PI可以彌補這個缺點。

　　內部收益率是以百分比的收益率形式來反應項目的盈利能力。因為是比率形式,所以IRR能夠比NPV更好地體現出項目的規模效應,或者說是所謂的「安全邊際」。IRR能比較好地反應出二者由於投資規模不同而造成的差異,而這是NPV所無法做到的(盈利指數PI在一定程度上可以做到這一點)。但應當注意的是,用IRR評價投資項目有一個前提,即要求項目現金流量是規則的,對於不規則的現金流量,IRR不能保證得出的結論是正確的。

　　雖然NPV和IRR都是基於貼現現金流量法(DCF)的指標,不過在實際預算分析當中,NPV和IRR並不一定給出相同的評價結果,IRR較高的項目未必就有較高的淨現值,甚至在某些情況下內部收益率可能是不確定的。如果同時考慮兩個或多個項目,問題會變得更為複雜。下面借助淨現值曲線(一條反應淨現值與貼現率關係的曲線),用敏感性分析的方法來做一些探討。

　　【例題1-8】某投資方案的初始投資金額為100萬元,經濟年限為7年,預期的各年淨現金流量為:5萬元、15萬元、30萬元、30萬元、30萬元、15萬元、10萬元,要求計算當貼現率0~15%之間變化時該方案的淨現值。

　　Excel中的「模擬運算表」工具非常適合做敏感性分析。首先將數據輸入Excel工作表,如表1-7所示,在B5:I5中列出0~15%的一組貼現率,然後在A6中輸入計算淨

Excel在實驗金融學中的應用

現值的公式（A6中的公式為「＝B4+NPV(B2,C4:I4)」），這是使用「模擬運算表」工具的要求。

表1-7　　　　　　　　　貼現率與淨現值—敏感性分析

	A	B	C	D	E	F	G	H	I
1	貼現率與淨現值—敏感性分析(單位：萬元)								
2	貼現率	7.50%							
3	年份	0	1	2	3	4	5	6	7
4	現金流量	￥-100.00	￥5.00	￥15.00	￥30.00	￥30.00	￥30.00	￥15.00	￥10.00
5	貼現率	0	2.00%	4.00%	6.00%	8.00%	10.00%	12.00%	14.00%
6	￥0.89								

輸入完成後，選中單元格區域A4:I5，從菜單中執行「數據」→「模擬運算表」，打開「模擬運算表」對話框，在「輸入引用行的單元格」中輸入貼現率所在單元格＄B＄2，如圖1-3所示，單擊「確定」後，得到如表1-8所示的結果；再選中單元格區域B4:I5，用「模擬運算表」工具求得貼現率與淨現值的對應數據。用Excel的「圖表向導」繪製圖表，圖表類型為「平滑線散點圖」，結果如圖1-4所示。

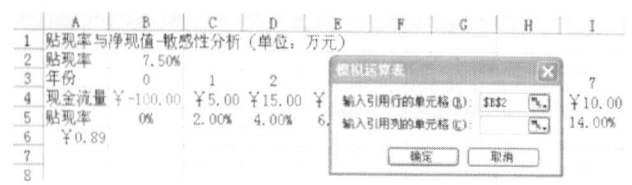

圖1-3　用模擬運算表進行敏感性分析

表1-8　　　　　　用模擬運算表進行敏感性分析所得結果

	A	B	C	D	E	F	G	H	I
1	貼現率與淨現值-敏感性分析(單位：萬元)								
2	貼現率	7.50%							
3	年份	0	1	2	3	4	5	6	7
4	現金流量	￥-100.00	￥5.00	￥15.00	￥30.00	￥30.00	￥30.00	￥15.00	￥10.00
5	貼現率	0	2.00%	4.00%	6.00%	8.00%	10.00%	12.00%	14.00%
6	￥0.89	￥35.00	￥24.50	￥15.10	￥6.66	￥-0.94	￥-7.80	￥-14.01	￥-19.65

分析圖1-4可得到以下結論：曲線與縱軸的交點即貼現率為0時的淨現值，它等於不考慮貼現的淨現金流量(本例中為35萬元)；曲線與橫軸的交點處淨現值為0，這時的貼現率就是內部收益率；曲線的傾斜程度代表淨現值對貼現率的敏感程度。

1 現金流的現值與終值

從淨現值曲線可以更好地理解內部收益率作為投資評價指標的意義。從圖1-4中可以看到,當貼現率小於內部收益率時,項目的淨現值總是為正,這意味著可以接受項目,而當貼現率高於內部收益率時,項目的淨現值變成負值,項目變得不可接受。內部收益率越高,則可接受的貼現率區間越大。基於這一原理,在滿足一定條件的前提下,可以用內部收益率來比較不同的備選方案。但是,如果對備選方案進行對比分析,是否內部收益率較大的項目要優於其他項目呢?答案是:在某些時候的確如此,然而更多情況下答案是不確定的。

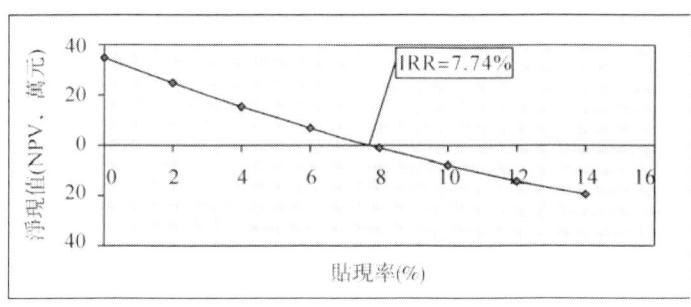

圖1-4 淨現值曲線

【例題1-9】假定有3個投資方案,其基本數據如表1-9所示,要求對各方案進行評價。

表1-9　　　　　　　　　　3個方案的現金流量　　　　　　　　單位:萬元,人民幣

年份	0	1	2	3	4	5
方案A	-100	20	40	50	60	40
方案B	-150	30	50	50	60	70
方案C	-150	20	40	60	70	50

將上述數據輸入到Excel工作表,分別計算貼現率為10%條件下的淨現值和各自的內部收益率。然后用Excel的「模擬運算表」工具作淨現值對貼現率的敏感性分析,結果如表1-10所示。

表1-10　　　　　　　淨現值對貼現率的敏感性分析　　　　　　單位:萬元,人民幣

	A	B	C	D	E	F	G	H	I
1	投資方案的比較分析								
2	貼現率	10%							
3	年份	0	1	2	3	4	5	NPV	IRR
4	方案A	-100.0	20.0	40.0	50.0	60.0	40.0		
5	方案B	-150.0	30.0	50.0	50.0	60.0	70.0		
6	方案C	-150.0	20.0	40.0	60.0	70.0	50.0		

13

Excel 在實驗金融學中的應用

表1-10(續)

	A	B	C	D	E	F	G	H	I
7	方案A		0	5%	10%	15%	20%	25%	30%
8		49.7	110.0	75.5	49.7	30.2	15.3	3.9	(4.9)
9	方案B		0	5%	10%	15%	20%	25%	30%
10		36.9	110.0	67.9	36.9	13.8	(3.6)	(16.7)	(26.7)
11	方案C		0	5%	10%	15%	20%	25%	30%
12		22.9	90.0	51.4	22.9	1.7	(14.2)	(26.1)	(35.1)

根據敏感性分析的結果繪製3個方案的淨現值曲線,如圖1-5所示。

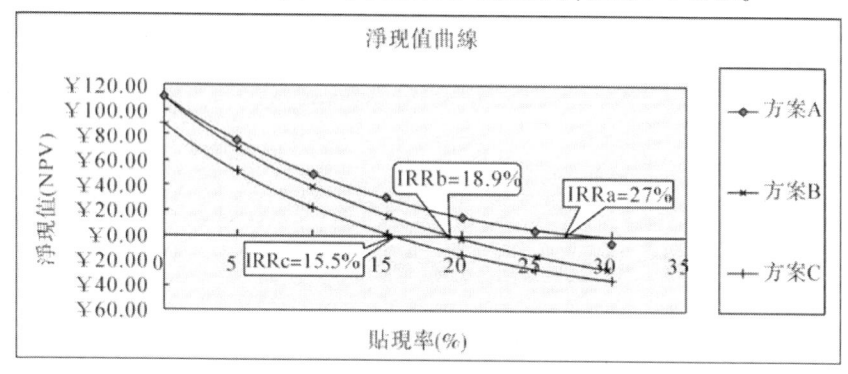

圖1-5 淨現值曲線

從圖1-5中3個方案的淨現值曲線可以發現,由於有 $IRR_a > IRR_b > IRR_c$,所以只要貼現率小於15.5%,3個方案都可以帶來正的淨現值,也就是說3個方案都可以接受,並且在給定的貼現率條件下,比如10%,有 $NPV_A > NPV_B > NPV_C$。在這裡確實可以看到兩個評價指標NPV和IRR給出了相同的評價結果。

在給定的貼現率下,這種「IRR較大的項目具有較大的NPV」的情況並非總是如此,甚至可以說這種情況只是一種特例。當項目之間是互斥關係時,這一點就非常重要。如果單純用IRR指標進行評價,有時可能會產生誤導。

【例題1-10】假定有兩個備選投資方案,其基本數據如表1-11所示,要求對它們作出評價。

表1-11　　　　　兩個方案的現金流量　　　　　單位:萬元,人民幣

年份	0	1	2	3	4	5
方案A	-100	30	30	40	40	20
方案B	-100	10	20	35	50	60

同樣,將上述數據輸入Excel工作表,分別計算貼現率為10%條件下的淨現值和各自的內部收益率。然後用Excel的「模擬運算表」工具作淨現值對貼現率的敏感性

1 現金流的現值與終值

分析,結果如表 1-12 所示。

表 1-12　　　　　　　　互斥項目的比較分析　　　　　　單位:萬元,人民幣

	A	B	C	D	E	F	G	H	I
1	互斥項目的比較分析								
2	貼現率	10%							
3	年份	0	1	2	3	4	5	NPV	IRR
4	方案 A	-100.00	30.00	30.00	40.00	40.00	20.00	21.86	18.30%
5	方案 B	-100.00	10.00	20.00	35.00	50.00	60.00	23.32	16.68%
6	方案 A		0	5%	10%	15%	20%	25%	30%
7		21.86	60.00	38.91	21.86	7.89	3.69	13.38	21.57
8	方案 B		0	5%	10%	15%	20%	25%	30%
9		23.32	75.00	46.05	23.32	5.25	9.30	21.14	30.88

根據敏感性分析的結果繪製兩個方案的淨現值曲線,如圖 1-6 所示。

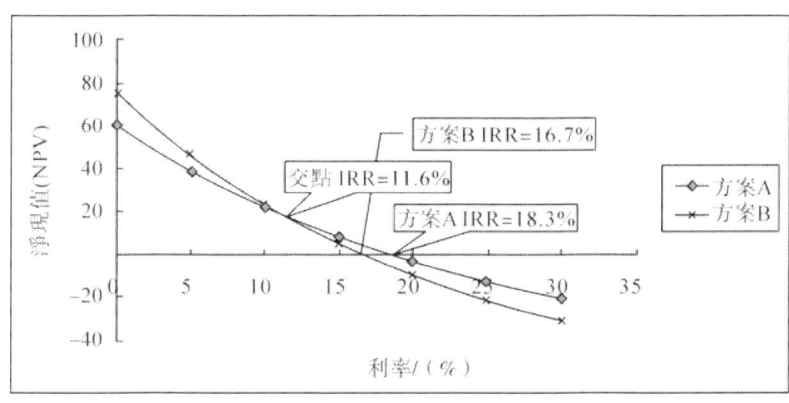

圖 1-6　淨現值曲線

這裡,方案 A 對貼現率的敏感程度要低於方案 B,兩條淨現值曲線產生了交叉。在當貼現率小於交叉點時,方案 B 的淨現值要高於方案 A,這時應選擇方案 B;而當貼現率大於交叉點而小於 IRR_B 時,方案 A 的淨現值要高於 B,這時應選方案 A;當貼現率大於 IRR_B 而小於 IRR_A 時,只能選擇方案 A;當貼現率大於 IRR_A 時,則兩個方案都要被拒絕。請注意:儘管 IRR_A 大於 IRR_B,但當貼現率小於交叉點時,方案 B 的淨現值卻比方案 A 要大,就是說這時不能用內部收益率作為標準來甄選方案,而應該用淨現值進行判斷。

交叉點處的貼現率可以通過計算備選方案之間現金流量差的內部收益率得到,下面用上面例子的數據解釋如下,將兩個備選方案各年度的現金流量相減,得到一組結

15

果。用 IRR 函數計算這組數據的內部收益率,這時得到的結果就是交叉點的貼現率,如表 1-13 所示。

表 1-13　　　　　　　　互斥項目的比較分析(續)　　　　　單位:萬元,人民幣

	A	B	C	D	E	F	G	H	I
1	互斥項目的比較分析								
2	貼現率	10%							
3	年份	0	1	2	3	4	5	NPV	IRR
4	方案 A	-100.00	30.00	30.00	40.00	40.00	20.00	21.86	18.30%
5	方案 B	-100.00	10.00	20.00	35.00	50.00	60.00	23.32	16.68%
6	方案 A		0	5%	10%	15%	20%	25%	30%
7		21.86	60.00	38.91	21.86	7.89	3.69	13.38	21.57
8	方案 B		0	5%	10%	15%	20%	25%	30%
9		23.32	75.00	46.05	23.32	5.25	9.30	21.14	30.88
10	年份	0	1	2	3	4	5		IRR
11	各年份現金流量之差(A-B)		20.00	10.00	5.00	10.00	40.00		11.61%

　　從以上討論中可以看出,當備選方案是互斥關係時,也就是說要對不同方案進行對比分析求得最優方案時,不能完全依賴內部收益率進行判斷。因為有兩個基本條件導致淨現值法和內部收益率法得出矛盾的結論:①項目大小(或規模)差異,即其中一個項目的成本高於另一個項目的成本;②時間差異,即現金流發生的時間不同,一個項目的大部分現金流發生在初期,而另一個項目的大部分現金流發生在后期。

　　淨現值法直接衡量了某個項目給股東帶來收益的大小,因此它常被認為是評價盈利能力的最佳單一指標。但淨現值法無法提供這兩種信息——現金流預測所固有的「安全餘地」和有風險的資金額。而內部收益率所包含的信息體現了項目的「安全餘地」。比如,考慮一下兩個項目:項目 S(小項目)成本為 $10,000,預期在一年后回報為 $16,500;項目 L(大項目)成本為 $100,000,預期一年后回報為 $115,500。資本成本為 10%,兩個項目的淨現值均為 $5,000,因此淨現值法的結論是兩個項目無差異。但是,項目 S 容忍錯誤的餘地更大,即使它實際的現金流入比預測的 $16,500 低 39%,公司仍然能夠回收它 $10,000 的投資成本。而另一方面,如果項目 L 的現金流入量由預測值 $115,500 僅僅下降 13%,公司就將無法收回其投入資金。此外,如果收不到現金流入,則接受項目 S 時公司將損失 $10,000,而接受項目 L 時公司將損失 $100,000。總之,對項目的決策,既要考慮 NPV,還要考慮 IRR,同時也需要對項目的規模等因素加以分析。

1 現金流的現值與終值

1.3 遠期值

1.3.1 遠期值或終值函數(future value,FV)

在第一節中我們已經介紹了 FV 的一些初步知識,在此作一簡單回顧:其計算公式為公式 1.3,相應的終值函數為:FV(Rate, Nper, Pmt, PV, Type),終值函數 FV 的運用方法仍然用 1.1 節中【例題 1-1】加以說明,如圖 1-7 所示。

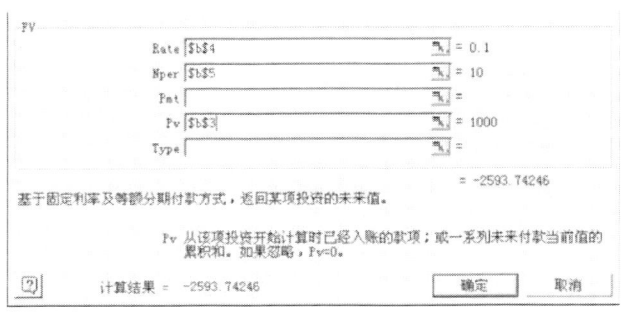

圖 1-7 用 FV 函數計算終值

1.3.2 Rate 函數與 NPER 函數

在公式 1.3 中,一共有 4 個參數參與運算:現值、遠期值、利率和期數。從數學上講,給定了其中任意 3 個變量的值,都可以用該公式求出剩餘的一個變量。事實上,和 FV 函數與 PV 函數一樣,Excel 也提供了計算利率和期數的函數 RATE 和 NPER。利率函數 RATE 的具體用法如圖 1-8 所示(數據來源見【例題 1-1】)。

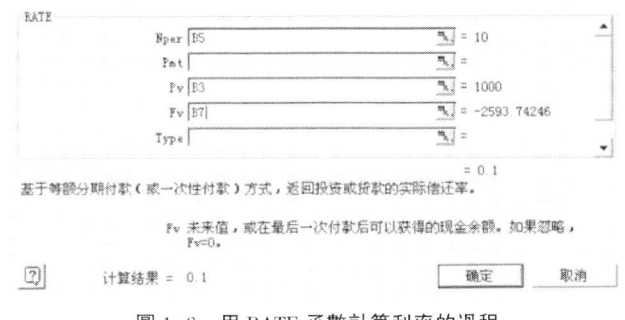

圖 1-8 用 RATE 函數計算利率的過程

利率函數 RATE 的語法為:
RATE(Nper, Pmt, PV, FV, Type, Guess)
其中,Guess 表示為保證運算收斂而設定的利率估計值,在計算一筆固定資金終

值時該參數可省略。

期數函數 NPER 的具體用法如圖 1-9 所示(數據來源見【例題 1-1】)。

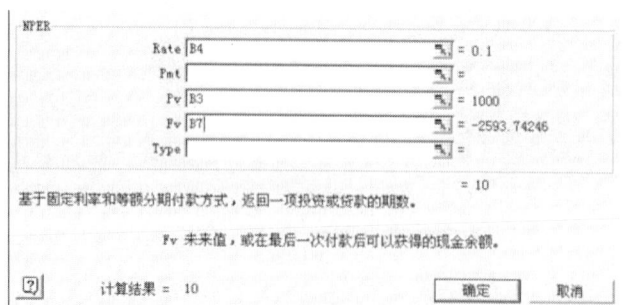

圖 1-9　用 NPER 計算期數的過程

期數函數 NPER 的語法如下：

NPER（Rate，Pmt，PV，FV，Type）

【例題 1-11】用 RATE 和 NPER 函數計算利率和期數。如表 1-14 所示，現值為 100，終值為 161.05。B5 中數據用 RATE 函數求得，方法如圖 1-8 所示。

表 1-14　　　　　　　　　　利率、期數的計算　　　　　　　單位：萬元，人民幣

	A	B	C	D	E
1	利率的計算				
2	現值	100.00			
3	終值	-161.05			
4	期數	5			
5	利率	10%	公式為「=RATE(B4,,B2,B3)」		
6	期數的計算				
7	現值	100.00			
8	終值	-161.05			
9	利率	10%			
10	期數	5.00	公式為「=NPER(B9,,B7,B8)」		

同前面的終值和現值函數一樣，在使用利率和期數函數進行計算時，對於一筆固定金額現金流的終值和現值，參數 Pmt 為零；此外，在設置參數時，要保證終值和現值的符號相反。

1.3.3　非固定利率遠期值函數（FVSCHEDULE）

FVSCHEDULE 函數基於一系列複利返回本金的未來值，它用於計算某項投資在

1 現金流的現值與終值

變動或可調利率下的未來值。其語法為：

FVSCHEDULE(Principal,Schedules)

其中:Principal 表示本金現值;Schedules 表示利率數組或單元格引用,用來存放每一年利率的狀況

【例題1-12】某人現有存款10萬元準備用於投資。現有兩種三年期的投資方案:一種為第一年到第三年的利率分別為7%、9%、8%,另一種為第一年到第三年的利率分別為7.5%、8.2%、8.5%,請問他選擇哪種投資方案更合算?

在Excel中,運用FVSCHEDULE函數計算,如圖1-10、圖1-11所示。

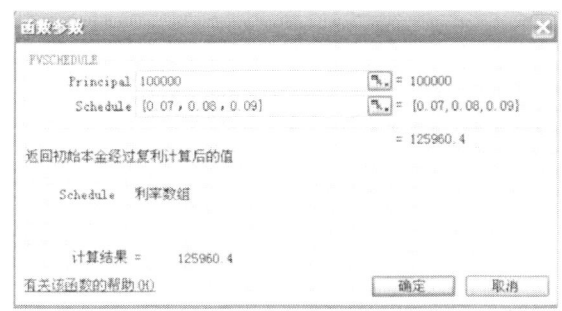

圖1-10 用FVSCHEDULE函數計算遠期值(一)

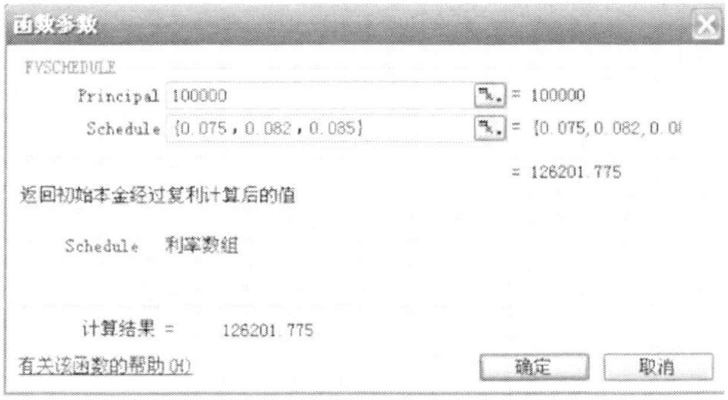

圖1-11 用FVSCHEDULE函數計算遠期值(二)

通過比較圖1-10和圖1-11所得結果,顯然他該選擇第二種投資方案。

1.3.4 FV函數與FVSCHEDULE函數的關係

從上面的討論可知,在Excel中,FV函數與FVSCHEDULE函數都是用來計算一筆本金的遠期值的;但是,兩者還是有區別的:① FV可以計算PMT的PV,而FVSCHUDULE不行。②如果是固定利率,兩個函數都可選用,只是人們習慣選用FV函數,如果是浮動利率,則只能選用FVSCHEDULE函數。下面舉例加以說明。

【例題1-13】本金100,000元,如果利率7%保持不變,計算三年後的終值。

19

用 FV 函數與 FVSCHEDULE 函數分別計算,結果,如圖 1-12、圖 1-13 所示。

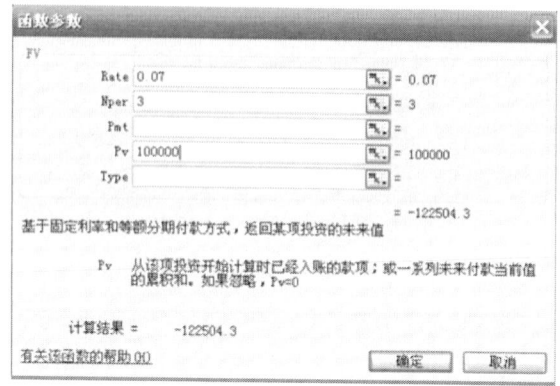

圖 1-12　用 FV 計算遠期值

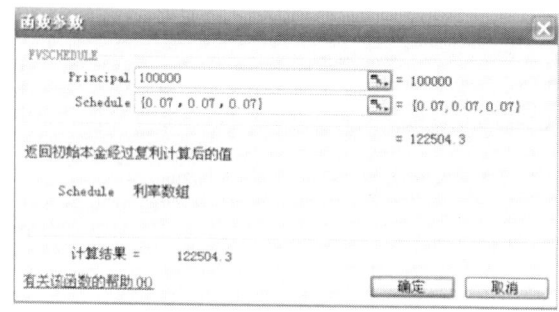

圖 1-13　FVSCHEDULE 函數計算遠期

由上可知,兩者結果一樣。但如果是變動利率,就只能用 FVSCHEDULE 函數計算,具體如【例題 1-12】所示。

1.4　年金

在實際應用中,有一種現金流量往往是定期、等額發生的,如附息債券的利息收入、分期償還貸款以及消費貸款等。在金融計算領域,把這種在一定時期內連續發生的等額現金流量稱為年金(annuity)。從前面的例子可以看到,對於多重現金流量每期的現金流量發生在期初和期末,其結果是不同的。根據現金流量發生時間的不同,年金可以分為普通年金(ordinary annuity)和預付年金(prepaid annuity 或 annuity due)。前者每期的現金流量發生在各期期末,後者每期的現金流量發生在各期期初。此外,還有一種等額現金流量無限期地、永遠持續定期發生,這種情況稱為永續年金(perpetual annuity)。下面分別討論對不同種類的年金和它們的現值、終值的計算。

1 現金流的現值與終值

1.4.1 普通年金

下面用具體例子說明普通年金的終值計算方法。

【例題1-14】利率為10%，從現在開始每年年底收入100元，要求計算5年后的終值。

在Excel工作表中畫出時間線，如圖1-14所示。逐期求出各期現金流量的終值，然后累加得出年金的終值，結果為610.51，顯示在F11單元格中。

	A	B	C	D	E	F	G	H
1	普通年金終值的計算							
2		利率	10%					
3	1	2	3	4	5			
4	￥100.00	￥100.00	￥100.00	￥100.00	￥100.00			
5						￥100.00 公式為 "=E4*(1+$C$2)^0"		
6						￥110.00 公式為 "=D4*(1+$C$2)^1"		
7						￥121.00 公式為 "=C4*(1+$C$2)^2"		
8						￥133.10 公式為 "=B4*(1+$C$2)^3"		
9						￥146.41 公式為 "=A4*(1+$C$2)^4"		
10						￥610.51 公式為 "=SUM(F5:F9)"		

圖1-14 普通年金終值的計算

通過對【例題1-14】的分析，可以得到普通年金的終值計算公式。用FV_{OA}代表普通年金的終值，v_0為每期現金流量。將各期現金流量終值求和，考慮到最后一期的現金流量不計息（因為是發生在期末），可得：

$$FV_{OA} = v_0 \sum_{k=0}^{n-1} (1+r)^k \Rightarrow \frac{1}{v_0}FV_{OA} = \sum_{k=0}^{n-1} (1+r)^k \Rightarrow \frac{1}{v_0}FV_{OA} = 1 + \sum_{k=1}^{n-1} (1+r)^k$$

在該式兩側同時乘以(1+r)，得到：

$$\frac{1}{v_0}FV_{OA}(1+r) = \sum_{k=1}^{n} (1+r)^k$$

將以上兩式左右兩側同時相減，得到：

$$\frac{1}{v_0}[FV_{OA}(1+r) - FV_{OA}] = (1+r)^n - 1$$

由此得到普通年金終值的計算公式為：

$$FV_{OA} = v_0 \cdot \frac{(1+r)^n - 1}{r} \tag{1.13}$$

其中：FV_{OA}表示普通年金的終值；v_0表示每期現金流量。

當然，對於【例題1-14】，我們仍可用Excel中的終值函數FV進行計算，如表1-

Excel 在實驗金融學中的應用

15 所示。

表 1-15　　　　　　用 FV 函數計算普通年金的終值

	A	B	C	D
1	用 FV 函數計算普通年金的終值			
2	利率		10%	
3	期數		5	
4	每期現金流量		¥-100.00	
5	普通年金,type=		0	
6	終值		¥610.51	公式為「=FV(C2,C3,C4,,C5)」

對於普通年金的現值計算,也可利用類似的方法得到。

【例題 1-15】利率為 10%,從現在開始的 5 年內每年年底收入 100 元,要求計算該年金的現值。

在 Excel 工作表中畫出時間線,如圖 1-15 所示;逐期求出各期現金流量的現值,然后累加得到年金的現值,結果為 379.08,顯示在 D9 單元格中。

	A	B	C	D	E	F	G	H	I
1	普通年金現值的計算								
2		利率	10%	0	1	2	3	4	5
3	公式為				100	100	100	100	100
4	"=E3*(1+$C$2)^(-E2)"			90.91					
5	" =F3*(1+$C$2)^(-F2)"			82.64					
6	" =G3*(1+$C$2)^(-G2)"			75.13					
7	" =H3*(1+$C$2)^(-H2)"			68.3					
8	" =I3*(1+$C$2)^(-I2)"			62.09					
9	" =SUM(D4:D8)"			379.08					

圖 1-15　普通年金現值的計算

結合【例題 1-15】的分析過程,可用與普通年金終值的計算公式完全類似的方法推導出普通年金現值的計算公式為(有興趣的讀者可自己推導):

$$PV_{OA} = v_0 \cdot \frac{1-(1+r)^{-n}}{r} \tag{1.14}$$

其中:PV_{OA} 表示普通年金的現值。

1 現金流的現值與終值

同理,對【例題 1-15】也可用前述的現值函數 PV 進行計算,如表 1-16 所示。

表 1-16　　　　　　　　用 PV 函數計算普通年金現值

	A	B	C	D	E
1	用 PV( )函數計算普通年金現值				
2	利率		10%		
3	期數		5		
4	每期現金流量		¥ -100.00		
5	普通年金,type=		0		
6	現值		¥ 379.08	公式為「=PV(C2,C2,C4,,C5)」	

1.4.2 預付年金

預付年金的每期現金流量發生在各期期初,所以其計算方法與普通年金不同。對於預付年金,在計算各期現金流量的終值時,和普通年金相比期數要多一期;而在貼現時,對應的期數要少一期。下面在 Excel 環境下通過示例對預付年金進行分析。

【例題 1-16】利率為 10%,從現在開始的 5 年內,每年年初得到 100 元,要求計算現值。

同樣,在 Excel 工作表中畫出時間線,然后用【例題 1-2】所示的方法二或方法三對各期現金流量貼現,再累加得到年金的現值,結果為 416.99 元。

通過對示例進行分析,可以得到預付年金的計算公式。用 PV_{PA} 代表預付年金的現值。如果我們將預付年金的時間線分析圖與普通年金的時間線分析圖相比較可以發現,由於預付年金的各期現金流量發生在期初,每期現金流量都要比普通年金多計算一期,所以預付年金的現值可以按照在普通年金現值的公式上乘以 $(1+r)$ 來計算,由此得到下式:

$$PV_{PA} = v_0 \cdot \frac{1-(1+r)^{-n}}{r} \cdot (1+r)$$

推導上式右側得到:

$$PV_{PA} = v_0 \cdot \frac{1-(1+r)^{-n}}{r} \cdot (1+r) = v_0 \cdot \frac{(1+r)-(1+r)^{-n+1}}{r}$$

$$= v_0 \cdot \left[\frac{1-(1+r)^{-(n-1)}}{r} + 1\right]$$

由此得到預付年金現值的計算公式為:

$$PV_{PA} = v_0 \cdot \left[\frac{1-(1+r)^{-(n-1)}}{r} + 1\right] \tag{1.15}$$

其中:PV_{PA} 表示預付年金的終值;v_0 表示年金的基數。

Excel在實驗金融學中的應用

另外,可以用Excel中的PV函數直接計算預付年金的現值,只要將Type參數取值為1,其餘各參數意義相同。對於【例題1-16】,可以用PV函數進行計算,如表1-17所示。

表1-17　　　　　　　　用PV函數計算預付年金現值

	A	B	C	D	E	F
1	用PV函數計算預付年金現值					
2	利率		10%			
3	期數		5			
4	每期現金流量		¥-100.00			
5	預付年金,type=		1			
6	現值		¥416.99	公式為「=PV(C3,C4,C5,,C6)」		

用完全類似的方法可以得到預付年金終值的計算公式為:

$$FV_{PA} = v_0 \cdot \left[\frac{(1+r)^{n+1} - 1}{r} - 1 \right] \tag{1.16}$$

其中:FV_{PA}表示預付年金的終值。

同樣,用Excel中的FV函數可以直接計算預付年金的終值,只需要將Type參數取值為1,其餘各參數意義相同,如表1-18所示。

表1-18　　　　　　　　用FV函數計算預付年金終值

	A	B	C	D	E	F
1	用FV函數計算預付年金終值					
2	利率		10%			
3	期數		5			
4	每期現金流量		¥-100.00			
5	預付年金,type=		1			
6	終值		¥671.56	公式為「=FV(C2,C3,C4,,C5)」		

1.4.3　永續年金

永續年金是年金的一個特例,它指等額的現金流量永遠地定期發生。例如,股利率固定的優先股派發的股利就可以視為永續年金。對於永續年金,由於其期數是無窮的,對應的現金流量也永遠發生,所以不可能用逐期貼現的方法計算其現值(顯然,永續年金無所謂終值)。用數學方法,通過求普通年金的現值公式在期數n趨於無窮大時的極限,可以得到永續年金的現值公式:

1 現金流的現值與終值

$$PV_{perp} = \lim_{n \to \infty}(v_0 \cdot \frac{1-(1+r)^{-n}}{r}) = \frac{v_0}{r} \tag{1.17}$$

例如：公司擬發行優先股股票，預計每年每股股利為5元，收益率為8%，則該股票定價為 5/8% = 62.5 元。

1.4.4 Excel 中的年金計算函數小結

在 Excel 中，有一組用於計算年金的函數，這組函數之間是相互關聯的，並且可以互為參數。它們通過一個公式聯繫起來，組成有內在聯繫的函數群。理解它們之間的這種內在關係，對於正確使用這些函數很有幫助。下面對這組函數進行分析介紹。

1.4.4.1 函數功能及其參數

下表中列出了 Excel 中的年金計算函數的語法、參數和功能。

表 1-19　　　　　　　　　　Excel 中的年金計算函數

函數名稱和語法	函數功能
FV(Rate, Nper, Pmt, PV, Type)	計算年金的終值。如果 PV 不為零，則表明有初始現金流量
PV(Rate, Nper, Pmt, FV, Type)	計算年金的現值。如果 FV 不為零，則表明最後一期期末有現金流量（殘值）
RATE(Nper, Pmt, PV, FV, Type, Guess)	計算年金的利率。如果計算結果不收斂，可以用 Guess 參數給定估計值重新計算。Guess 的默認值為 10%
NPER(Rate, Pmt, PV, FV, Type)	計算年金的期數
PMT(Rate, Nper, PV, FV, Type)	計算年金每期的現金流量
IPMT(Rate, per, Nper, PV, FV, Type)	計算年金第 Per 期的現金流量中的利息部分
PPMT(Rate, per, Nper, PV, FV, Type)	計算年金第 Per 期的現金流量中的本金部分
CUMIPMT(Rate, Nper, PV, srart_period, end_period, Type)	計算年金多期現金流量累加結果中的利息部分
CUMPRINC(Rate, Nper, PV, srart_period, end_period, Type)	計算年金每期現金流量累加結果中的本金部分

從表中可以看出，在這 9 個函數中前 5 個基本函數相互之間互為參數；同時它們部分地作為後 4 個函數的參數。對於各函數的參數要注意以下幾點：

（1）Pmt 參數作為每期發生的現金流量，在整個年金期間其值保持不變；

（2）IPMT 函數和 PPMT 函數中的 per 參數為所要計算的計息期期數，它必須大於等於 1 並小於等於 Nper；

（3）Type = 0 或省略表示各期現金流量發生在期末，即普通年金；Type = 1 表示各期現金流量發生在期初，即預付年金；

（4）應確認所指定的 Rate 和 Nper 單位的一致性。例如，同樣是四年期年利率為 12% 的貸款，如果按月支付，Rate 應為 12%，Nper 應為 4×12；如果按年支付，Rate 應為

12%，Nper 應為 4；

（5）CUMIPMT 函數和 CUMPRINC 函數中的參數 Start_period、End_period 為所要計算的首期和末期，它們必須介於 1 和 Nper 之間且 Start_period ≥ End_period；

（6）CUMIPMT 函數和 CUMPRINC 函數中的參數 PV 必須為正，且返回的結果為負；

（7）在所有參數中，支出的款項表示為負數，收入的款項表示為正數。

1.4.4.2 年金計算的基本公式

前面曾經提到，使用 Excel 函數計算終值和現值時，兩者的符號相反。之所以如此，是因為在 Excel 中，年金函數之間存在一個內在的關係式，稱為年金的基本公式：

$$pmt(1 + rate \cdot type) \cdot \left[\frac{(1 + rate)^{nper} - 1}{rate}\right] + pv \cdot (1 + rate)^{nper} + fv = 0 \quad (1.18)$$

真正理解這個公式，才能掌握有關函數的具體用法，否則就會造成理解上的困難和應用上的困惑。對上面的公式進行分析可以看出，該公式左側共包含 3 項：

第 1 項符合普通年金或預付年金終值的計算公式：因為普通年金和預付年金的終值公式分別為 $FV_{OA} = v_0 \cdot \frac{(1 + r)^n - 1}{r}$ 和 $FV_{PA} = v_0 \cdot \left[\frac{(1 + r)^{n+1} - 1}{r} - 1\right]$，在公式 (1.18) 中，用一個系數 Type 來區分每期現金流量發生的時間。當 Type = 0 時，(1 + rate·type) 為 1，則該項為普通年金的終值公式；而當 Type = 1 時，(1 + rate·type) = (1 + Rate)，該項為預付年金的計算公式。由此，通過為參數 Type 設定不同的取值，就可以用同一組函數分別計算普通年金和預付年金。

第 2 項就是一般的複利終值計算公式：$FV = v_0 \cdot (1 + r)^n$。

第 3 項是終值。

通過以上分析可以看出，公式 (1.18) 中左側實際上分別是本金（即初始現金流量）的終值和各期現金流量的終值之和，它們與第 3 項相加為零。於是，形成了現值、各期現金流量與終值之間的一體化關係。這也就是為什麼現值、終值符號相反的原因。根據這三項的關係，在應用中共有 3 種可能的情況：

（1）FV = 0，可以在每期現金流量（Pmt）與現值（PV）之間相互計算，但兩者正負相反；

（2）PV = 0，可以在每期現金流量（Pmt）與終值（FV）之間相互計算，但兩者正負相反；

（3）Pmt = 0，可以在一筆固定金額的現值（PV）和終值（FV）之間相互計算，但兩者正負相反。

當然，還可以有第 4 種情況，就是 FV、PV、Pmt 都不為零，那麼情況就比較複雜了。有可能是期初有初始投入，有可能是期末有殘值，要根據具體情況而定。但無論如何，上述的 3 個項目其終值最終是要相互抵消的，並且公式中各項最終統一在終值上。

當利率為零時，rate = 0，即不考慮貨幣的時間價值，就得到了：

1 現金流的現值與終值

$pmt \cdot nper + pv + fv = 0$

其中，$pmt \cdot nper$ 是用極限的方法推導出來的。

1.4.5 關於年金的幾個特殊問題

1.4.5.1 延期年金的幾個特殊問題

(1) 已知現值、利率和期數，求延期年金各期的金額。在已知從 m+1 期到 m+n 期發生的延期年金的現值和利率的條件下，求延期年金各期的金額，可根據延期年金現值的計算公式做逆運算，計算公式為：

$$A = V_0 / [(PVIFA_{i,m+n}) - (PVIFA_{i,m})]$$

或 $A = V_0 / [(PVIFA_{i,n}) \cdot (PVIF_{i,m})]$ (1.19)

其中，$PVIFA_{i,m} = \dfrac{(1+i)^m - 1}{i(1+i)}$，有時又稱之為年金現值系數。相應地，

$FVIFA_{i,n} = \dfrac{(1+i)^n - 1}{i}$，有時又稱之為年金終值系數。

【例題 1-17】某企業現在存入銀行 10 萬元，計劃從第 4 年到第 9 年年末每年末等額從銀行取錢以供使用。若複利年利率為 5%，那麼企業每年末可以等額取出多少錢？

如表 1-20 所示，在單元格 B6 中輸入公式「=C2/(PV(C3,C4+C5,-1)-PV(C3,C4,-1))」，即得該企業從第 4 到第 9 年年末可等額取款 22,807.23 元。

表 1-20　　　　　　　　延期年金的計算　　　　　　　　單位：元

	A	B	C	D	E	F
1	延期年金的計算					
2	現值		100,000			
3	年利率		5%			
4	遞延期(年)		3			
5	年金期數(年)		6			
6	每期可取出的金額		22,807.235			

(2) 已知延期年金各期的金額及其現值和期數，求期利率。此時無法直接利用 RATE 函數計算期利率，可以利用 Excel 的單變量求解工具來計算期利率。

【例題 1-18】某企業現在存入銀行 10 萬元，希望從第 4 年到第 9 年每年年末等額取款 3 萬元以供使用，若按複利計算，該存款的年複利率是多少？

求解的具體步驟如下：①在單元格 B2 中輸入延期年金現值的計算公式(這裡單元格 B6 的年利率為未知數，但仍要輸入公式中)「=PV(B6,B4+B5,-B3-PV(B6,B4,-B3)」；

②單擊工具欄上的「工具」菜單,選擇「單變量求解」項,則系統彈出「單變量求解」對話框;

③在「目標單元格」中輸入「＄B＄2」(可用鼠標選取),在「目標值」中輸入「100,000」,在「可變單元格」中輸入「＄B＄6」(可用鼠標選取),如圖1-16所示。

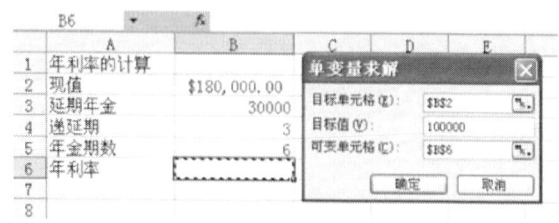

圖1-16 單變量求解過程

④單擊「確定」,則系統自動運算,結束后彈出「單變量求解狀態」對話框,如圖1-17所示,然后單擊「確定」,最后得到的結果為:年利率9.67%。

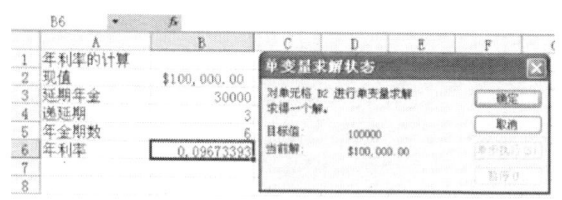

圖1-17 單變量求解年利率

(3)已知延期年金各年的金額及其現值和期數,求期數。這種情況下,既可以利用單變量求解(從略),也可利用NPER函數求解,其語法為:NPER(Rate,Pmt,PV,FV,Type)。各參數含義同前。

1.4.5.2 均勻間隔年金問題

均勻間隔年金問題,是指每隔相等的年份有一筆年金,而在其他年份沒有年金。現就從終值、現值及年利率等方面對該問題進行探討。

均勻間隔年金的終值與現值。

對均勻間隔年金計算資金的時間價值時,可採用均勻分隔的方法。假設每隔m年發生一次年金,則可將每m年發生一次的年金轉化成等價的m年內每年發生一次年金的形式,然后再對等價年金按全部年份計算終值或現值。

【例題1-19】某企業在未來20年中,每隔偶數年年末都能收到20,000元。如果複利年利率為10%,試計算該企業收到這些款項的現值和終值。如果款項在每個偶數年的年初收到,則這些款項的現值和終值應為多少?

計算結果如表1-21所示。

1 現金流的現值與終值

表 1-21　　　　　　　　均勻間隔年金的現值與終值計算

	A	B	C	D	E	F
1	年金		20,000			
2	總年數		20			
3	有年金的開始年份		2			
4	發生年金的間隔年數		2			
5	年利率			10%		
6	每2年 年末收款	年金現值	81,081.56	公式為:「=PV(C5,C2,-C1/FV(C5,C4,-1))」		
7		年金終值	545,476.19	公式為:「=FV(C5,C2,-C1/FV(C5,C4,-1))」		
8	每2年 年初收款	年金現值	98,108.69	公式為:「=PV(C5,C2,-C1)/PV(C5,C4,-1)」		
9		年金終值	660,026.18	公式為:「=FV(C5,C2,-C1)/PV(C5,C4,-1)」		

（2）均勻間隔年金年利率的計算。同樣也應首先採取均勻分隔的方法，將幾年一次的年金轉化成等價的每年年金的形式，然後再運用單變量求解工具，對等價年金按全部年份進行有關的計算，從而求出利率。

對於均勻間隔年金的每期收付額或期數的問題，同樣可以採用上述類似的計算方法。

1.5　常規收益率與貼現率

幾乎所有與金融學有關的書目中，都會或多或少地涉及收益率和貼現率等概念，用 Excel 處理金融問題時，遇到這些概念就更頻繁。本節將將常見的收益率與貼現率等相關知識作一些簡單的整理，並闡明它們相互間的聯繫與區別。

1.5.1　名義利率與實際利率

名義利率：指以美元或其他貨幣表示的利率。實際利率：是以消費品單位表示的利率，即金融市場無風險收益率在扣除通貨膨脹因素後的真實利率。名義利率和實際利率間的關係為：

$$1+實際利率=\frac{1+名義利率}{1+通貨膨脹率} \qquad (1.20)$$

1.5.2　當期收益率與到期收益率

當期收益率：用每年支付的利息額除以債券當前的價格，即

Excel 在實驗金融學中的應用

$$當期收益率 = \frac{利息}{當前價格} \tag{1.21}$$

到期收益率:指使債券一系列現金流的現值等於其價格的貼現率。

$$PV = \sum_{i=1}^{n} \frac{PMT}{(1+i)^i} + \frac{FV}{(1+i)^n} \tag{1.22}$$

其中:i 表示到期收益率,其餘參數同前。

【例題 1-20】一只 18 年期、息票利率 6%、以每千元面值 700.89 美元出售的債券,其到期價值為 1,000 美元,求該債券的當期收益率和到期收益率。

由當期收益率的定義可以直接得到該債券的當期收益率為 $\frac{1,000 \times 6\%}{700.89}$ = 0.085,6 或 8.56%。而該債券的到期收益率為 9.5%,是運用 Excel 中「工具」—「單變量求解」而得。具體算法,如圖 1-18 所示,點「確定」后,單元格「A1」就會顯示出 4.75%(半年期),年到期收益率為:4.75% × 2 = 9.5%。

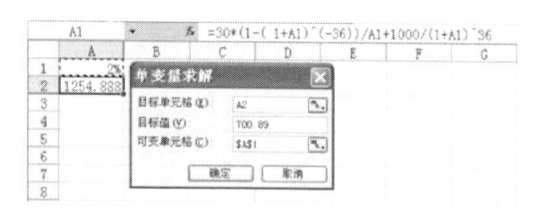

圖 1-18 到期收益率的計算

1.5.3 年度百分比利率

年度百分比利率(annual percent rate,APR):是由美國的《信貸公平法》(federal truth-in-lending act)規定的一種計息方法。其特點是:以兩次支付的最短時間間隔為複利時段,確定時段到期收益率;再將時段到期收益率乘以一年中的複利時段數。這一規定的目的,就是為了在不同的計息方式之間,建立一套能為所有人都瞭解的標準程序與方法。雖然當支付以不規則時段進行時,將表現出一些複雜性,但 APR 的使用簡化了對不同貸出期限的比較的問題。

例如,某債券按季付息,當前市場價格為 980 元,2 年後到期,息票利率為 6%,則當前債券季到期收益率為:1.770,3%,年到期收益率,按 APR 則為 1.770,3 × 4 = 7.081,3%,折算為債券相當利率則為:$[(1+1.770,3\%)^2 - 1] \times 2 = 7.143,9\%$,年實際收益率為:$(1+1.770,3\%)^4 - 1 = 7.271,4\%$。

正是因為有上述規定,所以,美國的任何金融機構在提供金融服務時,都要將所涉及的利率折算成 APR,並明確告訴顧客。而且,有關將 APR 轉換成實際利率的公式才能適用,也是基於這些規定的。

1 現金流的現值與終值

1.5.4 債券相當收益率

債券相當收益率(bond-equivalent yield):指按債券投資收益計算慣例計算的年收益率,特點是:年收益率=2×半年期實際收益率。之所以這樣,與美國債券市場上大部分企業債券都是半年付息一次有關。雖然債券相當收益率顯然不是實際收益率,因為對半年利率是以單利形式換成年利率的,但由於這是市場慣例,且只要在使用這一指標時,清楚其含義,慣例本身並不構成問題。

如某債券期限為 10 年,息票利率為 10% APR,每半年付息一次,當前價格為 980 元,5 年后到期,則該債券的半年期到期收益率為 5.26%,折算成年債券相當收益率即為 5.262,3%×2 = 10.524,6%。

要注意,對一些按月支付利息的債券,其債券相當收益率的換算又不同,是先將月收益率轉換為半年期複利的形式,再乘以 2,換成債券相當收益率,比如,上面的債券,如果息票利率是按月支付,則其月收益率為 0.876,3%,換成年債券相當收益率為:

$$[(1+0.876,3\%)^6 - 1] \times 2 = 10.749,1\%$$

1.5.5 即期利率與遠期利率

即期利率是指當前的市場利率。遠期利率是指將來某個時點上或某段時間的利率,例如,3 個月后的人民幣存款利率、貸款利率等。要注意區別的是,將來某個時段的利率,比如,當前市場上 3 年期利率,與 3 年遠期利率的含義是不同的,從下面圖 1-19 的時間線上,可以看得更清楚:

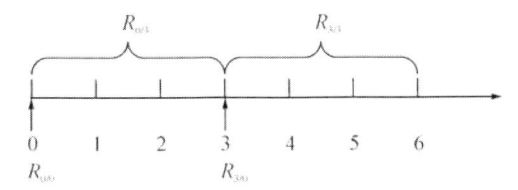

圖 1-19 即期、遠期及遠期對遠期

圖 1-19 中的 $R_{x/y}$ 表示從 x 時點上未來 y 時段的利率,其中,$R_{0/0}$ 就表示當前的即期利率,$R_{3/0}$ 表示 3 年后的即期利率,也就是 3 年的遠期利率;$R_{0/3}$ 表示當前時點上 3 年期利率;而 $R_{3/3}$ 則表示 3 年后 3 年期的利率,常被稱為遠期對遠期利率,即 3 年后的 3 年期遠期利率。

在上面的時間線中,如果我們知道了 $R_{0/3}$ 和 $R_{0/6}$,就可以求出 $R_{3/3}$,或者如果知道了 $R_{0/3}$ 和 $R_{3/3}$,就可以求出 $R_{0/6}$。根據一價原理或無套利原理,任何投資,無論採用先 3 年,再將 3 年投資的收入按 3 年后的遠期利率再投資 3 年的收益都應與直接投資 6 年的收益相等:

$$(1 + R_{0/3})^3 (1 + R_{3/3})^3 = (1 + R_{0/6})^6$$

$$R_{3/3} = \left(\frac{(1+R_{0/6})^6}{(1+R_{0/3})^3}\right)^{\frac{1}{3}} - 1$$

用一般的公式表示,則遠期利率與即期利率的關係是:

$$R_{t/m} = \left(\frac{(1+R_{0/t+m})^{t+m}}{(1+R_{0/t})^t}\right)^{\frac{1}{m}} - 1 \tag{1.23}$$

其中:$R_{t/m}$表示從第 t 期開始后 m 期的遠期利率。假如當前 3 年期的即期利率為 8%,6 年期即期利率為 10%,則 3 年對 3 年的遠期利率為:

$$R_{3/3} = \left(\frac{(1+R_{0/6})^6}{(1+R_{0/3})^3}\right)^{\frac{1}{3}} - 1$$

$$= \left(\frac{(1+10\%)^6}{(1+8\%)^3}\right)^{\frac{1}{3}} - 1$$

$$= 12.35\%$$

根據當前時點上,以后各期的利率,按上圖的表述,即 $R_{0/1}$、$R_{0/1}$、$R_{0/2}$、$R_{0/3}$、$R_{0/4}$ ……繪成的曲線,被稱為即期利率曲線,有時也被稱為利率的期限結構(term structure of interest rates)。在將未來現金流貼現為現值的時候,利率的期限結構是非常重要的。

1.5.6 貼現率

貼現率不同於通常意義上的利率,例如,當企業用商業票據向銀行申請貼現時,銀行使用的就是折扣利率。貼現時計算利息和貼現率的方法是:

貼現利息=票面金額×貼現率

貼現率=貼現利息/票面金額

貼現金額=票面金額−貼現利息

要注意的是,貼現利息是在貼現時支付的,而不是在票據到期時支付的。假定某企業擁有面值為 100 萬元的銀行承兌匯票,離付款日還有 30 天,銀行用這張匯票按 10%的年貼現率貼現,則可以得到的現金總額為:100−100×10%×30/360=99.166.67 萬元。

要注意的是,貼現利息是在貼現時支付的,而不是在票據到期時支付的。支付利息時間上的差異,使表面上看起來 10%的貼現利率與通常說的貸款利率沒有區別,但同等名義利率下的貼現利率應比銀行普通貸款利率更高。例如,在上例中,企業實際融得的資金為 99.17 萬元,而到期時支付的本息總額為 100 萬元、30 天 10%的利息為 0.833,33 萬元。如果將其折算為通常使用的貸款利率,應當為 360×0.833,33/(99.166,667×30)=10.084,0%。可見名義貼現利率相同時,企業的實際融資利率是高於名義利率相同的貸款利率的。

1 現金流的現值與終值

銀行貼現利率轉換成實際利率的方法是：

實際利率＝銀行貼現利率／（1－銀行貼現利率） (1.24)

注意這個公式是對年利率而言的，而且轉換后的利率，也是按 1 年 360 天計算的。如果期限為一年時，則需要轉換為下面的公式：

年實際利率＝（365／貼現天數）×貼現利息／貼現額 (1.25)

上面的例，轉換成 365 天一年的實際利率為：11.036%

除了企業可以持有的商業票據、承兌匯票等向商業銀行貼現外，商業銀行也可利用貼現所得的票據向中央銀行申請再貼現。中央銀行通過調節再貼現利率，可以控制商業銀行通過再貼現獲得貸款的成本，從而影響商業銀行的信貸規模。

1.6 情景分析（If-Then）

IF 函數根據對指定條件的邏輯判斷的真假結果，返回相應的內容；若為 true 就返回第二個參數，假如為 false 則返回第三個參數。而邏輯值測試的條件就只有兩種情況，分別為 true 或 false。IF 函數的語法為：

IF(logical_test,Value_if_true,Value_if_false)

其中：logical_test——條件式，會產生 TRUE 或 FALSE 的結果。Value_if_true——若是第 1 個參數的條件式測試為 TRUE，則會返回此參數為輸出的結果，若省略此參數，邏輯測試為 TRUE 時，則會返回結果值為 TRUE。Value_if_false——若是第 1 個參數的條件式測試為 FALSE，則會返回此參數為輸出的結果，若省略此參數，邏輯測試為 FALSE 時，則會返回結果值為 FALSE。

總之，如果第一個參數 logical_test 返回的結果為真的話，則執行第二個參數 Value_if_true 的結果，否則執行第三個參數 Value_if_false 的結果。

比如，是否值得對某一項目投資，人們常常需要考察該項目的淨現值，當 NPV>0 時，該項目值得投資，否則放棄該項目。這類問題的甄選、決策過程，可以借助 Excel 中的 IF 函數加以體現。

【例題 1-21】某項目初始投資 $ 100,000，預期接下來的 3 年內會獲得如下回報：$ 30,000、$ 40,000、$ 50,000，假設 10% 的收益率保持不變。請問該項目是否值得投資。

按照第一節所示的 NPV 分析方法，我們可以將 3 年的現金流入量按照 10% 折現，進而得到該項目的淨現值為－$ 2,103.68（顯示在表 1-21 的單元格 B6 中）。由 NPV <0 可知，該項目應該放棄，該過程體現在單元格 A7 中（「=IF(NPV>0,「投資」,「不投資」)」），因為 NPV<0，所以 IF 函數分析的結果是「不投資」，顯示在單元格 A7 中。但是，當我們假設未來 3 年的現金流變為 $ 40,000、$ 40,000、$ 50,000 時，其他條件

Excel 在實驗金融學中的應用

不變的情況下,我們可得此時的淨現值為 $ 6,987.228(顯示在單元格 B8 中),相應的結論是該項目應該投資(顯示在單元格 A8 中,其語法仍為:「=IF(NPV>O,「投資」,「不投資」)」。

表 1-22　　　　　　　利用 IF-THEN 作情景分析　　　　　　　單位:美元

	A	B	C	D	E
1	利率	10%			
2		0	1	2	3
3					
4		-100,000	30,000	40,000	50,000
5	現值		27,272.73	33,057.85	37,565.74
6	淨現值	-2,103.68			
7	不投資				
8	投資	6,987.228	36,363.64	33,057.85	37,565.74

與此類似的還有期權,我們知道一份期權執行與否取決於標的資產的執行價格與現價之間的關係,對於看漲期權,當執行價格>現價時,期權被執行,反之不執行。這個過程也可以借助 IF 函數來體現,用公式「=IF(執行價格>現價,『執行』,『不執行』)」表示即可。對於看跌期權,也可用類似的結論。

當然,實際應用中評價通常會有多個等級,比如優、良、中、合格、不合格等。因此,我們可以使用多層嵌套的辦法來解決含有多個等級的一次性區分問題。

【例題 1-22】某企業準備制定新一年的銷售方案,根據以往的經驗:如果投入成本不少於 10 萬元,當年可獲得利潤 50 萬元以上;如果投入成本不少於 8 萬元,當年可獲得利潤 25 萬元以上;如果投入成本為 5 萬元,當年剛好盈虧平衡。整個成本與收益的關係怎樣用 Excel 加以表述呢?

如表 1-22 所示,我們只需在單元格 A1 中輸入成本數據,且在單元格 A2 中寫入公式:「=IF(A1>=5,IF(A1>=8,IF(A1>=10,"50","25"),"盈利"),"0")」。

寫成「=IF(A1>8,"25",IF(A1>10,"50",IF(A1=5,"0")))」也可,但沒有第一式表示全面)。其語法解釋為:如果單元格 A1 的值不小於 5,則執行第二個參數,在這裡為嵌套函數,繼續判斷單元格 A1 的值是否不小於 8,如果滿足,則繼續執行第三個參數,判斷單元格 A1 的值是否不小於 10,如果是,則在單元格 A2 中顯示「50」(如圖中單元格 B2 所示,對應的公式為:「=IF(A2>=5,IF(A2>=8,IF(A2>=10,"50","25"),"盈利"),"0")」),若 A1 中的值滿足 8≤A1<10,單元格 A2 中便會顯示「25」(如圖中單元格 A2 所示,對應的公式為:「=IF(A1>=5,IF(A1>=8,IF(A1>=10,"50","25"),"盈利"),"0")」),同理,如果 A1 的值滿足 5≤A1<8,則在單元格 A2 中顯示「盈利」字樣(如圖中單元格 B3 所示,對應的公式為:「=IF(A3>=5,IF(A3>=8,

1 現金流的現值與終值

IF(A3>=10,"50","25"),"盈利"),"0")」),否則,則執行最後一個參數,即在單元格 A2 中顯示「0」。

表 1-23　　　　　　　　　　用 IF 嵌套功能　　　　　　　　　單位:萬元

	A	B	C
1	9		
2	25	50	
3	6.5	盈利	公式為「=IF(A3>=5,IF(A3>=8,IF(A3>=10,"50","25"),"盈利"),"0")」

(註:各單元格中的值是按上述操作后所得結果)。

注意:為了解釋起來比較方便,我們在這裡僅做三重嵌套的示例,大家可以按照實際情況進行更多重的嵌套。但請注意 Excel 的 IF 函數最多允許七重嵌套,並且用 Value_if_false 及 Value_if_true 參數可以構造複雜的檢測條件。

2 貸款償付

　　企業和個人從銀行等金融機構或其他單位借入的貸款有多種償還本金和利息的方式:貸款到期一次償還本金和利息;每年償還利息到期償還本金;每年償還等額本金和貸款餘額應付的利息;每年償還等額的利息加本金。前三種還款方式的本金和支付的利息容易分清,而最后一種方式還必須分別計算每年償還的本金和利息。

　　隨著人民生活水平的提高和消費觀念的轉變,越來越多的人向銀行等金融機構進行長、短期借款,用於購買住房、汽車或其他價值較高的耐用消費品。無論是商業貸款還是消費貸款,基本上採用的還款方式都是每期償還等額的本金加利息(即等額分期償還方式)。

　　在 Excel 2003 所提供的財務函數中,PPMT 函數、IPMT 函數、PMT 函數、CUMPRINC 函數、CUMIPMT 函數可以用於計算固定利率、等額分期還款方式下貸款的本金、利息、本利和的償付額;與貸款的償付問題有關的函數還有 RATE 函數、NPER 函數、EFFECT 函數、NOMINAL 函數。本章就與貸款償付問題有關的這些函數的用法作詳細的介紹;除此之外,本章還詳細介紹利用 Excel2003 來製作各種類型貸款的本息償付表的具體過程。

● 2.1 本金、利息的單期償付

2.1.1 當償付週期等於或小於一年時,各期利率 RATE 和總償付期數 NPER 之間的關係

　　如果對年利率為 24%、為期 4 年的貸款每年進行一次償付,則每年的各期利率 RATE 應為 24%/1,總償付期數 NPER 應為「4*1」;如果對同樣的一筆貸款每月進行

2 貸款償付

一次償付,則每月的各期利率 RATE 應為 24%/12,總償付期數 NPER 應為「4*12」。

為了讓讀者更好地掌握 RATE 和 NPER 之間的關係,下面以 5 年期、年利率為 24% 的貸款為例,說明在各不同償付週期下所對應的 RATE 和 NPER 之間的關係,如表 2-1 所示。

表 2-1   不同償付週期下 RATE 和 NPER 之間的關係

貸款種類	償付週期	Excel 公式中的 RATE 和 NPER	
		RATE	NPER
5 年期、年利率為 24% 的貸款	1 年(即每年償付一次)	24%/1 = 24%	5 * 1 = 5
5 年期、年利率為 24% 的貸款	6 個月(即每年償付 2 次)	24%/2 = 12%	5 * 2 = 10
5 年期、年利率為 24% 的貸款	4 個月(即每年償付 3 次)	24%/3 = 8%	5 * 3 = 15
5 年期、年利率為 24% 的貸款	3 個月(即每年償付 4 次)	24%/4 = 6%	5 * 4 = 20
5 年期、年利率為 24% 的貸款	2 個月(即每年償付 6 次)	24%/6 = 4%	5 * 6 = 30
5 年期、年利率為 24% 的貸款	1 個月(即每年償付 12 次)	24%/12 = 2%	5 * 12 = 60

2.1.2 單期的本金償付——PPMT 函數

PPMT 函數是基於固定利率及等額分期付款的方式,返回某項投資(或貸款)在某一給定期次內的投資回報(或貸款償付)的本金數額。PPMT 函數的格式為:PPMT(rate,per,nper,pv,fv,type)。

PPMT 函數中各參數的信息如下:

rate 為各期利率。例如,如果按 12% APR 的年利率借入一筆貸款來購買汽車,並按月償還貸款,則月利率為 12%/12(即 1%)。可以在公式中輸入 12%/12、1% 或 0.01 作為 rate 的值。

per 為計算其本金償付數額的指定期數,其值必須在 1~nper 之間。

nper 為總投資(或貸款)期數,即該項投資(或貸款)的付款期總數。例如,對一筆 5 年期、按月償付的汽車貸款,共有「5 * 12」(即 60) 個償付期數。可以在公式中輸入「5 * 12」或 60 作為 nper 的值。

pv 為現值,即從該項投資(或貸款)開始計算時已經入帳的款項,或一系列未來付款的現值的累積和,也稱為本金。

fv 為終值,或在最後一次付款後希望得到的現金餘額,如果省略 fv,則假設其值為零(一筆貸款的終值即為零)。

type 用以指定各期付款時間是在期初還是期末,其取值為 0 或 1。當 type 取 0 或省略時,其指付款方式為期末付款;當 type 取 1 時,表示付款方式為期初付款。

說明:應確認所指定的 rate 和 nper 單位的一致性。例如,同樣是 5 年期、年利率

Excel 在實驗金融學中的應用

12%的貸款,如果每月償付一次,rate 應為 12%/12,nper 應為「5 * 12」;如果每年償付一次,rate 應為 12%/1,nper 應為「5 * 1」。

對於所有參數,流出的款項,如銀行存款,表示為負數;流入的款項,如股息收入,因其為現金流入,所以表示為正數。例如,對於儲戶來說,雖然 1,000 元錢是自己的錢,但當存入銀行時,是現金的流出,因此在使用 Excel 計算利息等問題時,通常表示為參數 -1,000;而對於銀行,儘管這 1,000 元是銀行的負債,但由於是現金流入,故一般表示為正的 1,000 元。

PPMT 函數主要用於固定利率和等額分期付款條件下,某項貸款(如住房按揭貸款、汽車貸款、教育貸款)在指定的某一期次內償付的本金部分;該函數還可以用於計算某項投資活動在固定貼現率和未來收入為一系列等額收入流情況下,未來某一指定期次收入流中用於補償本金投入的數額。

【例題 2-1】現有一筆 5 年期、本金為 10,000 元、年利率為 10% 的銀行貸款,分別求第 3 個月、第 10 個月、第 20 個月月末的本金償付額是多少?

根據題意,本例可以利用 PPMT 函數計算其結果,具體操作步驟如下:

(1)選定 B7 單元格,然后單擊菜單欄中的「插入」菜單項,在「插入」菜單項下單擊「函數」子菜單,在彈出的「粘貼函數」對話框選擇「財務」類型中的「PPMT」函數,彈出「PPMT 函數參數」對話框。

(2)輸入相關的數據,如圖 2-1 所示。

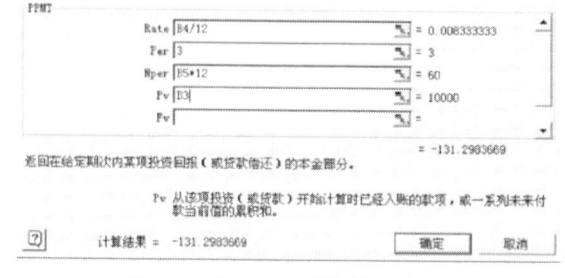

圖 2-1 「PPMT 函數參數」對話框

(3)點擊「確定」按鈕,然后右鍵單擊 B7 單元格,在彈出的菜單中選擇「設置單元格格式」子菜單,在彈出的「單元格格式」對話框中選擇「數字」分類中的「貨幣」,再點「確定」按鈕,即可在 B7 單元格中顯示出計算結果為 ¥-131.30。

(4)選定 B8 單元格,重複上述(1)、(2)、(3)之步驟,把(2)步驟中的「PPMT 函數參數」對話框裡的 Per 的值設為 10,其餘參數值完全一樣,即可在 B8 單元格中顯示出計算結果為 ¥-139.15。

(5)選定 B9 單元格,重複上述(1)、(2)、(3)之步驟,把(2)步驟中的「PPMT 函數參數」對話框裡的 Per 的值設為 20,其餘參數值完全一樣,即可在 B9 單元格中顯示出計算結果為 ¥-151.19。

2 貸款償付

也可以點擊 B7 單元格,然后直接在編輯欄中輸入公式:＝PPMT(B4/12,3,B5*12,B3),之后右鍵單擊 B7 單元格,在彈出的菜單中選擇「設置單元格格式」子菜單,在彈出的「單元格格式」對話框中選擇「數字」分類中的「貨幣」,再點「確定」按鈕,也可在 B7 單元格中顯示出計算結果為 ¥-131.30;點擊 B8 單元格,然后直接在編輯欄中輸入公式:＝PPMT(B4/12,10,B5*12,B3),再重複上述 B7 的操作步驟,也可在 B8 單元格中顯示出計算結果為 ¥-139.15;點擊 B9 單元格,然后直接在編輯欄中輸入公式:＝PPMT(B4/12,20,B5*12,B3),再重複上述 B7 的操作步驟,也可在 B9 單元格中顯示出計算結果為 ¥-151.19。

最后的計算結果如表 2-2 所示,從結果中可以看出,隨著還款期數的增加,每期所需償付的本金額是逐漸增加的。Excel 表格中的「-」號僅表示付出款項,並不代表付出負的款項,即並不代表收到款項,本章其他各例 Excel 表格中的「-」號也表示此意義,此后不再贅述。

表 2-2　　　　PPMT 函數應用——單期貸款本金償付額的計算

	A	B
1	單期的本金償付額計算	
2		
3	貸款金額	¥10,000
4	年利率	10%
5	期限(單位:年)	5
6	還款方式	每月月末
7	第 3 個月本金償付額	¥-131.30
8	第 10 個月本金償付額	¥-139.15
9	第 20 個月本金償付額	¥-151.19

註:PPMT(rate,per,nper,pv,fv,type)。

2.1.3 單期的利息償付——IPMT 函數

IPMT 函數是基於固定利率及等額分期付款的方式,返回某項投資(或貸款)在某一給定期次內的投資回報(或貸款償付)的利息數額。IPMT 函數的格式為:IPMT(rate,per,nper,pv,fv,type)。

IPMT 函數中各參數的詳細信息與 PPMT 函數中各參數信息相同,請讀者自行參閱 PPMT 函數部分,在此不再贅述。

IPMT 函數主要用於固定利率和等額分期付款條件下,某項貸款(如住房按揭貸款、汽車貸款、教育貸款)在指定的某一期次內償付的利息部分;該函數還可以用於計算某項投資活動在固定貼現率和未來收入為一系列等額收入流情況下,未來某一指定

Excel 在實驗金融學中的應用

期次收入流中相當於利息收入的數額。

【例題 2-2】現有一筆 5 年期、本金為 10,000 元、年利率為 10% 的銀行貸款,分別求第 3 個月、第 10 個月、第 20 個月月末的利息償付額是多少?

根據題意,本例可以利用 IPMT 函數計算其結果,具體操作步驟如下:

(1)選定 B7 單元格,然后單擊菜單欄中的「插入」菜單項,在「插入」菜單項下單擊「函數」子菜單,在彈出的「粘貼函數」對話框中選擇「財務」類型的「IPMT」函數,彈出「IPMT 函數參數」對話框。

(2)輸入相關的數據,如圖 2-2 所示。

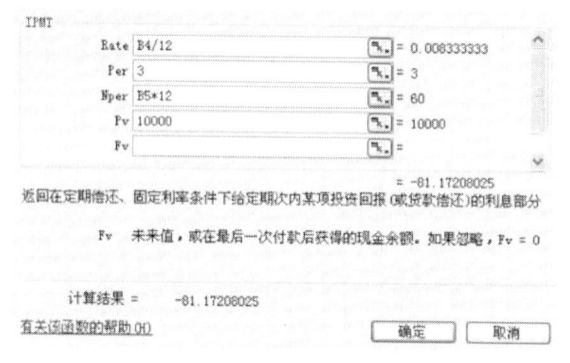

```
IPMT
    Rate  B4/12              = 0.008333333
    Per   3                  = 3
    Nper  B5*12              = 60
    Pv    10000              = 10000
    Fv                       =
                             = -81.17208025
返回在定期償還、固定利率條件下給定期次內某項投資回報(或貸款償還)的利息部分
    Fv  未來值,或在最后一次付款后獲得的現金余額。如果忽略,Fv = 0

計算結果 =   -81.17208025
有關該函數的幫助(H)         確定    取消
```

圖 2-2 「IPMT 函數參數」對話框

(3)點擊「確定」按鈕,然后右鍵單擊 B7 單元格,在彈出的菜單中選擇「設置單元格格式」子菜單,在彈出的「單元格格式」對話框中選擇「數字」分類中的「貨幣」,再點「確定」按鈕,即可在 B7 單元格中顯示出計算結果為 ¥-81.17。

(4)選定 B8 單元格,重複上述(1)、(2)、(3)之步驟,把(2)步驟中的「IPMT 函數參數」對話框裡的 Per 的值設為 10,其餘參數值完全一樣,即可在 B8 單元格中顯示出計算結果為 ¥-73.32。

(5)選定 B9 單元格,重複上述(1)、(2)、(3)之步驟,把(2)步驟中的「IPMT 函數參數」對話框裡的 Per 的值設為 20,其餘參數值完全一樣,即可在 B9 單元格中顯示出計算結果為 ¥-61.28。

也可以點擊 B7 單元格,然后直接在編輯欄中輸入公式:=IPMT(B4/12,3,B5*12,B3),之後右鍵單擊 B7 單元格,在彈出的菜單中選擇「設置單元格格式」子菜單,在彈出的「單元格格式」對話框中選擇「數字」分類中的「貨幣」,再點「確定」按鈕,也可在 B7 單元格中顯示出計算結果為 ¥-81.17;點擊 B8 單元格,然后直接在編輯欄中輸入公式:=IPMT(B4/12,10,B5*12,B3),再重複上述 B7 的操作步驟,也可在 B8 單元格中顯示出計算結果為 ¥-73.32;點擊 B9 單元格,然后直接在編輯欄中輸入公式:=IPMT(B4/12,20,B5*12,B3),再重複上述 B7 的操作步驟,也可在 B9 單元格中顯示出計算結果為 ¥-61.28。

2 貸款償付

最后的計算結果如表 2-3 所示,從結果中可以看出,隨著還款期數的增加,每期所需償付的利息額是逐漸減少的,這一結論與上述利用 PPMT 函數計算每期的本金償付額的結論正好相反;隨著還款期數的增加,每期所需償付的本金額是逐漸增加的。

表 2-3　　　　　　IPMT 函數應用——單期貸款利息償付額的計算

	A	B
1	單期的利息償付額計算	
2		
3	貸款金額	¥ 10,000
4	年利率	10%
5	期限(單位:年)	5
6	還款方式	每月月末
7	第 3 個月利息償付額	¥ -81.17
8	第 10 個月利息償付額	¥ -73.32
9	第 20 個月利息償付額	¥ -61.28

註:IPMT(rate,per,nper,pv,fv,type)。

2.2　貸款的分期等額償付——PMT 函數

PMT 函數是基於固定利率及等額分期付款的方式,返回某項投資或貸款的等額分期償付額。PMT 函數的格式為：PMT(rate,nper,pv,fv,type)。

PMT 函數中各參數的詳細信息與 PPMT 函數中各參數信息相同,請讀者自行參閱 PPMT 函數部分,在此不再累述。

PMT 函數主要用於基於固定利率和分期付款條件下,各種貸款的等額分期償付數額的計算,如住房的按揭貸款、汽車貸款、教育貸款;其還可以用來計算儲戶的零存整取儲蓄額,如儲戶想在幾年後達到一定的存款額,給定存款利率和儲蓄期限,利用該函數可計算出每月應存入銀行的金額數;另外,該函數還可以用於計算個人的保險、養老金的分期投入額。

【例題 2-3】現有一筆 5 年期、本金為 10,000 元、年利率為 10%的銀行貸款,分別求出在每月月末或月初兩種付款方式下,每月需要償付的金額為多少?

根據題意,本例可以利用 PMT 函數計算其結果,具體操作步驟如下:

(1) 選定 B7 單元格,然后單擊菜單欄中的「插入」菜單項,在「插入」菜單項下單擊「函數」子菜單,在彈出的「粘貼函數」對話框中選擇「財務」類型的「PMT」函數,彈出「PMT 函數參數」對話框,如圖 2-3 所示。

Excel 在實驗金融學中的應用

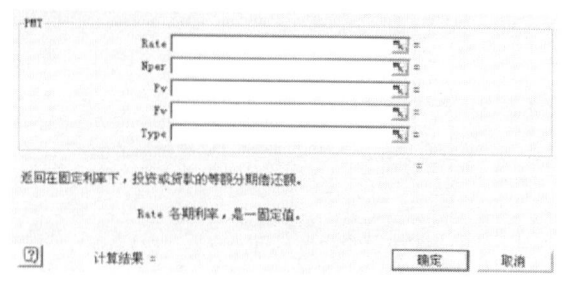

圖 2-3 「PMT 函數參數」對話框

（2）輸入相關的數據。注意當是月末付款方式時，type 取 0 值或省略；當是月初付款方式時，type 取值為 1。

（3）單擊「確定」按鈕，然後右鍵單擊 B7 單元格，在彈出的菜單中選擇「設置單元格格式」子菜單，在彈出的「單元格格式」對話框中選擇「數字」分類中的「貨幣」，再點「確定」按鈕，即可在 B7 單元格中顯示出計算結果。如果是月末付款方式，則 B7 單元格顯示計算結果為￥-212.47，如表 2-4 所示。如果是月初付款方式，則 B7 單元格顯示計算結果為￥-210.71，如表 2-5 所示。

也可以點擊 B7 單元格，當是月末付款方式時，直接在編輯欄中輸入公式：=PMT(B6/12,B4*12,B3)；當是月初付款方式時，直接在編輯欄中輸入公式：=PMT(B6/12,B4*12,B3,0,1)。然後單擊工作表中任一空白單元格，之後右鍵單擊 B7 單元格，在彈出的菜單中選擇「設置單元格格式」子菜單，在彈出的「單元格格式」對話框中選擇「數字」分類中的「貨幣」，也可得出表 2-4 和表 2-5 所示結果。比較這兩個結果，月末付款方式每月所需償付的金額大於月初付款方式每月所需償付的金額。

表 2-4　PMT 函數應用——等額本利和償付額的計算（月末付款方式）

	A	B
1	單期的本利和償付額計算	
2		
3	貸款總額	￥10,000
4	貸款期限（單位：年）	5
5	付款方式	月末等額付款
6	年利率	10%
7	每月償付額	￥-212.47

註：PMT(rate,nper,pv,fv,type)。

2 貸款償付

表2-5　PMT函數應用——等額本利和償付額的計算(月初付款方式)

	A	B
1	單期的本利和償付額計算	
2		
3	貸款總額	￥10,000
4	貸款期限(單位:年)	5
5	付款方式	月初等額付款
6	年利率	10%
7	每月償付額	￥-210.71

註:PMT(rate,nper,pv,fv,type)。

通過以上的例子可以發現,PPMT函數、IPMT函數和PMT函數既有區別又有聯繫。這三個函數的區別點在於:PPMT函數用於求某期的本金償付額;IPMT函數用於求某期的利息償付額;PMT函數則用於求各期的本金和利息之和的償付額。這三者的聯繫在於:某一期次的PPMT函數的計算結果加上相同期次的IPMT函數的計算結果正好等於PMT函數的計算結果。如在上述例子中,PPMT函數計算的第3個月的本金償付額加上IPMT函數計算的第3個月的利息償付額正好等於PMT函數計算的每月償付額:-131.30+(-81.17)=-212.47。

2.3　貸款的跨期累積償付

前述的PPMT函數和IPMT函數只能分別計算某一期次償付的本金額和利息額,要計算多期累積的本金和利息就要用另外兩個函數CUMPRINC函數和CUMIPMT函數。這兩個函數可以根據指定的首、末期,分別計算其間累積償付的貸款本金額和利息額。在這兩個函數中,增加了首期、末期兩個參數:start_period和end_period。

2.3.1　本金的累積償付——CUMPRINC函數

CUMPRINC函數是基於固定利率及等額分期付款的方式,返回某項投資(或貸款)在給定的首期到末期期間累積的投資回報(或貸款償付)的本金數額。CUMPRINC函數的格式為:CUMPRINC(rate,nper,pv,start_period,end_period,type)。

有關CUMPRINC函數中rate參數、nper參數、pv參數和type參數的詳細信息,請讀者自行參閱PPMT函數部分,此處只給出start_period參數和end_period參數的信息。

start_period為計算中的首期,付款期數從1開始,1≤start_period≤nper;end_

period 為計算中的末期,1≤end_period≤nper,且 start_period≤end_period。當 start_period=end_period 時,CUMPRINC 函數計算的結果與 PPMT 函數計算的結果相同,都是計算某一指定期次的貸款的本金償付數額。

說明:①nper、start_period、end_period 和 type 將被截尾取整。②如果 rate≤0、nper≤0 或 pv≤0,CUMPRINC 函數返回錯誤值「#NUM!」。③如果 start_period<1、end_period<1 或 start_period>end_period,CUMPRINC 函數返回錯誤值「#NUM!」。④如果 type 不是數字 0、1 或省略,CUMPRINC 函數返回錯誤值「#NUM!」。

CUMPRINC 函數主要用於固定利率和等額分期付款條件下,某項貸款(如住房按揭貸款、汽車貸款、教育貸款)在指定的首期到末期期間累積償付的本金數額;該函數還可以用於計算某項投資活動在固定貼現率和未來收入為一系列等額收入流情況下,未來指定的首期到末期期間一系列收入流中用於補償本金投入的累積數額。

【例題 2-4】假定從某銀行貸款 100 萬元,在 10 年內以等額分期償還方式償還,年利率為 10%,求第 1 年到第 5 年末累積共償付了多少本金?

根據題意,本例可以利用 CUMPRINC 函數計算其結果,具體操作步驟如下:

(1)選定 B7 單元格,然后單擊菜單欄中的「插入」菜單項,在「插入」菜單項下單擊「函數」子菜單,在彈出的「粘貼函數」對話框選擇「財務」類型中的「CUMPRINC」函數,彈出「CUMPRINC 函數參數」對話框。

(2)輸入相關的數據,如圖 2-4 所示。

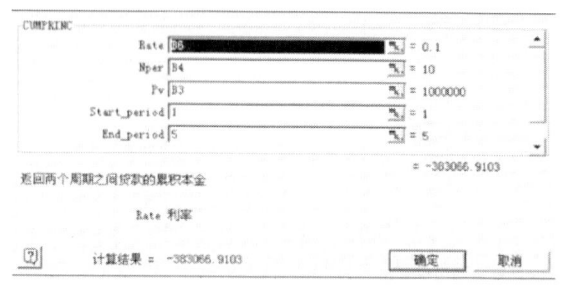

圖 2-4 「CUMPRINC 函數參數」對話框

(3)點擊「確定」按鈕,然后右鍵單擊 B7 單元格,在彈出的菜單中選擇「設置單元格格式」子菜單,在彈出的「單元格格式」對話框中選擇「數字」分類中的「貨幣」,再點「確定」按鈕,即可在 B7 單元格中顯示出計算結果為 ¥-383,066.91。如表 2-6 所示。

也可以點擊 B7 單元格,然后直接在編輯欄中輸入公式:=CUMPRINC(B6,B4,B3,1,5,0),再單擊工作表中任一空白單元格,之後右鍵單擊 B7 單元格,在彈出的菜單中選擇「設置單元格格式」子菜單,在彈出的「單元格格式」對話框中選擇「數字」分類中的「貨幣」,也可得出表 2-6 所示結果。

2 貸款償付

表 2-6　　　　CUMPRINC 函數應用——跨期貸款本金償付額的計算

	A	B
1	跨期的本金累積償付額計算	
2		
3	貸款總額	￥1,000,000
4	貸款期限(單位:年)	10
5	付款方式	每年年末
6	年利率	10%
7	第1年到第5年年末本金累積償付額	￥-383,066.91

註:CUMPRINC(rate,nper,pv,start_period,end_period,type)

2.3.2 利息的累積償付——CUMIPMT 函數

CUMIPMT 函數是基於固定利率及等額分期付款的方式,返回一筆投資(或貸款)在給定的首期到末期期間內累積的投資回報(或貸款償付)的利息數額。CUMIPMT函數的格式為:CUMIPMT(rate,nper,pv,start_period,end_period,type)。

CUMIPMT 函數中各參數的詳細信息與 CUMPRINC 函數中各參數的信息相同,請讀者自行參閱 PPMT 函數部分與 CUMPRINC 函數部分。

CUMIPMT 函數主要用於固定利率和等額分期付款條件下,某項貸款(如住房按揭貸款、汽車貸款、教育貸款)在指定的首期到末期期間累積償付的利息數額;該函數還可以用於計算某項投資活動在固定貼現率和未來收入為一系列等額收入流的情況下,未來指定的首期到末期期間一系列收入流中相當於利息收入的累積數額。

【例題 2-5】假定從某銀行貸款 100 萬元,在 10 年內以等額分期償還方式償還,年利率為 10%,求第 1 年到第 5 年年末累積共償付了多少利息?

根據題意,本例可以利用 CUMIPMT 函數計算其結果,具體操作步驟如下:

(1)選定 B7 單元格,然後單擊菜單欄中的「插入」菜單項,在「插入」菜單項下單擊「函數」子菜單,在彈出的「粘貼函數」對話框中選擇「財務」類型中的「CUMIPMT」函數,彈出「CUMIPMT 函數參數」對話框。

(2)輸入相關的數據,如圖 2-5 所示。

(3)點擊「確定」按鈕,然後右鍵單擊 B7 單元格,在彈出的菜單中選擇「設置單元格格式」子菜單,在彈出的「單元格格式」對話框中選擇「數字」分類中的「貨幣」,再點「確定」按鈕,即可在 B7 單元格中顯示出計算結果為:￥-430,660.06,如表 2-7 所示。

也可以點擊 B7 單元格,然後直接在編輯欄中輸入公式:=CUMIPMT(B6,B4,B3,1,5,0),再單擊工作表中任一空白單元格,之後右鍵單擊 B7 單元格,在彈出的菜單中選擇「設置單元格格式」子菜單,在彈出的「單元格格式」對話框中選擇「數字」分類中的「貨幣」,再點「確定」按鈕,也可得出表 2-7 所示結果。

45

Excel 在實驗金融學中的應用

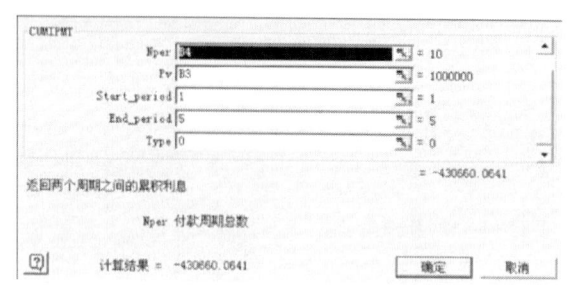

圖 2-5 「CUMIPMT 函數參數」對話框

表 2-7　　CUMIPMT 函數應用——跨期貸款利息償付額的計算

	A	B
1	跨期的利息累積償付額計算	
2		
3	貸款總額	¥ 1,000,000
4	貸款期限(單位:年)	10
5	付款方式	每年年末
6	年利率	10%
7	第1年到第5年年末利息累積償付額	¥ -430,660.06

註:CUMIPMT(rate,nper,pv,start_period,end_period,type)。

2.3.3　本金和利息之和的累積償付

若要計算一筆投資(或貸款)在給定的首期到末期期間內累積償付的本金和利息之和的數額,只需將相應的 CUMPRINC 計算結果和相應的 CUMIPMT 計算結果相加即可。也可以直接利用 PMT 函數求出各期償付的金額,再用此金額乘以首期至末期的期間數即可。

【例題2-6】假定從某銀行貸款100萬元,在10年內以等額分期償還方式償還,年利率為10%,求第1年到第5年年末累積共償付了多少本利和?

本例解題步驟:

(1)點擊 B7 單元格,然后直接在編輯欄中輸入公式:= CUMPRINC(B6,B4,B3,1,5,0),再單擊工作表中任一空白單元格,之后右鍵單擊 B7 單元格,在彈出的菜單中選擇「設置單元格格式」子菜單,在彈出的「單元格格式」對話框中選擇「數字」分類中的「貨幣」,再點「確定」按鈕,則在 B7 單元格中顯示第1年到第5年年末本金的累積償付數額:¥-383,066.91。

(2)點擊 B8 單元格,然后直接在編輯欄中輸入公式:= CUMIPMT(B6,B4,B3,1,5,0),再單擊工作表中任一空白單元格,之后右鍵單擊 B8 單元格,在彈出的菜單中選

46

2 貸款償付

擇「設置單元格格式」子菜單,在彈出的「單元格格式」對話框中選擇「數字」分類中的「貨幣」,再點「確定」按鈕,則在 B8 單元格中顯示第 1 年到第 5 年年末利息的累積償付數額:￥-430,660.06。

(3)點擊 B9 單元格,然後直接在編輯欄中輸入公式:=SUM(B7:B8),再單擊工作表中任一空白單元格,則在 B9 單元格中顯示第 1 年到第 5 年年末本利和的累積償付數額:￥-813,726.97,如表 2-8 所示。

表 2-8　　　　　　貸款的跨期累積本利和償付額計算(一)

	A	B
1	跨期累積本利和償付額計算(一)	
2		
3	貸款總額	￥1,000,000
4	貸款期限(單位:年)	10
5	付款方式	每年年末
6	年利率	10%
7	第 1 年到第 5 年年末本金累積償付額	￥-383,066.91
8	第 1 年到第 5 年年末利息累積償付額	￥-430,660.06
9	第 1 年到第 5 年年末本利和累積償付額	￥-813,726.97

也可以先利用前面介紹的 PMT 函數求出各期償付的本利和金額(在此不再累述利用 PMT 函數求出各期償付的本利和金額,請讀者自行參閱 PMT 函數部分的操作步驟),再利用此金額乘以首期至末期的期間數也可以得出計算結果,如表 2-9 所示。

表 2-9　　　　　　貸款的跨期累積本利和償付額計算(二)

	A	B
1	跨期累積本利和償付額計算(二)	
2		
3	貸款總額	￥1,000,000
4	貸款期限(單位:年)	10
5	付款方式	每年年末
6	年利率	10%
7	每年年末償付的本利和金額	￥-162,745.39
8	第 1 年至第 5 年年末累積償付的本利和金額	￥-813,726.97

2.4 相關的 RATE 函數和 NPER 函數

2.4.1 RATE 函數

RATE 函數是基於等額分期付款的方式，返回某項投資或貸款的實際利率。RATE 函數通過迭代法計算得出結果，並且可能無解或有多個解。如果在進行 20 次迭代計算後，RATE 函數的相鄰兩次結果沒有收斂於 0.000,000,1，RATE 函數將返回錯誤值「#NUM!」。RATE 函數的格式為：RATE (nper,pmt,pv,fv,type,guess)。

RATE 函數中的 nper 參數、pv 參數、fv 參數和 type 參數的詳細信息與 PPMT 函數中相應參數信息相同，請讀者自行參閱 PPMT 函數部分，在此只給出 pmt 參數和 guess 參數的信息。

pmt 為各期償付額，其值在整個投資(或貸款)期內保持不變。通常 pmt 包括本金和利息，但不包括其他費用及稅款。如果忽略了 pmt 參數的值，則必須包含 fv 參數的值。

guess 為假定利率，其作用是加速 Excel 2003 的迭代計算，使之趨於收斂。如果省略 guess，則假定該值為 10%。

如果 RATE 函數不收斂，可以改變 guess 的值。通常 guess 位於 0 到 1 之間時，RATE 函數是收斂的。

RATE 函數主要用於計算某項貸款(如住房按揭貸款、汽車貸款、教育貸款)在等額分期付款條件下的實際貸款利率；該函數也可用於投資回報的實際回報率，如某承包人建議你貸給他 50,000 元用做公共工程建設資金，並同意每年付給你 13,000 元，共支付 5 年，以此作為這筆貸款的回報。那麼你如何去決策這筆投資？如何知道這筆投資的實際回報率呢？對於這種等額分期償付或是一次償付完的投資，用 RATE 函數可以很快地計算出投資的實際回報率，然後可作出投資與否的決策。

【例題 2-7】樓宇按揭即樓房抵押貸款，是房地產信貸中的一種抵押擔保方式，從計算角度分析，這也是一個分期償還貸款的問題。如果某房產的價格為 600,000 元，銀行提供七成 15 年按揭貸款，每月付 3,600 元。利用 RATE 函數，可以計算出相應的貸款利率。

根據題意，本例可以利用 RATE 函數計算其結果，具體操作步驟如下：

(1) 選定 B9 單元格，然后單擊菜單欄中的「插入」菜單項，在「插入」菜單項下單擊「函數」子菜單，在彈出的「粘貼函數」對話框中選擇「財務」類型的「RATE」函數，彈出「RATE 函數參數」對話框。

2 貸款償付

(2) 輸入相關的數據,如圖2-6所示。

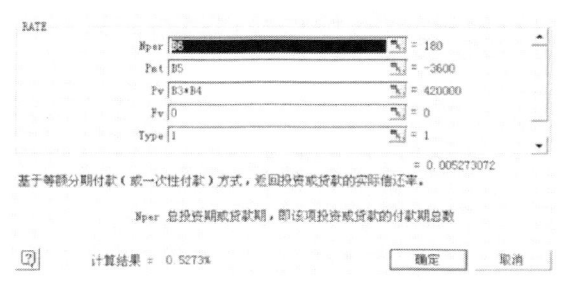

圖2-6 「RATE函數參數」對話框

(3) 點擊「確定」按鈕,然后右鍵單擊B9單元格,在彈出的菜單中選擇「設置單元格格式」子菜單,在彈出的「單元格格式」對話框中選擇「數字」分類中的「百分比」,並把小數位數設為4,即可在B9單元格中顯示出計算結果為0.527,3%。在B9單元格中得到的是貸款月利率,如果想得到貸款年利率,則在得到月利率的基礎上乘以12即可得到年利率,如單擊B10單元格,然后在編輯欄中輸入:=B9*12,再單擊工作表中任一空白單元格,即可得到貸款年APR利率為6.33%,也可以點擊B9單元格,然后直接在編輯欄中輸入公式:=RATE(B6,B5,B3*B4,0,1,),之后右鍵單擊B9單元格,在彈出的菜單中選擇「設置單元格格式」子菜單,在彈出的「單元格格式」對話框中選擇「數字」分類中的「百分比」,並把小數位數設為4,也可得出表2-10所示結果。

表2-10　　　　　　RATE函數應用——貸款利率的計算

	A	B
1	按揭貸款利率的計算	
2		
3	房款全價	¥600,000.00
4	按揭比例	70%
5	每期支付	¥-3,600.00
6	貸款期限(單位:年)	180
7	還款方式	每月月初
8		
9	按揭貸款月利率	0.527,3%
10	按揭貸款年利率	6.33%

註:RATE(nper,pmt,pv,fv,type,guess)。

2.4.2 NPER函數

NPER函數是基於固定利率及等額分期付款的方式,返回某項投資或貸款的總償

Excel 在實驗金融學中的應用

付期數。NPER 函數的格式為：NPER（rate,pmt,pv,fv,type）。

NPER 函數中的各參數的詳細信息與 PPMT 函數和 RATE 函數中相應參數信息相同,請讀者自行參閱 PPMT 函數部分和 RATE 函數部分。

NPER 函數主要用於計算固定利率及等額分期付款的方式下,某項貸款(如住房按揭貸款、汽車貸款、教育貸款)完全償清貸款本金和利息所需的總償付期數;該函數還可以用於計算某項投資活動在固定貼現率和未來收入為一系列等額收入流情況下,收入流完全用於補償本金投入所需的次數;另外,該函數還可以用於計算每期存入銀行的固定金額,為了未來能達到一定數額,所需存入的次數。

如果決定以分期償還的方式貸款,事先確定了可以承受的每期還款金額,那麼對於一定金額的貸款,在利率已知的條件下,就可以計算出貸款的償還期。

【例題 2-8】貸款金額為 150,000 元,貸款年利率為 6%,每月末償還 3,000 元。求需要多少期才能還完貸款本利?

根據題意,本例可以利用 NPER 函數計算其結果,具體操作步驟如下:

(1)選定 B7 單元格,然后單擊菜單欄中的「插入」菜單項,在「插入」菜單項下單擊「函數」子菜單,在彈出的「粘貼函數」對話框中選擇「財務」類型的「NPER」函數,彈出「NPER 函數參數」對話框。

(2)輸入相關的數據,如圖 2-7 所示。

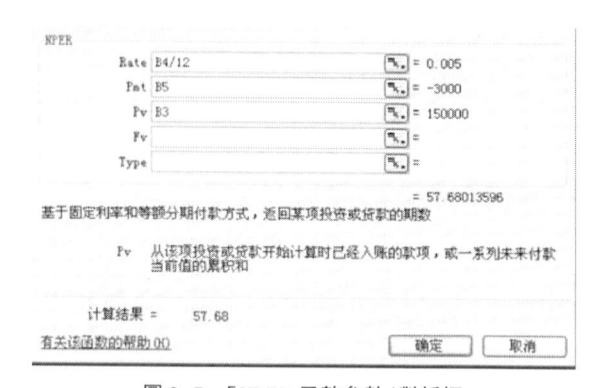

圖 2-7 「NPER 函數參數」對話框

(3)點擊「確定」按鈕,然后右鍵單擊 B7 單元格,在彈出的菜單中選擇「設置單元格格式」子菜單,在彈出的「單元格格式」對話框中選擇「數字」分類中的「數值」,並把「小數位數」設置為 2,即可在 B7 單元格中顯示出計算結果為 57.68,此計算結果表示需要 57.68 個月才能還完貸款本利。

也可以點擊 B7 單元格,然后直接在編輯欄中輸入公式:=NPER(B4/12,B5,B3),之后右鍵單擊 B7 單元格,在彈出的菜單中選擇「設置單元格格式」子菜單,在彈出的「單元格格式」對話框中選擇「數字」分類中的「數值」,並把「小數位數」設置為 2,也可得出表 2-11 所示結果。

2 貸款償付

表 2-11　　　　　　　NPER 函數應用——貸款償付期數的計算

	A	B
1	還貸期限計算	
2		
3	貸款金額	¥ 150,000
4	年利率	6%
5	每月末償還	¥ -3,000
6		
7	還貸期限	57.68

註：NPER（rate, pmt, pv, fv, type）。

2.5　實際利率和名義利率的換算——EFFECT 函數和 NOMINAL 函數

前面介紹的所有函數，在參數信息說明中都強調各期利率和計息期數之間的一致性。如果是按月計息，就必須把年利率換算成月利率，反之則相反。當給定的利率與計息期數不一致時，就會出現名義利率和實際利率之間的差別。在 Excel 2003 中專門提供了一對函數，用以在名義利率和實際利率之間進行換算，它們是 EFFECT 函數和 NOMINAL 函數。名義利率與實際利率之間的換算公式是：

$$Effect\_rate = \left(1 + \frac{Nominal\_rate}{npery}\right)^{npery} - 1$$

2.5.1　EFFECT 函數

EFFECT 函數利用給定的名義利率（年利率）和每年複利計息的次數，按複利計算實際利率（年利率）。EFFECT 函數的格式為：EFFECT（nominal_rate, npery）。

EFFECT 函數中參數的信息：nominal_rate 為名義利率（年利率），一般用年度百分比利率（annual percetage rate，APR）表示，其特點是：以兩次支付的最短時間間隔為複利時段，確定時段到期收益率，再將時段到期收益率乘以一年中的複利時段數，即 APR＝某一個時段的到期收益率×一年中的時段數。npery 為每年複利計息的次數。

說明：

npery 將被截尾取整。

如果任一參數為非數值型，EFFECT 函數返回錯誤值「#VALUE!」。

如果 nominal_rate≤0 或 npery<1，EFFECT 函數返回錯誤值「#NUM!」。

2.5.2 NOMINAL 函數

NOMINAL 函數基於給定的實際利率(年利率)和每年複利計息的次數,返回名義利率(年利率)。NOMINAL 函數的格式為:NOMINAL (effect_rate,npery)。

NOMINAL 函數中參數的信息:effect_rate 為實際利率(年利率);npery 為每年複利計息的次數。

說明:①npery 將被截尾取整。②如果任一參數為非數值型,NOMINAL 函數返回錯誤值「#VALUE!」。③如果 effect_rate≤0 或 npery<1,NOMINAL 函數返回錯誤值「#NUM!」。

【例題 1-9】假設名義年利率為 10%,每個月計息一次,則實際年利率是多少?若實際年利率為 12%,半年計息一次,則名義年利率是多少?

根據題意,本例可以利用 EFFECT 函數和 NOMINAL 函數計算其結果,具體操作步驟如下:

(1)選定 B5 單元格,然后單擊菜單欄中的「插入」菜單項,在「插入」菜單項下單擊「函數」子菜單,在彈出的「粘貼函數」對話框中選擇「財務」類型的「EFFECT」函數,彈出「EFFECT 函數參數」對話框。

(2)在彈出的「EFFECT 函數參數」對話框中輸入相關數據,如圖 2-8 所示。

圖 2-8 「EFFECT 函數參數」對話框

(3)點擊「確定」按鈕,然后右鍵單擊 B5 單元格,在彈出的菜單中選擇「設置單元格格式」子菜單,在彈出的「單元格格式」對話框中選擇「數字」分類中的「百分比」,並把「小數位數」設置為 2,則在 B5 單元格中顯示實際年利率為 10.47%。

(4)選定 D5 單元格,然后單擊菜單欄中的「插入」菜單項,在「插入」菜單項下單擊「函數」子菜單,在彈出的「粘貼函數」對話框中選擇「財務」類型的「NOMINAL」函數,彈出「NOMINAL 函數參數」對話框。

2 貸款償付

(5)在彈出的「NOMINAL 函數參數」對話框中輸入相關數據,見圖2-9:

圖 2-9　「NOMINAL 函數參數」對話框

(6)點擊「確定」按鈕,然後右鍵單擊 D5 單元格,在彈出的菜單中選擇「設置單元格格式」子菜單,在彈出的「單元格格式」對話框中選擇「數字」分類中的「百分比」,並把「小數位數」設置為 2,則在 D5 單元格中顯示名義年利率為 11.66%。

也可以選定 B5 單元格,然後直接在編輯欄中輸入公式:=EFFECT(B3,B4),之後右鍵單擊 B5 單元格,在彈出的菜單中選擇「設置單元格格式」子菜單,在彈出的「單元格格式」對話框中選擇「數字」分類中的「百分比」,並把「小數位數」設置為 2,則在 B5 單元格中顯示實際年利率為 10.47%;選定 D5 單元格,然後直接在編輯欄中輸入公式:=NOMINAL(D3,D4),之後右鍵單擊 D5 單元格,在彈出的菜單中選擇「設置單元格格式」子菜單,在彈出的「單元格格式」對話框中選擇「數字」分類中的「百分比」,並把「小數位數」設置為 2,則在 D5 單元格中顯示名義年利率為 11.66%,如表 2-12 所示。

表 2-12　　　　　　　　實際年利率和名義年利率的換算

	A	B	C	D
1	實際年利率的計算		名義年利率的計算	
2				
3	名義年利率	10%	實際年利率	12%
4	一年內計息次數	12	一年內計息次數	2
5	實際年利率	10.47%	名義年利率	11.66%
6	計算公式:=EFFECT(B3,B4)		計算公式:=NOMINAL(D3,D4)	

註:EFFECT(nominal_rate,npery);NOMINAL(effect_rate,npery)。

2.6　利用 Excel 製作貸款本息償付表

常見的貸款償還方式有兩種:第一種是等額還款法,即每期(如每月)按固定金額還款,每期所償還的金額中包括當期本金餘額的利息及部分本金額;第二種是等本還款法,即每期(如每月)償還等額本金及當期本金餘額的利息。以下就等額還款法和

Excel 在實驗金融學中的應用

等本還款法分別舉一例,並利用 Excel 製作出在這兩種還款方法下的本息償付表。

【例題 2-10】某人貸款購買一套住房,房屋總價 65 萬元,自籌 15 萬元,剩餘的 50 萬元向銀行貸款,期限為 30 年,貸款利率為固定利率 5.6%(APR),合同中規定採用等額還款法償付貸款,每月月末還款一次,求每月月末償付的總金額為多少? 其中每月月末償付的本金及利息分別是多少?

此例中,每月總的償付額可利用 PMT 函數求出;而每月償付的利息額可由每月月初本金餘額乘以相應月利率而得到;每月償付的本金額可由每月總償付額減去每月利息償付額而得到;每月月末餘額由每月月初餘額減去當月本金償付額而得到;每月月初餘額等於前一個月的月末餘額。

Excel 上的具體操作過程:

(1)單擊 B8 單元格,並在編輯欄中輸入 500,000;單擊 B9 單元格,並在編輯欄中輸入公式:=F8,然後把鼠標指針移動到此單元格的右下角處,當鼠標指針變為黑色的「十」字形狀時,按住鼠標左鍵,一直拖動至 B367 單元格,之後放開鼠標左鍵。

(2)單擊 C8 單元格,並在編輯欄中輸入公式:=PMT($B$5/12,360,$B$3),然後把鼠標指針移動到此單元格的右下角處,當鼠標指針變為黑色的「十」字形狀時,按住鼠標左鍵,一直拖動至 C367 單元格,之後放開鼠標左鍵。(或按住 shift 鍵不放,用鼠標點擊 C367 即可。)

(3)單擊 D8 單元格,並在編輯欄中輸入公式:=-B8*$B$5/12,然後把鼠標指針移動到此單元格的右下角處,當鼠標指針變為黑色的「十」字形狀時,按住鼠標左鍵,一直拖動至 D367 單元格,之後放開鼠標左鍵。

(4)單擊 E8 單元格,並在編輯欄中輸入公式:=C8-D8,然後把鼠標指針移動到此單元格的右下角處,當鼠標指針變為黑色的「十」字形狀時,按住鼠標左鍵,一直拖動至 E367 單元格,之後放開鼠標左鍵。

(5)單擊 F8 單元格,並在編輯欄中輸入公式:=B8-(-E8),然後把鼠標指針移動到此單元格的右下角處,當鼠標指針變為黑色的「十」字形狀時,按住鼠標左鍵,一直拖動至 F367 單元格,之後放開鼠標左鍵。

(6)單擊 C368 單元格,並在編輯欄中輸入公式:=SUM(C8:C367);單擊 D368 單元格,並在編輯欄中輸入公式:=SUM(D8:D367);單擊 E368 單元格,並在編輯欄中輸入公式:=SUM(E8:E367)。

選擇 B8 至 F367 區域,然後單擊鼠標右鍵,在彈出的菜單中選擇「設置單元格格式」子菜單,在彈出的「單元格格式」對話框中選擇「數字」分類中的「貨幣」,再點擊「確定」按鈕;選擇所要隱藏的單元格區域,用鼠標左鍵單擊「格式」菜單,在彈出的下拉菜單中選擇「行」子菜單,在彈出的下拉菜單中選擇「隱藏」,則得出如表 2-13 所示結果。若要顯示被隱藏的單元格區域,則選擇 B8 至 F367 區域,再用鼠標左鍵點擊「格式」菜單,在彈出的下拉菜單中選擇「行」子菜單,在彈出的下拉菜單中選擇「取消隱藏」即可。Excel 表格中的「-」號僅表示付出款項,並不代表付出負的款項,即並不

2 貸款償付

代表收到款項,下同。

表 2-13　　　　　　　　等額還款型貸款本息償付表

	A	B	C	D	E	F
1	等額還款型貸款					
2						
3	貸款本金	¥500,000.00				
4	貸款期限(年)	30				
5	付款利率(APR)	5.60%				
6	付款方式	月末付款				
7	月	月初本金餘額	月付款額	月付利息	月付本金	月末本金餘額
8	1	¥500,000.00	¥-2,870.39	¥-2,333.33	¥-537.06	¥499,462.94
9	2	¥499,462.94	¥-2,870.39	¥-2,330.83	¥-539.57	¥498,923.37
10	3	¥498,923.37	¥-2,870.39	¥-2,328.31	¥-542.09	¥498,381.28
11	4	¥498,381.28	¥-2,870.39	¥-2,325.78	¥-544.62	¥497,836.67
98	91	¥440,101.29	¥-2,870.39	¥-2,053.81	¥-816.59	¥439,284.70
99	92	¥439,284.70	¥-2,870.39	¥-2,050.00	¥-820.40	¥438,464.30
100	93	¥438,464.30	¥-2,870.39	¥-2,046.17	¥-824.23	¥437,640.07
187	180	¥350,262.60	¥-2,870.39	¥-1,634.56	¥-1,235.84	¥349,026.77
188	181	¥349,026.77	¥-2,870.39	¥-1,628.79	¥-1,241.60	¥347,785.17
189	182	¥347,785.17	¥-2,870.39	¥-1,623.00	¥-1,247.40	¥346,537.77
365	358	¥8,531.43	¥-2,870.39	¥-39.81	¥-2,830.58	¥5,700.85
366	359	¥5,700.85	¥-2,870.39	¥-26.60	¥-2,843.79	¥2,857.06
367	360	¥2,857.06	¥-2,870.39	¥-13.33	¥-2,857.06	¥-0.00
368	總計		¥-1,033,342.17	¥-533,342.17	¥-500,000.00	

【例題 2-11】某人貸款購買一套住房,房屋總價 65 萬元,自籌 15 萬元,剩餘的 50 萬元向銀行貸款,期限為 30 年,貸款利率為固定利率 5.6%(APR),合同中規定採用等本還款法償付貸款,每月月末還款一次,求每月月末償付的總金額為多少?其中每月月末償付的本金及利息分別是多少?

此例中,每月償付的本金額都相等,可由貸款本金總額除以貸款總期限而得到;而每月償付的利息額可由每月月初本金餘額乘以相應月利率而得到;每月總的償付額由每月本金償付額加上每月利息償付額而得到;每月月末餘額由每月月初餘額減去當月本金償付額而得到;每月月初餘額等於前一個月的月末餘額。

Excel 上的具體操作過程:

(1) 單擊 B8 單元格,並在編輯欄中輸入 500,000;單擊 B9 單元格,並在編輯欄中輸入公式:=F8,然後把鼠標指針移動到此單元格的右下角處,當鼠標指針變為黑色的

「十」字形狀時,按住鼠標左鍵,一直拖動至 B367 單元格,之后放開鼠標左鍵。

(2)單擊 C8 單元格,並在編輯欄中輸入公式:=D8+E8,然后把鼠標指針移動到此單元格的右下角處,當鼠標指針變為黑色的「十」字形狀時,按住鼠標左鍵,一直拖動至 C367 單元格,之后放開鼠標左鍵。

(3)單擊 D8 單元格,並在編輯欄中輸入公式:=-B8＊＄B＄5/12,然后把鼠標指針移動到此單元格的右下角處,當鼠標指針變為黑色的「十」字形狀時,按住鼠標左鍵,一直拖動至 B367 單元格,之后放開鼠標左鍵。

(4)單擊 E8 單元格,並在編輯欄中輸入公式:=-B8/360,再單擊 E9 單元格,並在編輯欄中輸入公式:=E8,然后把鼠標指針移動到此單元格的右下角處,當鼠標指針變為黑色的「十」字形狀時,按住鼠標左鍵,一直拖動至 E367 單元格,之后放開鼠標左鍵。

(5)單擊 F8 單元格,並在編輯欄中輸入公式:=B8-(-E8),然后把鼠標指針移動到此單元格的右下角處,當鼠標指針變為黑色的「十」字形狀時,按住鼠標左鍵,一直拖動至 F367 單元格,之后放開鼠標左鍵。

(6)單擊 C368 單元格,並在編輯欄中輸入公式:=SUM(C8:C367);單擊 D368 單元格,並在編輯欄中輸入公式:=SUM(D8:D367);單擊 E368 單元格,並在編輯欄中輸入公式:=SUM(E8:E367)。

(7)選擇 B8 至 F367 區域,然后單擊鼠標右鍵,在彈出的菜單中選擇「設置單元格格式」子菜單,在彈出的「單元格格式」對話框中選擇「數字」分類中的「貨幣」,再點擊「確定」按鈕;選擇所要隱藏的單元格區域,點擊「格式」菜單,在彈出的下拉菜單中選擇「行」子菜單,在彈出的下拉菜單中選擇「隱藏」。若要顯示被隱藏的單元格區域,則選擇 B8 至 F367 區域,再點擊「格式」菜單,在彈出的下拉菜單中選擇「行」子菜單,在彈出的下拉菜單中選擇「取消隱藏」即可。

表 2-14　　　　　　　　　等本還款型貸款本息償付表

	A	B	C	D	E	F
1	等本還款型貸款					
2						
3	貸款金額	￥500,000.00				
4	貸款期限(年)	30				
5	貸款利率(APR)	5.60%				
6	付款方式	月末付款				
7	月	月初本金餘額	月付款額	月付利息	月付本金	月末本金餘額
8	1	￥500,000.00	￥-3,722.22	￥-2,333.33	￥-1,388.89	￥498,611.11
9	2	￥498,611.11	￥-3,715.74	￥-2,326.85	￥-1,388.89	￥497,222.22
10	3	￥497,222.22	￥-3,709.26	￥-2,320.37	￥-1,388.89	￥495,833.33

2 貸款償付

表2-14(續)

	A	B	C	D	E	F
98	91	￥375,000.00	￥-3,138.89	￥-1,750.00	￥-1,388.89	￥373,611.11
99	92	￥373,611.11	￥-3,132.41	￥-1,743.52	￥-1,388.89	￥372,222.22
100	93	￥372,222.22	￥-3,125.93	￥-1,737.04	￥-1,388.89	￥370,833.33
188	181	￥250,000.00	￥-2,555.56	￥-1,166.67	￥-1,388.89	￥248,611.11
189	182	￥248,611.11	￥-2,549.07	￥-1,160.19	￥-1,388.89	￥247,222.22
190	183	￥247,222.22	￥-2,542.59	￥-1,153.70	￥-1,388.89	￥245,833.33
365	358	￥4,166.67	￥-1,408.33	￥-19.44	￥-1,388.89	￥2,777.78
366	359	￥2,777.78	￥-1,401.85	￥-12.96	￥-1,388.89	￥1,388.89
367	360	￥1,388.89	￥-1,395.37	￥-6.48	￥-1,388.89	￥0.00
368	總計		￥-921,166.67	￥-421,166.67	￥-500,000.00	

　　通過觀察可以發現,在等額還款法和等本還款法兩種還款方法下,總償付金額存在差異:等額還款法下共需要償付￥1,033,342.17,而等本還款法下只共需要償付￥921,166.67,兩者相差￥112,175.50。再仔細觀察可以發現,其實這兩種還款方法所償還的本金額都是30萬元,差異來自利息額的不同。出現這種利息差額的原因,則主要是源於還款方式不同,等額還款法在前期主要償還利息,本金的償付相對滯后;而等本償還法每期償付的本金額相同。在等額還款法下,每期償付的總金額是相等的;而在等本還款法下,每期償付的總金額不相等,前一期的償付額要大於後一期的償付額。

　　除了以上介紹的等額還款法和等本還款法這兩種最常見的貸款償還方法外,在銀行貸款的實際償還中還有等級遞增還款法、等級遞減還款法等貸款償還方式。

　　等級遞增還款型貸款的一個顯著特點是,在增長期間還款額較少,甚至所還金額連當期利息都不夠,但在增長階段內,每年的月還款額會按一定比例增長,直到增長期結束后再保持不變,當增長期結束的時候,還款水平將保持增長期結束時的水平直到還清全部貸款。具體的增長方式是:每年年初的首月付款額按既定比例增長,然后在本年內保持不變,到下一年再按既定比例增長,直到最后一個增長期滿,此後每月還款水平保持不變,直到還清全部貸款為止。等級遞減型貸款正好相反,其在遞減期間還款額較多,但在遞減期間內,每年的月還款額會按一定比例減少,直到遞減期結束后再保持不變,當遞減期結束的時候,還款水平將保持遞減期結束時的水平直到還清全部貸款。具體的減少方式是:每年年初的首月付款額按既定比例減少,然后在本年內保持不變,到下一年再按既定比例減少,直到最后一個遞減期滿,此後每月還款水平保持不變,直到還清全部貸款為止。

　　增長期(遞減期)的長短、增長比例(減少比例)及貸款的期限,可由借貸款雙方共同協商。在實際貸款合同中,一些主要的還款計劃如表2-15、表2-16所示。

Excel 在實驗金融學中的應用

表 2-15　　　　　　　　　等級遞增型貸款還款計劃

計劃	期限(年)	增長持續時間(年)	年增長率
1	30	5	2.5%
2	30	5	5.0%
3	30	5	7.5%
4	30	10	2.0%
5	30	10	3.0%

表 2-16　　　　　　　　　等級遞減型貸款還款計劃

計劃	期限(年)	遞減持續時間(年)	年遞減率
1	30	5	2.5%
2	30	5	5.0%
3	30	5	7.5%
4	30	10	2.0%
5	30	10	3.0%

下面利用 Excel 來製作等級遞增型貸款和等級遞減型貸款的本息償付表。

【例題 2-12】某人貸款購買一套住房，房屋總價 65 萬元，自籌 15 萬元，剩餘的 50 萬元向銀行貸款，期限為 30 年，貸款利率為固定利率 5.6%（APR），合同中規定採用表 2-2 中第 2 種還款計劃，即貸款採用等級遞增還款方式，增長期為 5 年，年增長率為 5.0%，每月月末還款一次，求每月月末償付的總金額為多少？其中每月月末償付的本金及利息分別是多少？

此例中，第 1 年內每月總的償付額都相等，第 2 年內每月的償付額也都相等，但是第 2 年內每月的償付額是第 1 年每月償付額的 1.05 倍，第 3 年、第 4 年、第 5 年和第 6 年各年內每月償付額也都相等，但是各年內每月償付額都是前一年每月償付額的 1.05 倍，從第 7 年年初開始，每月償付額不再增加，等於第 6 年每月的償付額，在此需要用「單變量求解」的方法求出第 1 個月的償付額，其餘各月的償付額在知道第 1 個月的償付額的情況下很容易求出；而每月償付的利息可由每月月初本金餘額乘以相應月利率而得到；每月償付的本金額可由每月總償付額減去每月利息償付額而得到；每月月末餘額由每月月初餘額減去當月本金償付額而得到；每月月初餘額等於前一個月的月末餘額。

Excel 上的具體操作過程：

單擊 B8 單元格，並在編輯欄中輸入 500,000；單擊 B9 單元格，並在編輯欄中輸入公式：=F8，然後把鼠標指針移動到此單元格的右下角處，當鼠標指針變為黑色的「十」字形狀時，按住鼠標左鍵，一直拖動至 B367 單元格，之後放開鼠標左鍵。

2　貸款償付

　　單擊 C9 單元格,並在編輯欄中輸入公式:＝C8,然后把鼠標指針移動到此單元格的右下角處,當鼠標指針變為黑色的「十」字形狀時,按住鼠標左鍵,一直拖動至 C19 單元格,之后放開鼠標左鍵;單擊 C20 單元格,並在編輯欄中輸入公式:＝C19＊(1＋5%),然后單擊 C21 單元格,並在編輯欄中輸入公式:＝C20,之后把鼠標指針移動到此單元格的右下角處,當鼠標指針變為黑色的「十」字形狀時,按住鼠標左鍵,一直拖動至 C31 單元格,之后放開鼠標左鍵;單擊 C32 單元格,並在編輯欄中輸入公式:＝C31＊(1＋5%),然后單擊 C33 單元格,並在編輯欄中輸入公式:＝C32,之后把鼠標指針移動到此單元格的右下角處,當鼠標指針變為黑色的「十」字形狀時,按住鼠標左鍵,一直拖動至 C43 單元格,之后放開鼠標左鍵;單擊 C44 單元格,並在編輯欄中輸入公式:＝C43＊(1＋5%),然后單擊 C45 單元格,並在編輯欄中輸入公式:＝C44,之后把鼠標指針移動到此單元格的右下角處,當鼠標指針變為黑色的「十」字形狀時,按住鼠標左鍵,一直拖動至 C55 單元格,之后放開鼠標左鍵;單擊 C56 單元格,並在編輯欄中輸入公式:＝C55＊(1＋5%),然后單擊 C57 單元格,並在編輯欄中輸入公式:＝C56,之后把鼠標指針移動到此單元格的右下角處,當鼠標指針變為黑色的「十」字形狀時,按住鼠標左鍵,一直拖動至 C67 單元格,之后放開鼠標左鍵;單擊 C68 單元格,並在編輯欄中輸入公式:＝C67＊(1＋5%),然后單擊 C69 單元格,並在編輯欄中輸入公式:＝C68,之后把鼠標指針移動到此單元格的右下角處,當鼠標指針變為黑色的「十」字形狀時,按住鼠標左鍵,一直拖動至 C367 單元格,之后放開鼠標左鍵。

　　單擊 D8 單元格,並在編輯欄中輸入公式:＝－B8＊＄B＄5/12,然后把鼠標指針移動到此單元格的右下角處,當鼠標指針變為黑色的「十」字形狀時,按住鼠標左鍵,一直拖動至 B367 單元格,之后放開鼠標左鍵。

　　單擊 E8 單元格,並在編輯欄中輸入公式:＝C8－D8,然后把鼠標指針移動到此單元格的右下角處,當鼠標指針變為黑色的「十」字形狀時,按住鼠標左鍵,一直拖動至 E367 單元格,之后放開鼠標左鍵。

　　單擊 F8 單元格,並在編輯欄中輸入公式:＝B8－(－E8),然后把鼠標指針移動到此單元格的右下角處,當鼠標指針變為黑色的「十」字形狀時,按住鼠標左鍵,一直拖動至 F367 單元格,之后放開鼠標左鍵。

　　單擊 C368 單元格,並在編輯欄中輸入公式:＝SUM(C8:C367);單擊 D368 單元格,並在編輯欄中輸入公式:＝SUM(D8:D367);單擊 E368 單元格,並在編輯欄中輸入公式:＝SUM(E8:E367)。

　　單擊 C8 單元格,然后點擊「工具」菜單,在下拉菜單中選擇「單變量求解」子菜單,然后在彈出的「單變量求解」對話框輸入相關數據(目標單元格設定為＄E＄368,目標值設定為－500,000,可變單元格設定為＄C＄8,如圖 2-10 所示),點擊「確定」按鈕;再選擇 B8 至 F367 區域,然后單擊鼠標右鍵,在彈出的菜單中選擇「設置單元格格式」子菜單,在彈出的「單元格格式」對話框中選擇「數字」分類中的「貨幣」,再點擊「確定」按鈕;選擇所要隱藏的單元格區域,點擊「格式」菜單,在彈出的下拉菜單中選

Excel 在實驗金融學中的應用

圖 2-10 「單變量求解」對話框

擇「行」子菜單,在彈出的下拉菜單中選擇「隱藏」,則得出如表 2-17 所示結果。若要顯示被隱藏的單元格區域,則選擇 B8 至 F367 區域,再點擊「格式」菜單,在彈出的下拉菜單中選擇「行」子菜單,在彈出的下拉菜單中選擇「取消隱藏」即可。

表 2-17　　　　　　　　等級遞增型貸款本息償付表

	A	B	C	D	E	F
1	等級遞增型貸款					
2						
3	貸款本金	￥500,000.00				
4	貸款期限(年)	30				
5	貸款利率(APR)	5.60%				
6	付款方式	月末付款				
7	月	月初本金餘額	月付款額	月付利息	月付本金	月末本金餘額
8	1	￥500,000.00	￥-2,346.69	￥-2,333.33	￥-13.36	￥499,986.64
19	12	￥499,849.55	￥-2,346.69	￥-2,332.63	￥-14.06	￥499,835.49
20	13	￥499,835.49	￥-2,464.03	￥-2,332.57	￥-131.46	￥499,704.02
31	24	￥498,355.17	￥-2,464.03	￥-2,325.66	￥-138.37	￥498,216.79
32	25	￥498,216.79	￥-2,587.23	￥-2,325.01	￥-262.22	￥497,954.58
43	36	￥495,264.13	￥-2,587.23	￥-2,311.23	￥-276.00	￥494,988.13
44	37	￥494,988.13	￥-2,716.59	￥-2,309.94	￥-406.65	￥494,581.49
55	48	￥490,409.16	￥-2,716.59	￥-2,288.58	￥-428.02	￥489,981.15
56	49	￥489,981.15	￥-2,852.42	￥-2,286.58	￥-565.84	￥489,415.30
67	60	￥483,609.58	￥-2,852.42	￥-2,256.84	￥-595.58	￥483,014.01
68	61	￥483,014.01	￥-2,995.04	￥-2,254.07	￥-740.98	￥482,273.03
69	62	￥482,273.03	￥-2,995.04	￥-2,250.61	￥-744.44	￥481,528.59
367	360	￥2,981.13	￥-2,995.04	￥-13.91	￥-2,981.13	￥-0.00
368	總計		￥-1,054,116.51	￥-554,116.51	￥-500,000.00	

【例題 2-13】某人貸款購買一套住房,房屋總價 65 萬元,自籌 15 萬元,剩餘的 50 萬元向銀行貸款,期限為 30 年,貸款利率為固定利率 5.6%(APR),合同中規定採用

2 貸款償付

表 2-3 中第 2 種還款計劃,即貸款採用等級遞減還款方式,遞減期為 5 年,年遞減率為 5.0%,每月月末還款一次,求每月月末償付的總金額為多少?其中每月月末償付的本金及利息分別是多少?

此例中,第 1 年內每月總的償付額都相等,第 2 年內每月的償付額也都相等,但是第 2 年內每月的償付額是第 1 年每月償付額的 0.95 倍,第 3 年、第 4 年、第 5 年和第 6 年各年內每月的償付額也都相等,但是各年內每月償付額都是前一年每月償付額的 0.95 倍,從第 7 年年初開始,每月償付額不再減少,等於第 6 年每月償付額,在此也需要用「單變量求解」的方法求出第 1 個月的償付額,其餘各月的償付額在知道第 1 個月的償付額的情況下很容易求出;而每月償付的利息額可由每月月初本金餘額乘以相應月利率而得到;每月償付的本金額可由每月總償付額減去每月利息償付額而得到;每月月末餘額由每月月初餘額減去當月本金償付額而得到;每月月初餘額等於前一個月的月末餘額。

本例中等級遞減型貸款本息償付表的製作過程與上例中等級遞增型貸款本息償付表的製作過程類似,其區別在於:在 C20 單元格中輸入公式:= C19 * (1-5%);在 C32 單元格中輸入公式:= C31 * (1-5%);在 C44 單元格中輸入公式:= C43 * (1-5%);在 C56 單元格中輸入公式:= C55 * (1-5%);在 C68 單元格中輸入公式:= C67 * (1-5%),其餘操作過程完全相同,在此就不再累述,請讀者自行參閱【例題 2-13】的操作過程。表 2-18 為所求的等級遞減型貸款本息償付表。

表 2-18　　　　　　　　　　等級遞減型貸款本息償付表

	A	B	C	D	E	F
1	等級遞減型貸款					
2						
3	貸款本金	¥500,000.00				
4	貸款期限(年)	30				
5	貸款利率(APR)	5.60%				
6	付款方式	月末付款				
7	月	月初本金餘額	月付款額	月付利息	月付本金	月末本金餘額
8	1	¥500,000.00	¥-3,523.52	¥-2,333.33	¥-1,190.19	¥498,809.81
19	12	¥486,598.16	¥-3,523.52	¥-2,270.79	¥-1,252.73	¥485,345.44
20	13	¥485,345.44	¥-3,347.34	¥-2,264.95	¥-1,082.40	¥484,263.04
31	24	¥473,157.33	¥-3,347.34	¥-2,208.07	¥-1,139.28	¥472,018.05
32	25	¥472,018.05	¥-3,179.98	¥-2,202.75	¥-977.22	¥471,040.83
43	36	¥461,014.22	¥-3,179.98	¥-2,151.40	¥-1,028.58	¥459,985.64
44	37	¥459,985.64	¥-3,020.98	¥-2,146.60	¥-874.38	¥459,111.26
55	48	¥450,139.90	¥-3,020.98	¥-2,100.65	¥-920.32	¥449,219.57
56	49	¥449,219.57	¥-2,869.93	¥-2,096.36	¥-773.57	¥448,446.00

表2-18(續)

	A	B	C	D	E	F
67	60	¥440,508.95	¥-2,869.93	¥-2,055.71	¥-814.22	¥439,694.73
68	61	¥439,694.73	¥-2,726.43	¥-2,051.91	¥-674.52	¥439,020.21
69	62	¥439,020.21	¥-2,726.43	¥-2,048.76	¥-677.67	¥438,342.54
367	360	¥2,713.77	¥-2,726.43	¥-12.66	¥-2,713.77	¥0.00
368	總計		¥-1,009,230.35	¥-509,230.35	¥-500,000.00	

2.7 利用 Excel 解決提前還貸問題

有部分借款者,在其借款行為發生一段時間後,由於其收入明顯增加而具有一定額外的還款能力,出於這樣或那樣的考慮,有可能部分或全部提前歸還貸款。如果出現提前還款的情況,對於一次性全部提前還清貸款,則應計算究竟應歸還多少數額;對於部分提前還款,則應計算在此之後每期應歸還的新數額。

【例題 2-14】某人貸款購買一套住房,房屋總價 65 萬元,自籌 15 萬元,剩餘的 50 萬元向銀行貸款,期限為 30 年,貸款利率為固定利率 5.6%(APR),合同中規定採用等額還款法償還貸款,每月月末還款一次。假設借款人在償付 180 個月之後,收入有明顯改善,在第 181 個月的月末一次性清償所有貸款,求每月月末償付的總金額為多少? 其中每月月末償付的本金及利息分別是多少?

對於一次性提前還清貸款的處理較為簡單,第 1 個月月末至第 180 個月月末每月的償付情況可利用前面介紹的 PMT 函數、PPMT 函數和 IPMT 函數求出每月所償付的總金額、本金額及利息額;對於第 181 個月月末來說,只需計算出至第 181 個月月初尚未償付的本金數額和尚未償付的本金在第 181 個月內所需支付的利息數額,第 181 個月月末應償付的數額為兩者數額之和。

Excel 上的具體操作過程:

(1) 單擊 B9 單元格,並在編輯欄中輸入 500,000;單擊 B10 單元格,並在編輯欄中輸入公式: =F9,然后把鼠標指針移動到此單元格的右下角處,當鼠標指針變為黑色的「十」字形狀時,按住鼠標左鍵,一直拖動至 B189 單元格,之后放開鼠標左鍵。

(2) 單擊 C9 單元格,並在編輯欄中輸入公式: =PMT($B$5/12,360,$B$3),然后把鼠標指針移動到此單元格的右下角處,當鼠標指針變為黑色的「十」字形狀時,按住鼠標左鍵,一直拖動至 C188 單元格,之后放開鼠標左鍵。

(3) 單擊 D9 單元格,並在編輯欄中輸入公式: =IPMT($B$5/12,A9,360,$B$3),然后把鼠標指針移動到此單元格的右下角處,當鼠標指針變為黑色的「十」字形狀時,按住鼠標左鍵,一直拖動至 D189 單元格,之后放開鼠標左鍵。

2 貸款償付

（4）單擊 E9 單元格，並在編輯欄中輸入公式：=PPMT（＄B＄5/12,A9,360,＄B＄3），然後把鼠標指針移動到此單元格的右下角處，當鼠標指針變為黑色的「十」字形狀時，按住鼠標左鍵，一直拖動至 E188 單元格，之後放開鼠標左鍵。

（5）單擊 F8 單元格，並在編輯欄中輸入公式：=B9-(-E9)，然後把鼠標指針移動到此單元格的右下角處，當鼠標指針變為黑色的「十」字形狀時，按住鼠標左鍵，一直拖動至 F189 單元格，之後放開鼠標左鍵。

（6）單擊 E189 單元格，並在編輯欄中輸入公式：=-B189；再單擊 D189 單元格，並在編輯欄中輸入公式：=-B189＊＄B＄5/12；單擊 C189 單元格，並在編輯欄中輸入公式：=D189+E189；單擊 C190 單元格，並在編輯欄中輸入公式：=SUM(C9:C189)；單擊 D190 單元格，並在編輯欄中輸入公式：=SUM(D9:D189)；單擊 E190 單元格，並在編輯欄中輸入公式：=SUM(E9:E189)。

選擇 B9 至 F189 區域，然後單擊鼠標右鍵，在彈出的菜單中選擇「設置單元格格式」子菜單，在彈出的「單元格格式」對話框中選擇「數字」分類中的「貨幣」，再點擊「確定」按鈕；選擇所要隱藏的單元格區域，點擊「格式」菜單，在彈出的下拉菜單中選擇「行」子菜單，在彈出的下拉菜單中選擇「隱藏」，則得出如表 2-19 所示結果。若要顯示被隱藏的單元格區域，則選擇 B9 至 F189 區域，再點擊「格式」菜單，在彈出的下拉菜單中選擇「行」子菜單，在彈出的下拉菜單中選擇「取消隱藏」即可。

表 2-19　　　　　　　　一次性提前償付型貸款本息償付表

	A	B	C	D	E	F
1	一次性提前償付型貸款					
2						
3	貸款金額	￥500,000.00				
4	貸款期限(年)	30				
5	貸款利率(APR)	5.60%				
6	付款方式	月末等額分期付款				
7	一次性提前還款時間	第181月月末				
8	月	月初本金餘額	月付款額	月付利息	月付本金	月末本金餘額
9	1	￥500,000.00	￥-2,870.39	￥-2,333.33	￥-537.06	￥499,462.94
10	2	￥499,462.94	￥-2,870.39	￥-2,330.83	￥-539.57	￥498,923.37
11	3	￥498,923.37	￥-2,870.39	￥-2,328.31	￥-542.09	￥498,381.28
98	90	￥440,914.08	￥-2,870.39	￥-2,057.60	￥-812.80	￥440,101.29
99	91	￥440,101.29	￥-2,870.39	￥-2,053.81	￥-816.59	￥439,284.70
100	92	￥439,284.70	￥-2,870.39	￥-2,050.00	￥-820.40	￥438,464.30
101	93	￥438,464.30	￥-2,870.39	￥-2,046.17	￥-824.23	￥437,640.07

Excel 在實驗金融學中的應用

表2-19(續)

	A	B	C	D	E	F
187	179	¥351,492.70	¥-2,870.39	¥-1,640.30	¥-1,230.10	¥350,262.60
188	180	¥350,262.60	¥-2,870.39	¥-1,634.56	¥-1,235.84	¥349,026.77
189	181	¥349,026.77	¥-350,655.56	¥-1,628.79	¥-349,026.77	¥0.00
190	總計		¥-867,326.64	¥-367,326.64	¥-500,000.00	

【例題2-15】某人貸款購買一套住房,房屋總價65萬元,自籌15萬元,剩餘的50萬元向銀行貸款,期限為30年,貸款利率為固定利率5.6%(APR),合同中規定採用等額還款法償還貸款,每月月末還款一次。假設借款人此後收入有明顯改善,在第121個月的月末、第241個月的月末分別提前償付5萬元、10萬元,求每月月末償付的總金額為多少?其中每月月末償付的本金及利息分別是多少?

對於部分提前還款問題,第1月月末至第120月月末每月總的償付數額可利用前面介紹的PMT函數求出,第121月月末的總償付額需要在PMT函數計算結果上再增加¥50,000.00的償付金額,此時公式中的pv值為¥500,000.00,nper值為360;第122月月末至第240月月末每月的總償付金額也可以利用PMT函數求出,第241月月末的總償付額需要在PMT函數計算結果上再增加¥100,000.00的償付金額,只不過此時公式中的pv值為至第122月月初未償付的本金餘額,nper值為(360-121)=239;第242月月末至第360月月末每月的總償付金額也可以利用PMT函數求出,只不過此時公式中的pv值為至第242月月初未償付的本金餘額,nper值為(360-241)=119;每月月付利息可由每月月初本金餘額乘以相應月利率得到;每月月付本金可由每月總償付額減去每月月付利息得到。

Excel上的具體操作過程:

(1)單擊B9單元格,並在編輯欄中輸入500,000;單擊B10單元格,並在編輯欄中輸入公式:=F9,然後把鼠標指針移動到此單元格的右下角處,當鼠標指針變為黑色的「十」字形狀時,按住鼠標左鍵,一直拖動至B368單元格,之後放開鼠標左鍵。

(2)單擊C9單元格,並在編輯欄中輸入公式:=PMT($B$5/12,360,$B$3),然後把鼠標指針移動到此單元格的右下角處,當鼠標指針變為黑色的「十」字形狀時,按住鼠標左鍵,一直拖動至C128單元格,之後放開鼠標左鍵;單擊C129單元格,並在編輯欄中輸入公式:=PMT($B$5/12,360,$B$3)+(-50,000);單擊C130單元格,並在編輯欄中輸入公式:=PMT($B$5/12,360-121,$B$130),然後把鼠標指針移動到此單元格的右下角處,當鼠標指針變為黑色的「十」字形狀時,按住鼠標左鍵,一直拖動至C248單元格,之后放開鼠標左鍵;單擊C249單元格,並在編輯欄中輸入公式:=PMT($B$5/12,360-121,$B$130)+(-100,000);單擊C250單元格,並在編輯欄中輸入公式:=PMT($B$5/12,360-241,$B$250),然後把鼠標指針移動到此單元格的右下角處,當鼠標指針變為黑色的「十」字形狀時,按住鼠

2 貸款償付

左鍵,一直拖動至 C368 單元格,之後放開鼠標左鍵。

(3)單擊 D9 單元格,並在編輯欄中輸入公式:=-B9*$B$5/12,然後把鼠標指針移動到此單元格的右下角處,當鼠標指針變為黑色的「十」字形狀時,按住鼠標左鍵,一直拖動至 D368 單元格,之後放開鼠標左鍵。

(4)單擊 E9 單元格,並在編輯欄中輸入公式:=C9-D9,然後把鼠標指針移動到此單元格的右下角處,當鼠標指針變為黑色的「十」字形狀時,按住鼠標左鍵,一直拖動至 E368 單元格,之後放開鼠標左鍵。

(5)單擊 F8 單元格,並在編輯欄中輸入公式:=B9-(-E9),然後把鼠標指針移動到此單元格的右下角處,當鼠標指針變為黑色的「十」字形狀時,按住鼠標左鍵,一直拖動至 F368 單元格,之後放開鼠標左鍵。

(6)單擊 C369 單元格,並在編輯欄中輸入公式:=SUM(C9:C368);單擊 D369 單元格,並在編輯欄中輸入公式:=SUM(D9:D368);單擊 E369 單元格,並在編輯欄中輸入公式:=SUM(E9:E368)。

(7)選擇 B9 至 F368 區域,然後單擊鼠標右鍵,在彈出的菜單中選擇「設置單元格格式」子菜單,在彈出的「單元格格式」對話框中選擇「數字」分類中的「貨幣」,再點擊「確定」按鈕;選擇所要隱藏的單元格區域,點擊「格式」菜單,在彈出的下拉菜單中選擇「行」子菜單,在彈出的下拉菜單中選擇「隱藏」,則得出如表 2-20 所示結果。若要顯示被隱藏的單元格區域,則選擇 B9 至 F368 區域,再點擊「格式」菜單,在彈出的下拉菜單中選擇「行」子菜單,在彈出的下拉菜單中選擇「取消隱藏」即可。

表 2-20　　　　　　　　部分提前償付型貸款本息償付表

	A	B	C	D	E	F
1	部分提前償付型貸款					
2						
3	貸款金額	¥500,000.00				
4	貸款期限(年)	30				
5	貸款利率(APR)	5.60%				
6	付款方式	月末等額付款				
7	部分提前還款時間	第121月、第241月月末				
8	月	月初本金餘額	月付款額	月付利息	月付本金	月末本金餘額
9	1	¥500,000.00	¥-2,870.39	¥-2,333.33	¥-537.06	¥499,462.94
10	2	¥499,462.94	¥-2,870.39	¥-2,330.83	¥-539.57	¥498,923.37
128	120	¥414,806.05	¥-2,870.39	¥-1,935.76	¥-934.63	¥413,871.41
129	121	¥413,871.41	¥-52,870.39	¥-1,931.40	¥-50,938.99	¥362,932.42
130	122	¥362,932.42	¥-2,522.83	¥-1,693.68	¥-829.15	¥362,103.27

Excel在實驗金融學中的應用

表2-20(續)

	A	B	C	D	E	F
247	239	¥234,270.68	¥-2,522.83	¥-1,093.26	¥-1,429.57	¥232,841.11
248	240	¥232,841.11	¥-2,522.83	¥-1,086.59	¥-1,436.24	¥231,404.87
249	241	¥231,404.87	¥-102,522.83	¥-1,079.89	¥-101,442.94	¥129,961.92
250	242	¥129,961.92	¥-1,425.77	¥-606.49	¥-819.28	¥129,142.64
367	359	¥2,831.70	¥-1,425.77	¥-13.21	¥-1,412.55	¥1,419.14
368	360	¥1,419.14	¥-1,425.77	¥-6.62	¥-1,419.14	¥-0.00
369	總計		¥-969,724.00	¥-469,724.00	¥-500,000.00	

　　作為過手債券發行基礎資產的抵押貸款集合,其被假定為每一期都有提前償付情況發生,對其提前償付率的估計,通常有兩種基本方法:一種是條件提前償付率(conditional prepayment rate, CPR),另一種是由美國公共證券協會提供的提前償付基準(prepayment benchmark of public securities association)。

　　條件提前償付率,是根據抵押貸款資產的歷史提前償付率、當前及將來的經濟狀況、抵押資產集合的特點等估計的提前償付率。條件提前償付率一般以年為時間單位,即年條件提前償付率。運用下面的公式,可以將其轉化為單月提前償付率:

$$SMM = 1 - \sqrt[12]{1 - CPR}$$

SMM為單月提前清償率(single mortality rate),CPR為年條件提前償付率。

　　例如,某抵押貸款集合的年條件提前償付率為8%,則其單月提前償付率為0.692,4%,其含義是某個月的提前償付額佔貸款資產餘額中減去當月計劃清償本金后的比例約為0.692,4%。例如,某過手債券的抵押貸款集合在第56個月月初時貸款餘額為1億美元,當月應償付的本金額為300萬美元,且年條件提前償付率為8%,則第56個月的提前償付額為:

　　提前償付額=0.692,4%×(100,000,000-3,000,000)=671,628(美元)

　　這種方法對提前償付額估計的準確性,依賴於對年提前償付率的估計以及各月間提前償付率的穩定性。許多貸款的提前償付存在季節性,比如在年終或年中,大部分企業工作人員的收入出現季節性增加時,提前償付的比例也可能會增加。如果各月間的提前償付率不相同,則上述將年條件提前償付率轉化為單月提前清償率的公式就需要加以改進。

　　作為市場對過手債券提前償付率估計的另一個重要參照標準是公共證券協會(PSA)以30年期抵押貸款為基礎對提前償付基準作的假定:第一個月的提前償付率為0.2%,且年條件提前償付率(CPR)每月增長0.2%直到提前償付率達到6%,並在以後保持6%的提前償付率不變,用公式表示:

　　當$t<30$時,$CPR = 6\% \times \dfrac{t}{30}$

2 貸款償付

當 $t \geq 30$ 時，$CPR = 6\%$

t 為自抵押貸款設立以後的第 t 個月。

具體到某一組抵押貸款集合時，常用「$x\%\ PSA$」來表示所估計的提前償付比例，例如 $150\%\ PSA$，表示該抵押貸款集合的估計提前償付率為 PSA 基準的 150%。要注意的是，前面 PSA 基準公式使用的是年條件提前償付率，在使用時應將其轉化為月提前償付率。例如，假定某抵押貸款集合的提前償付率為 $150\%\ PSA$，則其第 6、15 和 30 個月時的月提前償付率分別為：

第 6 個月：

$CPR = 6\% \times \dfrac{6}{30} = 1.2\%$

$150PSA = 150\% \times 1.2\% = 1.8\%$

$SMM_6 = 1 - (1 - 1.8\%)^{\frac{1}{12}} = 0.15\%$

第 15 個月：

$CPR = 6\% \times \dfrac{15}{30} = 3\%$

$150PSA = 150\% \times 3\% = 4.5\%$

$SMM_{15} = 1 - (1 - 4.5\%)^{\frac{1}{12}} = 0.38\%$

第 30 個月：

$CPR = 6\%$

$150PSA = 150\% \times 6\% = 9\%$

$SMM_{30} = 1 - (1 - 9\%)^{\frac{1}{12}} = 0.78\%$

【例題 2-16】某抵押貸款集合的期初本金為 ¥100,000,000.00，其加權平均利率為 6%，加權平均到期期限為 360 個月，假定此抵押貸款集合的提前償付率為 150PSA，請估計此抵押貸款集合每個月的現金流情況。

B 欄為各月月初餘額，由前期期初餘額減去前期總本金償付額得到；C 欄為各月的月提前償付率，是用前面介紹的公式，按 150PSA 計算而得，注意第 30 個月之後，月提前償付率不變；D 欄根據各月的期初餘額，按以後各期等額還款的計算方法，以抵押貸款集合的加權平均月利率（等於加權平均利率/12）為利率，以抵押貸款集合的加權平均剩餘到期期限為時間計算而得；E 欄根據各月的期初餘額，以抵押貸款集合的加權平均月利率計算而得；F 欄是各月計劃償付額減去各月利息償付額得到；G 欄是以各月月初餘額減去各月計劃本金償付額后，再乘以各月月提前償付率而得到；H 欄是由各月計劃本金償付額加上各月提前償付額得到；I 欄是抵押貸款集合各月估計的總現金流，由總本金償付額加上利息償付額得到。

Excel 上的具體操作過程：

(1) 單擊 B8 單元格，並在編輯欄中輸入 100,000,000；單擊 B9 單元格，並在編輯

欄中輸入公式：=B8-H8，然后把鼠標指針移動到此單元格的右下角處，當鼠標指針變為黑色的「十」字形狀時，按住鼠標左鍵，一直拖動至B367單元格，之后放開鼠標左鍵。

（2）單擊C8單元格，並在編輯欄中輸入公式：=1-(1-＄B＄6*6%*A8/30)^(1/12)，然后把鼠標指針移動到此單元格的右下角處，當鼠標指針變為黑色的「十」字形狀時，按住鼠標左鍵，一直拖動至C37單元格，之后放開鼠標左鍵；單擊C38單元格，並在編輯欄中輸入公式：=C37，然后把鼠標指針移動到此單元格的右下角處，當鼠標指針變為黑色的「十」字形狀時，按住鼠標左鍵，一直拖動至C37單元格，之后放開鼠標左鍵。

（3）單擊D8單元格，並在編輯欄中輸入公式：=PMT(＄B＄5/12,＄B＄4-A8+1,-B8)，然后把鼠標指針移動到此單元格的右下角處，當鼠標指針變為黑色的「十」字形狀時，按住鼠標左鍵，一直拖動至D367單元格，之后放開鼠標左鍵。

（4）單擊E8單元格，並在編輯欄中輸入公式：=B8*＄B＄5/12，然后把鼠標指針移動到此單元格的右下角處，當鼠標指針變為黑色的「十」字形狀時，按住鼠標左鍵，一直拖動至E367單元格，之后放開鼠標左鍵。

（5）單擊F8單元格，並在編輯欄中輸入公式：=D8-E8，然后把鼠標指針移動到此單元格的右下角處，當鼠標指針變為黑色的「十」字形狀時，按住鼠標左鍵，一直拖動至F367單元格，之后放開鼠標左鍵。

（6）單擊G8單元格，並在編輯欄中輸入公式：=(B8-F8)*C8，然后把鼠標指針移動到此單元格的右下角處，當鼠標指針變為黑色的「十」字形狀時，按住鼠標左鍵，一直拖動至G367單元格，之后放開鼠標左鍵。

（7）單擊H8單元格，並在編輯欄中輸入公式：=F8+G8，然后把鼠標指針移動到此單元格的右下角處，當鼠標指針變為黑色的「十」字形狀時，按住鼠標左鍵，一直拖動至H367單元格，之后放開鼠標左鍵。

（8）單擊I8單元格，並在編輯欄中輸入公式：=E8+H8，然后把鼠標指針移動到此單元格的右下角處，當鼠標指針變為黑色的「十」字形狀時，按住鼠標左鍵，一直拖動至I367單元格，之后放開鼠標左鍵。

（9）選擇B8至I367區域，然后單擊鼠標右鍵，在彈出的菜單中選擇「設置單元格格式」子菜單，在彈出的「單元格格式」對話框中選擇「數字」分類中的「貨幣」，再點擊「確定」按鈕；選擇所要隱藏的單元格區域，點擊「格式」菜單，在彈出的下拉菜單中選擇「行」子菜單，在彈出的下拉菜單中選擇「隱藏」，則得出如表2-21所示結果。若要顯示被隱藏的單元格區域，則選擇B8至I367區域，再點擊「格式」菜單，在彈出的下拉菜單中選擇「行」子菜單，在彈出的下拉菜單中選擇「取消隱藏」即可。

表2-21　　　　　　　　　　抵押貸款集合現金流估計

A	B	C	D	E	F	G	H	I

2 貸款償付

表2-21(續)

	A	B	C	D	E	F	G	H	I
1	抵押貸款集合								
2									
3	抵押貸款集合本金	¥100,000,000							
4	加權平均期限(月)	360							
5	加權平均利率	6%							
6	提前償付率 150PSA	150%							
7	月	期初餘額	SMM	計劃償付額	利息償付額	計劃本金償付額	提前償付額	總本金償付額	現金流
8	1	¥100,000,000	0.025,0%	¥599,551	¥500,000	¥99,551	¥25,010	¥124,560	¥624,560
9	2	¥99,875,440	0.050,1%	¥599,400	¥499,377	¥100,023	¥50,025	¥150,049	¥649,426
10	3	¥99,725,391	0.075,3%	¥599,100	¥498,627	¥100,473	¥75,029	¥175,502	¥674,129
11	4	¥99,549,890	0.100,6%	¥598,649	¥497,749	¥100,899	¥100,000	¥200,899	¥698,649
35	28	¥88,132,200	0.728,5%	¥544,011	¥440,661	¥103,350	¥641,282	¥744,632	¥1,185,293
36	29	¥87,387,568	0.755,6%	¥540,048	¥436,938	¥103,110	¥659,544	¥762,653	¥1,199,591
37	30	¥86,624,914	0.782,8%	¥535,967	¥433,125	¥102,842	¥677,331	¥780,173	¥1,213,298
38	31	¥85,844,741	0.782,8%	¥531,771	¥429,224	¥102,547	¥671,226	¥773,773	¥1,202,997
40	33	¥84,303,543	0.782,8%	¥523,478	¥421,518	¥101,960	¥659,165	¥761,125	¥1,182,643
187	180	¥19,605,138	0.782,8%	¥164,875	¥98,026	¥66,849	¥152,954	¥219,803	¥317,829
188	181	¥19,385,334	0.782,8%	¥163,584	¥96,927	¥66,658	¥151,235	¥217,893	¥314,819
366	359	¥80,163	0.782,8%	¥40,382	¥401	¥39,981	¥315	¥40,296	¥40,697
367	360	¥39,867	0.782,8%	¥40,066	¥199	¥39,867	(¥0)	¥39,867	¥40,066

2.8 相關函數公式總結

(1) PPMT(rate, per, nper, pv, fv, type)

該函數中：

rate 為各期利率。例如，如果按12% APR 的年利率借入一筆貸款來購買汽車，並按月償還貸款，則月利率為12%/12(即1%)。可以在公式中輸入12%/12、1%或0.01作為 rate 的值。

per 為計算其本金償付數額的指定期數，其值必須在1~nper 之間。

nper 為總投資(或貸款)期數，即該項投資(或貸款)的付款期總數。例如，對一筆5年期、按月付的汽車貸款，共有「5＊12」(即60)個償付期數。可以在公式中輸入「5＊12」或60作為 nper 的值。

pv 為現值，即從該項投資(或貸款)開始計算時已經入帳的款項，或一系列未來付款的現值的累積和，也稱為本金。

fv 為終值，或在最后一次付款后希望得到的現金餘額，如果省略 fv，則假設其值為零(一筆貸款的終值即為零)。

type 用以指定各期付款時間是在期初還是期末,其取值為 0 或 1。當 type 取 0 或省略時,指付款方式為期末付款;當 type 取 1 時,表示付款方式為期初付款。

(2) IPMT(rate, per, nper, pv, fv, type)

該函數中各參數的意義與 PPMT 函數中相應參數意義相同。

(3) PMT(rate, nper, pv, fv, type)

該函數中各參數的意義與 PPMT 函數中相應參數意義相同。

(4) CUMPRINC(rate, nper, pv, start_period, end_period, type)

該函數中:

start_period 為計算中的首期,付款期數從 1 開始,1≤start_period≤nper;

end_period 為計算中的末期,1≤end_period≤nper,且 start_period≤end_period。

其餘參數意義與 PPMT 函數中相應參數意義相同。

(5) CUMIPMT(rate, nper, pv, start_period, end_period, type)

該函數中各參數意義與 CUMPRINC 中相應參數意義相同。

(6) RATE(nper, pmt, pv, fv, type, guess)

該函數中:

pmt 為各期償付額,其值在整個投資(或貸款)期內保持不變。通常 pmt 包括本金和利息,但不包括其他費用及稅款。如果忽略了 pmt 參數的值,則必須包含 fv 參數的值。

guess 為假定利率,其作用是加速 Excel 2003 的迭代計算,使之趨於收斂。如果省略 guess,則假定該值為 10%。

其餘參數與 PPMT 函數中相應參數意義相同。

(7) NPER(rate, pmt, pv, fv, type)

該函數中各參數意義與 RATE 函數、PPMT 函數中相應參數意義相同。

(8) EFFECT(nominal_rate, npery)

其中:

nominal_rate 為名義利率(年利率),一般用年度百分比利率(annual percetage rate, APR)表示。

npery 為每年複利計息的次數。

(9) NOMINAL(effect_rate, npery)

其中:

effect_rate 為實際利率(年利率);npery 為每年複利計息的次數。

3 證券函數

本章所說的證券主要是指固定收益證券中的債券。債券是政府、金融機構、工商企業等機構直接向社會借債籌措資金時,向投資者發行,並且承諾按一定利率支付利息並按約定條件償還本金的債權債務憑證。債券的本質是債的證明書,具有法律效力。債券購買者與發行者之間是一種債權債務關係,債券發行人即債務人,投資者(或債券持有人)即債權人。債券作為一種重要的融資手段和金融工具,主要具有如下特徵:①償還性。債券一般都規定有償還期限,發行人必須按約定條件償還本金並支付利息。②流通性。債券一般都可以在流通市場上自由轉換。③安全性。與股票相比,債券通常規定有固定的利率,與企業績效沒有直接聯繫,收益比較穩定,風險較小。此外,在企業破產時,債券持有者享有優先於股票持有者對企業剩餘財產的索取權。④收益性。債券的收益性主要表現在兩個方面:一是投資債券可以給投資者定期或不定期地帶來利息收益;二是投資者可以利用債券價格的變動,買賣債券賺取差額。

本章主要介紹了如何使用 Excel 提供的債券函數計算以下內容:發行/購買/下次付息/交割日之間的天數;債券價格對收益率變化影響的反應;債券的價格、收益率和貼現率;利息累計;短期國債的計算公式。

● 3.1 基本參數及相關說明

3.1.1 準備工作

首先,如果使用下面介紹的函數時,出現該函數不可用,並返回錯誤值「#NAME?」,請在「工具」菜單中選擇「加載宏」以安裝並加載「分析工具庫」。

其次,若要在查看結果和查看返回結果的公式之間切換,可按 Ctrl+`(重音符),或

Excel 在實驗金融學中的應用

在「工具」菜單上選擇「公式審核」中的「公式審核模式」。

同時,還需注意所有參數將被截尾取整。

3.1.2 參數信息

本章所介紹的函數中涉及各種信息和數據,主要分為日期、比率、價格、金額等幾類,下面就分別對這幾類信息進行說明:

3.1.2.1 日期信息

Excel 證券函數中涉及的日期類信息主要有以下幾項:

- 發行日(Issue)是指債券在債券初級市場發行的日期。
- 交割日(Settlement)是指當前持有者購買債券的日期(在發行日期之后)。
- 到期日(Maturity)是指債券法定義務的結束日期[①]。
- 第一次付息日(Date of first coupon):債券的第一次付息票的日期。進一步來看,按年代時間遞減的順序,到期日>第一次付息日>交割日>發行日。
- 最後一次付息日(Date of last coupon):債券的最後一次付息票的日期。進一步來看,按年代時間遞減的順序,到期日>交割日>最後一次付息日。

3.1.2.2 比率信息

Excel 證券函數中涉及的比率類信息主要有以下幾項:

- 利率(Rate)是指債券的年息票利率。此項只與那些有息票支付的債券有關。
- 折扣率(Discount)是指債券清償價或面值與價格差額相對於面值或清償價的折扣比率。
- 收益率(Yield)是指債券的年收益率或年回報率。

3.1.2.3 價格、金額信息

Excel 證券函數中涉及的價格、金額類信息主要有以下幾項:

- 面值(Par)是指債券的面值。
- 價格(Price)是指債券每 100 元面值的價格。
- 清償價(Redemption)是指債券每 100 元面值的清償價格,或者清償總額。此項信息只與那些在到期日仍然有價值的債券有關。
- 投資額(Investment)是指在債券被購買時投資的金額。

3.1.2.4 其他信息

Excel 證券函數中要求的信息還有:

- 付息頻率(Frequency)是指每年付息的次數。按年付息,付息頻率 = 1;按半年

[①] 有一些債券的到期日期只能是在支付日。一個在 2006 年 1 月 1 日發行的 30 年期的債券於發行后六個月被購買。發行日期為 2006 年 1 月 1 日,交割日期為 2006 年 7 月 1 日,到期日期為 2036 年 1 月 1 日,即債券被發行(初次被購買)的日期 2006 年 1 月 1 日的 30 年后。

3 證券函數

付息,付息頻率＝2;按季付息,付息頻率＝4;按月付息,付息頻率＝12。
- 計數基準(Basis)是指日計數基準類型。下表列出了不同的可選值。

表 3-1　　　　　　　　　　日計數類型的代碼

日計數基準	計數方法	說明
0 或缺省	30/360 或美式基準	月計 30 天,年計 360 天。
1	實際天數/實際天數	月計實際天數,年計實際天數。
2	實際天數/360;	月計實際天數,年計 360 天。
3	實際天數/365;	月計實際天數,年計 365 天。
4	30/360 或歐式基準;	月計 30 天,年計 360 天。

3.1.3 基本操作注意事項

操作日期信息時應注意:①應使用 DATE 函數來輸入日期,或者將日期作為其他公式或函數的結果輸入。例如,使用函數 DATE(2007,4,16) 輸入 2007 年 4 月 16 日。如果日期以文本的形式輸入,則會出現問題。②Microsoft Excel 可將日期存儲為可用於計算的序列數。默認情況下,1900 年 1 月 1 日的序列號是 1,而 2008 年 1 月 1 日的序列號是 39,448,這是因為它距 1900 年 1 月 1 日有 39,448 天。③必須滿足下列日期條件,否則返回錯誤值「#NUM!」:到期日>第一次付息日>交割日>發行日,到期日>交割日>最后一次付息日。④如輸入非合法日期,函數返回錯誤值「#VALUE!」。

操作比率信息時,必須滿足 Rate≥0, Discount≥0, Yield≥0,否則返回錯誤值「#NUM!:」。

操作價格、金額信息時須注意,如果 Price ≤ 0,Redemption ≤ 0 或 Investment ≤ 0,函數返回錯誤值「#NUM!」。

此外還須注意,如果 frequency 不是數字 1、2 或 4,或 basis < 0 或 basis > 4,則返回錯誤值「#NUM!」。

3.2 息票相關函數

3.2.1 COUPDAYBS 從付息期開始至交割日天數函數

函數格式:COUPDAYBS(<交割日>,<到期日>,<付息頻率>,<日計數基準類型>)。

此函數用於計算前一付息期內截止至交割日的天數。在 Excel 中,該函數的實現是通過計算:交割日日期減去交割日前最近一次付息日日期的值,其中日期都將轉化

Excel 在實驗金融學中的應用

為 1900 日期系統下序列號進行計算。

【例題 3-1】假設一債券可由以下條款來定義：2005 年 1 月 21 日為交易成功的日期(交割日)。2006 年 12 月 11 日是該債券全部償還並停止的日期(到期日)。其利息(息票支付)是按半年計的——即債券擁有半年支付的息票。日計數基準類型為月實際天數和年實際天數——實際天數/年實際天數，即值為 1。對於此債券來說，從付息期開始至交割日的天數為：COUPDAYBS(DATE(2005,1,21),DATE(2006,12,11),2,1)= 41。

其中，交割日前的最近一次付息日期序列號為：39,062-365×2＝38,332；則付息期開始到交割日的天數＝交割日日期-交割日前的最近一次付息日期＝38,373-38,332＝41。

3.2.2 COUPDAYS 交割日所在付息期天數函數

函數格式：COUPDAYS(<交割日>,<到期日>,<付息頻率>,<日計數基準類型>)，和 COUPDAYBS 所要求的信息一樣，每條要求信息的定義和注意事項詳見 3.1 部分。

此函數用以計算交割日所在的那個付息週期的天數。

【例題 3-2】繼續前面【例題 3-1】中的例子。對此債券來說，交割日所在付息天數為：

COUPDAYS (DATE(2005,1,21),DATE(2006,12,11),2,1)= 182。

其中，交割日所在的那個付息週期為：2004 年 12 月 12 日至 2005 年 6 月 11 日，其間共 182 天。

3.2.3 COUPDAYSNC 交割日至下一付息日天數函數

函數格式：COUPDAYSNC(<交割日>,<到期日>,<付息頻率>,<日計數基準類型>)。

此函數用以計算交割日至下一付息日之間的天數，和 COUPDAYBS 所要求的信息一樣；每條要求信息的定義和注意事項詳見 3.1 部分。

【例題 3-3】繼續前面【例題 3-1】中的例子。對此債券來說，交割日至下一付息日之間的天數為：COUPDAYSNC (DATE(2005,1,21),DATE(2006,12,11),2,1)= 141。即從交割日到下一個付息日指從 2005 年 1 月 21 日到 2005 年 6 月 11 日，共 141 天。

3.2.4 COUPNCD 交割日後下一付息日日期函數

函數格式：COUPNCD(<交割日>,<到期日>,<付息頻率>,<日計數基準類型>)。

此函數用以計算交割日後下一付息日日期，即其計算期間為：緊挨交割日期的下一個付息日日期。其函數的參數要求與前兩個函數相同，但其輸出的是一串數字——日

期的序列號。要查看日期數據,可以先點擊單元格的格式菜單(format menu),再點擊類別欄(category box)中的「日期」(date),接著在類型框(type box)中選擇點擊一種日期格式。

【例題3-4】繼續前面【例題3-1】中的例子。對此債券來說,交割日期(在1900日期系統中)后的下次付息日期為:COUPNCD(DATE(2005,1,21),DATE(2006,12,11),2,1)= 38,514。要查看日期數據(2005年6月11日)而非序列號(38514),點擊單元格的「格式菜單」,點擊類別欄中的「日期」,接著在類型框中選擇點擊一種日期格式。

3.2.5　COUPPCD 交割日前一付息日日期函數

函數格式:COUPPCD(<交割日>,<到期日>,<付息頻率>,<日計數基準類型>)。

此函數用以計算交割日前一付息日日期,它與1.2.4中COUPNCD所須注意的事項相同。

【例題3-5】繼續前面【例題3-1】中的例子。對此債券來說,交割日期(在1900日期系統中)后的下次付息日期為:COUPPCD(DATE(2005,1,21),DATE(2006,12,11),2,1)= 38,332。要查看日期數據(2004年12月11日)而非序列號(38332),點擊單元格的「格式菜單」,點擊類別欄中的「日期」,接著在類型框中選擇點擊一種日期格式。

3.2.6　COUPNUM 交割日至到期日間的付息次數函數

函數格式:COUPPCD(<交割日>,<到期日>,<付息頻率>,<日計數基準類型>)。

此函數用以計算交割日至到期日間的向上舍入到最近的整數的付息次數。

【例題3-6】繼續前面【例題3-1】中的例子。

對此債券來說,付息次數為:COUPNUM(DATE(2005,1,21),DATE(2006,12,11),2,1)= 4。

(註:從交割日至到期日期間的付息日期分別為:2006年12月11日、2006年6月11日、2005年12月11日、2005年6月11日。)

3.2.7　計算日期天數的付息票債券類函數比較

本節主要介紹了在已知債券的交割日、到期日、付息頻率和日技術基準的情況下,如何使用息票類函數對債券付息的相關天數或日期的計算。這些函數計算目標如圖3-1所示:

Excel 在實驗金融學中的應用

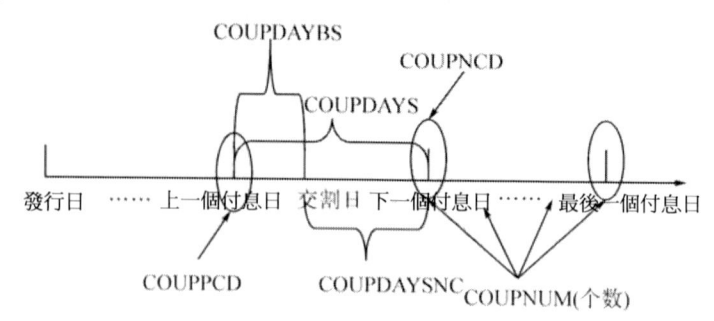

![圖 3-1 日期類付息債券函數計算目標圖示]

具體對比說明如表 3-2 和表 3-3 所示。

表 3-2　　　　　　　　　　息票類函數示例

項目	輸入/輸出值	說明
到期日	2006 年 12 月 11 日	確保日期是以日期格式表示的。應使用 DATE 函數來輸入日期，或者將日期作為其他公式或函數的結果輸入。在菜單選項：「格式」/「單元格」/「數字」中選擇「日期」類型。
交割日	2005 年 1 月 21 日	
頻率	2	
日計數基準類型	1	
函數	結果	
COUPDAYBS	41	前一付息期截止至交割日的天數
COUPDAYS	182	交割日所在的付息期的天數
COUPDAYSNC	141	包括交割日在內的第一個付息期內天數
COUPNCD	38,514	從交割日起至下一個付息日的日期。意味著 Excel 返回的是「日期序列號」而非日期。如果這種情況發生了，可在菜單選項：「格式」/「單元格」/「數字」中選擇「日期」類型，序列號將以正確格式顯示。
COUPPCD	2004 年 12 月 11 日	交割日前的上一個付息日期
COUPNUM	4	從交割日至到期日期間的付息次數

表 3-3　　　　　　　　日期類付息債券函數的計算過程

	A	B	C
1	交割日	2005-1-21	
2	到期日	2006-12-11	
3	付息頻率	2	
4	日計數基準	1	
5			

表3-3(續)

	A	B	C
6	COUPDAYBS( )=	41	=B1-(B2-365*2)
7	COUPDAYS ( )=	182	=(B2-365-183)-(B2-365*2)
8	COUPDAYSNC( )=	141	=B2-365-183-B1
9	COUPNCD( )=	38,514	=B2-365-183
10		2005-6-11	
11	COUPPCD( )=	38,332	=B2-365*2
12		2004-12-11	
13	COUPNUM( )=	4	=COUPNUM(B1,B2,B3,B4)

3.2.8 DURATION 久期函數與 MDURATION 修正久期函數

函數格式：DURATION/ MDURATION(<交割日>,<到期日>,<息票利率>,<收益率>,<付息頻率>,<日計數基準類型>)。

此函數用以計算一個假定面值為 100 元的債券的麥考雷久期(macaulay duration)。麥考雷久期是以債券現金流現值為權重,對獲得各現金流的時間作加權平均后所得的值,反應了債券價格對年收益率變化的敏感程度,從而可用於對債券面臨的主要風險——利率風險進行測量。

利率風險測量的常用方法有兩類:一是全價法,即假定利率以一定幅度的變化后,重新計算債券的價格,並分析債券在利率波動前后的價格變化;一是久期法,其中久期法的具體指標又包括實際久期、修正久期和麥考雷久期,此處只結合 Excel 的債券函數對麥考雷久期進行介紹。此外,為了提高久期法的準確性,凸率的分析也非常重要。

麥考雷久期是 1938 年由弗雷德里克·麥考雷提出的,其計算公式為:

$$D_f = \frac{t_1 \times PVCF_1 + t_2 \times PVCF_2 + ... + t_n \times PVCF_n}{k \times P} \tag{3-1}$$

其中:

D_f 為麥考雷久期;t_n 為時間階段值 n;k 為每年中付息次數;y 收益率;$PVCF_n$ 為第 n 時間階段現金流的現值。

計算麥考雷久期這一方法是假定了債券的現金流不發生改變,只是時間分佈會有影響。在實踐中,一般使用修正後的麥考雷久期,即調整久期(modified duration),其公式是:

$$D_m = \frac{D_f}{(1 + y/k)} \tag{3-2}$$

式中:D_m 為修正久期;D_f 為麥考雷久期;y 為收益率;k 為一年中的計息次數。

Excel 在實驗金融學中的應用

對於無期權的普通債券,調整久期與以價格彈性定義的久期,能達到相似的預測效果,差異不大。但調整久期顯然不適合對嵌期權債券的分析,因為期權通常會改變債券的現金流。

對於嵌有期權的債券,其久期的計算必須考慮其現金流的改變和實際收益率的變化。另外,對於投資組合而言,整個組合的久期是個別債券久期以價值為權重求得的加權平均值,而只有當整個投資組合中所有債券的市場要求收益率都發生相同幅度的改變時,這一加權平均的久期才適用,否則不能直接搬用。

【例題3-7】假設一債券可由以下條款來定義:2002年7月23日為交割日。2008年1月1日是該債券的到期日。息票利率為5%,收益率為8.0%。付息頻率為半年。日計數基準類型為月實際天數/年實際天數——實際天數/實際天數基準(即基準值為1)。此債券的久期為(在1900日期系統中):DURATION(DATE(2002,7,23),DATE(2008,1,1),0.05,0.08,2,1)= 4.759,23;此債券的調整久期為:MDURATION(DATE(2002,7,23),DATE(2008,1,1),0.05,0.08,2,1)= 4.576,18。參見表3-4。

表3-4　　　　　DURATION 和 MDURATION 的手動計算過程

	B	C	D	E	F	G	H
2			DURATION()和MDURATION()函數的手動計算				
3							
4	輸入參數		輸出參數				
5	交割日	2002-7-23					
6	到期日	2008-1-1					
7	息票利率	0.05	參考麥考雷久期:	4.835	=G25/(C9*F27)		
8	年收益率	0.08	修正參考麥考雷久期:	4.649	=E7/(1+C8/C9)		=100*$C$7/2
9	付息頻率	2					=E14/(1+C8$/C$9)^(D14/180)
10	日計數基準	2					
11			計算過程				
12	時間階段	日期	距交割日天數	現金流	現值	階段值*現值	=B14*F14
13		2002-7-23	0	-86.471,554	86.471,553 51		
14	1	2003-1-1	162	2.5	2.413,292.723	2.413,292.723	
15	2	2003-7-1	343	2.5	2.319,968,212	4.639,936,425	
16	3	2004-1-1	527	2.5	2.228,795,265	6.686,385,794	
17	4	2004-7-1	709	2.5	2.142,138.653	8.568,554 613	
18	5	2005-1-1	893	2.5	2.057,954.269	10.289,771,34	
19	6	2005-7-1	1,074	2.5	1.978,371,062	11.870,226,37	
20	7	2006-1-1	1,258	2.5	1.900,622 617	13.304,358,32	
21	8	2006-7-1	1,439	2.5	1.827,123,586	14.616,988.69	
22	9	2007-1-1	1,623	2.5	1.755,319,049	15.797,871,44	
23	10	2007-7-1	1,804	2.5	1.687,439,057	16.874,390 57	=SUM(F14:F24)
24	11	2008-1-1	1,988	102.5	66.466,084 557	731.126,930,3	
25			未來現金流總現值(臟價):		86.777,109,06	836.188,706.6	=SUM(G14:G24)
26			應付利息額:		0.305 555 556		
27			價格(淨價):		86.471 553 51		=100*C7/C9*(184-D14)/180
					=F25-F26		

78

3.3 附息票債券的價格、收益率與利息計算

3.3.1 YIELD 收益率函數

函數格式：YIELD(<交割日>,<到期日>,<息票利率>,<價格>,<清償價>,<付息頻率>,<日計數基準類型>)。

此函數計算定期支付利息的有價證券即債券的收益率，其計算公式如下：

$$YIELD = \frac{\left(\dfrac{redemption}{100} + \dfrac{rate}{frequency}\right) - \left(\dfrac{par}{100} + \left(\dfrac{A}{E} \times \dfrac{rate}{frequency}\right)\right)}{\dfrac{par}{100} + \left(\dfrac{A}{E} \times \dfrac{rate}{frequency}\right)} \times \frac{frequency \times E}{DSR}$$

(3-3)

式中：

A 為當前復習期內截止到交割日的天數(應計天數)；DSR 為交割日與清償日之間的天數；E 為付息期所包含的天數。

【例題 3-8】假設一債券可由以下條款來定義：2000 年 7 月 23 日為交割日；2007 年 6 月 30 日是到期日；息票利率為 5.5%；價格為 98.560,14；清償價為 100 元；付息頻率為半年，計時標準為為 30/360(即基準值為 0)。此債券的收益率為：YIELD(DATE(2000,7,23), DATE(2007,6,30), 0.055, 98.560,14, 100, 2, 0) = 0.057,539,3，也可利用單變量求解的方法手動計算，例中應將價格作為固定取值，而將隱含收益率作為唯一變量，單變量求解，結果相同，見表 3-5。

表 3-5　　　　　　　　　　YIELD 函數的手動計算過程

	J	K	L	M	N
2	YIELD函數的手動計算				
3					
4	輸入參數		輸出參數		
5	交割日	2000-7-23			
6	到期日	2007-6-30			
7	息票利率	0.055			
8	價格	98.560,14	收益率	5.753,929%	單變量求解所得(可變單元格為M8,目標單元格為
9	清償價	100			
10	付息頻率	2			
11	日計數基準	0			
12			計算過程	=100*$K$7/2	
13	日期	距交割日天數	現金流	現值	
14	2000-7-23	0	-98.560,14	-98.560,14	=L15/(1+$M$8/$K$10)^(K15*2/3)
15	2000-12-30	157	2.75	2.682,801,484	
16	2001-6-30	337	2.75	2.607,776 68	
17	2001-12-30	517	2.75	2.534,849,952	
18	2002-6-30	697	2.75	2.463,962 626	
19	2002-12-30	877	2.75	2.395,057 672	
20	2003-6-30	1,057	2.75	2.328,079 652	
21	2003-12-30	1,237	2.75	2.262,974 678	
22	2004-6-30	1,417	2.75	2.199 690,372	
23	2004-12-30	1 597	2.75	2.138,175,817	
24	2005-6-30	1,777	2.75	2.078,381 522	
25	2005-12-30	1,957	2.75	2.020,259,381	
26	2006-6-30	2,137	2.75	1.963,762 631	=SUM(M15:M28)
27	2006-12-30	2,317	2.75	1.908,845,818	
28	2007-6-30	2,497	102.75	69.326,910 57	=100*K7/K10*(180-K15)/180
29			未來現金流總現值:	98.911 528,85	
30			應付利息額:	0.351,388,889	
31			價格:	98.560,139,96	=M29-M30

3.3.2　PRICE 價格函數

函數格式:PRICE(<交割日>,<到期日>,<息票利率>,<收益率>,<清償價>,<付息頻率>,<日計數基準類型>)。

此函數計算定期支付利息有價證券的價格,計算公式如下:

$$PRICE = \left[\frac{redemption}{\left(1+\frac{yld}{frequency}\right)^{\left(N-1+\frac{DSC}{E}\right)}}\right] + \left[\sum_{k=1}^{N} \frac{100 \times \frac{rate}{frequency}}{\left(1+\frac{yld}{frequency}\right)^{\left(k-1+\frac{DSC}{E}\right)}}\right]$$

$$- \left(100 \times \frac{rate}{frequency} \times \frac{A}{E}\right) \tag{3-4}$$

80

3 證券函數

式中：

DSC 為交割日與下一付息日之間的天數；E = 交割日所在的付息期的天數；N 為交割日與清償日之間的付息次數；A 為當前付息期內截止到交割日的天數。

【例題 3-9】借用上例中的除價格外的其他數據和計算結果：2000 年 7 月 23 日為交割日；2007 年 6 月 30 日是到期日；息票利率為 5.5%；年收益率為 5.75%；清償價為 100 元；付息頻率為半年；日計數基準類型為 30/360（即基準值為 0）。此債券的收益率為：PRICE（DATE(2000,7,23)，DATE(2007,6,30)，0.055，0.057,54，100，2，0）= 98.560,14。

PRICE 函數是已知隱含收益率時求債券價格，其計算與已知價格求隱含收益率的 YIELD 函數的計算過程是互逆的，故不再贅述。

3.3.3 ACCRINT 應計利息函數

函數格式：ACCRINT(<發行日>,<第一次付息日期>,<交割日>,<息票利率>,<清償價>,<付息頻率>,<日計數基準類型>)

此函數計算定期支付利息有價證券的應計利息。應計利息是指在交割日起至到期日止的債券存續期內，債券持有人可以獲得的利息金額總額。函數的計算公式為：

$$ACCRINT = par \times \frac{rate}{frequency} \times \sum_{i=1}^{NC} \frac{A_i}{NL_i} \tag{3-5}$$

式中：

A_i 為第 i 個付息期或準付息日的應計天數；NC 為付息期期數（如果該數含有小數位，向上進至整數）；NL_i 為第 i 個付息期的正常天數。

【例題 3-10】假設一債券可由以下條款來定義：2002 年 5 月 15 日為發行日；2006 年 2 月 15 日是交割日；第一次付息日日期為 2002 年 11 月 15 日；年息票利率為 6%；面值為 100 元；付息頻率為半年；日計數基準類型為 30/360（即基準值為 0）。此債券的應計利息為：ACCRINT(DATE(2002,5,15)，DATE(2002,11,3)，DATE(2006,2,8)，0.06，100，2，0)= 22.383,3。見表 3-6。

表3-6　　　　　　　　　ACCRINT函數的手動計算過程

	Q	R	S	T	U
2	ACCRINT()函數的手動計算				
3					
4	輸入參數		輸出參數		
5	發行日	2002-5-15			
6	起息日	2002-11-3			
7	交割日	2006-2-8			
8	息票利率	0.06	應計利息：	22.38,333	
9	清償價	100			
10	付息頻率	2			
11	日計數基準	0			
12	計算過程				
13	日期	說明	間隔天數	付息	
14	2002-5-15	發行日		0	
15	2002-11-3	起息日	168	0	=R9*$R$8/2
16	2002-11-15	付息日	180	3	
17	2003-5-15	付息日	180	3	
18	2003-11-15	付息日	180	3	
19	2004-5-15	付息日	180	3	
20	2004-11-15	付息日	180	3	=100*$R$8/2*(S23/S22)
21	2005-5-15	付息日	180	3	
22	2005-11-15	付息日	180	3	
23	2006-2-8	交割日	83	1.383,333	=SUM(T14:T23)
24		應計利息額：		22.383,33	

3.3.4 首長期、首短期與收益率

一般情況下,我們假定債券息票付息時間間隔是相等的。但也有可能出現某一期或多期的付息時間相對於其他付息時間更長或更短的情形。最常見的是在債券的首期付息時,第一期的時間相對更長或更短。當債券的起息日至首次付息日的時間短於以後各期的計息時間時,當期的息票稱為短息票,對應的有價證券即為首短期證券;反之,如果債券從起息日至首次付息日的時間,長於以後各期固定的付息時間,則首次的息票稱為長息票。這時,相當於在第一個息票計息期內,有幾次利息被跳過未付,被延至下一付息日一併支付。與前面的短息票債券的區別在於,首次付息時的利息包括兩部分,即有一個完整的復息期的利息,加上超過一個復息期部分的利息;同時,如果要將首次付息日時債券的價值貼現回起息日之前時,時間的處理上也包括兩個部分,即多個復息期加上不完整的時間部分。

Excel中有兩個函數ODDFPRICE和ODDFYIELD分別計算首付息期不確定(長期或短期)債券的價格和收益率,下面就對它們分別進行介紹。

3.3.4.1 ODDFPRICE 首付息期不確定(長期或短期)債券價格函數

函數格式：ODDFPRICE(<交割日>,<到期日>,<發行日>,<第一次付息日>,<息

3 證券函數

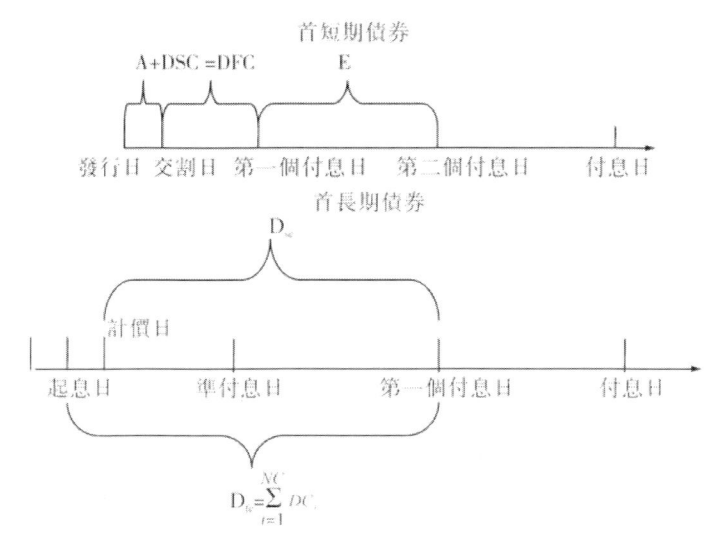

圖 3-2 首長、短期債券關鍵日期圖示

票利息率>,<收益率>,<清償價>,<付息頻率>,<日計數基準類型>)。此函數用以計算首期付息日不固定(長期或短期)(odd first period)債券每100元面值的價格,其計算公式如下:

計算首短期債券價格的公式為:

$$ODDFPRICE = \left[\frac{redemption}{\left(1+\frac{yld}{frequency}\right)^{\left(N-1+\frac{DSC}{E}\right)}}\right] + \left[\frac{100 \times \frac{rate}{frequency} \times \frac{DFC}{E}}{\left(1+\frac{yld}{frequency}\right)^{\frac{DSC}{E}}}\right]$$

$$+ \left[\sum_{k=2}^{N} \frac{100 \times \frac{rate}{frequency}}{\left(1+\frac{yld}{frequency}\right)^{\left(N-1+\frac{DSC}{E}\right)}}\right]$$

$$- \left(100 \times \frac{rate}{frequency} \times \frac{A}{E}\right) \quad (3-6)$$

式中:

A 為付息期的第一天到交割日之間的天數(應計天數);DSC 為交割日與下一付息日之間的天數;DFC 為從不固定的首付息期的第一天到第一個付息日之間的天數;E 為付息期所包含的天數;N 為交割日與清償日之間的付息次數(如果包含小數,則向上舍入為整數)。

可以看出上述函數計算公式中的第一項為清償額在交割日的貼現值,第二項為第一個付息日收到利息的貼現至交割日的值,第三項是以後所有利息在交割日的現值,

83

Excel 在實驗金融學中的應用

最后一項是在交割日應該付出給賣方的累積利息(未貼現)。

【例題 3-11】 假設一債券可由以下條款來定義：2006 年 2 月 25 日是交割日；2022 年 12 月 29 日為到期日；2006 年 2 月 1 日為發行日；第一次付息日日期為 2006 年 6 月 29 日；年息票利率為 6%；年收益率為 4.5%；清償價格為 100 元；付息頻率為半年；日計數基準類型為實際天數/實際天數(即基準值為 1)。

可看出，此債券的發行日到首次付息日天數小於以後每次標準的付息期天數，即此債券為首短期債券，其價格為：

ODDFPRICE(DATE(2006,2,25), DATE(2022,12,29), DATE(2006,2,1), DATE(2006,6,29), 0.06, 0.045, 100, 2, 1) = 117.580,00。

表 3-7　　　　　　　　　手動計算首短期債券價格

	L	M	N	O	P	Q	R
2			ODDFPRICE函數的手動計算				
3							
4		輸入參數			輸出參數		
5		交割日		2006-2-25	首短期證券價格:		
6		到期日		2022-12-29			
7		發行日		2006-2-1			
8		首期付息日		2006-6-29			=Q52-Q53
9		息票利率		6.00%		117.580,00	
10		年收益率		4.50%			
11		清償價		100			
12		付息頻率		2			=N9*N11/N12*(O18-O16)/(M18-L16)
13		日計數基準		1			
14			計算過程				
15	付息期數	日期	說明	距交割日天數	付息	貼現	
16	2005-12-29	2006-2-1	發行日	-24	0	0	=P18/(1+$N$10/$N$12)^(O18/(M
17	.	2006-2-25	交割日	0,	.	.	
18	1,	2006-6-29	首次付息日	124	2.439 6	2.402,86	
19	2,	2006-12-29	付息日	307,	3	2.889,84	
20	3,	2007-6-29	付息日	489,	3	2.826,25	=P19/(1+$N$10/$N$12)
21	4,	2007-12-29	付息日	672,	3	2.764,06	
22	5,	2008-6-29	付息日	855,	3	2.703,24	
23	6,	2008-12-29	付息日	1,038	3	2.643,75	
			……				
49	32	2021-12-29	付息日	5,786	3	1.482,43	
50	33	2022-6-29	付息日	5,968	3	1.449,81	
51	34	2022-12-29	到期日	6,151	103	48.681 50	=SUM(Q18:Q51)
52				現值總額:		117.975 60	
53				應付利息額:	.	0.3.956,044	=-O16/182*1

計算首長期債券價格的公式為：

$$\text{ODDFPRICE} = \left[\frac{redemption}{\left(1 + \frac{yld}{frequency}\right)^{\left(N + N_q + \frac{DSC}{E}\right)}} \right]$$

$$+\left[\frac{100\times\dfrac{rate}{frequency}\times\left[\sum_{i=1}^{NC}\dfrac{DC_i}{NL_i}\right]}{\left(1+\dfrac{yld}{frequency}\right)^{\left(N+N_q+\frac{DSC}{E}\right)}}\right]$$

$$+\left[\sum_{k=1}^{N}\frac{100\times\dfrac{rate}{frequency}}{\left(1+\dfrac{yld}{frequency}\right)^{\left(k-N_q+\frac{DSC}{E}\right)}}\right]$$

$$-\left[100\times\frac{rate}{frequency}\times\sum_{i=1}^{NC}\frac{A_i}{NL_i}\right] \tag{3-7}$$

式中：

A_i 為在不固定付息期內,從第 i 個或最后一個準付息期開始的天數（應計天數）；DC_i 為從發行日起到第 1 個準付息期（$i=1$）之間的天數,或在準付息期（$i=2,\ldots,NC$）內的天數；DSC 為交割日與下一付息日之間的天數；E 為付息期包含的天數；N 為從第一個實際付息日到清償日之間的付息次數（如果包含小數,則向上舍入為整數）。

NC 為在不固定付息期內的準付息期的期數（如果包含小數,則向上舍入為整數）；NL_i 為在不固定付息期內的第 i 個或最后一個準付息期的正常天數；N_q 為從交割日到首期付息日之間完整的準付息期數。

可以看出上述函數計算公式中的第一項為清償額在交割日的貼現值,第二項為準付息日內應收到利息的貼現值,第三項是以后所有利息在交割日的現值,最后一項是在交割日應該付出給賣方的利息（未貼現為現值）。

應特別注意,到期日>第一次付息日>交割日>發行日,還有首期付息日與到期日之間應相差整數個付息週期,否則函數返回錯誤值「#NUM!」。

【例題 3-12】假設一債券可由以下條款來定義：2006 年 2 月 25 日是交割日；2022 年 12 月 29 日為到期日；2006 年 2 月 1 日為發行日；第一次付息日日期為 2006 年 6 月 29 日；年息票利率為 6%；年收益率為 4.5%；清償價格為 100 元；付息頻率為半年；日計數基準類型為實際天數/實際天數（即基準值為 1）。可看出,此債券的發行日到首次付息日天數大於以后每次標準的付息期天數,即此債券為首長期債券,其價格為：ODDFPRICE（DATE（2006,2,25）,DATE（2022,12,29）,DATE（2006,2,1）, DATE（2007,6,29）, 0.06,0.045,100,2,1）= 117.411,82。

表3-8　　　　　　　　　　手動計算首長期債券價格

	L	M	N	O	P	Q	R
59							
60			ODDFPRICE函數的手動計算				
61			輸入參數		輸出參數		
62		交割日	2006-2-25				
63		到期日	2022-12-29				
64		發行日	2006-2-1				
65		首期付息日	2007-6-29		首長期證券價格:	117,411.82	=Q109−Q110
66		息票利率	6.00%				
67		年收益率	4.50%				
68		清償價	100				
69		付息頻率	2				
70		日計數基準	1				
71			計算過程				
72	付息期數	日期	說明	距交割日天數	付息	貼現	=M75−$M$74
73	2005-12-29	2006-2-1	發行日	−24	0	0	
74		2006-2-25	交割日	0	0	0	=6+3*(O75−O73)/(M75−L73)
75		2006-6-29	第一個準付息日	124	0	0	
76		2006-12-29	第二個準付息日	307	0	0	
77	1	2007-6-29	首次付息日	489	8,43.956	7,950.77	=P77/(1+$N$67/$N$69)^(L77+1+$O$75/($M$75−$L$73))
78	2	2007-12-29	付息日	672	3	2,764.06	
79	3	2008-6-29	付息日	855	3	2.703.24	
80	4	2008-12-29	付息日	1,038	3	2.643.75	
81	5	2009-6-29	付息日	1,220	3	2.585.58	
			......				
105	29	2021-6-29	付息日	5,603	3	1.515.79	
106	30	2021-12-29	付息日	5,786	3	1.482.43	=SUM(Q77:
107	31	2022-6-29	付息日	5,968	3	1.449.81	
108	32	2022-12-29	到期日	6,151	103	48.681.50	=O73/(M75−L73))*100*N66/N69
109	33		現值總額:	117.807.42			
110	34		應付利息額:	0.395 604			

3.3.4.2 ODDFYIELD 首付息期不確定(長期或短期)債券收益率函數

函數格式:ODDFYIELD(<交割日>,<到期日>,<發行日>,<第一次付息日>,<息票利息率>,<收益率>,<清償價>,<付息頻率>,<日計數基準類型>)。該函數用以計算首期付息日不固定(長期或短期)的證券的收益率。

ODDFPRICE 函數是已知隱含收益率時求債券價格,其計算與已知價格求隱含收益率的 ODDFYIELD 函數的計算過程是互逆的。該函數基於 ODDFPRICE 中的公式進行牛頓迭代演算(單變量求解)。在 100 次迭代過程中,收益率不斷變化,直到按給定收益率導出的估計價格接近實際價格。有關函數 ODDFYIELD 所用公式的詳細信息,請參閱 ODDFPRICE 部分。

【例3-13】除去年收益率一項數據,延續【例題3-11】中示例,再假設債券的市場價格為 117.578,00。此債券的首長、短期收益率為:ODDFYIELD（DATE（2006,2,25），DATE（2022,12,29），DATE（2006,2,1），DATE（2006,6,29），0.06，

117.579,996.9,100,2,1) = 0.045。

3.3.5 末長期、末短期與收益率

雖然沒有首長、短期證券常見,有些債券在末期付息時,最后一期的時間相對更長或更短,更長的稱為末長期,更短的稱為末短期。Excel 中有兩個函數 ODDLPRICE 和 ODDLYIELD 分別計算末付息期不確定(長期或短期)債券的價格和收益率,下面就對它們分別進行介紹。

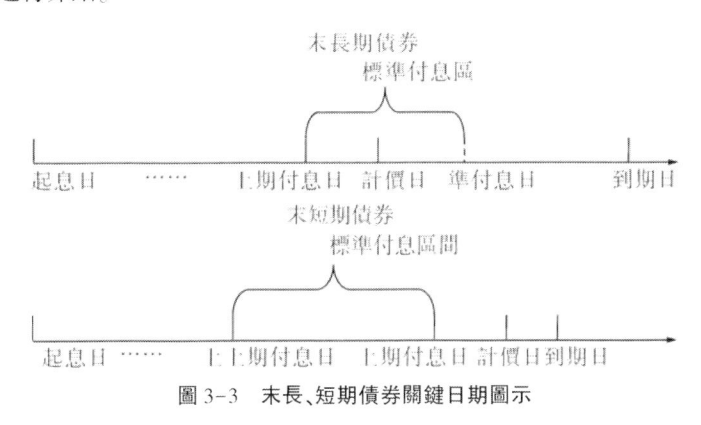

圖 3-3 末長、短期債券關鍵日期圖示

3.3.5.1 ODDLPRICE 末付息期不確定(長期或短期)債券價格函數

函數格式:ODDLPRICE(<交割日>,<到期日>,<發行日>,<最后一次付息日>,<息票利息>,<收益率>,<清償價>,<付息頻率>,<日計數基準類型>)。此函數用以計算末期付息日不固定(長期或短期)(odd last period)的證券每 100 元面值的價格。應特別注意,必須滿足:到期日>交割日> 末期付息日,否則函數返回錯誤值 #NUM!。

$$par = \dfrac{red + \left\{ \left(\sum\nolimits_{1}^{NC} \dfrac{DC}{NL} \right) - \sum\nolimits_{1}^{NC} \dfrac{A}{NL} - yield \times \left[\dfrac{\sum\nolimits_{1}^{NC} \dfrac{DSC}{NL}}{fr} \right] \times \sum\nolimits_{1}^{NC} \dfrac{A}{NL} \right\} \times \dfrac{100 \times r}{fr}}{yield \times \left[\dfrac{\sum\nolimits_{1}^{NC} \dfrac{DSC}{NL}}{fr} \right] + 1} \quad (3-8)$$

式中:

A_i 為在不固定付息期內,截止到兌現日之前,從最后一個付息日往前推算的第 i 個或最后一個準付息期的應計天數。

DC_i 為由實際付息期所限定的,第 i 個或最后一個準付息期的天數。

NC 為在不固定付息期內的準付息期數(如果包含小數,將向上舍入為整數)。

NL_i 為在不固定付息期內的第 i 個或最后一個準付息期的正常天數。

【例題 3-14】假設一債券可由以下條款來定義:2006 年 2 月 18 日是交割日;2006 年 6 月 25 日為到期日;最后一次付息日日期為 2006 年 1 月 25 日;年息票利率為 6%;

年收益率為4.5%;清償價格為100元;付息頻率為半年;日計數基準類型為實際天數/實際天數(即基準值為1)。此末短期債券每100元的價格為:ODDLPRICE(DATE(2006,2,18),DATE(2006,6,25),DATE(2006,1,25),0.06,0.045,100,2,1)=100.511,88。

表3-9　　　　　　　　　手動計算末短期債券價格

	T	U	V	W	X	Y	Z
2			ODDLPRICE函數的手動計算				
3							
4			輸入參數		輸出參數		
5		交割日	2006-2-18				
6		到期日	2006-6-25				
7		末期付息日	2006-1-25				=Y18-Y1
8		息票利率	6.00%				
9		年收益率	4.50%		末短期證券價格:	100.51,188	
10		清償價	100				=100+100*$V$8/$V$11*(U17-U15)/(T18-U15)
11	=U17-T15	付息頻率	2				
12		日計數基準	1				
13	=T18-U15		計算過程				
14		標準付息期	日期	說明	距交割日天數	付息	貼現	=X17/(1+V9/V11*(U17-U16)/(T18-U1)
15	2005-12-25		2006-1-25	末期付息日	-24	0	0	
16	182.00		2006-2-18	交割日	0	0		=100*V8/V11*(U16-U15)/(T18-U15)
17	1		2006-6-25	到期日	127	.102.5,028.	100.90,967	
18	2006-7-25			現值總額:			100.90,967	
19	181.00			應付利息額:			0.39,779	

【例題3-15】將上例中的到期日改為2006年12月25日,則此末長期債券每100元的價格為:ODDLPRICE(DATE(2006,2,18),DATE(2006,12,25),DATE(2006,1,25),0.06,0.045,100,2,1)=101.212,63。

3 證券函數

表 3-10　　　　　　　　手動計算末長期債券價格(b=1)

	T	U	V	W	X	Y	Z
23							
24			ODDLPRICE函數的手動計算				
25							
26			輸入參數		輸出參數		
27			交割日	2006-2-18			
28			到期日	2006-12-25			
29			末期付息日	2006-1-25			
30			息票利率	6.00%			=Y41-Y42
31			年收益率	4.50%	末長期證券價格：	101.212 57	
32			清價價	100			
33			付息頻率	2			
34			日計數基準	1			
35				計算過程			=V32+3+3*(U40-U39+U40-T42)
36		標準付息日	日期	說明	距交割日天數	付息	貼現
37	2005-12-25	2006-1-25	末期付息日	-24	0	0	
38		2006-2-18	交割日			0	=X40/(1+V31/V33*(1+(W40-U39+U37)/(U40-T42)))
39	1	2006-7-25	準付息日	157	0	0	
40	2	2006-12-25	到期日	310	105,508.20	101,610.36	
41	2007-1-25		現值總額：			101,610.36	=V32*V30/V33*(U38-U37)/(U39-U37)
42	2006-6-25		應付利息額：			0.397 79	

計算此例時須注意,函數計算結果和手動計算結果在萬分位后有一些差異,我們推測這主要是由於採用的標準付息日的不同而造成的。但我們又發現,如果日計數基準為0或4(30/360),函數計算結果和手動計算結果就是相同的,均為101.217,73,如表3-11所示;如果函數中的日計數基準取為1(實際/實際),2(實際/360)或3(實際/365),其函數計算結果均為101.212,63,和手動計算結果都有差異。這可能說明該函數計算只和月計數基準有關,而和年計數基準無關。此結論還有待證明,請有興趣的讀者自己驗證。

表3-11　　　　　　　　手動計算末長期債券價格(b=0)

	U	V	W	X	Y	Z
48	ODDLPRICE函數的手動計算					
49							
50	輸入參數			輸出參數		
51	交割日	2006-2-18			
52	到期日	2006-12-25			
53	末期付息日	2006-1-25			
54	息票利率	6.00%	末長期證券價格：		101.21.773	=Y65-Y66
55	年收益率	4.50%				
56	清償價	100				
57	付息頻率	2				
58	日計數基準	0				
59	計算過程				
60	日期	說明	距交割日天數	付息	貼現	
61	2006-1-25	末期付息日	−24	0	0	=100+3+3*5*30/180
62	2006-2-18	交割日	0	0	0	=X64/(1+V55/V57*(1+(4*30+7)/180)
63	2006-7-25	準付息日	157	0	0	
64	2006-12-25	到期日	310	105,500.00	101,601.06	=V56*V54/V57*(30-7)/(180)
65		現值總額：			101,601.06	
66		應付利息額：			0.383,33	

3.3.5.2　ODDLYIELD 末付息期不確定(長期或短期)債券收益函數

函數格式：ODDLYIELD(<交割日>,<到期日>,<發行日>,<最後一次付息日>,<息票利息率>,<價格>,<清償價>,<付息頻率>,<日計數基準類型>)。此函數用以計算末期付息日不固定(長期或短期)的債券的收益率,其計算公式如下:

$$
\text{ODDLYIELD} = \left[\frac{\left(\text{redemption} + \left(\left(\sum_{i=1}^{NC} \frac{DC_i}{NL_i} \right) \times \frac{100 \times \text{rate}}{\text{frequency}} \right) \right) - \left(\text{par} + \left(\left(\sum_{i=1}^{NC} \frac{A_i}{NL_i} \right) \times \frac{100 \times \text{rate}}{\text{frequency}} \right) \right)}{\left(\text{par} + \left(\left(\sum_{i=1}^{NC} \frac{A_i}{NL_i} \right) \times \frac{100 \times \text{rate}}{\text{frequency}} \right) \right)} \right]
$$

$$
\times \left(\frac{\text{frequency}}{\left(\sum_{i=1}^{NC} \frac{DSC_i}{NL_i} \right)} \right) \tag{3-9}
$$

式中：

A_i 為在不固定付息期內,截止到兌現日之前,從最後一個付息日往前推算的第 i 個或最后一個準付息期的應計天數; DSC_i 為由實際付息期所限定的,第 i 個或最后一個準付息期的天數; NC 為在不固定付息期內的準付息期數(如果包含小數,將向上舍入為整數); NL_i 為在不固定付息期內的第 i 個或最后一個準付息期的正常天數。

【例題3-16】除去年收益率一項數據,延續【例題3-13】中示例,再假設債券的市

場價格為 113.712.75 此債券的末長、短期收益率為:ODDLYIELD(DATE(2006,2,25),DATE(2022,12,29),DATE(2005,11,25),0.06,113.712.75,100,2,1) = 0.045。

3.3.6 DISC 折扣率函數

函數格式:DISC(<交割日>,<到期日>,<價格>,<清償價>,<日計數基準類型>)。

此函數計算零息債券的折扣率。零息債券,又稱折價債券貼現債券(discounted security),是指債券發行人在債券期限內不支付任何利息,至到期兌付日按債券面值進行償付的債券。

和一般意義上的利率不同,折扣率是針對零息債券清償價而言的一個折價率。由於不支付息票,所以為了使得投資有價值,零息債券發行價或存續期市場價一般總是低於到期清償價,清償價和市場價格間的差額就構成了零息債券的收益,再除以清償價格(面值)並折算到年就得到了收益占面值的比率——相對面值的折扣率。由於分母為到期清償的面值而非投資者的成本即市場價,所以折扣率並不是零息債券的收益率。零息債券的收益率可以用 YIELDDISC 函數來計算。如果市場價格高於清償價,則計算出的折扣率小於零,即債券處於溢價狀態。

函數 DISC 的計算公式如下:

$$DISC = \frac{redemption - price}{redemption} \times \frac{B}{DSM} \qquad (3-10)$$

式中:

B 為一年之中的天數,取決於年基準數;DSM 為交割日與到期日之間的天數。

【例題 3-17】假設一零息債券可由以下條款來定義:2004 年 10 月 23 日是交割日;2007 年 8 月 30 日為到期日;價格為 90.5 元;清償價格為 100 元;日計數基準類型為月實際天數/360(即基準值為 2)。此債券折扣率為:DISC(DATE(2004,10,23),DATE(2007,8,30),90.5,100,2)= 0.032.85。

具體計算過程為:DISC =((100-90.5)/100) * (360/1041),其中,1041 為交割日 2004 年 10 月 23 日至到期日 2007 年 8 月 30 日間的天數。

3.3.7 PRICEDISC 折扣價格函數

函數格式:PRICEDISC(<交割日>,<到期日>,<折扣率>,<清償價>,<日計數基準類型>)。

此函數計算了零息債券每 100 元面值的價格,其計算過程為已知折扣率求價格,與 DISC 函數互為逆過程。此函數只能用於折價發行的零息債券。同時,須注意 PRICEDISC 函數中輸入的折扣率參數不得小於零,否則函數結果顯示錯誤。

根據 DISC 的公式，PRICEDISC 的公式為：

$$PRICEDISC = redemption\left(1 - Discount \times \frac{DSM}{B}\right) \qquad (3-11)$$

式中：

B 為一年之中的天數，取決於年基準數；DSM 為交割日與到期日之間的天數。

【例題 3-18】沿用上例【例題 3-17】去掉價格信息，加入折扣率 0.032,85。此零息債券的價格為：PRICEDISC（DATE（2004,10,23），DATE（2007,8,30），0.032,85，100,2）= 90.5。

具體計算過程為：$PRICEDISC = 100 \times \left(1 - \left(\frac{1,041}{360}\right) \times 0.032,85\right) = 90.5$

3.3.8 YIELDDISC 折價發行債券收益率函數

函數格式：YIELDDISC（<交割日>，<到期日>，<價格>，<清償價>，<日計數基準類型>）。

此函數用於計算折價發行的債券的年收益率。與前面介紹的 DISC 函數比較來看，只有一點不同，即 DISC 所求的價格比率是以清償價作為分母，反應了購買價相對於清償價的一個折扣；而 YIELDDISC 是用購買價格作為分母，反應了一個收益率的概念，這與前面 DISC 函數計算的折扣率是不同的，請注意區分。與 DISC 函數相同之處是，如果市場價格高於清償價，則計算出的年收益率小於零，這時債券處於溢價狀態。

其計算公式如下：

$$YIELDDISC = \frac{par - price}{price} \times \frac{B}{DSM} \qquad (3-12)$$

式中：

B 為一年之中的天數，取決於年基準數；DSM 為交割日與到期日之間的天數。

【例題 3-19】假設一折價債券可由以下條款來定義：2004 年 10 月 23 日是交割日；2007 年 8 月 30 日為到期日；價格為 90.5 元；清償價格為 100 元；日計數基準類型為月實際天數/360（即基準值為 2）。此債券的年收益率為：YIELDDISC（DATE（2004,10,23），DATE（2007,8,30），90.5，100,2,2）= 0.036,30。可以看到，儘管所有變量與前面的例題中都相同，但由於收益率的定義不同，計算出來的收益率也不相同。

具體計算過程為：YIELDDISC = ((100-90.5)/90.5) * (360/1041)，其中，1041 為交割日 2004 年 10 月 23 日至到期日 2007 年 8 月 30 日間的天數。

3.4 期末付息債券的價格與收益率

期末付息債券和零息債券在本質上是相同的,都是在債券到期時才能得到償付,只是零息債券即折扣債券是以折扣的方式支付利息,而期末付息債券是以期末兌現息票的方式支付利息。

3.4.1 PRICEMAT 到期付息債券價格函數

函數格式:PRICEMAT(<交割日>,<到期日>,<發行日>,<利率>,<收益率>,<日計數基準類型>)。

此函數計算了每100元面值的期末付息債券的實際價格。其計算公式如下:

$$PRICEMAT = \frac{100 + \left(\frac{DIM}{B} \times rate \times 100\right)}{1 + \left(\frac{DIM}{B} \times yld\right)} - \left(\frac{A}{B} \times rate \times 100\right) \quad (3-13)$$

式中:

B 為一年之中的天數,取決於年基準數;DSM 為交割日與到期日之間的天數;DIM 為發行日與到期日之間的天數;A 為發行日與交割日之間的天數。

我們可以看到,由於該債券的還本付息只發生在到期日,所以計算公式較為簡單,減號前面的一項為到期所獲本金、利息總額的貼現值,后面一項為應付給賣方的應計利息金額。

【例題 3-20】假設一債券可由以下條款來定義:2004 年 10 月 23 日是交割日;2007 年 8 月 30 日為到期日;2000 年 8 月 30 日為發行日;息票利率為 0.055;年收益率為 0.045;日計數基準類型值為 2,即 30/360。則此到期付息債券的價格為:PRICEMAT(DATE(2004,10,23), DATE(2007,8,30), DATE (2000,8,30), 0.055, 0.045,2)= 99.893,65。

具體計算過程為:$PRICEMAT = \frac{\left(100 + \left(\frac{2,556}{360} \times 0.055 \times 100\right)\right)}{\left(1 + \left(\frac{1,041}{360} \times 0.045\right)\right)} -$

$\left(\frac{1,515}{360} \times 0.055 \times 100\right)$,其中,1,041 是交割日與到期日之間的天數,2,556 是發行日和到期日之間的天數,1,515 是發行日與交割日之間的天數。

然而 PRICEMAT 函數不能用於計算前面的零息債券,從函數需要輸入的參數來看,原因有二:①零息債券沒有息票,所以沒有息票利率參數供輸入;②零息票債券由

當前價格與最終受償額100元的差額而產生收益，所以與債券發行日無關，即發行日參數輸入多少與其價格無關，但與PRICEMAT函數結果卻有關。從PRICEMAT函數的計算公式來看，原因也有兩點：①函數假設債券按面值100元發行並在期末清償本金和一次性付清存續期內所有利息，這是非固定的，與債券從發行至持有到期的時間、息票利率有關，而零息債券期末得到的是固定的面值金額；②零息債券沒有利息，收益通過買賣價格差異來實現，故不存在付給賣方的應計利息，即函數計算公式中的第二項。所以不能用此函數計算零息債券的價格。

3.4.2 YIELDMAT 到期付息債券收益率函數

函數格式：YIELDMAT(<交割日>,<到期日>,<發行日>,<利率>,<價格>,<日計數基準類型>)。

此函數計算了期末付息債券的年收益率。其計算過程為已知價格求收益率，與上面的PRICEMAT函數計算互為逆過程，我們可以利用PRICEMAT函數的計算公式，採用單變量求解的方法固定價格變量為目標價格而使收益率變量可變，從而得到到期付息債券的收益率。

【例題3-21】沿用上例，去掉年收益率的條件，加上每100元面值債券的實際價格為99.893,65。則此債券的年收益率為：YIELDMAT(DATE(2004,10,23),DATE(2007,8,30),DATE(2000,8,30),0.055,99.893,65,2)=0.045。

3.4.3 ACCRINTM 期末付息債券到期應計利息函數

函數格式：ACCRINTM(<發行日>,<到期日>,<利率>,<面值>,<日計數基準類型>)。

此函數計算了到期付息債券在到期時每單位面值應計的利息總額，注意：①如果面值參數忽略不選，默認為1,000元；②應計利息原指在交割日時買方只付給賣方的賣方應得的利息，但在期末付息債券的計算中是指到期時可得到的利息（函數參數選擇界面中的第二項數據項名為Settlement交易日，其實指Maturity到期日就是這個道理）。ACCRINTM函數計算公式如下：

$$ACCRINTM = par \times rate \times \frac{A}{D} \tag{3-14}$$

式中：

A 為按月計算的應計天數。在計算到期付息的利息時指發行日與到期日之間的天數；D 為年基準數。

【例題3-22】沿用上例，加上面值為100元的條件。則此債券的應計利息為：ACCRINTM(DATE(2000,8,30),DATE(2004,10,23),0.055,100,2)=39.05。

其具體計算過程為：$ACCRINTM = \frac{100 \times 0.055 \times 2,556}{360}$。其中，2,556是發行日

和到期日之間的天數。

3.5 全再投資債券的價格與收益率

全再投資債券又稱一次性付息債券(fully invested security)，即其付息期間產生的利息自動進行再投資，直到債券最終到期本金償還時再一起支付。

注意，由於是一次性的投入和收回，全再投資債券的發行日和交割日同為一天。它和期末付息債券一樣，都是到期日還本付息，所不同之處有二：一是全再投資債券在付息期間產生的利息自動進行再投資，而期末付息債券不含利息再投資概念；二是從發行日到到期日的區間內，全再投資債券由於其一次性投資的性質而不能進行買賣，而期末付息債券可以。

全再投資債券付息期內產生的利息進行再投資的具體情況難以獲得，故對其獲利的計算主要是通過對投資和清償總額的計算進行的。

3.5.1 INTRATE 全再投資債券利率函數

函數格式：INTRATE(<發行日>或<交割日>，<到期日>，<投資額>，<清償額>，<日計數基準類型>)。

此函數計算了全再投資債券的利率。其計算公式如下：

$$INTRATE = \frac{redemption - investment}{investment} \times \frac{B}{DIM} \tag{3-15}$$

式中：

B 為一年之中的天數，取決於年基準數；DIM 為交割日與到期日之間的天數。

【例題3-23】假設一債券可由以下條款來定義：2006年10月23日是交割日；2007年8月30日為到期日；投資額為1,000,000元；清償額為1,150,000元；日計數基準類型值為2。則此一次性付息債券的利率為：INTRATE(DATE(2006,10,23)，DATE(2007,8,30)，1,000,000，1,150,000，2) = 0.017,36。

其具體計算過程為：$INTRATE = \dfrac{\dfrac{1,150,000 - 1,000,000}{1,000,000} \times 360}{311}$。其中，311是交割日與到期日之間的天數。

3.5.2 RECEIVED 全再投資債券到期收回金額函數

函數格式：RECEIVED(<發行日>或<交割日>，<到期日>，<折扣率>，<投資額>，<日計數基準類型>)。

Excel 在實驗金融學中的應用

此函數計算了一次性付息債券的到期收回金額,和全再投資債券的收益率不同,此處的折扣率參數是指清償額與投資額價差針對清償額的一個折扣,與 DISC 函數所求的零息債券折扣率含義類似,即其並不是一般意義上的收益率。

RECEIVED 函數的計算公式如下:

$$RECEIVED = \frac{investment}{1 - \left(discount \times \frac{DIM}{B}\right)} \quad (3-16)$$

式中:

B 為一年之中的天數,取決於年基準數;DIM 為發行日與到期日之間的天數。

【例題 3-24】假設一債券可由以下條款來定義:2006 年 10 月 23 日是交割日;2007 年 8 月 30 日為到期日;折現率為 0.05;投資額為 1,000,000 元;日計數基準類型值為 2。則此一次性付息債券的到期可收回總金額為:RECEIVED(DATE(2004,10,23),DATE(2007,8,30),0.05,1,000,000,2) = 1,104,972.376。具體計算過程為

$$RECEIVED = \frac{1,000,000}{1 - 0.05 \times \frac{311}{360}}$$

其中,311 是交割日與到期日之間的天數。

3.5.3 短期國債的價格與收益率

T-Bill, 即 Treasury Bill, 通常指美國短期國債。它是美國貨幣市場上進行交易的主要金融工具。短期國債指的是由美國政府財政部發行的期限在一年期以下的各種證券。它是美國政府的一項直接債務,也是聯邦政府融通資金使用最廣泛的金融工具。短期國債是通過拍賣形式發行的。短期國債市場具有市場龐大、流動性強的特點。在資金市場上,國債由於幾乎沒有任何風險,被廣泛用於借款的抵押品,同時也主要用來進行投資,獲取比較穩定的利息收益。在實際買賣和轉讓中,短期國債的價格是用年折扣率來表示的。例如,購買面值為 100 美元,年利率為 8% 的國債,只需支付 92 美元。這裡的 8% 只是年利率,那麼,在實際交易中,三個月到期的短期國債價格等於 100-100×8%/12×3=98(元)。年折扣率計算公式如下:年折扣率=(面值-價格)/面值×360/到期天數。

● 3.6 TBILLEQ 短期國債相當收益率函數

函數格式:TBILLEQ(<交割日>,<到期日>,<折扣率>)。

此函數用以衡量短期國債的債券相當收益率。其計算公式為:

$$TBILLEQ = \frac{365 \times rate}{360 - (rate \times DSM)} \quad (3-17)$$

理論上說，式中 *DSM* 應該按每年 360 天的基準計算的交割日與到期日之間的天數。

但實際上，Excel 中這一函數使用的是將兩個端點的日期序列號相減計算天數的，也就是說這裡的 *DSM* 用的是實際天數。

【例題 3-25】 假設一短期國債可由以下條款來定義：2006 年 6 月 30 日是交割日；2006 年 9 月 30 日為到期日；折扣率為 0.055。則此短期國債的債券相當收益率為：TBILLEQ（DATE(2006,6,30)，DATE（2006,9,30），0.055）= 0.056,56。（註：如果按每年 360 天的基準計算 *DSM*，*DSM* 為 90，具體計算過程為：TBILLEQ = $\frac{365 \times 0.55}{360 - (0.55 \times 90)}$ = 0.056,54，同理計算當 DSM 為實際值 92 時，TBILLEQ 為 0.565,6。）

3.6.1 TBILLPRICE 短期國債價格函數

TBILLPRICE（<交割日>，<到期日>，<折扣率>）。

此函數用以衡量短期國債的價格，即每 100 元面值的價格。注意，該價格必須小於 100，因為投資者只有在當其到期所獲支付多於短期國債的市場價格時才會進行購買，而每 100 元面值總是獲得 100 元支付，因此初期的購買價格一定是低於面值的。

其計算公式如下：

$$TBILLPRICE = par\left(1 - Discount \times \frac{DSM}{360}\right) \tag{3-18}$$

式中：

DSM 為交割日與到期日之間的天數。如果交割日與到期日相隔超過一年，則無效。

【例題 3-26】沿用上例中的數據，此短期國債的債券的價格為：TBILLPRICE（DATE(2006,6,30)，DATE（2006,9,30），0.055）= 98.594,44。

要注意的是，如果按每年 360 天的基準計算 *DSM*，*DSM* 為 90 時，債券的價格為 98.625,0，具體計算過程為：TBILLPRICE = $100 \times \left(1 - \frac{0.055 \times 90}{360}\right)$ = 98.625,00，當 *DSM* 為實際值 92 時，TBILLEQ 為 98.594,44。另外，如果將使用 90 天的 *DSM*，同時使用 0.056,54 的相當收益率時，價格也為 98.625,0。可以看到，日期的計算與收益率之間必須一致。

3.6.2 TBILLPRICE 短期國債收益率函數

TBILLYIELD（<交割日>，<到期日>，<價格>）。

此函數計算了在已知交割日、到期日和短期國債每 100 元面值的價格的情況下，短期國債的收益率。其計算公式如下：

$$TBILLYIELD = \frac{par - price}{price} \times \frac{360}{DSM} \qquad (3-19)$$

式中：

DSM 為交割日與到期日之間的天數。如果交割日與到期日相隔超過一年，則無效。

【例題3-27】假設一短期國債可由以下條款來定義：2006年6月30日是發行日；2006年9月30日為到期日；價格為97.8。則此短期國債的債券收益率為：TBILLYIELD(DATE(2006,6,30), DATE(2006,9,30), 97.8)＝0.088,02。(註：如果按每年360天的基準計算 DSM，DSM 為90，具體計算過程為：TBILLYIELD ＝ $\frac{100-97.8}{97.8} \times \frac{360}{90}$ ＝0.089,98，當 DSM 為實際值92時，TBILLEQ 為0.088,02。)

4 收益曲線模型

債券常用的定價方法是現金流貼現法,即用適當的貼現率去貼現由債券產生的未來現金流,貼現值加總即為債券的理論價格。貼現率是與現金流相匹配的要求收益率,它必須與現金流的風險特性相適應。本章的主要內容就是考察債券定價所用的貼現率。

我們知道,從本質上說,債券可以被看作一系列現金流的組合。而這一系列現金流又可以看成一組零息票工具,為這些零息票工具定價即可等同地定出債券的價格。為這些零息票工具定價的貼現率應為財政部新發行的同期零息票債券的要求收益率,即所謂國債即期收益率。由此我們得到初步結論:僅利用單個利率來貼現債券的所有現金流可能是不恰當的,債券定價的貼現率可能不是統一的一個,而是每期現金流都有一個貼現率。我們怎麼得到這些貼現率呢? 讓我們從收益曲線開始。

4.1 收益曲線

收益曲線是描述債券到期收益率與期限之間關係的曲線。它主要是為了衡量同一發行主體發行的債券之間因期限不同而導致的到期收益率的差異,故這些債券在信用風險等其他因素間應不存在太大差異,財政部發行的國債滿足這個條件。所以收益曲線一般指國債收益曲線。

國債收益曲線是以期限不同的新發國債拍賣價格為基礎計算到期收益率,然后用準三次厄密樣條函數插值的方法繪製的。由於國債不常發行,所以在繪製時往往選取一些剩餘到期年限接近整年(有時可能剛好為整年)而且交易比較活躍的非新發債券替代。計算出這些所選債券某時刻的到期收益率,用線性插值法得到整數年限的到期

Excel 在實驗金融學中的應用

收益率。線性插值法的公式為：

$$中間某期的收益率 = \frac{已知下期收益率 - 已知上期收益率}{上、下期之間的時間} \times 該期距上期的時間 + 上期收益率$$

線性插值計算出整數年限債券的到期收益率後，用準三次厄密樣條函數法繪出收益曲線。下面舉例說明如何繪製國債收益曲線。

【例題 4-1】在上證所查閱 1、2、3、5、6、7、8、10 年期國債的價格，計算出相應的到期收益率，並以此為基礎繪製中國國債的收益曲線。

第一步，查得剩餘到期日與上述期限相近的債券相關數據，如表 4-1 所示。

表 4-1　　　　　　　　　債券相關數據表

	A	C	D	E	F	G	H	I
1	國債名稱	起息日	當前日	到期日	剩餘年限	票息率	付息頻率	淨價（收盤價）
2	04 國債(11)	2004-12-15	2006-3-24	2006-12-15	0.74	2.98%	1	100.96
3	05 國債(7)	2005-7-15	2006-3-24	2007-7-15	1.33	1.58%	1	99.7
4	05 國債(14)	2005-12-15	2006-3-24	2007-12-15	1.75	1.75%	1	99.62
5	21 國債(3)	2001-4-24	2006-3-24	2008-4-24	2.12	3.27%	1	101.58
6	21 國債(15)	2001-12-18	2006-3-24	2008-12-18	2.78	3.00%	1	100.7
7	04 國債(3)	2004-4-20	2006-3-24	2009-4-20	3.12	4.42%	1	106.51
8	03 國債(1)	2003-2-19	2006-3-24	2010-2-19	3.97	2.66%	1	100.77
9	05 國債(3)	2005-4-26	2006-3-24	2010-4-26	4.15	3.30%	1	103.4
10	20 國債(4)	2000-5-23	2006-3-24	2010-5-23	4.23	2.60%	1	100
11	04 國債(4)	2004-5-25	2006-3-24	2011-5-25	5.24	4.89%	1	111.13
12	國債 0407	2004-8-25	2006-3-24	2011-8-25	5.50	4.71%	1	110.6
13	02 國債(3)	2002-4-18	2006-3-24	2012-4-18	6.16	2.54%	1	97.25
14	05 國債(5)	2005-5-25	2006-3-24	2012-5-25	6.26	3.37%	1	104.09
15	06 國債(1)	2006-2-27	2006-3-24	2013-2-27	7.03	2.51%	1	99.68
16	03 國債(8)	2003-9-17	2006-3-24	2013-9-17	7.59	3.02%	1	99.58
17	國債 0501	2005-2-28	2006-3-24	2015-2-28	9.06	4.44%	2	112.47
18	02 國債(13)	2002-9-20	2006-3-24	2017-9-20	11.66	2.60%	2	93.4

第二步，根據上述數據計算各債券的到期收益率。

計算到期收益率有很多種方法。常見的一種是從到期收益率的定義出發來計算。到期收益率是使未來現金流的現值等於債券購買時所付成本(價格)的收益率。在含息票交易中(市場慣例)，債券購買者付出的是債券的全價，即他付出的成本為全價，所以到期收益率的計算公式是未來現金流現值總和等於全價。公式為：

4 收益曲線模型

$$P = \sum_{i=1}^{n} \frac{CF_i}{(1+r)^i} \qquad (4-1)$$

其中：P 為全價，它等於淨價加上應付給債券賣方的利息；CF_i 為未來各期的現金流；r 為到期收益率。

按照上面的算法，必須把未來每期的現金流都求出，如果債券期限很長，則計算會很繁瑣。在 Excel 函數中，YIELD 函數可以用來計算到期收益率，而且計算的結果是一致的。函數界面如圖 4-1 所示。

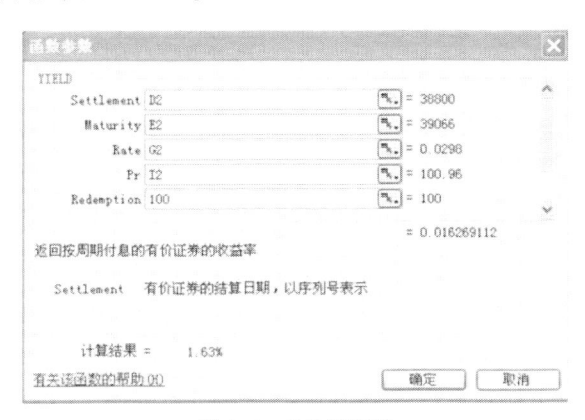

圖 4-1　函數界面圖

上圖界面反應的 YIELD 函數公式為：= YIELD(D2,E2,G2,I2,100,1)，需要注意的是：該函數使用的價格為淨價，所計算的利率為 APR 報價的收益率，即半年付息到期收益率要乘以 2，按季付息要乘以 4。

以上計算的是 04 國債(11)的到期收益率，同理，用 YIELD 函數我們得到如下結果：

表 4-2　　　　　　　　　　　　國債到期收益率

	A	D	E	F	G	I	N
1	國債名稱	當前日	到期日	剩餘年限	票息率	淨價(收盤價)	到期收益率
2	04 國債(11)	2006-3-24	2006-12-15	0.74	2.98%	100.96	1.63%
3	05 國債(7)	2006-3-24	2007-7-15	1.33	1.58%	99.7	1.81%
4	05 國債(14)	2006-3-24	2007-12-15	1.75	1.75%	99.62	1.97%
5	21 國債(3)	2006-3-24	2008-4-24	2.12	3.27%	101.58	2.48%
6	21 國債(15)	2006-3-24	2008-12-18	2.78	3.00%	100.7	2.73%
7	04 國債(3)	2006-3-24	2009-4-20	3.12	4.42%	106.51	2.20%
8	03 國債(1)	2006-3-24	2010-2-19	3.97	2.66%	100.77	2.45%

表4-2(續)

	A	D	E	F	G	I	N
9	05國債(3)	2006-3-24	2010-4-26	4.15	3.30%	103.4	2.42%
10	20國債(4)	2006-3-24	2010-5-23	4.23	2.60%	100	2.60%
11	04國債(4)	2006-3-24	2011-5-25	5.24	4.89%	111.13	2.56%
12	國債0407	2006-3-24	2011-8-25	5.50	4.71%	110.6	2.59%
13	02國債(3)	2006-3-24	2012-4-18	6.16	2.54%	97.25	3.04%
14	05國債(5)	2006-3-24	2012-5-25	6.26	3.37%	104.09	2.64%
15	06國債(1)	2006-3-24	2013-2-27	7.03	2.51%	99.68	2.56%
16	03國債(8)	2006-3-24	2013-9-17	7.59	3.02%	99.58	3.08%
17	國債0501	2006-3-24	2015-2-28	9.06	4.44%	112.47	2.85%
18	02國債(13)	2006-3-24	2017-9-20	11.66	2.60%	93.4	3.29%
19	國債0512	2006-3-24	2020-11-15	14.86	3.65%	104.36	3.27%
20	21國債(7)	2006-3-24	2021-7-31	15.58	4.26%	110.09	3.41%
21	03國債(3)	2006-3-24	2023-4-17	17.31	3.40%	99.84	3.41%
22	國債0504	2006-3-24	2025-5-15	19.42	4.11%	109.58	3.42%

第三步,線性插值得到期限為1、2、3、5、6、7、8、10債券的到期收益率,如表4-3所示。

表4-3　　　　　　　　　　線性插值結果表

	A	D	E	F	N	O	P
1	國債名稱	當前日	到期日	剩餘年限	到期收益率	期限	到期收益率(%)
2	04國債(11)	2006-3-24	2006-12-15	0.74	1.63%	1	1.71%
3	05國債(7)	2006-3-24	2007-7-15	1.33	1.81%	2	2.32%
4	05國債(14)	2006-3-24	2007-12-15	1.75	1.97%	3	2.39%
5	21國債(3)	2006-3-24	2008-4-24	2.12	2.48%	5	2.57%
6	21國債(15)	2006-3-24	2008-12-18	2.78	2.73%	6	2.93%
7	04國債(3)	2006-3-24	2009-4-20	3.12	2.20%	7	2.56%
8	03國債(1)	2006-3-24	2010-2-19	3.97	2.45%	8	3.02%
9	05國債(3)	2006-3-24	2010-4-26	4.15	2.42%	10	3.01%

第四步,三次樣條函數作圖。

4 收益曲線模型

三次樣條函數的基本原理是:假設債券到期收益率與債券的到期時間之間呈如下的函數關係:

$$Y = a + bx + cx^2 + dx^3 \tag{4-2}$$

由上式可以計算出多個相應時點上的理論收益率 Y',當($Y-Y'$)的平方和值最小的時候,在統計上就表明對收益率的預測誤差已經最小。利用 Excel 中的規劃求解工具,可以估計出 a、b、c、d 四個模型參數。有了這些參數,再在實際值之間插入相應的理論期限值,就可以繪出債券的收益曲線圖。

具體的 Excel 操作如下:

首先,將上述第三步線性插值得到的債券的收益率在 Excel 中列表。

其次,將收益率的理論收益率計算公式列入表中,計算出理論估計值 Y',並同時將 $Y-Y'$ 及 ($Y-Y'$)² 也列入表中,同時計算 ($Y-Y'$)² 之和,如表 4-4 所示。

表 4-4　　　　　債券線性插值收益率數據表

	A	B	C	D	E
1			國債收益曲線繪製		
2	期限	收益率 Y	Y'(理論值)	Y-Y'	(Y-Y')^2
3	1	1.71%	1.81%	-0.10%	0.000,001,0
4	2	2.32%	2.16%	0.16%	0.000,002,5
5	3	2.39%	2.41%	-0.02%	0.000,000,1
6	5	2.57%	2.69%	-0.12%	0.000,001,4
7	6	2.93%	2.76%	0.17%	0.000,003,1
8	7	2.56%	2.81%	-0.24%	0.000,005,9
9	8	3.02%	2.85%	0.16%	0.000,002,7
10	10	3.01%	3.03%	-0.02%	0.000,000,0
11				求和:	0.000,016,6
12	三次樣條函數公式:$Y = a + bx + cx^2 + dx^3$				
13					
14	$a=$	0.013,398,158			
15	$b=$	0.005,383,902			
16	$c=$	-0.000,704,51			
17	$d=$	0.000,033,5			

再次,在規劃求解中,為了增加精確度,在選項框中增加迭代次數到 10,000(圖 4-3)。以 a、b、c、d 四個參數為可變單元格,以 ($Y-Y'$)² 所在單元格為目標單元格求最小值,就可以估計出 a、b、c、d 四個參數,在本例中分別為:0.013,086、0.005,265、-

0.000,64 和 0.000,028，從而求出收益率的表達式為：
$$Y = 0.013,086 + 0.005,265x - 0.000\,64x^2 + 0.000,028x^3 \qquad (4-3)$$

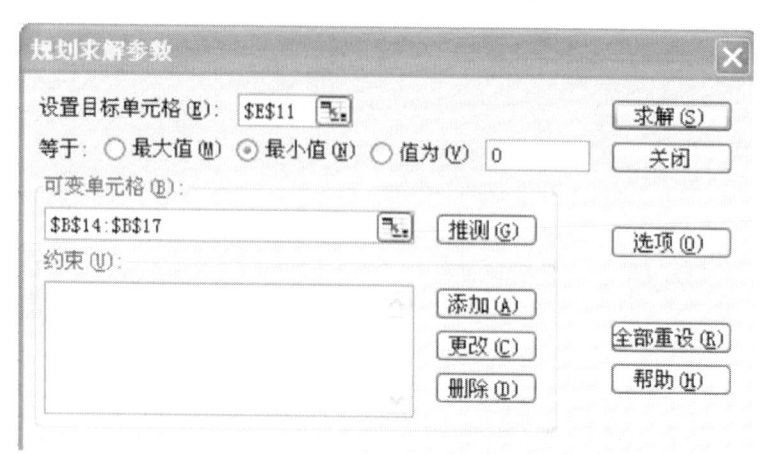

圖 4-2　參數求解圖

圖 4-3　規劃求解選項圖

最後，以求出的表達式為基礎，分別計算從 0.5 到 20 年，以年為單位的理論收益率，並以此為基礎，繪出收益曲線圖，如圖 4-4 所示。

4 收益曲線模型

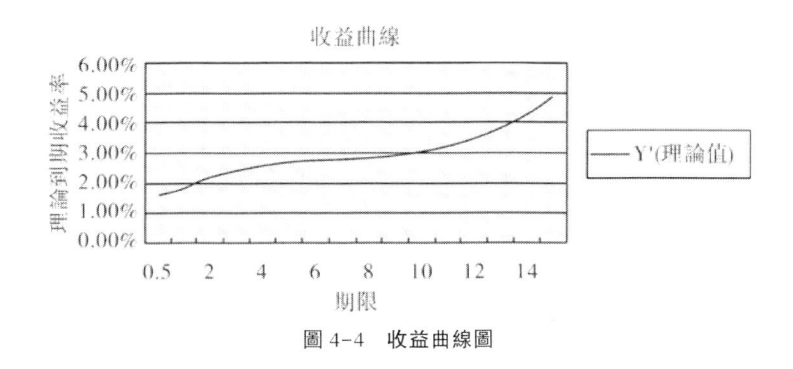

收益曲線

圖 4-4 收益曲線圖

4.2 國債理論即期收益率

國債即期收益率是指財政部新發零息債券的要求收益率,它是無風險國債收益率,對各種債券的定價起著非常基礎的作用。由於財政部新發的零息債券品種有限,而且不常發行,故我們無法直接獲得任何期限的即期利率。

一種似乎可行的替代辦法是用券商剝離的不同期限零息債券的收益率來作為實際的即期利率。但由於剝離零息債券的流動性通常不如新發零息債券,零息債券的收益率中包含了流動性風險的溢價;另外剝離零息債券與新發零息債券在稅收處理上存在不同,所以不能直接用剝離債券(零息債券)的實際收益率作為即期利率。理論上,即期利率是通過無套利分析由國債收益曲線推導出來的,我們把這一推導出的即期利率叫理論即期利率。這一方法又叫剝離法或自舉法。

【例題 4-2】根據表 4-5 假設的新發國債資料繪製理論即期利率曲線。

表 4-5　　　　　　　　　　即期利率曲線數據表

已知條件			
期數	期限	息票利率	到期收益率
1	0.5	0	8%
2	1	0	8.30%
3	1.5	8.50%	8.90%
4	2	9%	9.20%
5	2.5	11%	9.40%
6	3	9.50%	9.70%
7	3.5	10%	10%

Excel在實驗金融學中的應用

表4-5(續)

已知條件			
期數	期限	息票利率	到期收益率
8	4	10%	10.40%
9	4.5	11.50%	10.60%
10	5	8.75%	10.80%

根據上表數據繪製收益曲線如圖4-5所示。

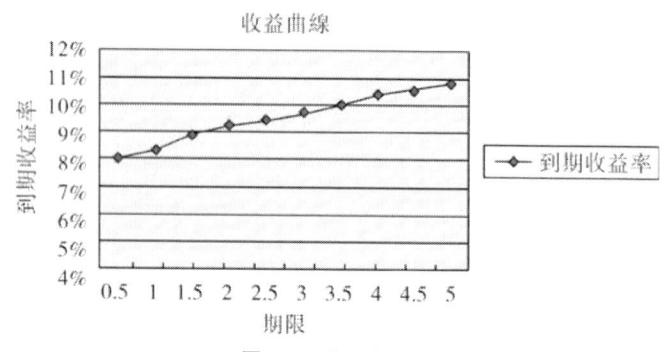

圖4-5 收益曲線圖

下面即根據上述條件繪製理論即期利率曲線。

第一步,求出表4-5新發債券的面值收益曲線,即通過調整新發債券的息票利率,並使其等於債券的到期收益率,這時債券的價格也正好等於其面值。以調整后的息票利率為基礎,計算出的債券收益率曲線,即面值收益曲線。其中,短期國債,即1年和1年以下的美國國債,因為本身是零息債券,其收益率已經是即期利率,不需要再作調整。

在Excel中,根據到期收益率等於息票率時債券將平價發行的原理,可以直接把原息票率改變等於到期收益率,然後債券的價格直接改為面值,不需要用單變量求解。

第二步,得到面值收益曲線后,根據無套利定價原則,用單變量求解得到理論即期利率。所謂無套利定價法就是債券各期現金流用對應當期理論即期利率貼現的現值總和要等於面值。比如,設1年半的理論即期利率為r_3,則下式應成立:

$$\frac{4.45}{(1+8\%/2)^1} + \frac{4.45}{(1+8.30\%/2)^2} + \frac{104.45}{(1+r_3/2)^3} = 100 \quad (4-4)$$

在Excel中操作:首先在單元格I6中輸入計算價格的公式:=G6/(1+\$H\$4/2)^\$A\$4+G6/(1+\$H\$5/2)^\$A\$5+(100+G6)/(1+H6/2)^A6,見表4-8。

4 收益曲線模型

表 4-6　　　　　　　　　　　價格計算數據表

	A	B	C	D	E	F	G	H	I
1				理論即期利率計算					
2		已知條件			計算				
3	期數	期限	息票利率	到期收益率	調整后息票利率	價格	息票利息	理論即期利率	價格
4	1	0.5	0	8%		-96.15	0.00	8%	
5	2	1	0	8.30%		-92.19	0.00	8.30%	
6	3	1.5	8.50%	8.90%	8.90%	100.00	4.45	8.93%	100.00
7	4	2	9%	9.20%	9.20%	100.00	4.60	9.25%	100.00
8	5	2.5	11%	9.40%	9.40%	100.00	4.70	9.46%	100.00
9	6	3	9.50%	9.70%	9.70%	100.00	4.85	9.79%	100.00
10	7	3.5	10%	10%	10%	100.00	5.00	10.13%	100.00
11	8	4	10%	10.40%	10.40%	100.00	5.20	10.60%	100.00
12	9	4.5	11.50%	10.60%	10.60%	100.00	5.30	10.83%	100.00
13	10	5	8.75%	10.80%	10.80%	100.00	5.40	11.07%	100.00

然后選中單元格 H6,點工具菜單的單變量求解,在對話框中輸入如圖 4-6 所示內容。

圖 4-6　單標量求解圖

點「確定」后得到 1 年半理論即期利率為:8.93%。有了 1 年半的即期利率,很容易算出第 2 年,即第 4 期的即期利率。以此類推,可以求出以后各期的即期利率。我們把票面收益曲線和理論即期利率曲線繪在同一圖中,如圖 4-7 所示。

圖 4-7　即期收益曲線圖

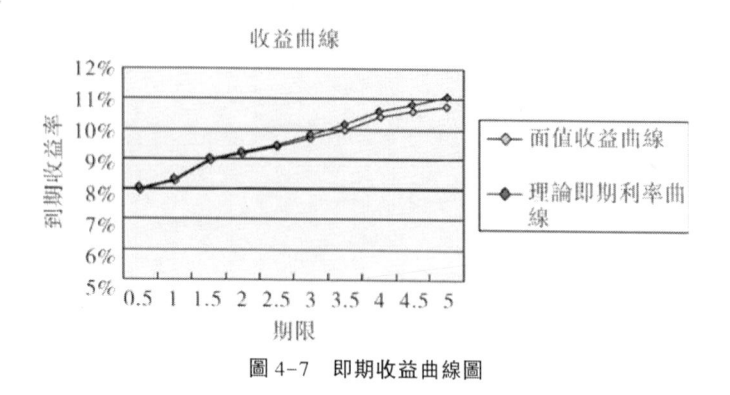

4.3　利率期限結構

　　有些文獻不嚴格地把收益曲線當成利率的期限結構。其實兩者是有本質區別的，這也是我們之前要介紹收益曲線的原因。回憶前面的定義，收益曲線是附息債券的到期收益率與期限之間的關係曲線。而利率期限結構指的是零息債券的要求收益率與期限之間的關係，也就是前面介紹的即期利率與期限的關係。在債券的定價中，我們經常要用到利率的期限結構。

　　對利率的期限結構有不同的理論進行解釋。預期假說理論認為：長期利率相當於在該期限內人們預期出現的所有短期利率的平均數。市場分割假說認為：期限不同的債券市場是完全分離的或獨立的，每一種債券的利率水平在各自的市場上，由對該債券的供給和需求所決定，不受其他不同期限債券預期收益變動的影響。流動偏好假說認為：長期債券的利率水平等於在整個期限內預計出現的所有短期利率的平均數，再加上由債券供給與需求決定的時間溢價。詳細的內容可參考相關的著作。

　　實際上，第二節繪製的理論即期利率曲線就是利率的期限結構。在本節中，我們介紹一種實踐中常用的期限結構繪製方法。這個方法要用到一些前面介紹過的基本技能：價格的現金流貼現計算法，線性插值公式和 Excel 單變量求解。我們來看一個例子。

　　【例題 4-3】繪製 2006 年 3 月 24 日上交所國債利率期限結構圖。

　　分析：我們的目的是根據交易所交易的國債數據得到國債利率期限結構，即得到用來貼現債券現金流的即期利率和期限的關係。我們能夠知道的是債券的價格，剩餘年限和未來現金流等「已知」條件，這些已知條件匯總如表 4-7 所示。我們的邏輯思路是假設我們知道了用來貼現的即期利率，然後按照貼現公式計算債券價格，最後利用單變量求解公式反求即期利率。具體過程見步驟分析。

4 收益曲線模型

表 4-7　　　　　　　　　　　國債即期利率數據

	A	B	C	D	E	F
1			上海證交所的國債即期利率期限結構			
3						
4	債券名稱	到期日	剩餘到期時間	債券本金	年息票率	債券市價
5	今天	2006-3-24				
6	10507	2007-7-15	1.31	100	1.58%	100.79
7	10103	2008-4-24	2.08	100	3.27%	104.578
8	10403	2009-4-20	3.07	100	4.42%	110.611
9	10301	2010-2-19	3.90	100	2.66%	101.029
10	10004	2010-5-23	4.16	100	2.60%	102.174
11	10407	2011-8-25	5.42	100	4.71%	113.334
12	10505	2012-5-25	6.17	100	3.37%	106.889
13	10308	2013-9-17	7.48	100	3.02%	101.149
14	10501	2015-2-28	8.93	100	4.44%	112.766
15	10213	2017-9-20	11.49	100	2.60%	93.429

第一步,選取債券,並作相關計算。首先我們選取剩餘到期時間分佈在 1~12 年的債券。如圖所示我們選擇十支當天交易活躍的債券,它們的剩餘到期時間都不是恰好為整數。圖中「1.31」的剩餘到期時間計算公式為:=YEARFRAC($B$5,B6),公式界面如圖 4-8 所示。另外,債券市價為全價,即報價加上應計利息。債券 10501 和 10213 一年付息兩次,其他債券一年付息一次。

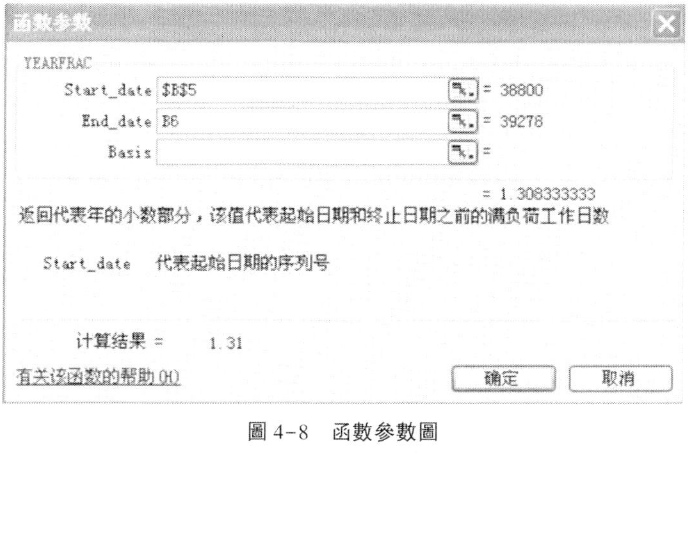

圖 4-8　函數參數圖

Excel 在實驗金融學中的應用

第二步,由於剩餘到期時間不是整數,所以在對未來現金流貼現時必然會用到小數時段長的即期利率,所以我們要把這些小數時段分解並排列出來。分解的時段為:0.07,0.08,0.16,0.17,0.31,0.42,0.43,0.48,0.49,0.50,0.9,0.93,0.99,1 年。以後的時間段就在這些時段之上加上整數年(如加一年,兩年……),形成付息週期。

在這一步要注意的是對於付息兩次的債券,如剩餘到期時間為 8.93 和 11.49 的債券,分解出 0.43 和 0.49 以及 0.93 三個時段。

第三步,得到貼現時段後,我們要求出構造出各時段的即期利率表達式。我們假設 0.07 年的即期利率為 1.70%(三個月銀行存款利率)。利用線性插值法得到 0.07~1.31 間各時段的即期利率。比如,0.08 對應的即期利率計算公式為:

$$\frac{0.08 - 0.07}{1.31 - 0.07} \times (1.31 \text{ 對應的即期利率} - 1.70\%) + 1.70\% \qquad (4-5)$$

其中,1.31 對應的即期利率假設已知,在第四步中利用單變量求解得出。下一個插值時段為:2.08~3.07,以此類推。

表 4-8　　　　　　　　國債即期利率插值計算數據結果表

	A	B	C	D	E	F	G	H
1	上海證交所的國債即期利率期限結構							
3								
4	債券名稱	到期日	剩餘到期時間	債券本金	年息票率	債券市價	連續複利收益率	單變量求解
5	今天	2006-3-24						
6	10507	2007-7-15	1.31	100	1.58%	100.79	1.80%	100.790
7	10103	2008-4-24	2.08	100	3.27%	104.578	2.46%	104.578
8	10403	2009-4-20	3.07	100	4.42%	110.611	2.18%	110.612
9	10301	2010-2-19	3.90	100	2.66%	101.029	2.43%	101.030
10	10004	2010-5-23	4.16	100	2.60%	102.174	2.58%	102.174
11	10407	2011-8-25	5.42	100	4.71%	113.334	2.58%	113.334
12	10505	2012-5-25	6.17	100	3.37%	106.889	2.63%	106.889
13	10308	2013-9-17	7.48	100	3.02%	101.149	3.09%	101.149
14	10501	2015-2-28	8.93	100	4.44%	112.766	2.86%	112.766
15	10213	2017-9-20	11.49	100	2.60%	93.429	3.34%	93.429
16								
17			0.07				1.70%	
18			0.08				1.70%	
19			0.16				1.71%	

第四步,對各債券進行價格計算。比如,債券 10507。其未來現金流為:0.31 年后

4 收益曲線模型

收到1.58的息票利息,1.31年後收到1.58的息票利息和100的本金。我們採用連續複利來貼現未來現金流。債券價格的計算公式則為:

$$\text{本金} \times \text{息票率} \times (e^{-0.31 \times r_{0.31}} + e^{-1.31 \times r_{1.31}}) + \text{本金} \times e^{-1.31 \times r_{1.31}} \quad (4-6)$$

其中,$r_{0.31}$,$r_{1.31}$分別為時段0.31和1.31對應的即期利率。同理可以給出其他債券價格的計算公式。

表4-9 國債即期利率數據表

	A	B	C	D	E	F	G	H
1		上海證交所的國債即期利率期限結構						
3								
4	債券名稱	到期日	剩餘到期時間	債券本金	年息票率	債券市價	連續複利收益率	單變量求解
5	今天	2006-3-24						
6	10507	2007-7-15	1.31	100	1.58%	100.79	1.80%	100.790
7	10103	2008-4-24	2.08	100	3.27%	104.578	2.46%	104.578
8	10403	2009-4-20	3.07	100	4.42%	110.611	2.18%	110.612
9	10301	2010-2-19	3.90	100	2.66%	101.029	2.43%	101.030
10	10004	2010-5-23	4.16	100	2.60%	102.174	2.58%	102.174
11	10407	2011-8-25	5.42	100	4.71%	113.334	2.58%	113.334
12	10505	2012-5-25	6.17	100	3.37%	106.889	2.63%	106.889
13	10308	2013-9-17	7.48	100	3.02%	101.149	3.09%	101.149
14	10501	2015-2-28	8.93	100	4.44%	112.766	2.86%	112.766
15	10213	2017-9-20	11.49	100	2.60%	93.429	3.34%	93.429

第五步,單變量求解。在已知實際價格的情況下,利用單變量求解可以得到所有時段的即期利率,從而得到利率期限結構,繪圖如圖4-9所示。

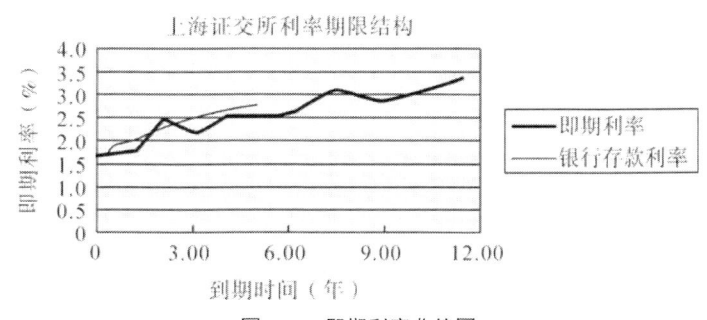

圖4-9 即期利率曲線圖

4.4 企業債券收益率與信用風險溢酬

我們一般認為國債是無風險的,這主要是指國債無信用風險,因為它有國家財政收入作擔保,不存在違約問題。企業債券則主要存在信用風險,即可能因債券的發行人違約、信用級別下降及其淨資產數量下降導致無法履約的可能性。正是因為比國債多了信用風險,所以從理論上來講,為了吸引投資者,也為了補償其額外的風險,企業債券的預期收益率要比國債的收益率高。這個高出的收益率就是信用風險溢酬。

從定價的角度來看,一般來說企業債券定價也是根據現金流貼現法,貼現率以國債即期利率為基礎,然後加上一個額外要求收益率,這個額外的要求收益率就是信用風險溢酬。信用風險溢酬並不是一成不變的,因為隨著期限增長,信用風險可能越大,信用風險補償也必須增加。與國債期限結構類比,可以預計信用風險溢酬也存在期限結構。

從上可知,要對企業債券定價,必須求出信用風險溢酬的期限結構。信用風險溢酬可以用複雜的模型求出。在這裡,我們從實踐的角度出發,參考國債利率期限結構的繪製方法來繪製企業債券信用風險的期限結構。

【例題 4-4】繪製 2002 年 9 月 12 日上交所企業債券信用風險溢酬期限結構圖。

分析:為了求得企業債券信用風險溢酬期限結構,我們要求出兩條即期利率曲線:企業債券即期利率曲線和國債即期利率曲線。前者減去後者即是信用風險溢酬期限結構。即期利率曲線的求解和上一節的原理是一樣的。這裡再介紹一下企業債券即期利率曲線的求解步驟。

表 4-10　　　　　　　　債券即期利率數據表

	A	B	C	D	E	F	G
1	上海證交所公司債券收益率的期限結構							
2							
3	債券代碼	到期日	剩餘到期時間	債券本金	年息票率	債券市價	期限
4	今天	2002-9-13					
5	129803	2003-6-10	0.74	100	8.60%	140.1	5
6	129806	2003-12-24	1.28	100	6.95%	129.58	5
7	129901	2004-10-12	2.08	100	3.80%	112.08	5
8	120001	2005-8-10	2.91	100	4.00%	103.85	
9	129904	2006-6-15	3.76	100	5.48%	108.84	
10	129805	2007-1-17	4.34	100	6.20%	115.08	

4 收益曲線模型

表4-10(續)

	A	B	C	D	E	F	G
11	129905	2007-9-8	4.99	100	4.50%	105.68	
12	129902	2009-10-13	7.08	100	4.50%	111.71	10
13	129903	2010-7-25	7.87	100	4.00%	102.22	
14	120101	2011-6-17	8.76	100	4.00%	102.44	
15	120102	2016-11-8	14.15	100	5.21%	114.05	

第一步,選取債券,並作相關計算。首先我們選取剩餘到期時間分佈在1~14年的債券。如圖所示我們選擇十一支當天交易活躍的債券,它們的剩餘到期時間都不是恰好為整數。正如上節內容介紹的那樣,圖中「0.74」的剩餘到期時間計算公式為:=YEARFRAC($B$4,B5)。另外,債券市價為全價,即報價加上應計利息。需要注意的是:債券129803、129806、129901和129902是到期一次還本付息的,故在計算它們的連續複利收益率時我們不是用單變量求解,而是直接用自然對數求出。

第二步,分解時段。分解的時段為:0.15、0.34、0.5、0.76、0.87、0.91、0.99、1年。以後的時間段就在這些時段之上加上整數年(如加一年,兩年……),形成付息週期。

第三步,得到貼現時段後,我們要求出構造出各時段的即期利率表達式。我們假設0.15年的即期利率為2.80%。利用線性插值法得到各時段的即期利率。

其中,在第一步所提的四支債券收益率已經求出,其他的債券對應的即期利率假設已知,在第四步中利用單變量求解得出。

表4-11　　　　　　　　債券即期利率求解結果表

	A	B	C	D	E	F	G	H
1	上海證交所公司債券收益率的期限結構							
2								
3	債券代碼	到期日	剩餘到期時間	債券本金	年息票率	債券市價	期限	連續複利收益率
4	今天	2002-9-13						
5	129803	2003-6-10	0.74	100	8.60%	140.1	5	2.76%
6	129806	2003-12-24	1.28	100	6.95%	129.58	5	3.06%
7	129901	2004-10-12	2.08	100	3.80%	112.08	5	2.88%
8	120001	2005-8-10	2.91	100	4.00%	103.85		2.69%
9	129904	2006-6-15	3.76	100	5.48%	108.84		3.30%
10	129805	2007-1-17	4.34	100	6.20%	115.08		3.41%
11	129905	2007-9-8	4.99	100	4.50%	105.68		3.23%

表4-11(續)

	A	B	C	D	E	F	G	H
12	129902	2009-10-13	7.08	100	4.50%	111.71	10	3.68%
13	129903	2010-7-25	7.87	100	4.00%	102.22		3.74%
14	120101	2011-6-17	8.76	100	4.00%	102.44		3.79%
15	120102	2016-11-8	14.15	100	5.21%	114.05		4.56%
16								
17			0.15					2.80%
18			0.34					2.79%
19			0.50					2.78%

第四步，對各債券進行價格計算。比如，債券120001，其未來現金流為：0.91年后收到4的息票利息，1.91年后收到4的息票利息，2.91年后收到4的息票利息和100的本金。我們採用連續複利來貼現未來現金流。債券價格的計算公式則為：

$$本金 \times 息票率 \times (e^{-0.91 \times r_{0.91}} + e^{-1.91 \times r_{1.91}} + e^{-2.91 \times r_{2.91}}) + 本金 \times e^{-2.91 \times r_{2.91}} \quad (4-7)$$

其中，$r_{0.91}$，$r_{1.91}$，$r_{2.91}$分別為時段0.91、1.91和2.91對應的即期利率。同理可以給出其他債券價格的計算公式。

表4-12　　　　　　　　　債券價格計算數據結果表

	A	B	C	D	E	F	G	H	I
1			上海證交所公司債券收益率的期限結構						
2									
3	債券代碼	到期日	剩餘到期時間	債券本金	年息票率	債券市價	期限	連續複利收益率	單變量求解
4	今天	2002-9-13							
5	129803	2003-6-10	0.74	100	8.60%	140.1	5	2.76%	
6	129806	2003-12-24	1.28	100	6.95%	129.58	5	3.06%	
7	129901	2004-10-12	2.08	100	3.80%	112.08	5	2.88%	
8	120001	2005-8-10	2.91	100	4.00%	103.85		2.69%	103.85
9	129904	2006-6-15	3.76	100	5.48%	108.84		3.30%	108.84
10	129805	2007-1-17	4.34	100	6.20%	115.08		3.41%	115.08
11	129905	2007-9-8	4.99	100	4.50%	105.68		3.23%	105.68
12	129902	2009-10-13	7.08	100	4.50%	111.71	10	3.68%	
13	129903	2010-7-25	7.87	100	4.00%	102.22		3.74%	102.22
14	120101	2011-6-17	8.76	100	4.00%	102.44		3.79%	102.44
15	120102	2016-11-8	14.15	100	5.21%	114.05		4.56%	114.05

4 收益曲線模型

第五步,單變量求解。在已知實際價格的情況下,利用單變量求解可以得到所有時段的即期利率,從而得到企業債券利率期限結構。我們假設用類似的方法求得了國債的利率期限結構。比如 0.5 年國債即期利率為 1.77%,而此時企業債券即期利率為 2.78%,則風險溢酬為:2.78% - 1.77% = 1.01%。其他期限風險溢酬可同理求得。我們把三條曲線繪製在一起,如圖 4-10 所示。

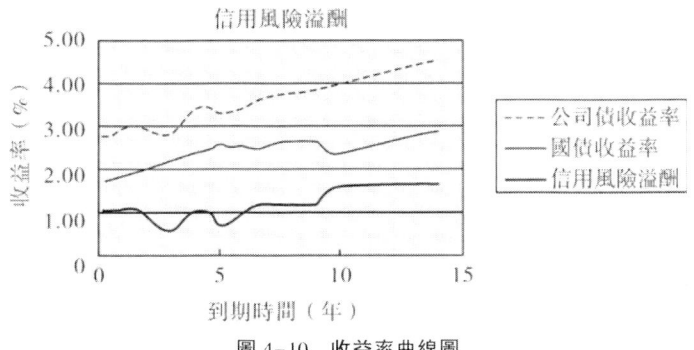

圖 4-10 收益率曲線圖

從上圖我們看到,信用風險溢酬總體上隨著期限的增加而增大,這和我們通常說的期限越長信用風險越大的原理是一致的。

5 抵押債券及資產擔保債券的分析與定價

典型的抵押擔保債券是以傳統的住宅抵押貸款為擔保發行的債券,以住宅抵押貸款以外的貸款(如汽車貸款等)或其他應收款擔保的債券則稱為資產擔保債券。抵押擔保債券主要包括抵押過手債券、質押擔保債券及剝離抵押擔保債券。隨著中國房地產金融的發展,按揭貸款證券化是必然的趨勢。本章將逐步介紹如何利用 Excel 工具對抵押擔保債券的特性進行分析,以及對其進行定價的方法。

5.1 資產池分析

【例題 5-1】假設某資產池由如下幾筆貸款組成(表 5-1),請對該資產池進行分析。

表 5-1   資產池

序號	現有餘額(元)	貸款利率	剩餘期限(月)
1	400,000	5.50%	180
2	300,000	6.50%	150
3	180,000	5.80%	125
4	420,000	6.60%	360
5	250,000	6.20%	135
6	370,000	6.00%	200
7	350,000	5.70%	300

解答:抵押擔保債券是以一定數量的抵押貸款集合為質押發行的債券,抵押貸款

5 抵押債券及資產擔保債券的分析與定價

集合可能由數千筆貸款,也可能僅由數筆貸款組成。我們將這些貸款集合稱為資產池。對資產池的分析包括各筆貸款占總貸款的份額、加權利率、加權剩餘月份等,以對貸款總體有個直觀的認識。

具體步驟:首先將基本數據錄入 Excel 中,貸款餘額的權重＝某貸款的餘額/貸款總額。以貸款 1 為例,C2=B2/＄B＄8。在這裡,「＄」符號起固定行列的作用。＄B 表示固定第 B 列,＄8 表示固定第 8 行,＄B＄8 表示固定 B8 單元格。固定好分母之后,我們可以用鼠標按住 C2 單元格的右下角,當鼠標指針變成黑色實心小「十」字時,下拖鼠標,公式自動填充到鼠標經過的單元格,並且分子自動改變,而分母固定不變。固定單元格的符號是很常用的用法,一定要熟練掌握。見表 5-2。

表 5-2　　　　　　　　　　資產池分析 1　　　　　　　　　　單位:元

A	B	C	D	
1	序號	現有餘額	權重	
2	1	15,000,000	15%	<=B1/＄B＄8
3	2	20,000,000	20%	<=B2/＄B＄8
4	3	10,000,000	10%	<=B3/＄B＄8
5	4	20,000,000	20%	<=B4/＄B＄8
6	5	25,000,000		
7	6	10,000,000		
8	總計	100,000,000	100%	

然后繼續計算加權貸款利率,加權值＝貸款利率×貸款權重,即 F2=E2＊C2。這裡就不能用「＄」符號了,因為在下拖單元格填充公式時,沒有需要固定的單元格。

剩餘加權月份的算法同加權貸款利率。

總計行用「SUM」求和函數將剛才計算的各加權值加總,表示貸款總貌特徵。SUM 函數的表達式為:SUM(number1:numberN)。計算結果見下表 5-3。

表 5-3　　　　　　　　　　資產池分析 2

	A	B	C	D	E	F	G	H	I	J
1	序號	現有餘額(元)	權重		貸款利率	加權值		剩餘月	加權值	
2	1	15,000,000	15%	<=B1/＄B＄8	7.60%	1.14%	<=E2＊C2	300	45	<=H2＊C2
3	2	20,000,000	20%	<=B2/＄B＄9	7.10%	1.42%	<=E3＊C3	350	70	<=H3＊C3
4	3	10,000,000	10%	<=B3/＄B＄10	8.00%	0.80%		250	25	
5	4	20,000,000	20%	<=B4/＄B＄11	7.50%	1.50%		350	70	
6	5	25,000,000	25%		8.00%	2.00%		250	63	
7	6	10,000,000	10%		6.40%	0.64%		275	28	
8	總計	100,000,000	100%		7.50%	<=SUM(F2:F7)		300	<=SUM(I2:I7)	

117

5.2 提前償付率/額的計算

資產抵押—擔保貸款存在提前償付的風險。貸款的提前償還會使抵押貸款的實際現金流與預期現金流產生差異。為了對債券現金流進行分析，必須對提前償付率加以估計。基本估計方法有兩種：一是條件提前償付率（conditional prepayment rate，CPR），另一種是由美國公共證券協會提供的提前償付基準（prepayment benchmark of public securities association，PBPSA）。

5.2.1 條件提前償付率

【例題5-2】假設某貸款集合總額為100,000,000元，年條件提前償付率為7%，假設每月計劃償付額為5,000,000元，按條件提前償付率法則每月提前償付額估計為多少？

分析及解答：條件提前償付率是根據債券的基礎抵押貸款資產的歷史提前償付率、當前及將來的經濟狀況、抵押資產集合的特點等統計資料估計而得的提前償付率。條件提前償付率一般以年為時間單位，即年條件提前償付率。運用下面的公式，可以將其轉化為單月提前清償率。

$$SMM = 1 - \sqrt[12]{1 - CPR} \tag{5-1}$$

SMM 為單月提前償付率；CPR 年條件提前償付率。

第t月提前還款額=SMM×(第t月月初按揭貸款餘額-第t月計劃本金償還額)

在D2輸入：=1-(1-C2)^(1/12)，回車，再利用公式下拖功能算出其他貸款時間的SMM。計劃償付額已知，則以下列公式得出第一個月預計提前回收額：F2=(B2-E2)*D2，下個月的本金餘額 B3=B2-E2-F2。

計算結果如表5-4所示。

表5-4　　　　　　　　　　預計提前回收額

	A	B	C	D	E	F
1	貸款時間	貸款本金餘額	CPR	SMM	計劃償付	預計提前回收
2	1	100,000,000.00	7.00%	0.60%	5,000,000	572,784
3	2	94,427,215.73	7.00%	0.60%	5,000,000	539,184
4	3	88,888,031.50	7.00%	0.60%	5,000,000	505,787
5	4	83,382,244.72	7.00%	0.60%	5,000,000	472,591
6	5	77,909,654.02	7.00%	0.60%	5,000,000	439,595

5 抵押債券及資產擔保債券的分析與定價

5.2.2 PSA 法

【例題 5-3】請計算 50PSA、150PSA 的單月提前償付率。

分析及解答:「x PSA」表示所估計的提前償付比例,例如 50PSA 即表示該貸款集合的估計提前償付率為 PSA 基準的 50%。根據公共證券協會(PSA)的規定,PSA 方法為:第一個月的提前償付率為 0.2%,且年條件提前償付率(CPR)每月增長 0.2% 直到提前償付率達到 6%,並在以後保持 6% 的提前償付率不變,用公式表示為:

當 $t < 30$ 時,$CPR = 6\% \times \dfrac{t}{30}$;

當 $t \geq 30$ 時,$CPR = 6\%$。

t 為自抵押設立以後的第 t 個月。 (5-2)

因此,CPR 的計算公式以第 30 個月為界,有所不同:
B3 = 6% * (A3/30),B4 = 6% * (A4/30)……B30 = 6%,B31 = 6%,B32 = 6%……

不過我們可以用一個 MIN 函數來解決公式不同的問題。該函數的表達式為 MIN(number1,number2,…),表示返回(number1,number2,…)這一組數中的最小值。在 B3 輸入:MIN(6% * A4/30,6%),Excel 可以自動比較 6% * A4/30 與 6% 孰大孰小,然後自動取最小值。這樣就省了在 t 大於 30 和小於 30 時,輸入不同公式的麻煩。同理,MAX 函數則是自動返回一組數中最大值的函數,使用方法同 MIN 函數。

SMM 的計算方法同提前償付率法,C3 = = 1-(1-B3)^(1/12)

計算結果見下表。

表 5-5　　　　　　　　　　PSA 法

	A	B	C	D	E	F	G
1		PSA 基準償付率		50PSA		150PSA	
2	貸款月份	CPR	SMM	50PSA	SMM	150PSA	SMM
3	1	0.20%	0.02%	0.10%	0.01%	0.30%	0.03%
4	2	0.40%	0.03%	0.20%	0.02%	0.60%	0.05%
11	9	1.80%	0.15%	0.90%	0.08%	2.70%	0.23%
12	10	2.00%	0.17%	1.00%	0.08%	3.00%	0.25%
13	11	2.20%	0.19%	1.10%	0.09%	3.30%	0.28%
25	23	4.60%	0.39%	2.30%	0.19%	6.90%	0.59%
26	24	4.80%	0.41%	2.40%	0.20%	7.20%	0.62%
31	29	5.80%	0.50%	2.90%	0.24%	8.70%	0.76%

表5-5(續)

	A	B	C	D	E	F	G
32	30	6.00%	0.51%	3.00%	0.25%	9.00%	0.78%
33	31	6.00%	0.51%	3.00%	0.25%	9.00%	0.78%
37	35	6.00%	0.51%	3.00%	0.25%	9.00%	0.78%

此外,需要注意的是,PSA 基準中使用的月份數字,是以貸款設立的時間為準,而不是以抵押—擔保債券的設立時間為準,這兩個時間是不一定相同的。而且 PSA 基準只是一種市場慣例,用於對貸款集合的提前償付率進行估計,可能與貸款集合的實際提前償付率存在較大差異。

5.2.3 利用 PSA 估計抵押擔保貸款回收的現金流

【例題 5-4】某擔保貸款總額為 1 億美元,平均到期期限為 300 個月,貸款加權平均利率為 7.50%,提前償付率為 150PSA,請估計其回收現金流。

解答:對貸款現金流進行估計,主要考慮的是貸款加權平均利率、付息和還本的方式、提前償付率和加權平均期限等。本書第二章介紹過貸款償付問題,本章將深入介紹考慮到提前償付率因素的貸款現金流估計。

首先,可建立模型,使其包含現金流估計的各步驟。

表5-6　　　　　　　　　　現金流估計模型

	A	B	C	D	E	F	G	H	I
1	PSA	1.5							
2	貸款加權平均利率	7.5%	加權平均到期時間	300					
3	貸款時間	餘 額	SMM	付款額	利息	計劃本金	提前支付額	總本金支付	貸款回收現金流
4	1								
5	2								
6	3								
7	4								
8	5								
9	6								
10	7								

內部各欄公式為:

B4 = 100,000,000;B5 = B4 − H4,各期期初餘額 = 前期期初餘額減去前期支付的本金總額。

5 抵押債券及資產擔保債券的分析與定價

C4=1-(1-$B$1*6%*A4/30)^(1/12) 單月提前償付率是用前面介紹的公式,按150PSA 計算的。

D4=PMT($B$2/12,$D$2-A4+1,-B4,0) 各期的付款額是根據各期期初餘額按以后各期等額還款的計算方法,以貸款的加權平均利率為利率,以貸款的加權平均到期時間為時間計算出來的,題目沒有特殊說明還款時間,我們默認為每月月末還款。式中「$D$2-A4+1」表示剩餘的月份數。PMT函數的用法詳見本書第二章。

E4=B4*$B$2/12,各期支付的利息根據各期的期初餘額,以貸款加權平均利率計算而得。注意,由於不是計算債券現金流,所以不以債券利率計算。

F4=D4-E4 計劃本金償付額為當月抵押貸款償付額減去以貸款收回的利息的差額。

G4=(B4-F4)*C4,提前支付額是以當期月初餘額減去各期計算償付的本金額后,乘以單月提前償付率計算。

H4=F4+G4,總本金支付是計劃本金償付額加上提前償付額。

I4=D4+G4,貸款總現金流為本期應付本息加上提前償還的本金;也可以是總本金償付額加上利息額,即H4+E4。

利用Excel下拉公式的功能,得出計算結果,如表5-7所示。

表5-7　　　　　　　　　現金流估計結果　　　　　　　　　單位:元

	A	B	C	D	E	F	G	H	I
1	PSA	150%							
2	貸款加權平均利率	7.50%		加權平均到期時間	300				
3	貸款時間	餘額	SMM	付款額	利息	計劃本金	提前支付額	總本金支付	貸款回收現金流
4	1	100,000,000	0.03%	738,991	625,000	113,991	25,006	138,997	763,997
5	2	99,861,003	0.05%	738,806	624,131	114,675	50,011	164,686	788,817
6	3	99,696,317	0.08%	738,436	623,102	115,334	74,996	190,329	813,431
7	4	99,505,988	0.10%	737,880	621,912	115,967	99,941	215,908	837,821
8	5	99,290,080	0.13%	737,138	620,563	116,575	124,827	241,402	861,965
27	24	90,557,478	0.62%	688,562	565,984	122,577	561,385	683,962	1,249,947
109	106	40,906,602	0.78%	363,536	255,666	107,869	319,390	427,259	682,925
110	107	40,479,343	0.78%	360,690	252,996	107,694	316,046	423,740	676,736
153	150	25,095,396	0.78%	257,256	156,846	100,410	195,671	296,081	452,927
299	296	400,779	0.78%	81,665	2,505	79,160	2,518	81,678	84,183
300	297	319,101	0.78%	81,026	1,994	79,031	1,879	80,911	82,905
301	298	238,190	0.78%	80,391	1,489	78,903	1,247	80,150	81,638

Excel 在實驗金融學中的應用

表5-7(續)

	A	B	C	D	E	F	G	H	I
302	299	158,041	0.78%	79,762	988	78,774	621	79,395	80,383
303	300	78,646	0.78%	79,138	492	78,646	0	78,646	79,138

註:為了顯示表格總貌,隱藏了中間的部分行,具體操作:選中需要隱藏的行,點擊鼠標右鍵,選擇「隱藏」,如圖5-1 所示。

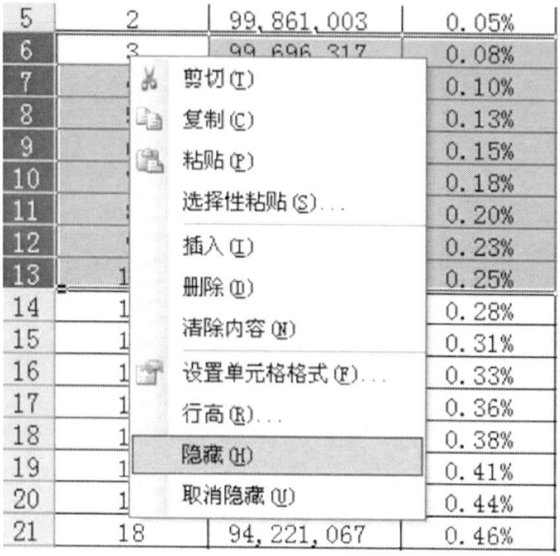

圖 5-1　隱藏單元格

5.2.4　貸款的平均壽命

【例題 5-5】請計算上例貸款組合的平均壽命。

解答:抵押貸款不僅有提前償付的風險,還有延期風險。因此貸款的平均壽命須包含這兩方面因素。貸款的平均壽命,可以用下式計算:

$$\text{平均壽命} = \sum_{t=1}^{T} \frac{t \times t \text{時預計收到的本金}}{12 \times \text{總的本金}} \tag{5-3}$$

用 Excel 計算貸款的平均壽命,利用前例,只需要在表格最右邊加上一列權重時間項 $W_i \times t_i$,最后用 SUM 求和函數將每一行的 $W_i \times t_i$ 值加總,再除以 12 乘以總本金的積即得貸款平均壽命。

計算結果如表 5-8 所示。

5 抵押債券及資產擔保債券的分析與定價

表 5-8　　　　　　　　　　　貸款平均壽命

	A	B	C	D	E	F	G	H	I	J
1	PSA	150%								
2	貸款加權平均利率		7.50%	加權平均到期時間		300				
3	貸款時間	餘額	SMM	付款額	利息	計劃歸還本金	提前支付額	總本金支付	貸款回收現金流	Wi*Ti
4	1	100,000,000	0.03%	738,991	625,000	113,991	25,006	138,997	763,997	138,997
5	2	99,861,003	0.05%	738,806	624,131	114,675	50,011	164,686	788,817	329,372
6	3	99,696,317	0.08%	738,436	623,102	115,334	74,996	190,329	813,431	570,988
7	4	99,505,988	0.10%	737,880	621,912	115,967	99,941	215,908	837,821	863,632
8	5	99,290,080	0.13%	737,138	620,563	116,575	124,827	241,402	861,965	1,207,010
27	24	90,557,478	0.62%	688,562	565,984	122,577	561,385	683,962	1,249,947	16,415,098
109	106	40,906,602	0.78%	363,536	255,666	107,869	319,390	427,259	682,925	45,289,440
110	107	40,479,343	0.78%	360,690	252,996	107,694	316,046	423,740	676,736	45,340,174
153	150	25,095,396	0.78%	257,256	156,846	100,410	195,671	296,081	452,927	44,412,134
299	296	400,779	0.78%	81,665	2,505	79,160	2,518	81,678	84,183	24,176,635
300	297	319,101	0.78%	81,026	1,994	79,031	1,879	80,911	82,905	24,030,448
301	298	238,190	0.78%	80,391	1,489	78,903	1,247	80,150	81,638	23,884,578
302	299	158,041	0.78%	79,762	988	78,774	621	79,395	80,383	23,739,030
303	300	78,646	0.78%	79,138	492	78,646	0	78,646	79,138	23,593,808
304						Σwi*ti	SUM(J5:J304)=>		10,367,032,455	
305							Σwi*ti/總本金		J305/B5=>	104
306							平均壽命：		J306/12=>	8.64

5.2.5 抵押過手債券的現金流估計

【例題5-6】沿用【例題4-5】，假設該抵押過手債券的發行時間晚於貸款時間6個月，根據發行合同規定，債券發行首月，用貸款累積的利息向各類機構一次性支付相關發行費用5,000,000元，以後各期按每月貸款回收總額的5%支付，扣除完這類費用之後，才能償還過手債券的本息，過手債券利率為6.36%，請估計該過手債券的現金流（預測貸款的提前償付率為150PSA）。

解答：抵押擔保債券主要包括抵押過手債券、質押擔保債券及剝離抵押擔保債券。它們的區別在於抵押貸款所有權的轉移與否，投資者是否承擔抵押貸款提前償付的風險以及債券現金流的分配方式等。

抵押過手債券區別於標準的息票債券在於：一是本金的償還方式不同，標準息票債券在到期前並不償還本金，只付利息，但過手證券在到期前會按期支付本金；二是付息和本金的時間不同，標準息票債券一般是每半年付款一次，過手證券則是每月付一次；三是標準的息票債券一般不會提前清償，但過手證券有可能被提前贖回。當貸款被提前償還時，債券發行人也可能會提前贖回債券，所以從這一點上看，過手證券相當於含有贖回期權。

Excel 在實驗金融學中的應用

貸款編號	月供現金	擔保貸款資產集合
貸款 1		
貸款 2		
貸款 3		擔保貸款資產集合
……		
貸款 999		
貸款 1,000		

支付債券本息 →

圖 5-2　過手證券支付流程

通過分析可以看到抵押過手債券的現金流與貸款回收的現金流是不同的,因為貸款回收的現金流要支付了有關費用(如擔保費、服務費、過手費等)之后才會「過手」給債券投資者。

計算步驟:

首先仍然是建立模型,使其包含債券現金流估計需要用到的各步驟,這裡需要注意的是由於貸款時間和債券發行的時間並不一致,債券要滯后 6 個月,也就是貸款時間的前六個月債券沒有產生現金流,如圖 5-3 所示。

	A	B	C	D	E	F	G	H
1	過手債券利率			6.36%	加權平均到期時間(月)		300	
2	貸款加權平均利率			7.50%	提前償付率XPSA		150%	
3	債券發行時間	貸款時間	債券本金餘額	貸款收回現金流	相關費用	債券利息	歸還本金	債券現金流
4		1						
5		2						
6		3						
7		4						
8		5						
9		6						
10	1	7						
11	2	8						
12	3	9						
13	4	10						
14	5	11						

圖 5-3　過手債券現金流估計

模型內部各列公式及數據為:D 列數據貸款回收現金流來自於表 5-7(第 121 頁)計算的結果,可直接複製過來。粘貼時需要注意的是只複製數值,不複製公式,做法為:選中單元格 D4,點擊鼠標右鍵出現菜單,選擇「選擇性粘貼」,再在「選擇性粘貼」菜單上選擇「數值」,這樣我們粘貼過來的就只有數據了。否則會將原表中的公式一起粘貼過來,新表格不能識別公式,顯示錯誤的數據,如圖 5-4 所示。

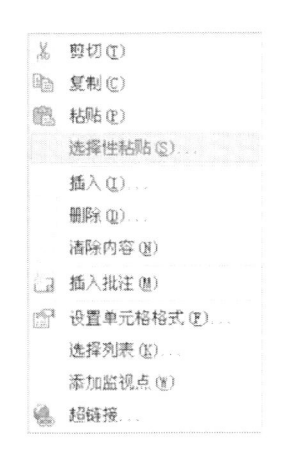

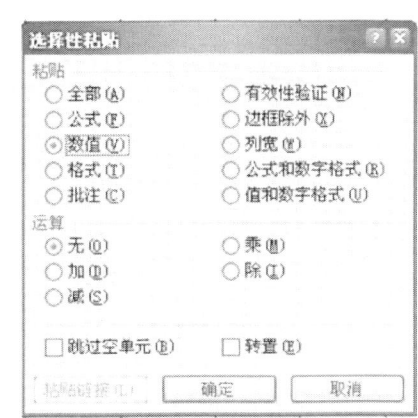

5 抵押債券及資產擔保債券的分析與定價

圖 5-4 選擇性粘貼方法

F 列:F10=C4 * \$ D \$ 1/12,利率用過手債券利率而不是貸款利率。

G 列:G10=SUM(D4:D10)-E10-F10,即貸款前六個月累積的回收貸款先用於支付合同中相關費用和債券利息再支付本金。G11=D11-E11-F11,因為發行費用 5,000,000 元已經支付完畢,所以之後每一期只需要當期回收貸款扣除當期須繳費用和利息后歸還本金。

H 列:H10=F10+G10,即債券現金流=債券利息+債券本金。

計算結果如表 5-9 所示。

表 5-9　　　　　　　　　過手債券現金流估計結果　　　　　　　單位:元

	A	B	C	D	E	F	G	H
1	過手債券利率			6.36%	加權平均到期時間(月)		300	
2	貸款加權平均利率			7.50%	提前償付率 XPSA		150%	
3	債券發行時間	貸款時間	債券本金餘額	貸款收回現金流	相關費用	債券利息	歸還本金	債券現金流
4		1		763,997				
5		2		788,817				
6		3		813,431				
7		4		837,821				
8		5		861,965				
9		6		885,846				
10	1	7	100,000,000	909,443	5,000,000	530,000	331,320	861,320
11	2	8	99,668,680	932,738	46,637	528,244	357,858	886,102
12	3	9	99,310,823	955,713	47,786	526,347	381,580	907,927
13	4	10	98,929,243	978,348	48,917	524,325	405,105	929,430

125

表5-9(續)

	A	B	C	D	E	F	G	H
27	18	24	91,239,119	1,249,947	62,497	483,567	703,882	1,187,449
28	19	25	90,535,237	1,265,491	63,275	479,837	722,379	1,202,216
29	20	26	89,812,857	1,280,449	64,022	476,008	740,418	1,216,426
30	21	27	89,072,439	1,294,810	64,740	472,084	757,985	1,230,069
187	178	184	16,060,263	323,862	16,193	85,119	222,549	307,669
188	179	185	15,837,714	320,584	16,029	83,940	220,615	304,555
189	180	186	15,617,099	317,333	15,867	82,771	218,696	301,466
190	181	187	15,398,403	314,109	15,705	81,612	216,792	298,403
191	182	188	15,181,611	310,911	15,546	80,463	214,903	295,365
192	183	189	14,966,709	307,739	15,387	79,324	213,029	292,352
280	271	277	1,965,470	110,673	5,534	10,417	94,722	105,139
300	291	297	239,205	82,905	4,145	1,268	77,492	78,760
301	292	298	161,713	81,638	4,082	857	76,699	77,556
302	293	299	85,014	80,383	4,019	451	75,913	76,363
303	294	300	9,101	79,138	3,957	48	9,101	9,150
304	295	—	—	—	—	—	—	—
305	296	—	—	—	—	—	—	—
306	297	—	—	—	—	—	—	—
307	298	—	—	—	—	—	—	—
308	299	—	—	—	—	—	—	—
309	300	—	—	—	—	—	—	—

  單元格G303的公式需要調整,可以看到債券在第294月時的本金餘額為9,101元,而當月貸款回收現金流為79,138元,相關費用和利息僅為3,957元和48元,若按原來的公式G303=D303-E303-F303,結果為負,此時需要將G303的公式調整為:G303=C303,表示本期債券本金全部支付完畢。

  以后各期無論是貸款還是債券都不再發生現金流,各單元格都為0,但是我們希望隱藏0,將其顯示為短橫線「—」,就可以選中這片區域,點擊鼠標右鍵,選擇「設置單元格格式」,出現「單元格式框」,選擇「數字」欄,再選擇「自定義」,重新定義其數字格式。這樣這片區域的數值「0」就會全部顯示為「—」。

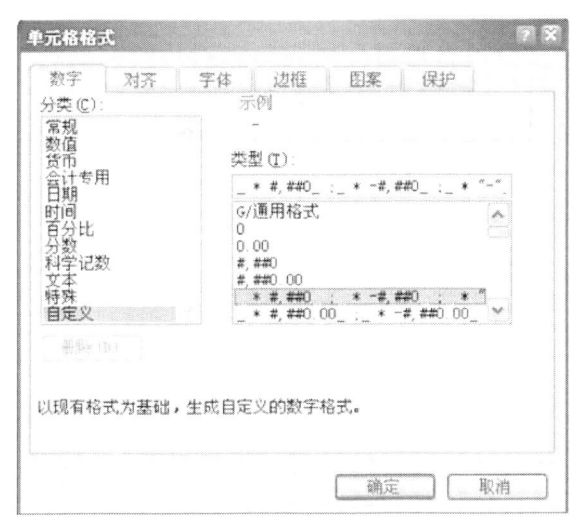

5 抵押債券及資產擔保債券的分析與定價

圖 5-5 設置單元格格式

5.3 順序償付型債券

【例題 5-7】某資產池有 1 億美元貸款,貸款平均利率為 7.5%,平均到期時間為 300 月,提前償付率為 150PSA,為了債券的期限盡可能地與貸款現金流相吻合,發行方設計出一組順序償付型債券,組分劃分如表 5-10 所示。

表 5-10　　　　　　　　　　組分總貌　　　　　　　　　　單位:元

組分	金額	息票利率
A	20,000,000	6.0%
B	30,000,000	6.2%
C	50,000,000	6.7%
總計	100,000,000	

債券的期限與貸款的期限項匹配,且每期貸款回收總現金流按 5% 的比例支付相關費用,剩餘部分按組分順序償還本金,請計算該順序償付型債券的現金流。

分析:這種債券組合方式的特點是,假定貸款的現金回流不發生改變,貸款回收的現金首先用於支付各組分利息,其餘額全部用於按 A–B–C 的順序支付本金,即只有 A 組分債券的本金清償完畢後 B 組分才能開始清償本金,最後是 C 組分。

下面我們用 Excel 來計算順序償付型債券的償還過程。

Excel 在實驗金融學中的應用

首先用前面計算過的方法計算債券的總現金流,即貸款回收現金流減去相關費用;

然后建立各組分現金流模型。由於每個組分的現金流分析都要包含本金餘額、當期總本金支付和利息三部分。我們可以設計這樣的表格,陰影部分表示各組分本金的償還期。

	A	B	C	D	E	F	G	H	I	J	K
1	本金總額		100000000		貸款加權平均利率		7.50%				
2	債券利率:	組分A	組分B	組分C	加權平均到期時間(月)		300				
3		6.00%	6.20%	6.70%	提前償付率 PSA		150%				
4	債券發行時間	債券總現金流	組分A			組分B			組分C		
5			餘額	本金支付	利息	餘額	本金支付	利息	餘額	本金支付	利息
6	1										
7	2										
39	34										
40	35										
41	36										
42	37										
87	82										
88	83										
89	84										
90	85										
286	281										
287	282										
305	300										

圖 5-6　順序償付型債券現金流估計

B 列:將計算出來的債券總現金流數值粘貼過來。

C 列:C6 = 20,000,000;C7 = C6-D6;

D 列:D6 = B6-E6-H6-K6;

E 列:E6 = C6 * $B$3/12。

需要注意的是 D 列公式,A 組分本金償付的最后一期會出現 $D_i > C_i$ 的情況,即回收貸款支付完各組分利息和 A 組分本金之后還有剩餘,那麼此時 D_i 的最大償付額應為 C_i,而不是 Bi-Ei-Hi-Ki。我們可以用簡潔的 IF 語句來描述,以免去不同條件下公式的變動。

IF 語句的表達式為 IF(logical test, value_if_true, value_if_false),因此有 D6 = IF((B6-E6-H6-K6)<C6,(B6-E6-H6-K6),C6),含義為:若滿足(B6-E6-H6-K6)<C6,則 D6 = (B6-E6-H6-K6),若不滿足,則 D6 = D6。

同理,我們可以寫出 B 組分各欄的公式:

F6 = 30,000,000;F7 = IF(C7>0,F6,F6-G6);

G6 = IF(B6-E6-H6-K6-D6 = 0,0,IF((B6-E6-H6-K6-D6)<F6,(B6-E6-H6-K6

5 抵押債券及資產擔保債券的分析與定價

-D6),F6))。

這是一個嵌套 IF 語句,外層 if 的內部「value_if_false」也是一個 IF 語句,有檢測條件:當不滿足 B6-E6-H6-K6-D6=0 時,G6=IF((B6-E6-H6-K6-D6)<F6,(B6-E6-H6-K6-D6),F6)。

H6=F6*$C$3/12

同理,C 組分各欄公式為:

I6=50,000,000;I7=IF(F7>0,I6,I6-J6);

J6=IF(B6-E6-H6-K6-D6-G6=0,0,IF((B6-E6-H6-K6-D6-G6)<I6,(B6-E6-H6-K6-D6-G6),I6));

K6=I6*$D$3/12。

計算結果如表 5-11 所示。

表 5-11　　　　順序償付型債券現金流估計結果　　　　單位:元

	A	B	C	D	E	F	G	H	I	J	K
1	本金總額		100,000,000.00		貸款加權平均利率		7.50%				
2		組分 A	組分 B	組分 C	加權平均到期時間(月)		300				
3	債券利率	6.00%	6.20%	6.70%	提前償付率 PSA		150%				
4					組分 A			組分 B		組分 C	
5	債券發行時間	債券總現金流	餘額	本金支付	利息	餘額	本金支付	利息	餘額	本金支付	利息
6	1	725,797	20,000,000	191,631	100,000	30,000,000	—	155,000	50,000,000	—	279,167
7	2	749,376	19,808,369	216,168	99,042	30,000,000	—	155,000	50,000,000	—	279,167
8	3	772,760	19,592,202	240,632	97,961	30,000,000	—	155,000	50,000,000	—	279,167
40	35	1,214,207	1,214,630	773,967	6,073	30,000,000	—	155,000	50,000,000	—	279,167
41	36	1,203,803	440,663	440,663	2,203	30,000,000	326,770	155,000	50,000,000	—	279,167
42	37	1,193,481	—	—	—	29,673,230	761,003	153,312	50,000,000	—	279,167
43	38	1,183,242	—	—	—	28,912,228	754,695	149,380	50,000,000	—	279,167
86	81	812,311	—	—	—	1,556,142	525,104	8,040	50,000,000	—	279,167
87	82	805,117	—	—	—	1,031,038	520,624	5,327	50,000,000	—	279,167
88	83	797,982	—	—	—	510,414	510,414	2,637	50,000,000	5,764	279,167
89	84	790,903	—	—	—	—	—	—	49,994,236	511,769	279,134
90	85	783,882	—	—	—	—	—	—	49,482,468	507,604	276,277
275	270	115,494	—	—	—	—	—	—	1,164,638	108,991	6,503
285	280	100,888	—	—	—	—	—	—	114,698	100,247	640
286	281	99,495	—	—	—	—	—	—	14,351	14,351	81
287	282	98,114	—	—	—	—	—	—	—	—	—
305	300	75,181	—	—	—	—	—	—	—	—	—

5.4 計劃攤還型

【例題5-8】假設有1億美元抵押貸款,貸款平均利率為7.5%,加權平均到期時間為354月。以此發行的債券被分成兩個組分,一是總額為5,300萬的計劃攤還債券,另一組為4,700萬的支持組分,估計提前償付率的範圍為:80PSA-350PSA,求各期能保證的最低還本額。

分析及解答:計劃攤還抵押擔保債券的設計分為兩部分:一些組分是按計劃償還本金,因而其本金償還的可行性得以增強;另一些組分則作為這些組分的支持,以吸收抵押貸款的延期或減期風險。各期能保證的最低還本額即在80PSA和250PSA時下,能保證的最低還本額。

計算如下表,其中B、C兩列數據用前面介紹的方法計算出來,然後將數值粘貼過來;D2=MIN(B2,C2),表示最低可以保證按期償還的本金額;E2=53,000,000-D2;E3=MAX(E2-D3,0),表示剩餘的本金,若當月最低還款額大於剩餘本金,則返回0,表示本金全部償付完畢。

	A	B	C	D	E
1	債券發行時間	總本金支付(80 PSA)	總本金支付(350 PSA)	最低可保證償還本金額	剩余本金額
2	1	163 864	487 623	163 864	52 836 136
3	2	177 561	546 705	177 561	52 658 575
4	3	191 210	605 241	191 210	52 467 364
5	4	204 806	663 122	204 806	52 262 559
6	5	218 341	720 243	218 341	52 044 217
7	6	231 812	776 497	231 812	51 812 405
8	7	245 212	831 780	245 212	51 567 193
9	8	258 535	885 989	258 535	51 308 658
10	9	271 777	939 022	271 777	51 036 881
11	10	284 931	990 780	284 931	50 751 950
95	94	356 091	369 651	356 091	17 221 387
96	95	354 869	362 140	354 869	16 866 518
97	96	353 652	354 779	353 652	16 512 866
98	97	352 441	347 565	347 565	16 165 301
99	98	351 235	340 496	340 496	15 824 805
100	99	350 035	333 568	333 568	15 491 237
101	100	348 840	326 779	326 779	15 164 459
296	295	199 591	4 477	4 477	5 184
297	296	199 166	4 366	4 366	818
298	297	198 743	4 258	4 258	—
299	298	198 322	4 152	4 152	—
300	299	197 905	4 049	4 049	—
352	351	179 740	950	950	—
353	352	179 456	920	920	—
354	353	179 173	891	891	—
355	354	178 893	863	863	—

圖5-7 最低還本額估計

5 抵押債券及資產擔保債券的分析與定價

5.5 利息累積型

【例題5-9】沿用例題4-7順序償付型的例子，將組分C改為利息累積型組分，即該組分的利息是直到其他組分的本息全部清償完畢後，才開始清償這一組分的本金和利息。假設組分C的利率已經包含了累積利息延期支付的風險，忽略累積利息產生的利息。其他條件不變，求債券現金流。

表 5-12　　　　　　　　　　組分總貌　　　　　　　　　　單位:元

組分	金額	息票利率
A	20,000,000	6.0%
B	30,000,000	6.2%
C	50,000,000	6.9%
總計	100,000,000	

分析及解答:該例與【例題4-3】的不同之處僅在於對組分C利息的處理上，每個月組分C的利息需要暫時累積起來，待組分A、B的本金全部支付完畢後才開始支付。可以在模型中增加兩列「累積利息」與「利息支付」。

	A	B	C	D	E	F	G	H	I	J	K	L
1	本金總額		100 000 000.00		貸款加權平均利率		7.50%					
2	債券	組分A	組分B		組分C		加權平均到期月		300			
3	利率	6.00%	6.20%		6.90%		提前償付率 PSA		150%			
4	債券發行時間	債券總現金流	組分A			組分B			組分C			
5			餘額	本金支付	利息	餘額	本金支付	利息	餘額	本金支付	累積利息	利息支付
6	1	725797	20 000 000			30 000 000			50 000 000			
7	2	749378										
8	3	772760										
29	24	1187449										
30	25	1202216										
31	26	1216426										
32	27	1230069										
36	31	1256667										
57	52	1048177										
58	53	1039097										
59	54	1030089										
60	55	1021154										
81	76	849158										
82	77	841670										
83	78	834241										
84	79	826872										
85	80	819562										
86	81	812311										
239	234	179627										
240	235	177570										
241	236	175531										
305	300	75181										

圖 5-8　利息累積型債券現金流估計

131

Excel 在實驗金融學中的應用

B 列:已計算,粘貼數值即可。

C 列:C6 = 20,000,000;C7 = C6−D6。

D 列:D6 = IF((B6−E6−H6)<C6,(B6−E6−H6),C6)。若回收的貸款支付完 A 組、B 組的利息之後小於本期本金餘額,則 Di 為(Bi−Ei−Hi),否則說明(Bi−Ei−Hi)支付完剩餘本金後還有剩餘,當期本金支付僅為 Ci。

E 列:E6 = C6 * \$B\$3/12。

F 列:F6 = 30,000,000;F7 = F6−G6。

G 列:G6 = IF((B6−E6−H6−D6)<F6,(B6−E6−H6−D6),F6)。即在組分 B 的第一個白色區域,本金支付為 0;陰影區域本金支付為:Bi−Ei−Hi−Di;陰影部分最後一行和餘下的白色區域本金支付為 Fi,也為 0。

E 列:E6 = =F6 * \$C\$3/12。

I 列:I6 = 50,000,000,I7 = I6−J6。

J 列:J6 = IF((B6−E6−H6−D6−G6−L6)<I6,B6−E6−H6−D6−G6−L6,I6)。

K 列:K6 = I6 * \$D\$3/12,K7 = I7 * \$D\$3/12+K6−L6。即當期累積利息等於本期應付利息加上期累積利息,再減去本期已支付的利息。若前期累積的利息已經支付完畢,則本期累積利息剛好等於本期應付利息。

L 列:L6 = IF(F6>G6,0,B6−E6−H6−D6−G6);
L7 = IF(F7>G7,0,IF(K7−(B7−E7−H7−D7−G7)>0,B7−E7−H7−D7−G7,K7))。即當以往各期累積的利息支付完畢後,只需要支付當期利息。

計算結果如表 5-13 所示。

表 5-13   利息累積型債券現金流估計結果

	A	B	C	D	E	F	G	H	I	J	K	L
1	本金總額		100,000,000.00		貸款加權平均利率		7.50%					
2		組分 A	組分 B	組分 C		加權平均到期(月)	300					
3	債券利率	6.00%	6.20%	6.90%		提前償付率 PSA	150%					
4	債券發行時間	債券總現金流	組分 A			組分 B			組分 C			
5			餘額	本金支付	利息	餘額	本金支付	利息	餘額	本金支付	累積利息	利息支付
6	1	725,797	20,000,000	470,797	100,000	30,000,000	—	155,000	50,000,000	—	287,500	—
7	2	749,376	19,529,203	496,730	97,646	30,000,000	—	155,000	50,000,000	—	575,000	—
26	21	1,139,923	5,822,291	955,811	29,111	30,000,000	—	155,000	50,000,000	—	6,037,500	—
30	25	1,202,216	1,873,842	1,037,847	9,369	30,000,000	—	155,000	50,000,000	—	7,187,500	—
31	26	1,216,426	835,995	835,995	4,180	30,000,000	221,251	155,000	50,000,000	—	7,475,000	—
32	27	1,230,069	—	—	—	29,778,749	1,076,212	153,857	50,000,000	—	7,762,500	—
33	28	1,243,134	—	—	—	28,702,537	1,094,838	148,296	50,000,000	—	8,050,000	—
58	53	1,039,097	—	—	—	1,648,614	1,030,579	8,518	50,000,000	—	15,237,500	—
59	54	1,030,089	—	—	—	618,035	618,035	3,193	50,000,000	0	15,525,000	408,861
60	55	1,021,154	—	—	—	—	—	—	50,000,000	0	15,403,639	1,021,154
82	77	841,670	—	—	—	—	—	—	50,000,000	0	1,205,826	841,670
83	78	834,241	—	—	—	—	—	—	50,000,000	182,584	651,657	651,657
84	79	826,872	—	—	—	—	—	—	49,817,416	540,422	286,450	286,450

5 抵押債券及資產擔保債券的分析與定價

表5-13(續)

	A	B	C	D	E	F	G	H	I	J	K	L
238	233	181,701	—	—	—	—	—	—	293,782	180,011	1,689	1,689
239	234	179,627	—	—	—	—	—	—	113,770	113,770	654	654
240	235	177,570	—	—	—	—	—	—				
305	300	75,181	—	—	—	—	—	—				

5.6 抵押擔保債券的剝離

【例題 5-10】假設有一組期限為 25 年,總額為 100,000,000 美元的抵押擔保貸款,以半年計歸還本息,加權平均貸款利率 7.5%,估計提前償付率為 150PSA。現平價發行抵押擔保債券,債券利率為 6.50%,半年付息,付息時要先扣除貸款回收現金流的 5% 支付相關費用。假設債券期限與貸款期限匹配,若對該債券進行本、息剝離,求獲利多少。

分析及解答:和普通國債一樣,抵押貸款質押債券同樣可以剝離成僅本部分(PO)和僅息部分(IO)。和普通長期債券的剝離不同的是,普通債券每一期有固定的現金流,而抵押貸款剝離債券受到提前償付的影響,每一期的現金流是不確定的;提前償付率越高,投資者收回本金的速度就越快,所得的實際收益也就可能越高;反之則可能較低。而且當市場抵押貸款利率下跌時,僅息抵押貸款剝離債券的價值會下跌,而僅本剝離債券則會上升,原因就在於市場利率對貸款提前償付率的影響。

下面我們來分析抵押擔保債券剝離后的定價以及收益情況。

第一步,分析貸款和債券的現金流。

計算方法同前,為了簡潔,我們可以把兩張表合併(見表5-14)。可以看出,預計債券的本息提前4期清償完畢。

表 5-14　　　　　現金流估計　　　　　單位:美元

	A	B	C	D	E	F	G	H	I	J	K	L
1		選手債券利率		6.50%	加權平均到期時間(半年)			50				
2		貸款加權平均利率		7.50%	提前償付率 XPSA			150%				
3	貸款時間	貸款本金餘額	貸款計劃收回本息	SMM	計劃收回本金	提前收回本金	貸款回收總現金流	服務費	債券本金餘額	債券利息	歸還本金	債券現金流
4	1	100,000,000	4,457,422	0.03%	707,422	24,857	4,482,279	224,114	100,000,000	3,250,000	1,008,165	4,258,165
5	2	99,267,721	4,456,306	0.05%	733,766	47,704	4,504,010	225,201	98,991,835	3,217,235	1,061,575	4,278,810
6	3	98,486,250	4,454,148	0.08%	760,914	71,068	4,525,217	226,261	97,930,260	3,182,733	1,116,222	4,298,956
7	4	97,654,268	4,450,909	0.10%	788,874	94,056	4,544,965	227,248	96,814,037	3,146,456	1,171,260	4,317,717
8	5	96,771,338	4,446,588	0.13%	817,662	116,627	4,563,214	228,161	95,642,777	3,108,390	1,226,663	4,335,054
9	6	95,837,049	4,441,183	0.15%	847,294	138,742	4,579,925	228,996	94,416,114	3,068,524	1,282,405	4,350,928
10	7	94,851,013	4,434,696	0.18%	877,783	160,360	4,595,056	229,753	93,133,709	3,026,846	1,338,458	4,365,303
11	8	93,812,870	4,427,129	0.20%	909,146	181,440	4,608,569	230,428	91,795,251	2,983,346	1,394,795	4,378,140

Excel在實驗金融學中的應用

表5-14(續)

	A	B	C	D	E	F	G	H	I	J	K	L
12	9	92,722,284	4,418,482	0.23%	941,397	201,941	4,620,423	231,021	90,400,456	2,938,015	1,451,387	4,389,402
34	31	55,162,553	3,969,613	0.78%	1,901,017	403,091	4,372,704	218,635	45,279,322	1,471,578	2,682,490	4,154,068
35	32	52,858,445	3,939,570	0.78%	1,957,379	385,271	4,324,841	216,242	42,596,832	1,384,397	2,724,202	4,108,599
48	45	18,859,870	3,568,517	0.78%	2,861,272	121,802	3,690,320	184,516	3,431,989	111,540	3,394,264	3,505,804
49	46	15,876,795	3,541,349	0.78%	2,945,969	98,646	3,639,995	182,000	37,725	1,226	37,725	38,951
50	47	12,832,179	3,514,333	0.78%	3,033,126	75,007	3,589,340	179,467	0	0	0	0
51	48	9,724,046	3,487,432	0.78%	3,122,781	50,870	3,538,303	176,915	0	0	0	0
52	49	6,550,395	3,460,558	0.78%	3,214,918	26,220	3,486,778	174,339	0	0	0	0
53	50	3,309,257	3,433,354	0.78%	3,309,257	1,044	3,434,398	171,720	0	0	0	0

第二步,定價比較,計算過程果如下。

首先,要找到目前市場上不同期限的附息債券的到期收益率。可以通過查找市場信息,當數據不完整時,可以採用線性差值法、三次樣條函數差值法等求出期限連續的附息債券的到期收益率。

其次,對債券每一期利息分別用長期債券固定的到期收益率和不同期限的到期收益率分別貼現。C3=B6/(1+6.5%/2)^A6;E6=B6/(1+D6/2)^A6。

最後,比較兩種貼現率下的淨現值。C56=SUM(C6:C55);E56=SUM(E6:E55);E57=E56-C56。

計算結果如圖5-9所示。

	A	B	C	D	E
1	僅息債券:				
2-5	期限	利息	按非剝離債券的到期收益率6.50%折現後的現值	市場上不同期限的附息債券的到期收益率	按市場上不同期限附息債券的到期收益率折現後的現值
6	1	3 250 000	3 147 700	1.40%	3 227 408
7	2	3 217 235	3 017 884	1.90%	3 156 967
8	3	3 182 733	2 891 546	2.20%	3 079 972
9	4	3 146 456	2 768 608	2.70%	2 982 131
29	24	2 035 064	944 532	4.83%	1 147 763
30	25	1 959 998	881 057	4.92%	1 067 571
31	26	1 883 103	819 846	4.95%	997 259
45	40	634 529	176 542	5.75%	204 201
46	41	533 566	143 779	5.80%	165 256
47	42	430 838	112 443	5.91%	126 801
48	43	326 292	82 477	5.96%	92 306
49	44	219 877	53 829	6.04%	59 379
50	45	111 540	26 447	6.12%	28 732
51	46	1 226	282	6.16%	304
52	47	0	0	6.21%	0
53	48	0	0	6.28%	0
54	49	0	0	6.41%	0
55	50	0	0	6.50%	0
56	總計		54 498 930		62 359 778
57			剝離後獲利:		7 860 849

圖5-9 僅息債券淨現值(單位:美元)

5 抵押債券及資產擔保債券的分析與定價

可以看出剝離后僅息債券,一億美元可以賺得總共 7,860,849 美元。

僅本債券:

附息債券每期都要支付利息,而僅本債券是將利息累積到期末,一次性支付本息。一般是發行的時候按面值 100 美元折價發行,最后一期按 100 美元的面值贖回。此例本金總額為 100,000,000 美元,因此 本金現值 = $\dfrac{本金總額}{(1+\dfrac{貼現率}{2})^n}$。

如下表,折現值為:I6=I3/(1+I4/2)^I5:

表 5-15　僅本債券現金流淨現值　單位:美元

	H	I
1	僅本債券:	
2		
3	本金總額:	100,000,000.00
4	貼現率:	6.50%
5	期限(半年):	50
6	折現值:	20,206,774

即 25 年期 1 億美元的僅本債券,只折價按面值的 20.207% 出售。由於存在利率變動風險、抵押擔保貸款的提前償付風險,所以期中可能會提前贖回債券,贖回價格會按合同規定的辦法調整。

此外,利用蒙特卡羅模擬也可以計算本章中的現金流估計和定價等,可參考第五章的相關內容。

6 ECXEL 在財務報表分析中的應用

對企業的財務分析大多是從分析企業的資產負債表、損益表和現金流量表這三大基礎財務報表開始的。其中,資產負債表反應的是企業在特定時點上的資產、負債及所有者權益狀況,由於它反應的是某一特定時點的財務情況,因此即使編寫報表時的財務情況是真實的,也不能保證閱讀報表時財務情況沒有發生變化;損益表是用來衡量企業在特定時期的經營成果的財務報表,它反應了企業在特定時期的收支情況;現金流量表反應的則是企業現金的來源和運用。

本章主要涉及如何在 Excel 工作簿中為每個基礎財務報表創建一張工作表,然后根據需要在各表間建立連結、利用 Excel 進行財務報表主要財務比率分析、現金預算、財務預測以及利用 Excel 進行企業盈虧平衡點分析和企業經濟利潤分析。

● 6.1 三大財務報表的創建和連結

6.1.1 資產負債表

資產負債表,分為上資產、下負債的一欄式,和左資產、右負債的並列式兩種格式,中國最常用的是並列式報表。左邊的資產帳戶,一般按「流動性」順序列示,流動性即它們轉化為現金所需時間的長短和損失大小。負債和權益帳戶按照要求償付的順序列示;應付帳款一般要求在 30 天內償付、應付票據一般要求在 90 天內償付等。最后列示的是沒有償付期限的股東權益。

6.1.1.1 用 Excel 設置資產負債表

【例題 6-1】設置 ABC 公司 2006 年的資產負債表

步驟一:建立 Excel 工作簿,命名為「基礎財務報表」,工作簿中預設有三個空白表

6 ECXEL在財務報表分析中的應用

格,分別為Sheet 1,Sheet 2,Sheet 3,將鼠標移至表下方「Sheet 1」處,按右鍵出現菜單,選擇「重命名」,將空白表格更名為「資產負債表」。

步驟二:根據報表的固定格式,我們首先在A1中輸入公司名稱「ABC公司」;在A2中輸入報表類型「資產負債表」;在A3中輸入製表日期「2006.12.31」;在B4中輸入「貨幣單位:元」。分別選擇「A1:B1」「A2:B2」「A3:B3」用鼠標點擊格式欄中「合併及居中」圖標,如表6-1所示。

表6-1　　　　　　　　　　表頭的製作

	A	B
1	ABC公司	
2	資產負債表	
3	2006.12.31	
4		單位:元

步驟三:根據明細科目輸入各項財務數據,可得ABC公司2006年的資產負債表,如表6-2所示。

表6-2　　　　　　　　　　ABC公司資產負債表

	A	B
1	ABC公司	
2	資產負債表	
3	2006.12.31	
4		單位:元
5	資產	
6	流動資產:	
7	貨幣資金	10,538,384.59
8	短期投資	1,400,801.50
9	應收票據	223,711.54
10	應收帳款	37,299,545.58
11	其他應收款	1,075,980.44
12	預付帳款	9,060,020.57
13	應收補貼款	206,504.44
14	存貨	40,419,409.43
15	待攤費用	164,073.43
16	流動資產合計	100,388,431.52

表6-2(續)

	A	B
17	長期投資:	
18	長期股權投資	4,874,471.95
19	長期投資合計	4,874,471.95
20	固定資產:	
21	固定資產原價	43,484,654.30
22	減:累計折舊	10,871,163.58
23	固定資產淨值	32,613,490.72
24	減:固定資產減值準備	928,854.03
25	固定資產淨額	31,684,636.69
26	在建工程	4,031,448.89
27	固定資產合計	35,716,085.58
28	無形資產及其他資產:	
29	無形資產	3,379,221.79
30	長期待攤費用	197,059.20
31	其他長期資產	951,820.00
32	無形資產及其他資產合計	4,528,100.99
33	資產合計	145,507,090.04
34	負債和所有者權益	
35	流動負債:	
36	短期借款	16,585,280.81
37	應付票據	8,519,596.35
38	應付帳款	27,135,285.10
39	預收帳款	2,121,221.49
40	應付工資	8,423,226.14
41	應付福利費	426,715.26
42	應付股利	219,965.25
43	應交稅金	1,106,175.23
44	其他應付款	4,410,617.27
45	預提費用	6,917,420.38
46	一年內到期的長期負債	343,502.79
47	流動負債合計	76,209,006.07

6 ECXEL在財務報表分析中的應用

表6-2(續)

	A	B
48	長期負債：	
49	長期借款	8,126,689.30
50	長期應付款	17,626.25
51	長期負債合計	8,144,315.55
52	遞延收益	241,493.66
53	負債合計	84,594,815.28
54	所有者權益：	
55	股本	10,084,833.00
56	資本公積	19,088,019.72
57	盈餘公積	6,826,914.00
58	其中:法定公益金	1,706,728.50
59	未分配利潤	24,912,508.04
60	所有者權益合計	60,912,274.76
61	負債和所有者權益總計	145,507,090.04

企業的資產負債表有兩種格式:報告式和帳戶式,表6-2所示的就是ABC公司2006年的報告式資產負債表。我們還可以在資產負債表中加入百分比比例,計算各項指標相對於總資產的百分比,以便閱讀者更好地瞭解企業的資產負債狀況,加入百分比比例後的ABC公司的2006年和2005年資產負債表如表6-3所示。

表6-3　　　　　　　　　加百分比後的資產負債表

	A	B	C	D	E
1			ABC 公司		
2			資產負債表		
3			2006.12.31		
4					單位:元
5			2006.12.31		2005.12.31
6	資產				
7	流動資產：				
8	貨幣資金	7.24%	10,538,384.59	6.67%	5,615,554.58
9	短期投資	0.96%	1,400,801.50	2.00%	1,687,747.99
10	應收票據	0.15%	223,711.54	0.08%	67,788.90
11	應收帳款	25.63%	37,299,545.58	23.98%	20,192,123.25

Excel 在實驗金融學中的應用

表6-3(續)

	A	B	C	D	E
12	其他應收款	0.74%	1,075,980.44	2.29%	1,926,491.06
13	預付帳款	6.23%	9,060,020.57	6.51%	5,481,421.55
14	應收補貼款	0.14%	206,504.44	2.31%	1,941,335.37
15	存貨	27.78%	40,419,409.43	17.51%	14,738,185.26
16	待攤費用	0.11%	164,073.43	0.03%	28,423.89
17	流動資產合計	68.99%	100,388,431.52	61.38%	51,679,071.85
18	長期投資:				
19	長期股權投資	3.35%	4,874,471.95	6.07%	5,113,263.25
20	長期投資合計	3.35%	4,874,471.95	6.07%	5,113,263.25
21	固定資產:				
22	固定資產原價	29.88%	43,484,654.30	38.50%	32,416,262.29
23	減:累計折舊	7.47%	10,871,163.58	11.14%	9,375,327.14
24	固定資產淨值	22.41%	32,613,490.72	27.37%	23,040,935.15
25	減:固定資產減值準備	0.64%	928,854.03	0.68%	572,928.45
26	固定資產淨額	21.78%	31,684,636.69	26.69%	22,468,006.70
27	在建工程	2.77%	4,031,448.89	1.63%	1,372,182.57
28	固定資產合計	24.55%	35,716,085.58	28.32%	23,840,189.27
29	無形資產及其他資產:				
30	無形資產	2.32%	3,379,221.79	3.46%	2,916,130.41
31	長期待攤費用	0.14%	197,059.20	0.31%	256,794.00
32	其他長期資產	0.65%	951,820.00	0.46%	386,285.27
33	無形資產及其他資產合計	3.11%	4,528,100.99	4.23%	3,559,209.68
34	資產合計	100.00%	145,507,090.04	100.00%	84,191,734.05
35	負債和所有者權益				
36	流動負債:				
37	短期借款	11.40%	16,585,280.81	6.03%	5,079,927.22
38	應付票據	5.86%	8,519,596.35	4.56%	3,839,505.59
39	應付帳款	18.65%	27,135,285.10	19.74%	16,623,261.08
40	預收帳款	1.46%	2,121,221.49	0.84%	707,177.08
41	應付工資	5.79%	8,423,226.14	4.66%	3,920,530.21
42	應付福利費	0.29%	426,715.26	0.75%	634,209.83
43	應付股利	0.15%	219,965.25	0.08%	68,633.51
44	應交稅金	0.76%	1,106,175.23	0.37%	312,573.80
45	其他應付款	3.03%	4,410,617.27	3.53%	2,975,113.39

6 ECXEL在財務報表分析中的應用

表6-3(續)

	A	B	C	D	E
46	預提費用	4.75%	6,917,420.38	6.44%	5,425,516.52
47	一年內到期的長期負債	0.24%	343,502.79	0.40%	340,000.06
48	流動負債合計	52.37%	76,209,006.07	47.42%	39,926,448.29
49	長期負債：				
50	長期借款	5.59%	8,126,689.30	5.01%	4,220,839.90
51	長期應付款	0.01%	17,626.25	0.02%	17,626.25
52	長期負債合計	5.60%	8,144,315.55	5.03%	4,238,466.15
53	遞延收益	0.17%	241,493.66	0.08%	67,592.14
54	負債合計	58.14%	84,594,815.28	52.54%	44,232,506.58
55	所有者權益：				
56	股本	6.93%	10,084,833.00	7.49%	6,303,026.00
57	資本公積	13.12%	19,088,019.72	26.81%	22,571,280.94
58	盈餘公積	4.69%	6,826,914.00	2.64%	2,225,565.94
59	其中:法定公益金	1.17%	1,706,728.50	0.66%	556,391.48
60	未分配利潤	17.12%	24,912,508.04	10.57%	8,902,263.75
61	所有者權益合計	41.86%	60,912,274.76	47.51%	40,002,136.63
62	負債和所有者權益總計		145,507,090.04		84,234,643.21

6.1.1.2 數據輸入及計算

企業資產負債表的各明細項多數可直接輸入數據,僅有幾項需要從損益表中提取,如未分配利潤等。我們可以在損益表中找到數值再輸入,但是為避免手工輸入可能出現的失誤,Excel提供了直接在資產負債表中連結損益表數據的功能。例如,ABC公司2006年資產負債表表6-2中的「未分配利潤」項,可用鼠標點擊表6-2的單元格B59,輸入「=」,再在ABC公司2006年損益表表6-4(7.1.2中將繪製)中點擊B27,按回車鍵,就可將表6-4中的「未分配利潤」項的數據連結到表6-2的B59中,鼠標點擊B59時,編輯欄中會顯示「=損益表!B27」。另外,資產合計、流動資產合計、固定資產合計、負債合計、所有者權益合計等項需要計算時,也可採用與權益表中相似的方法,輸入計算公式或使用 Σ ▼鍵,就可以計算出結果。

有些計算結果可用下劃線或底紋等方式特別標明,如表6-2中B16「流動資產合計」項的數值。我們可以開啓「單元格格式」的對話框,在「字體」項中找到「下劃線」選項,如圖6-1所示,並在「圖案」中選擇需要的填充色和填充圖案,如圖6-2所示。

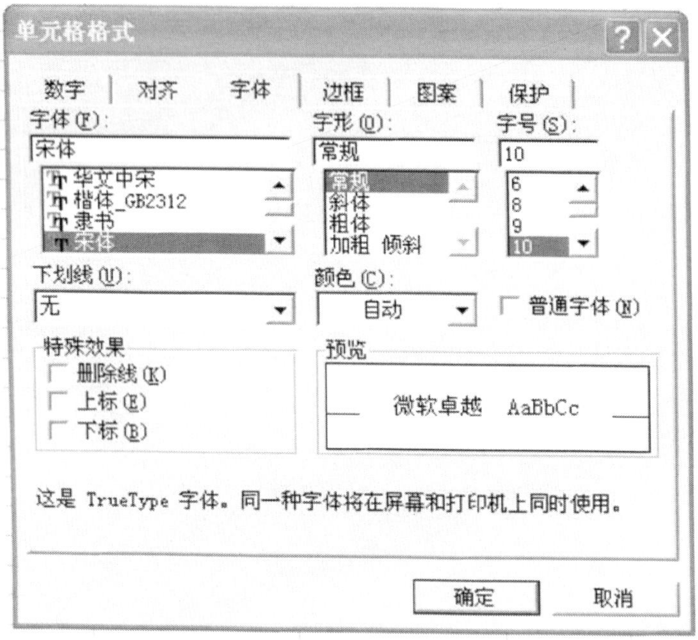

圖 6-1　單元格字體控制

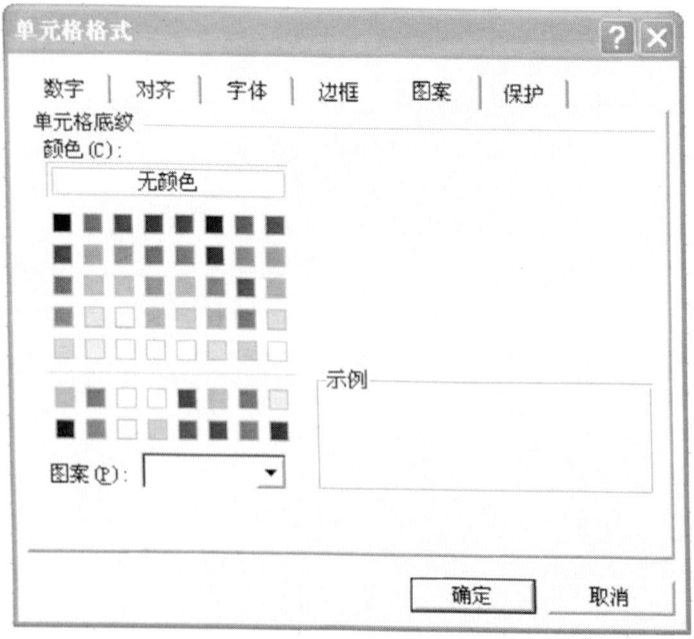

圖 6-2　單元格圖案控制

6　ECXEL 在財務報表分析中的應用

另外,也可在格式欄中直接點擊「下劃線」圖標　U　和「填充顏色」圖標　　,點擊圖標右邊指向下方的三角符號還可以選擇下劃線的形狀或者是底紋的填充色。

6.1.2　損益表

在企業的損益表中,主營業務收入在表格的最上面,在其基礎上減去各種費用得到普通股東所有的淨利潤。這些費用包括經營費用、利息費用、稅金等。淨利潤加上年初未分配利潤可得本年的可供分配利潤。可供分配利潤減去法定的盈餘公積和公益金得可供股東分配的利潤。可供分配利潤減去任意盈餘公積和應付股利得到本年的未分配利潤。

6.1.2.1　用 Excel 設置損益表

損益表的設置方法與資產負債表類似,完成資產負債表后,按「Sheet 2」打開新的表格並重命名為「損益表」。若需插入表格則將鼠標移至「Sheet 2」處按右鍵,在菜單中選擇「插入」后將出現對話框,如圖 6-3 所示。

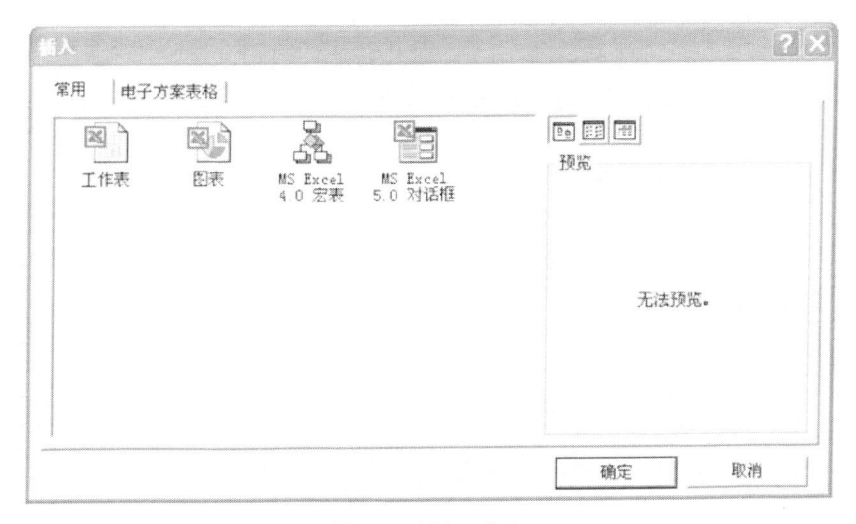

圖 6-3　插入工作表

根據明細科目輸入各項財務數據,可得 ABC 公司 2006 年的損益表如表 6-4 所示。

表 6-4　　　　　　　　　　　ABC 公司損益表

	A	B
1	ABC 公司	
2	損益表	
3	2006.12.31	
4		單位:元
5	主營業務收入	265,677,838.16
6	減:主營業務成本	210,530,988.32
7	主營業務稅金及附加	223,399.89
8	主營業務利潤	54,923,449.95
9	加:其他業務利潤	2,197,823.05
10	減:營業費用	5,491,807.91
11	管理費用	11,152,828.82
12	財務費用	534,071.68
13	營業利潤	39,942,564.59
14	加:投資收益	214,178.85
15	營業外收入	82,417.22
16	減:營業外支出	2,527,767.26
17	利潤總額	37,711,393.40
18	減:所得稅	12,444,759.82
19	淨利潤	25,266,633.58
20	加:年初未分配利潤	8,867,936.42
21	可供分配的利潤	34,134,570.00
22	減:提取法定盈餘公積	3,413,457.00
23	提取法定公益金	1,706,728.50
24	可供股東分配的利潤	29,014,384.50
25	減:提取任意盈餘公積	1,706,728.50
26	應付股利	2,395,147.96
27	未分配利潤	24,912,508.04
28		
29	所得稅率	33%

6.1.2.1　數據輸入及計算

　　為便於比較，企業一般會將前幾年的報表數據與本年數據同列在一張表中，本例中我們為方便介紹，僅列出了 ABC 公司 2005 年和 2006 年兩年的損益表數據。另外，報表的閱讀者並不僅僅為了得到一些數字，他們希望透過損益表的數字瞭解企業運作的趨勢，進行企業間的比較。因此，我們還可以在損益表中加入各項數據對主營業務

6 ECXEL在財務報表分析中的應用

收入的百分比,如表6-5所示,使企業的經營情況更清晰。

報表的格式如表6-5所示,我們從第6行開始,在A列輸入報表項目,B、C列輸入2006年數據,D、E列輸入2005年數據。列寬和行高都是可以根據內容調整的,用鼠標點擊所需調整的列號,如「A」,從菜單欄的「格式」項中選擇「列」,再從「列」的子菜單中選擇「最適合的列寬」,Excel便可自動進行調整。更直接的方法是,在列號間移動鼠標至兩列相鄰的地方,鼠標的形狀會發生變化,此時按住鼠標左鍵,左右拉動鼠標也可以隨意調整列寬。

表6-5　　　　　　　　加入百分比后的損益表

	A	B	C	D	E
1			ABC公司		
2			損益表		
3			2006.12.31		
4					單位:元
5			2006.12.31		2005.12.31
6	主營業務收入	100.00%	265,677,838.16	100.00%	138,002,232.60
7	減:主營業務成本	79.24%	210,530,988.32	86.23%	119,001,346.80
8	主營業務稅金及附加	0.08%	223,399.89	0.11%	156,736.76
9	主營業務利潤	20.67%	54,923,449.95	13.65%	18,844,149.04
10	加:其他業務利潤	0.83%	2,197,823.05	0.73%	1,009,435.56
11	減:營業費用	2.07%	5,491,807.91	3.20%	4,415,524.10
12	管理費用	4.20%	11,152,828.82	3.92%	5,403,364.31
13	財務費用	0.20%	534,071.68	0.33%	450,268.05
14	營業利潤	15.03%	39,942,564.59	6.95%	9,584,428.14
15	加:投資收益	0.08%	214,178.85	-0.05%	(64,043.53)
16	營業外收入	0.03%	82,417.22	0.07%	94,876.14
17	減:營業外支出	0.95%	2,527,767.26	0.72%	992,637.53
18	利潤總額	14.19%	37,711,393.40	6.29%	8,686,666.75
19	減:所得稅	4.68%	12,444,759.82	2.08%	2,866,600.03
20	淨利潤	9.51%	25,266,633.58	4.22%	5,820,066.72
21	加:年初未分配利潤	3.34%	8,867,936.42	3.85%	5,307,762.97
22	可供分配的利潤	12.85%	34,134,570.00	8.06%	11,127,829.69
23	減:提取法定盈餘公積	1.28%	3,413,457.00	0.81%	1,112,782.97
24	提取法定公益金	0.64%	1,706,728.50	0.40%	556,391.48
25	可供股東分配的利潤	10.92%	29,014,384.50	6.85%	9,458,655.24
26	減:提取任意盈餘公積	0.64%	1,706,728.50	0.40%	556,391.48
27	應付股利	0.90%	2,395,147.96	0.00%	0.00

表6-5(續)

28	未分配利潤	9.38%	24,912,508.04	6.45%	8,902,263.75
29					
30	所得稅稅率		33%		

　　有些項目名稱在輸入時需要后縮一格，例如，表6-5中的A8「主營業務稅金及附加」項，本書提供兩種處理方式作為參考：①用鼠標點擊需后縮的單元格，在菜單欄的「格式」中選擇「單元格」或在指定單元格按右鍵后在菜單中選擇「設置單元格格式」，出現「單元格格式」對話框后，在「對齊」一項中有「縮進」的選項，根據自己的需要在空白處選定數字即可；②將不需要縮進的項目名稱寫在A列，將需要縮進的項目名稱寫在C列，調整A列的列寬也可以達到同樣的效果。

　　根據企業生產經營規模的大小不同，可以選擇使用元、萬元、百萬元或者更大的單位，以方便數據處理，但是請謹慎對待尾數的處理。輸入數據時也應注意規範性原則，如ABC公司的主營業務收入以元為單位，在C6中就應輸入265,677,838.16，而不是265,677,838.16。每個單元格的數字格式都是可以提前設定的，首先點擊要設定的單元格，然后在菜單欄的「格式」項中選擇「單元格」，在彈出「單元格格式」的對話框后選擇「數字」，選定「分類」中的數字格式后按「確定」就可以了，如圖6-4所示。

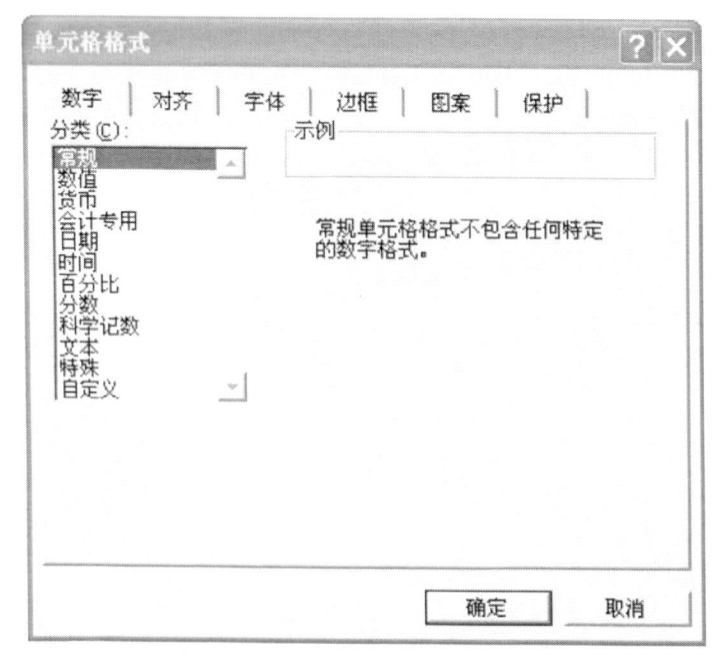

圖6-4　單元格數字格式

　　另外，將鼠標移至選定的單元格按右鍵，在菜單中選擇「設定單元格格式」也會出

6 ECXEL 在財務報表分析中的應用

現「單元格格式」的對話框。若要設定一個區域,如本例中 B6 到 E28,則只需將鼠標移至 B6 后,按住左鍵不放拖至 E28,再將鼠標移至加亮區域按右鍵,選擇「設置單元格格式」即可;另外,如果只是設定金額格式,也可直接點工具欄中的「,」工具欄,默認是設兩位小數點,整數部分加千分位分隔。

輸入基本數據后,損益表中的一些數值可以利用已有數據直接計算得到,如主營業務利潤、營業利潤、利潤總額、淨利潤、未分配利潤等。例如,以表 6-5 中 2006 年「利潤總額」為例,我們可以在 C18 中輸入「=C14+C15+C16-C17」,按回車鍵後就可得到計算結果。其他加亮行的數據可用類似方法計算。

值得注意的是,Excel 帶有龐大的函數庫,我們計算時可以從中直接調用。如本例計算營業利潤時就使用了「SUM(NUMBER1:NUMBER2)」函數,其作用是計算單元格區域中所有數值的和,NUMBER1 與 NUMBER2 之間形成的區域就是需要求和的全部單元格。我們可以在編輯欄中直接輸入「SUM(NUMBER1:NUMBER2)」,也可以點擊「插入函數」圖標,出現對話框後在「常用函數」中選擇「SUM」函數,如圖 6-5 所示,或直接在插入欄中點擊「自動求和」的圖標 Σ ▼。

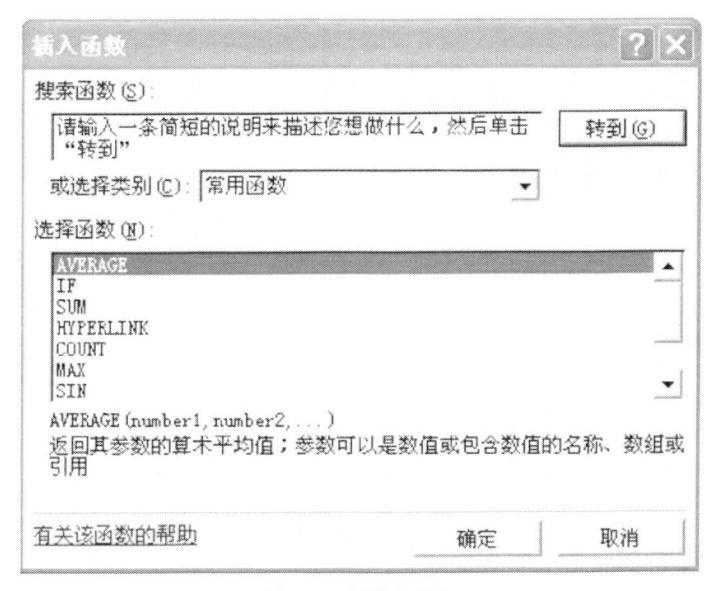

圖 6-5 函數的插入

6.1.3 現金流量表

就企業財務而言,現金流量表本身是為了回答以下這些問題:企業是否產生足夠的現金以購買企業發展所需要的新資產?企業是否產生額外的現金用於償付債務或者投資於新資產?這些信息對管理層和投資者都非常重要。企業的財務經理一般用

該報表會同現金預算，預測企業的現金狀況。

6.1.3.1 用 Excel 設置現金流量表

現金流量表可以較為直接地反應出企業的現金流入及流出情況，其數據主要來自資產負債表中各項目的變化，因此需要兩個期間的資產負債表項目數據以及最近一期的損益表數據。

首先，我們需要建立一張新表格，將鼠標移至「Sheet 3」點擊右鍵，將表重命名為「現金流量表」，輸入明細項目，用與損益表和資產負債表相同的方法設置好各單元格格式並輸入數據，如表 6-6 所示。

表 6-6　　　　　　　　　　ABC 公司現金流量表

	A	B	C
1		ABC 公司	
2		現金流量表	
3		2006.12.31	
4			單位:元
5	一、經營活動產生的現金量:		
6	淨利潤	25,266,633.58	
7	計提的資產減值準備	928,854.03	
8	固定資產折舊	10,871,163.58	
9	無形資產攤銷	168,961.09	
10	長期待攤費用攤銷	49,264.80	
11	待攤費用減少(減:增加)	(135,649.54)	
12	預提費用增加	1,491,903.86	
13	財務費用	534,071.68	
14	存貨的減少(減:增加)	(25,681,224.17)	
15	經營性應收項目的減少(減:增加)	(18,256,602.44)	
16	經營性應付項目的增加	23,130,465.86	
17	經營活動產生的現金流量淨額		18,367,842.33
18	二、投資活動產生的現金流量		
19	取得投資收益所收到的現金	214,178.85	
20	收到的其他與投資活動有關的現金	25,157.05	
21	現金流入小計	239,335.90	
22	購建固定資產、無形資產和其他長期資產所支付的現金	15,130,875.44	
23	投資所支付的現金	2,427,963.51	
24	支付的其他與投資活動有關的現金	131,599.42	
25	現金流出小計	17,690,438.37	

6 ECXEL 在財務報表分析中的應用

表6-6(續)

26	投資活動產生的現金流量淨額		(17,451,102.47)
27	三、籌資活動產生的現金流量：		
28	吸收投資所收到的現金	248,688.65	
29	借款所收到的現金	15,756,016.77	
30	收到的其他與籌資活動有關的現金	22,167.97	
31	現金流入小計	16,026,873.39	
32	償還債務所支付的現金	9,238,985.11	
33	分配股利、利潤或償付利息所支付的現金	3,696,859.18	
34	支付的其他與籌資活動有關的現金	32,612.49	
35	現金流出小計	12,968,456.78	
36	籌資活動產生的現金流量淨額		3,058,416.61

6.1.3.2　數據輸入及計算

現金流量表與前兩張表最大的不同是許多數據需要從前兩張表中直接或間接獲得，如「淨利潤」一項可以從損益表中直接引用，具體方法可參見 7.1.2.2 中的介紹。為便於查閱損益表和資產負債表中的數據，我們可以在菜單欄的「窗口」項中選擇「新建窗口」，為我們的工作簿打開備份窗口，接著選擇「窗口」項的「重排窗口」，出現圖 6-6 的對話框後選擇「水平並排」或「垂直並排」，我們就可以同時看到兩個內容完全一致的工作簿了，在處理現金流量表數據時，無論是進行數據比較還是連結都更為直接和方便。使用完畢後直接點擊窗口右上方的「關閉」圖標，就可以關閉其中一個窗口。

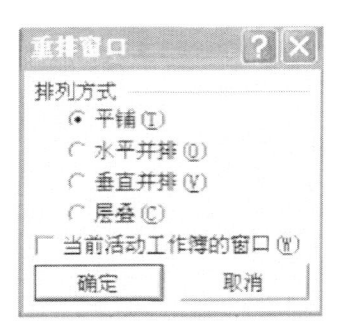

圖 6-6　窗口重排

值得注意的是，計算現金流量表的數據時應充分考慮到數據的加減方向。一般而言，資本項增加表示現金流出，減少表示現金流入，計算時應用前一年減去後一年數據；而負債和權益項則相反，增加表示現金流入，減少表示現金流出，計算時則用後一年減去前一年的數據。

6.1.4　Excel 的報表視圖管理功能

報表閱讀者可以利用 Excel 提供的視圖管理功能設置報表的閱讀方式，將報表設置為不同的可供閱讀的形式以方便不同的報表閱讀者。

【例題 6-2】請利用報表視圖功能將圖 7-8 提供的損益表設置成常規形式和數值形式

步驟一：不改變損益表的任何項，從菜單欄的「視圖」項中選擇「視圖管理器」，進入圖 6-7 的對話框。

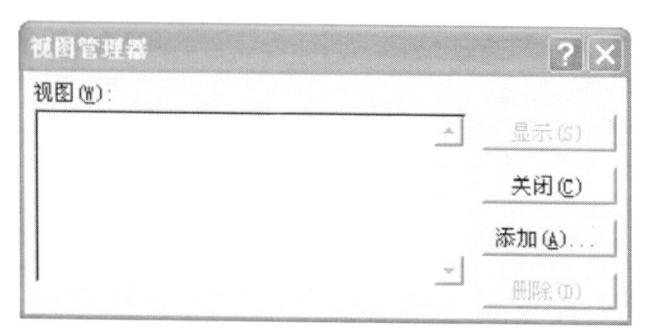

圖 6-7　視圖管理器

步驟二：選擇「添加」，在彈出的「添加視圖」對話框中鍵入名稱，如「常規」，則以後再進入「視圖管理器」選擇「常規」，就會有一張完整的損益表出現。

步驟三：隱藏常規損益表中的百分比部分，再重複以上兩個步驟的操作，在「添加視圖」的對話框中將此視圖方式命名為「數值形式」，那麼我們以後打開此「數值形式」的視圖方式時就不會看到各數據與主營業務收入的百分比比例。按此方法，我們可以設置出各類需要的視圖形式。

6.1.5　Excel 的分級顯示功能

Excel 的分級顯示功能可支持顯示或隱藏報表中的各級明細科目。根據在報表中的不同單元格輸入的公式不同，Excel 可以把表中的科目自動劃分為不同的級別。

【例題 6-3】將表 6-5 中的損益表設置為分級顯示的模式。

步驟一：在「菜單欄」的「數據」項中選擇「組及分級顯示」。

步驟二：在出現的子菜單中選擇「自動建立分級顯示」，則結果如圖 6-8 所示，我們可以看到表的左上角出現了「1，2，3，4」四個圖標，表示損益表的數據被自動分為了四級，分別點擊這四個圖標，可以發現，圖標 1 下僅顯示「未分配利潤」，圖標 2 下顯示了「營業利潤」和「未分配利潤」，這樣逐步增加層級，直至第 4 個層級時顯示所有的數據。損益表左邊的「+」圖標表示顯示明細數據，「－」圖標表示隱藏明細數據，使用時

6　ECXEL 在財務報表分析中的應用

可根據需要直接點擊。

	A	B	C	D	E
1			ABC公司		
2			損益表		
3			(2006.12.31)		
4					單位：元
5			2006		2005
6	主營業務收入	100.00%	265 677 838.16	100.00%	138 002 232.60
7	減：主營業務成本	79.24%	210 530 988.32	86.23%	119 001 346.80
8	主營業務稅金及附加	0.08%	223 399.89	0.11%	156 736.76
9	主營業務利潤	20.67%	54 923 449.95	13.65%	18 844 149.04
10	加：其他業務利潤	0.83%	2 197 823.05	0.73%	1 009 435.56
11	減：營業費用	2.07%	5 491 807.91	3.20%	4 415 524.10
12	管理費用	4.20%	11 152 828.82	3.92%	5 403 364.31
13	財務費用	0.20%	534 071.68	0.33%	450 268.05
14	營業利潤	15.03%	39 942 564.59	6.95%	9 584 428.14
15	加：投資收益	0.08%	214 178.85	-0.05%	(64 043.53)
16	營業外收入	0.03%	82 417.22	0.07%	94 876.14
17	減：營業外支出	0.95%	2 527 767.26	0.72%	992 637.53
18	利潤總額	14.19%	37 711 393.40	6.29%	8 686 666.75
19	減：所得稅	4.68%	12 444 759.82	2.08%	2 866 600.03
20	淨利潤	9.51%	25 266 633.58	4.22%	5 820 066.72
21	加：年初未分配利潤	3.34%	8 867 936.42	3.85%	5 307 762.97
22	可供分配的利潤	12.85%	34 134 570.00	8.06%	11 127 829.69
23	減：提取法定盈余公積	1.28%	3 413 457.00	0.81%	1 112 782.97
24	提取法定公益金	0.64%	1 706 728.50	0.40%	556 391.48
25	可供股東分配的利潤	10.92%	29 014 384.50	6.85%	9 458 655.24
26	減：提取任意盈余公積	0.64%	1 706 728.50	0.40%	556 391.48
27	應付股利	0.90%	2 395 147.96	0.00%	0.00
28	未分配利潤	9.38%	24 912 508.04	6.45%	8 902 263.75
29					
30	所得稅率			33%	

圖 6-8　Excel 的分級顯示功能

如果希望根據自己的要求建立層級，也可以選擇需要建立層級的區域后選擇「組及分級顯示」項下的「組合」，就可以為選定區域建立一個分級顯示的效果。利用「組合」和「撤銷組合」功能可以手動設置分級顯示的明細數據。要撤銷分級顯示只需要進入「組及分級顯示」后選擇「清除分級顯示」就可以了。

● 6.2　主要財務比率分析

分析企業的各種財務比率將有助於我們更好地分析企業的財務報表，有助於我們理解企業為什麼會按照它現有的方式經營，並有助於預測企業未來的財務趨勢。我們繼續使用 ABC 公司的資產負債表和損益表中的數據，用 Excel 計算下列財務比率。

6.2.1 流動性指標

企業在日常經營中常會面臨這個問題:企業有能力償付在一年內到期的債務嗎?而要回答這個問題,就要計算並分析企業的短期償債能力。在財務比率分析中,我們較常用以下的流動性指標來衡量:流動比率和速動比率。

流動比率(liquidity ratios)的計算方式是流動資產除以流動負債,即流動比率=流動資產/流動負債。流動資產一般包括現金、有價證券、應收帳款和存貨。流動負債包括應付帳款、短期應付票據、短期內到期的長期債務、應計稅金和其他應計項目(主要是工資)。一般情況下,流動比率越高,企業的短期償債能力越強,債權人的權益越有保證。國際上通常認為,流動比率的下線為100%且為200%時較為適當。計算出來的流動比率,只有和同行業平均流動比率或本企業歷史流動比率比較,才能知道是高還是低。通常,營業週期、流動資產中的應收帳款和存貨週轉速度是影響流動比率的主要因素。

速動比率(quick ratio)的計算方式是從流動資產中減去存貨,然后除以流動負債,即速動比率=(流動資產-存貨)/流動負債。國際上通常認為正常的速動比率為100%,低於100%的速動比率被認為是短期償債能力偏低,高於100%的速動比率被認為企業現金及應收帳款佔用過多而大大增加企業的機會成本。其實,因為行業的不同,速動比率會有很大的差別,沒有統一標準的速動比率。影響速動比率可信性的重要因素是應收帳款的變現能力。

為了方便數據的獲取,將主要財務比率分析放置到企業損益表和資產負債表同一工作簿中,然后在企業財務比率分析表格中引用這些數據做分析,具體步驟如下:

【例題6-4】根據表6-2資產負債表計算ABC公司2006年的流動比率和速動比率

步驟一:在Excel工作簿中建立新的工作表,並命名為「財務比率分析」。

步驟二:單擊選定表格C4,輸入流動比率公式:=資產負債表!C17/資產負債表!C48,按「Enter」鍵確認輸入,此時單元格C4中顯示計算值。

步驟三 單擊選定表格C5,輸入速動比率公式:=(資產負債表!C17-資產負債表!C15)/資產負債表!C48,按「Enter」鍵確認輸入,此時單元格C5中顯示計算值。

將公式輸入Excel后的計算結果參見表6-7(第158頁)。

6.2.2 效率指標

效率指標是衡量企業管理資產效率的指標。在這裡,我們將列舉五種最常見的效率指標:存貨週轉比率、應收帳款週轉率、平均收款期、流動資產週轉率、總資產週轉率。

存貨週轉比率(inventory turnover ratio)的計算方式是銷售成本除以平均存貨,即

6 ECXEL 在財務報表分析中的應用

存貨週轉比率＝銷售成本/平均存貨。其中,平均存貨來自資產負債表中的「期初存貨」和「期末存貨」的平均數。一般認為,存貨週轉率高,則表示企業對存貨控制的效率高,商品銷售快,資金占用率低。該比率是衡量和評價企業購入存貨、投入生產、銷售收回等各個環節管理狀況的綜合性指標,而且對企業的償債能力和獲利能力產生決定性的影響。

應收帳款週轉率的計算方式是銷售收入(損益表表6-4中的主營業務收入)除以平均應收帳款,即應收帳款週轉率＝銷售收入/平均應收帳款。其中:銷售收入為扣除折扣與折讓后的銷售淨額,以后的計算除非特別指明,「銷售收入」均指銷售淨額;平均應收帳款是未扣除壞帳準備的金額,來自資產負債表中的「應收帳款」和「應收票據」的期初、期末金額的平均數之和。應收帳款週轉率越高,企業貨款回收越快。

平均收款期(average collection period, ACP)(應收帳款週轉天數)的計算方式是平均應收帳款除以每日銷售額,即平均收款期＝平均應收帳款/每日銷售額＝平均應收帳款/(銷售收入/30)＝30/應收帳款週轉率。該比率表示多少天的銷售額被應收帳款所占用,即企業在做出一項銷售后到收款必須等待的時間。與應收帳款週轉率相反,平均收款期越小越好。借助平均收款期與企業信用期限的比較,可以評價購買單位的信用程度,以及企業原定的信用條件是否適當。

流動資產週轉率(liquid asset turnover ratio)的計算方式是銷售收入除以流動資產的平均餘額,即流動資產週轉率＝銷售收入/平均流動資產。其中,平均流動資產＝(年初流動資產+年末流動資產)/2。該比率用於評價企業流動資產的使用效率,週轉速度快,會相對節約流動資產,等於相對擴大資產投入,增加企業的盈利能力。

總資產週轉率(total turnover ratio)的計算方式是銷售收入除以平均資產總額,即總資產週轉率＝銷售收入/平均資產總額。其中,平均資產總額＝(年初資產總額+年末資產總額)/2。該比率衡量企業所有資產的週轉率,週轉越快,企業的銷售能力越強。企業可以通過提高銷售收入或處理多餘的資產來提高企業資產的利用程度。

用Excel計算ABC公司2006年的效率指標的方法與計算流動指標的方法一樣,將公式輸入Excel后的計算結果參見表6-7(第158頁)。

6.2.3 槓桿指標

槓桿指標衡量企業使用債務融資的程度。我們主要用下列比率來分析企業的財務槓桿:資產負債率、產權比率、已獲利息倍數。

資產負債率(debt ratio)的計算方式是負債總額除以資產總額,即資產負債率＝負債總額/資產總額。該比率反應在總資產中有多大比例是通過借債來籌資的,也可以衡量企業在清算時保護債權人利益的程度。對債權人來說,該比率越小越好,這樣企業的債權越有保證。對企業的所有者來說,該比率較大,說明利用較少的自有資本投資形成了較多的生產經營用資產,不僅擴大了生產經營規模,而且在經營狀況良好的

情況下，還可以利用財務槓桿的原理，得到較多的投資利潤。保守的觀點認為資產負債比率不應高於50%，而國際上通常認為資產負債比率等於0%時較為適當。

產權比率的計算方式是負債總額除以股東權益（資產負債表表6-2中的所有者權益），即產權比率=負債總額/股東權益。該比率既反應由債權人提供的資本與股東提供的總資本的相對關係，又反應企業清算時對債權人利益的保障程度。產權比率與資產負債比率對評價企業債務融資程度的作用基本相同，兩者的主要區別在於：資產負債比率側重於分析債務償付安全性的物質保障，產權比率側重於揭示財務結構的穩健程度以及自有資金對償債風險的承受能力。

有形淨值債務率是負債總額與有形淨值的比率，即有形淨值債務率=負債總額/（股東權益-無形資產淨值）。該比率實質上是產權比率的延伸，它更為謹慎、保守地反應在企業清算時債權人投入的資本受到股東權益保障的程度。

已獲利息倍數（times-interest-earned，TIE）的計算方式是息稅前利潤（EBIT）除以利息費用，即已獲利息倍數=息稅前利潤/利息費用。其中，息稅前利潤是指損益表中未扣除利息費用和所得稅之前的利潤，可用稅後利潤加所得稅加利息費用計算出來。最好比較本企業連續幾年的該比率情況，並選擇最低的指標年度數據作為標準。因為，企業不論是在經營好的年份還是在經營不好的年份都要償還大約等量的債務。長期來看，若要維持正常償債能力，已獲利息倍數至少應大於1，如果該比率過小，企業將面臨虧損以及償債的安全性和穩定性下降的風險。已獲利息倍數在評價企業支付利息費用的能力時很有用，但也存在兩個缺點：①利息不是唯一的固定財務費用——企業還必須按計劃支付債務本金，許多擁有租賃資產的企業還必須支付租賃費用。如果企業無法償付債務或者支付租賃費用，可能被迫作破產清算；②息稅前利潤不能代表所有可能用於償付債務的現金流，特別是有高折舊或攤銷費用的企業。

用Excel計算ABC公司2006年的槓桿指標的方法與計算流動指標的方法一樣，將公式輸入Excel后的計算結果參見表6-7。

6.2.4 盈利能力指標

盈利能力指標能反應流動性、資產效率、債務對經營結果的綜合影響。我們採用下列主要的盈利能力指標來分析企業的盈利能力：銷售淨利率、銷售毛利率、資產淨利率、淨資產收益率。

銷售淨利率（profit margin on sales）的計算方式是淨利潤除以銷售收入，即銷售淨利率=淨利潤/銷售收入。其中，「淨利潤」指在中國會計制度中的稅後利潤。該比率反應每一元銷售收入帶來的淨利潤的多少，表示銷售收入的收益水平。淨利潤額和銷售淨利率成正比關係，而銷售收入額與銷售淨利率成反比關係。通過分析銷售淨利率的變動，可以促使企業在擴大銷售的同時，注意改進經營管理，提高盈利水平。

基礎盈利能力（basic earning power，BEP）的計算方式是息稅前利潤除以總資產，

6 ECXEL 在財務報表分析中的應用

即 BEP＝EBIT/總資產。該比率顯示企業資產的天然盈利能力，排除了稅收和財務槓桿的影響，可用於比較稅收情況和財務槓桿程度不同的企業。

資產淨利率(return on total asset, ROA)的計算方式是淨利潤除以平均總資產，即資產淨利率＝淨利潤/平均總資產。其中，平均總資產＝(年初資產總額+年末資產總額)/2。該比率全面反應了企業全部資產的獲利能力，是企業債權人和所有者都非常關心的指標。為了正確評價企業經濟效益的高低、挖掘企業提高利潤水平的潛力，可以利用該比率與企業前期、計劃、本行業平均水平和本行業內先進企業比較，分析差異的原因。

淨資產收益率(return on commonequity, ROE)的計算方式是淨利潤除以平均淨資產，即淨資產收益率＝淨利潤/平均淨資產。其中，平均淨資產＝(年初所有者權益+年末所有者權益)/2。該比率是評價企業自有資本及其累積獲取報酬水平的最具綜合性和代表性的指標，反應企業資本營運的綜合效益。通過該比率的綜合對比分析，可以瞭解企業獲利能力在同行業中所處的地位，以及於同行企業的差異水平。一般認為該比率越高越好。

用 Excel 計算 ABC 公司 2006 年的盈利能力指標的方法與計算流動指標的方法一樣，將公式輸入 Excel 後的計算結果參見表 6-7。

表 6-7　　　　　　　　　　　　　流動性指標

	A	B
1	財務比率分析	
2	財務比率名稱	
3	流動性指標	
4	流動比率	1.317, 28
5	速動比率	0.786, 90
6	效率指標	
7	存貨週轉比率	7.633, 80
8	應收帳款週轉率	9.195, 68
9	平均收款期	3.262, 40
10	流動資產週轉率	3.494, 21
11	總資產週轉率	2.313, 27
12	槓桿指標	
13	資產負債率	0.581, 38
14	產權比率	1.388, 80
15	有形淨值債務率	1.470, 37

表6-7(續)

16	已獲利息倍數	48.309,44
17	盈利能力指標	
18	銷售淨利率	0.095,10
19	基礎盈利能力	0.274,51
20	資產淨利率	0.220,00
21	淨資產收益率	0.500,75

6.2.5 杜邦財務分析

財務管理是企業管理的核心之一,而如何實現股東財富最大化或企業價值最大化又是財務管理的中心目標。企業的經理們出於向投資者(股東)解釋經營成果和提高經營管理水平的需要,需要一套實用、有效的財務指標體系,以便據此評價和判斷企業的經營績效、經營風險、財務狀況、獲利能力和經營成果。杜邦財務分析(the Du Pont Analysis)是利用各財務指標間的內在關係,對企業綜合經營、理財及經濟效益進行系統分析評價的方法。這種分析方法因首先由美國杜邦企業創立並成功運用而得名。這種方法從評價企業績效最具綜合性和代表性的指標——權益淨利率(杜邦分析的核心)出發,其他各項指標都圍繞這一核心,通過研究彼此間的依存制約關係,來評價企業的經營績效,並以此作為制定和改善企業經營策略的基礎。

【例題6-5】根據圖6-2資產負債表和表6-4損益表繪製ABC公司2006年的杜邦財務分析圖。

步驟一:在Excel工作簿中建立新的工作表,並命名為「杜邦財務分析」。

步驟二:在菜單欄上單擊右鍵,在彈出的對話框中單擊「繪圖」,工作表下方會顯示繪圖欄。

步驟三:在繪圖欄中單擊「直線」選項卡 ＼ 和「箭頭」選項卡 ↘ 繪製杜邦財務分析圖,通過「線型」選項卡 ≡ 來調整線型。

步驟四:根據步驟三所示和杜邦財務分析計算公式繪製杜邦財務分析圖,如圖6-9所示。

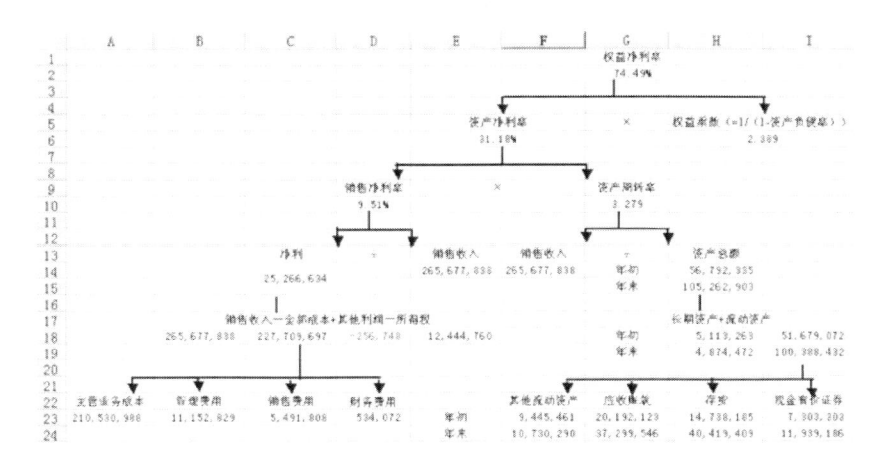

6 ECXEL 在財務報表分析中的應用

```
                                        權益淨利率
                                          74.49%
                                            │
                  ┌─────────────────────────┴─────────────────────────┐
               資產淨利率                                      權益乘數 (=1/(1-資產負債率))
                 31.18%                        ×                      2.389
                    │
        ┌───────────┴───────────┐
     銷售淨利率                             資產週轉率
       9.51%              ×                  3.279
          │                                     │
    ┌─────┴─────┐                        ┌──────┴──────┐
   淨利    ÷   銷售收入              銷售收入   ÷      資產總額
 25,266,634    265,677,838         265,677,838       56,792,935 年初
                                                    105,262,903 年末
    │
 銷售收入-全部成本+其他利潤-所得稅                          長期資產+流動資產
 265,677,838  227,709,697  -256,748  12,444,760        5,113,263   51,679,072 年初
                                                        4,874,472  100,388,432 年末

 主營業務成本  營業費用   銷售費用   財務費用        其他流動資產  應收帳款   存貨    現金有價證券
 210,530,988 11,152,829 5,491,808 534,072          9,445,461  20,192,129 14,738,185  7,303,302  年初
                                                  10,730,290  37,299,546 40,419,409 11,939,186  年末
```

圖 6-9 杜邦財務分析圖

由圖 6-9 中的公式可以看出：決定權益淨利率高低的因素有三個方面——權益乘數、銷售淨利率和總資產週轉率。這三個比率分別反應了企業的負債比率、盈利能力比率和資產管理比率。這樣分解之后，可以把權益淨利率這樣一項綜合性指標發生升降的原因具體化，定量地說明企業經營管理中存在的問題，比一項指標能提供更明確的、更有價值的信息。

權益乘數主要受資產負債率的影響。負債比率越大，權益乘數越高，說明企業有較高的負債程度，給企業帶來較多的槓桿利益，同時也給企業帶來了較大的風險。財務槓桿具有正反兩方面的作用：在收益較好的年度，它可以使股東獲得的潛在報酬增加，但股東要承擔因負債增加而引起的風險；在收益不好的年度，則可能使股東潛在的報酬下降。當然，從投資者的角度而言，只要資產報酬率高於借貸資本利息率，負債比率越高越好。因此，企業的經營者應審時度勢，全面考慮，在制定借入資本決策時，必須充分估計預期的利潤和增加的風險，在兩者之間權衡，妥善地安排企業的資本結構。

銷售淨利率高低的分析，需要從銷售額和銷售成本兩個方面進行，這方面的分析是有關盈利能力的分析。該指標可以分解為銷售成本率、銷售其他利潤率和銷售稅金率。銷售成本率還可進一步分解為毛利率和銷售期間費用率。深入的指標分解可以將銷售利潤率變動的原因定量地揭示出來，如售價太低，成本過高，還是費用過大。當然經理人員還可以根據企業的一系列內部報表和資料進行更詳盡的分析。

總資產週轉率是反應運用企業的總資產以實現銷售收入能力的指標。對總資產週轉率的分析，則需對影響總資產週轉的各因素進行分析。除了對總資產的各構成部分從占用量上是否合理進行分析外，還可以通過對流動資產週轉率、存貨週轉率、應收帳款週轉率等有關資產組成部分使用效率的分析，判明影響資產週轉的問題出在哪裡。

通過杜邦財務分析自上而下的分析，不僅可以揭示企業各項財務指標間的結構關

157

係,查明各項指標變動的影響因素,而且為決策者優化經營理財狀況,提高企業經營效益提供了思路。提高權益淨利率的根本在於擴大銷售、節約成本、合理投資配置、加速資金週轉、優化資本結構、確立風險意識等。杜邦財務分析的指標設計也具有一定的局限性,它偏重於企業所有者的利益。在利用財務槓桿時,沒有考慮財務風險的因素,負債越多,財務風險越大,償債壓力越大,這會危及企業債權人的利益。

6.3 現金預算

現金預算列示的是企業某個時期的預期現金流入和流出。現金預算的主要目的是:①計劃未來短期融資和費用支出的時間安排;②協調實際和計劃現金流的差額。由於現金預算包含了大量相關的明細數據,手工更新的工作量十分龐大,因此利用 Excel 能很大程度上減少現金預算的複雜程度。

6.3.1 用 Excel 設置現金預算表

【例題 6-6】根據以下資料製作 ABC 公司的現金預算表。

資料:(1) 4、5 月的實際銷售收入為 296,000 元、348,000 元,6~10 月的預計銷售收入分別為:367,000 元、308,000 元、235,000 元、142,000 元和 96,000 元;

(2) 現金收入占銷售收入的 40%,剩餘部分銷貨後一月內可收回 75%,銷貨後兩月可再收回 25%;

(3) 庫存材料按下月銷售額的 50% 採購,50% 的採購款在本月支付,剩餘部分在下月支付;

(4) 工人工資預計占預期銷售收入的 20%;

(5) 土地、廠房、設備等每月的租金是 10,000 元;

(6) 6 月和 9 月需支付長期負債的利息各 30,000 元;

(7) 6 月向普通股股東支付紅利共計 46,000 元;

(8) 6 月和 9 月需支付稅金各 21,000 元;

(9) 計劃 7 月的設備改建費用為 180,000 元,相關的管理費用忽略不計;

(10) 根據與銀行的協議,ABC 公司最低現金餘額必須保持在 15,000 元,5 月末公司現金餘額為 20,000 元。

步驟一:打開 Excel 工作簿,將空白表格 Sheet1 命名為現金預算表,在單元格 A1 中輸入表格名稱「ABC 公司現金預算表」並將區域(A1:I1)合併單元格;在 I2 中輸入計算單位;在 C3:I3 中分別輸入 4~10 月的月份。從 A4 開始,在 A 列的單元格中依次輸入明細項目,如表 6-8 所示。

步驟二:在 C4:I4 中依次輸入 4~10 月的實際或預期銷售收入,其中 4、5 月的銷

6　ECXEL在財務報表分析中的應用

售收入是實際銷售收入,引入表格是為了預測以後月份的應收帳款等項目;

步驟三:計算每月的應收帳款回收額。首先確定貨款的回收時間和比例,當月可收回金額為貨款的40%,下月為60%×75%=45%,同理,銷貨後兩個月可收回剩下15%的貨款。如表6-8中的B7、B8、B9所示。根據銷售收入、貨款回收時間和比例就可以計算出每月的貨款回收額。以7月為例,F7為7月銷售收入的回收額,即本月銷售收入的40%,計算公式為:F7=F4*B7;F8表示6月的應收帳款在7月的回收額,即6月銷售收入的45%,計算公式為:F8=E4*B8;F9表示5月的應收帳款在7月的回收額,即5月銷售收入的15%,計算公式為:F9=D4*B9;最後利用SUM函數將各回收額加總就可得到7月的可回收現金總額:F10=SUM(F7:F9)。

步驟四:計算每月的應付帳款償付額。首先根據下月的銷售額確定本月採購額,然後再確定應付帳款的支付時間和比例,當月和下月各支付50%。根據採購額、應收帳款支付時間和比例就可以計算出每月的應收帳款償付金額。仍然以7月為例,F13為7月的採購額,即8月預期銷售收入的50%,F13=G4*B13;F15為採購當月應付帳款的金額,即7月採購金額的50%,計算公式為:F15=F13*B15;F16為上月應付帳款本月應償付的金額,即6月採購金額的50%,計算公式為:F16=E13*B16;用SUM函數將應付帳款的償付額加總就可得到7月的應付帳款支出額:F17=SUM(F15:F16)。

步驟五:計算現金收支淨額。首先列出現金流入項並輸入數據,再列出現金流出項並輸入數據(詳見圖7-17的第4部分)。每月的應收帳款回收和應付帳款支出金額已在第2、3部分計算得到,可直接引入,如F21=F10;工人工資為當月銷售收入的20%,如7月的工人工資計算公式應為:F24=F4*B24;其他支出的金額可直接從資料中得到,當月沒發生的費用支出記為0。

步驟六:計算預期調整後現金餘額及需借款額。這部分的計算結果可以幫助管理者瞭解企業的短期借款需求,並據此決定一些大額支出的時間,因此是現金預算表中的重點,其具體計算方法如下:

需借款金額=調整後月末現金餘額-未調整月末現金餘額　　　　　　　　(6.1)

未調整月末現金餘額=未調整月初現金餘額+現金收支淨額　　　　　　　(6.2)

仍然以7月為例,未調整月初現金餘額F34=E35,即6月的未調整期末現金餘額;根據公式6.2,未調整月末現金餘額F35=F34+F31。值得注意的是,在計算調整後月末現金餘額時會用到邏輯函數IF,其表達式為:IF(logical_test, value_if_true, value_if_false)。

Logical_test表示計算結果為true(真)或false(非真)的任意值或表達式。例如,A1=100就是一個邏輯表達式,表示如果單元格A1中的值等於100,表達式即為true,否則為false。Value_if_true是logical_test為true時返回的值,Value_if_false是logical_test為false時返回的值。利用IF函數計算7月的調整後月末現金餘額:F37=IF(F35>=F36, F35, F36),因此需借款金額:F38=F37-F35。

經過以上六個步驟就可以利用Excel製作出一張完整的現金預算表,如表6-8

所示。

表 6-8　　　　　　　　　　　現金預算表

								單位:元
1	ABC 公司:現金預算表							
2								
3			4月	5月	6月	7月	8月	9月	10月
4	1. 銷售收入		296,000	348,000	367,000	308,000	225,000	142,000	96,000
5									
6	2. 應收帳款回收								
7	銷售當月收回	40%			146,800	123,200	90,000	56,800	38,400
8	銷售下月收回	45%			156,600	165,150	138,600	101,250	63,900
9	銷售後兩月收回	15%			44,400	52,200	55,050	46,200	33,750
10	每月應收帳款回收額總計				347,800	340,550	283,650	204,250	136,050
11									
12	3. 應付帳款支出								
13	本月採購額	50%		183,500	154,000	112,500	71,000	48,000	
14	應付帳款								
15	採購當月應付帳款支出	50%			77,000	56,250	35,500	24,000	
16	採購下月應付帳款支出	50%			91,750	77,000	56,250	35,500	
17	每月應付帳款支出額總計				168,750	133,250	91,750	59,500	
18									
19	4. 現金收支淨額								
20	現金收入								
21	應收帳款回收				347,800	340,550	283,650	204,250	
22	減:現金支出								
23	應付帳款支出				168,750	133,250	91,750	59,500	
24	工人工資	20%			73,400	61,600	45,000	28,400	
25	租金支出				10,000	10,000	10,000	10,000	
26	利息支出				30,000	0	0	30,000	
27	股利支出				46,000	0	0	0	
28	稅金				21,000	0	0	21,000	
29	設備改建費用				0	0	180,000	0	
30	現金支出總計				349,150	204,850	326,750	148,900	
31	本月現金收支淨額				(1,350)	135,700	(43,100)	55,350	
32									
33	5. 現金餘額								
34	月初現金餘額(未調整)				20,000	18,650	154,350	111,250	
35	月末現金餘額(未調整)			20,000	18,650	154,350	111,250	166,600	
36	目標現金餘額				15,000	15,000	15,000	15,000	
37	調整后的月末現金餘額				18,650	154,350	111,250	166,600	
38	需借款金額				0	0	0	0	

6.3.2　利用現金預算表確定現金流時間

現金預算表不僅能預測短期借款需求,而且能根據需要調整各明細項目計劃出有效的現金流收支時間。例如,我們想減少7月的借款需求,那麼通過分析表6-8的現

6　ECXEL 在財務報表分析中的應用

金預算表就可以發現,若現實條件允許,可以有兩種途徑:①加快貨款的回收速度或放慢採購款的支付速度,即縮減收款時間,延長付款時間;②重新設置設備改建的時間。以下分別用兩個案例對這兩種途徑做詳細的說明。

【例題6-7】若貨款回收和採購款支付在【例題6-6】的基礎上發生如下調整,試利用現金預算表計算7月的借款需求。調整後,①現金收入占銷售收入的40%,剩餘部分銷貨後一月內可收回90%,銷貨後兩月可再收回10%;②庫存材料按下月銷售額的50%採購,35%的採購款在本月支付,剩餘部分在下月支付。

步驟一:重新計算每月的應收帳款回收額。貨款的回收時間不變,但是回收的比例發生了變化,當月可收回金額為貨款的40%,下月為60%×90%=54%,同理,銷貨後兩個月可收回剩下的6%的貨款。因此B8=54%,B9=6%,Excel根據重新輸入的比例值可自動計算出新的應收帳款回收額見表6-9,大於調整前的回收額。

表6-9　　　　　　　　　現金預算表

1	ABC 公司:現金預算表						
2							單位:元
3		4月	5月	6月	7月	8月	9月	10月
4	1. 銷售收入	296,000	348,000	367,000	308,000	225,000	142,000	96,000
5								
6	2. 應收帳款回收							
7	銷售當月收回	40%			146,800	123,200	90,000	56,800	38,400
8	銷售下月收回	54%			187,920	198,180	166,320	121,500	76,680
9	銷售後兩月收回	6%			17,760	20,880	22,020	18,480	13,500
10	每月應收帳款回收額總計				352,480	342,260	278,340	196,780	128,580

步驟二:重新計算每月的應付帳款償付額。由於僅有應付帳款的支付比例發生了變化,因此只需要重新輸入B15、B16的數值65%、35%,Excel就可根據新的支付比例自動計算出新的應付帳款支出比例見表6-10,小於調整前的支出額。

表6-10　　　　　　　　　現金預算表(調整)

1	ABC 公司:現金預算表						
2							單位:元
3		4月	5月	6月	7月	8月	9月	10月
4	1. 銷售收入	296,000	348,000	367,000	308,000	225,000	142,000	96,000
5								
6	2. 應收帳款回收							
7	銷售當月收回	40%			146,800	123,200	90,000	56,800	38,400
8	銷售下月收回	54%			187,920	198,180	166,320	121,500	76,680
9	銷售後兩月收回	6%			17,760	20,880	22,020	18,480	13,500
10	每月應收帳款回收額總計				352,480	342,260	278,340	196,780	128,580

表6-10(續)

11							
12	3. 應付帳款支出						
13	本月採購額	50%	183,500	154,000	112,500	71,000	48,000
14	應付帳款						
15	採購當月應付帳款支出	35%		53,900	39,375	24,850	16,800
16	採購下月應付帳款支出	65%		119,275	100,100	73,125	46,150
17	每月應付帳款支出額總計			173,175	139,475	97,975	62,950

步驟三:經過以上兩個步驟后,Excel 就可以按照新輸入的數值自動計算出新的 7 月需借款金額,見表 6-11。本例中改變支出比例反而使其 7 月的需借款金額增大,這與企業本身的行業特點有關,ABC 公司的銷售收入受季節因素影響較大,因此改變採購款的支付比例並不是最佳的選擇。

表6-11　　　　　　　　　現金預算表

1	ABC 公司:現金預算表						
2							單位:元
3			4月	5月	6月	7月	8月	9月	10月
4	1. 銷售收入		296,000	348,000	367,000	308,000	225,000	142,000	96,000
5									
6	2. 應收帳款回收								
7	銷售當月收回	40%			146,800	123,200	90,000	56,800	38,400
8	銷售下月收回	54%			187,920	198,180	166,320	121,500	76,680
9	銷售后兩月收回	6%			17,760	20,880	22,020	18,480	13,500
10	每月應收帳款回收額總計				352,480	342,260	278,340	196,780	128,580
11									
12	3. 應付帳款支出								
13	本月採購額	50%		183,500	154,000	112,500	71,000	48,000	
14	應付帳款								
15	採購當月應付帳款支出	35%			53,900	39,375	24,850	16,800	
16	採購下月應付帳款支出	65%			119,275	100,100	73,125	46,150	
17	每月應付帳款支出額總計				173,175	139,475	97,975	62,950	
18									
19	4. 現金收支淨額								
20	現金收入								
21	應收帳款回收				352,480	342,260	278,340	196,780	
22	減:現金支出								
23	應付帳款支出				173,175	139,475	97,975	62,950	
24	工人工資	20%			73,400	61,600	45,000	28,400	
25	租金支出				10,000	10,000	10,000	10,000	

6 ECXEL 在財務報表分析中的應用

表6-11(續)

26	利息支出		30,000	0	0	30,000
27	股利支出		46,000	0	0	0
28	稅金		21,000	0	0	21,000
29	設備改建費用		0	180,000	0	0
30	現金支出總計		353,575	391,075	152,975	152,350
31	本月現金收支淨額		(1,095)	(48,815)	125,365	44,430
32						
33	5. 現金餘額					
34	月初現金餘額(未調整)		20,000	18,905	(29,910)	95,455
35	月末現金餘額(未調整)	20,000	18,905	(29,910)	95,455	139,885
36	目標現金餘額		15,000	15,000	15,000	15,000
37	調整后的月末現金餘額		18,905	15,000	95,455	139,885
38	需借款金額		0	44,910	0	0

【例題6-8】若設備改建可在6、7、8三月中的某月進行,需支付的設備改建費都為180,000元,試利用現金預算表找到進行設備改建的最佳月份。

步驟一:在6月對應的「設備改建費用」單元格E29中輸入新的數值180,000,7月對應的「設備改建費用」單元格F29設為0,Excel根據新輸入的數值將自動計算出各部分新的數值,得到在6月進行設備改建需借款的金額,如表6-12所示。

表 6-12　　　　　　　　現金預算表(自動調整)

1		ABC公司:現金預算表						
2								單位:元
3			4月	5月	6月	7月	8月	9月	10月
4	1. 銷售收入		296,000	348,000	367,000	308,000	225,000	142,000	96,000
5									
6	2. 應收帳款回收								
7	銷售當月收回	40%			146,800	123,200	90,000	56,800	38,400
8	銷售下月收回	45%			156,600	165,150	138,600	101,250	63,900
9	銷售后兩月收回	15%			44,400	52,200	55,050	46,200	33,750
10	每月應收帳款回收額總計				347,800	340,550	283,650	204,250	136,050
11									
12	3. 應付帳款支出								
13	本月採購額	50%		183,500	154,000	112,500	71,000	48,000	
14	應付帳款								
15	採購當月應付帳款支出	50%			77,000	56,250	35,500	24,000	
16	採購下月應付帳款支出	50%			91,750	77,000	56,250	35,500	
17	每月應付帳款支出額總計				168,750	133,250	91,750	59,500	

163

表6-12(續)

18							
19	4. 現金收支淨額						
20	現金收入						
21	應收帳款回收			347,800	340,550	283,650	204,250
22	減:現金支出						
23	應付帳款支出			168,750	133,250	91,750	59,500
24	工人工資	20%		73,400	61,600	45,000	28,400
25	租金支出			10,000	10,000	10,000	10,000
26	利息支出			30,000	0	0	30,000
27	股利支出			46,000	0	0	0
28	稅金			21,000	0	0	21,000
29	設備改建費用			180,000	0	0	0
30	現金支出總計			529,150	204,850	146,750	148,900
31	本月現金收支淨額			(181,350)	135,700	136,900	55,350
32							
33	5. 現金餘額						
34	月初現金餘額(未調整)			20,000	(161,350)	(25,650)	111,250
35	月末現金餘額(未調整)		20,000	(161,350)	(25,650)	111,250	166,600
36	目標現金餘額			15,000	15,000	15,000	15,000
37	調整後的月末現金餘額			15,000	15,000	111,250	166,600
38	需借款金額			176,350	40,650	0	0

步驟二:相似地,將E29設為0,F29、G29分次輸入數值180,000,Excel通過計算可以得到在7、8月進行設備改建需借款的金額,如表6-13、表6-14所示。

表6-13　　　　　　　　　　現金預算表(設備改造)

1			ABC公司;現金預算表						
2									單位:元
3			4月	5月	6月	7月	8月	9月	10月
4	1. 銷售收入		296,000	348,000	367,000	308,000	225,000	142,000	96,000
5									
6	2. 應收帳款回收								
7	銷售當月回收	40%			146,800	123,200	90,000	56,800	38,400
8	銷售下月回收	45%			156,600	165,150	138,600	101,250	63,900
9	銷售後兩月回收	15%			44,400	52,200	55,050	46,200	33,750
10	每月應收帳款回收額總計				347,800	340,550	283,650	204,250	136,050
11									
12	3. 應付帳款支出								
13	本月採購額	50%		183,500	154,000	112,500	71,000	48,000	
14	應付帳款								

6　ECXEL在財務報表分析中的應用

表6-13(續)

15	採購當月應付帳款支出	50%	77,000	56,250	35,500	24,000
16	採購下月應付帳款支出	50%	91,750	77,000	56,250	35,500
17	每月應付帳款支出額總計		168,750	133,250	91,750	59,500
18						
19	4. 現金收支淨額					
20	現金收入					
21	應收帳款回收		347,800	340,550	283,650	204,250
22	減:現金支出					
23	應付帳款支出		168,750	133,250	91,750	59,500
24	工人工資	20%	73,400	61,600	45,000	28,400
25	租金支出		10,000	10,000	10,000	10,000
26	利息支出		30,000	0	0	30,000
27	股利支出		46,000	0	0	0
28	稅金		21,000	0	0	21,000
29	設備改建費用		0	180,000	0	0
30	現金支出總計		349,150	384,850	146,750	148,900
31	本月現金收支淨額		(1,350)	(44,300)	136,900	55,350
32						
33	5. 現金餘額					
34	月初現金餘額(未調整)		20,000	18,650	(25,650)	111,250
35	月末現金餘額(未調整)	20,000	18,650	(25,650)	111,250	166,600
36	目標現金餘額		15,000	15,000	15,000	15,000
37	調整后的月末現金餘額		18,650	15,000	111,250	166,600
38	需借款金額		0	40,650	0	0

表6-14　　　　現金預算表(設備改造)

1	ABC公司:現金預算表							
2								單位:元
3			4月	5月	6月	7月	8月	9月	10月
4	1. 銷售收入		296,000	348,000	367,000	308,000	225,000	142,000	96,000
5									
6	2. 應收帳款回收								
7	銷售當月收回	40%			146,800	123,200	90,000	56,800	38,400
8	銷售下月收回	45%			156,600	165,150	138,600	101,250	63,900
9	銷售后兩月收回	15%			44,400	52,200	55,050	46,200	33,750
10	每月應收帳款回收額總計				347,800	340,550	283,650	204,250	136,050
11									
12	3. 應付帳款支出								
13	本月採購額	50%		183,500	154,000	112,500	71,000	48,000	
14	應付帳款								

表6-14(續)

15	採購當月應付帳款支出	50%		77,000	56,250	35,500	24,000
16	採購下月應付帳款支出	50%		91,750	77,000	56,250	35,500
17	每月應付帳款支出額總計			168,750	133,250	91,750	59,500
18							
19	4. 現金收支淨額						
20	現金收入						
21	應收帳款回收			347,800	340,550	283,650	204,250
22	減:現金支出						
23	應付帳款支出			168,750	133,250	91,750	59,500
24	工人工資	20%		73,400	61,600	45,000	28,400
25	租金支出			10,000	10,000	10,000	10,000
26	利息支出			30,000	0	0	30,000
27	股利支出			46,000	0	0	0
28	稅金			21,000	0	0	21,000
29	設備改建費用			0	0	180,000	0
30	現金支出總計			349,150	204,850	326,750	148,900
31	本月現金收支淨額			(1,350)	135,700	(43,100)	55,350
32							
33	5. 現金餘額						
34	月初現金餘額(未調整)			20,000	18,650	154,350	111,250
35	月末現金餘額(未調整)		20,000	18,650	154,350	111,250	166,600
36	目標現金餘額			15,000	15,000	15,000	15,000
37	調整后的月末現金餘額			18,650	154,350	111,250	166,600
38	需借款金額			0	0	0	0

步驟三:比較 Excel 三次的計算結果(見表6-12、表6-13、表6-14),我們不難看出8月進行設備改建不需要從外部借款,因此8月應是設備改建的最佳月份。

6.3.3 方案管理器

Excel 提供了「方案管理器」工具,可以在電子數據表中存儲多種方案並根據需要選取演示方案。創建方案首先應進入方案管理器的對話框,根據對話框的提示一步步進行創建,具體的步驟可參看以下的案例。

【例題6-9】若設備改建可在6、7、8三月中的某月進行,需支付的設備改建費都為180,000元,在方案管理器中創建相應的方案。

步驟一:點擊菜單欄中「工具」項下的「方案」,將彈出「方案管理器」的對話框,如圖6-10所示。

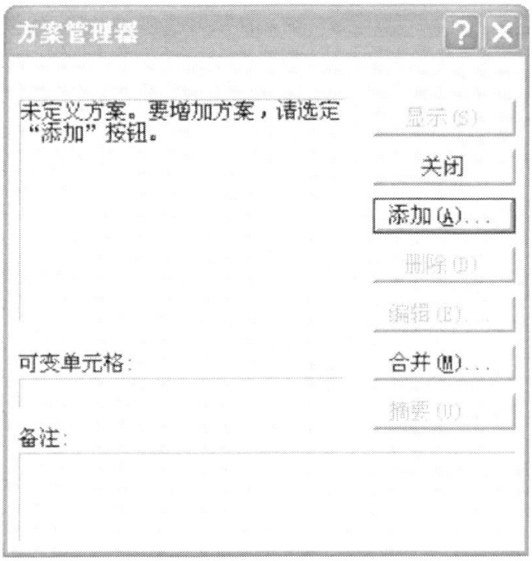

6　ECXEL在財務報表分析中的應用

圖6-10　方案管理器

步驟二:點擊對話框右方的「添加」按鈕,進入新的對話框「添加方案」,首先添加6月進行設備改建的方案,根據對話框的要求輸入方案名「6月」,可變單元格設為「E29:H29」,如圖6-11所示。

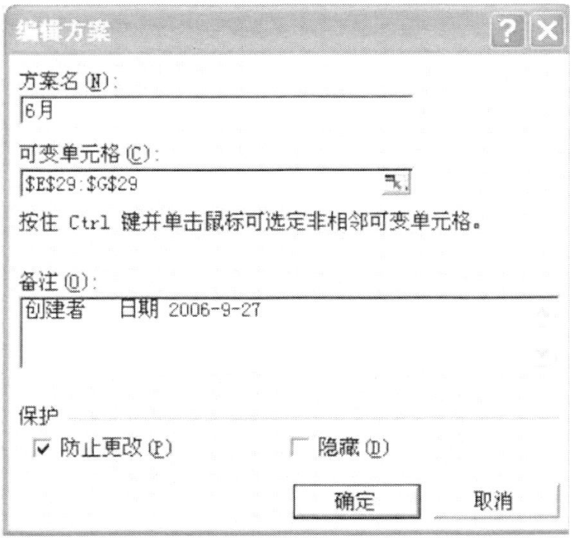

圖6-11　方案管理器

167

按「確定」按鈕後，進入新的對話框「方案變量值」，在 6 月對應的單元格「$E$29」填入數值「180,000」，其他填入「0」，如圖 6-12 所示。

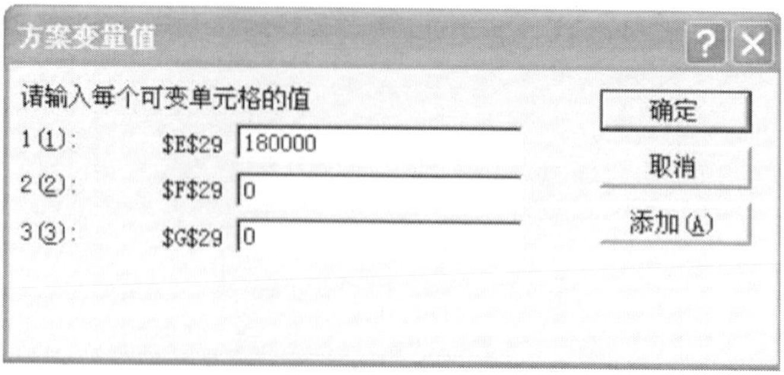

圖 6-12　方案變量值

數值輸入後如不需繼續輸入新方案就點擊「確定」按鈕，如需繼續輸入新方案就點擊「添加」。7、8 月份可以用相同的方法輸入對應的方案，三個方案輸入完畢後「方案管理器」對話框將如圖 6-13 所示。

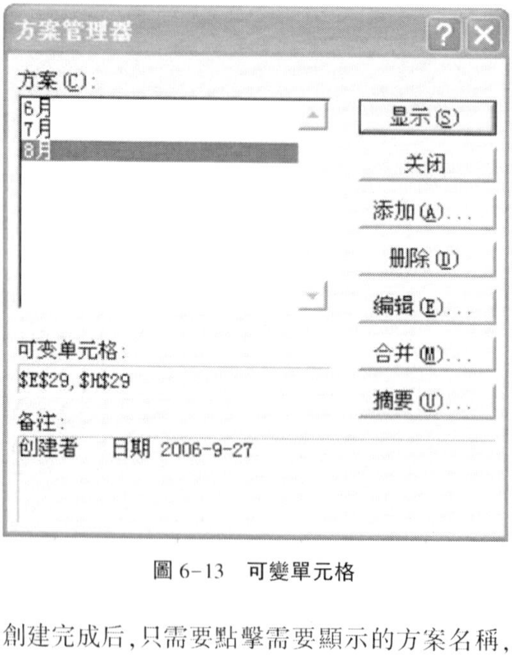

圖 6-13　可變單元格

「方案管理器」創建完成後，只需要點擊需要顯示的方案名稱，如「6 月」，Excel 就會自動顯示出在 6 月進行設備改建的現金預算表。

6.3.4　加入利息與投資收益的現金預算表

本節中我們將在前面所講基本的現金預算表中加入兩項重要的因素：①借入資金

6　ECXEL 在財務報表分析中的應用

的利息;②超額資金對外投資的收益。

【例題6-10】在表6-8的現金預算表的基礎上,假定若資金餘額超過30,000元則超額部分可對外投資,年借款利率為8%,年投資收益率為6%,試做出考慮利息和投資收益后的現金預算表。

步驟一:在27行插入空白行,添加新的明細科目「短期貸款利息支出」;在40行插入空白行,添加新的明細科目「對外投資金額」;在41、42行添加新的明細科目「累計借款(投資)」和「累計利息支出(投資收入)」。

步驟二:本例中為計算方便,首先確認5月份的「累計借款(投資)」額為0,以後借款用正數表示,投資用負數(即紅色數字)表示,那麼6月的「累計借款(投資)」為E41=D41+E39-E40,將公式複製到F41:H41,就可以得到7、8、9月的「累計借款(投資)」金額。

步驟三:計算需借款金額和對外投資金額。雖然前面已經介紹過需借款金額的計算方法,但是由於考慮了借款和投資,因此計算方法也就有了變化。本步驟中的計算是各環節中最複雜的,要涉及 IF 的嵌套應用,用偽代碼表示如下:

If 月末現金餘額(未調整) <最低現金餘額 then ｛公司需對外融資｝
　If 累計借款(投資)< 0 then ｛公司將出借對外投資｝
　　需借款金額=最低現金餘額 +累計借款(投資)–月末現金餘額(未調整)
　Else 需借款金額=最低現金餘額–月末現金餘額(未調整) ｛必須融入｝
Else ｛公司不需要對外融資｝
　If 累計借款(投資)> 0 then ｛以多餘的資金償還以前的借款｝
　　需借款金額=–Minimum(累計借款(投資), 月末現金餘額(未調整)– Minimum Cash)
　Else 需借款金額=0
End If

以8月為例,8月的需借款金額計算公式為:G38 = IF(G36< ＄ B ＄ 47, IF(F41<0, MAX(＄ B ＄ 47+F41-G36,0), ＄ B ＄ 47-G36), IF(F41>0,–MIN(F41,G36– ＄ B ＄ 47),0)) = –40,650,負號表示是歸還借款。計算中涉及另外兩個函數,MAX 和 MIN,分別表示從括號中的目標數字中找出最大的和最小的數字。

步驟四:計算對外投資金額。由於加入了對外投資金額,我們首先要將「調整后的月末現金餘額」做一個調整,以8月為例,G38 = G36+G39+G40,即未調整的月末現金餘額加上借入的資金減去投出的資金才能得到最終的調整后現金餘額。

8月對外投資金額的計算公式為:

G40 = IF(AND(G36+G39< ＄ B ＄ 47,F41<0), –(G36+G39– ＄ B ＄ 47), IF(G36+G39>＄ B ＄ 47, –(G36+G39– ＄ B ＄ 46))) = –40,392,負號表示是投出。計算中涉及一個新函數 AND,其作用是支持我們對其包含的邏輯公式做出判斷,並輸出滿足所有的邏輯公式的結果。

步驟五:計算短期借款利息支出(投資收入用紅字表示)。由於是存在短期借款

169

或對外投資時才會產生此項利息支出或投資收入，因此計算短期借款利息支出也需用到 IF 函數，以 8 月的短期借款利息支出為例，8 月的短期借款利息 G27 = IF (F39 > 0, F39 * $ D $ 44, F40 * $ D $ 45) = 271。

步驟六：計算累計利息支出（投資收入）。我們只需將前一期的累計利息支出（投資收入）與本期的短期借款利息支出加總起來，就可以得到本期的累計利息支出（投資收入），以 8 月為例，8 月的累計利息支出（投資收入）G42 = F42 + G27 = 271。

經過以上六個步驟，就可以調整出一張反應利息支出與投資收入的現金預算表，如表 6-15 所示。

表 6-15　　　　　　　　　　現金預算

1	ABC 公司：現金預算表							
2								單位：元
3			4月	5月	6月	7月	8月	9月	10月
4	1. 銷售收入		296,000	348,000	367,000	308,000	225,000	142,000	96,000
5									
6	2. 應收帳款回收								
7	銷售當月收回	40%			146,800	123,200	90,000	56,800	38,400
8	銷售下月收回	45%			156,600	165,150	138,600	101,250	63,900
9	銷售后兩月收回	15%			44,400	52,200	55,050	46,200	33,750
10	每月應收帳款回收額總計				347,800	340,550	283,650	204,250	136,050
11									
12	3. 應付帳款支出								
13	本月採購額	50%		183,500	154,000	112,500	71,000	48,000	
14	應付帳款								
15	採購當月應付帳款支出	50%			77,000	56,250	35,500	24,000	
16	採購下月應付帳款支出	50%			91,750	77,000	56,250	35,500	
17	每月應付帳款支出額總計				168,750	133,250	91,750	59,500	
18									
19	4. 現金收支淨額								
20	現金收入								
21	應收帳款回收				347,800	340,550	283,650	204,250	
22	減：現金支出								
23	應付帳款支出				168,750	133,250	91,750	59,500	
24	工人工資	20%			73,400	61,600	45,000	28,400	
25	租金支出				10,000	10,000	10,000	10,000	
26	利息支出				30,000	0	0	30,000	
27	短期貸款利息支出				0	0	271	(201.65)	
28	股利支出				46,000	0	0	0	
29	稅金				21,000	0	0	21,000	
30	設備改建費用				0	180,000	0	0	

6 ECXEL 在財務報表分析中的應用

表6-15(續)

31	現金支出總計			349,150	384,850	147,021	148,698.36
32	本月現金收支淨額			(1,350)	(44,300)	136,629	55,552
33							
34	5. 現金餘額						
35	月初現金餘額(未調整)			20,000	18,650	(25,650)	110,979
36	月末現金餘額(未調整)		20,000	18,650	(25,650)	110,979	166,531
37	目標現金餘額			15,000	15,000	15,000	15,000
38	**調整後的月末現金餘額**			18,650	15,000	30,000	30,000
39	需借款金額		0	0	40,650	(40,650)	0
40	對外投資金額		0	0	0	(40,329)	(136,531)
41	累計借款(投資)		0	0	40,650	(40,329)	(176,860)
42	累計利息支出(投資收入)			0	0	271	69.36
43	備註:						
44	借入資金年利率	8%	月利率	0.67%			
45	對外投資年收益率	6%	月利率	0.50%			
46	最高現金餘額	30,000					
47	最低現金餘額	15,000					

6.4 財務預測

　　財務預測是重要的財務活動,幾乎所有的財務決策,特別是財務計劃,都是以一定的財務預測為基礎的。在上節中,我們嘗試使用現金預算表預測公司短期的投融資需求;在本節中,我們要接觸到財務預測的幾種方法,首先是最簡單的銷售百分比法,接下去還有迴歸分析等更高級的預測方法。

6.4.1 銷售百分比法

　　銷售百分比法是最簡單而且在中國最常用的預測資產負債表和損益表的方法,其最大的優點是需要的數據相對較少。銷售百分比法分為恒定比率法和變動比率法,恒定比率法是假設預測年份裡資產負債表與損益表的各個項目占銷售收入的比率與預測年份前一年的比率相同,這些項目與銷售同比率增長。但實際上很少有各個年份的比率都相同的,因此我們可根據前幾年(一般為5年)各個項目占銷售收入的比率的算術平均值確定預測年份的比率。為簡化計算,本節中我們將使用簡化後的ABC公司的資產負債表和損益表如表6-16和表6-17所示。

表 6-16　　　　　　　　　銷售百分比法：資產負債表預測

1	ABC 公司				
2	資產負債表				
3	2006.12.31				
4					單位：元
5			2006.12.31		2005.12.31
6	銷售收入		265,677,838.16		138,002,232.60
7	資產				
8	流動資產：				
9	貨幣資金	3.97%	10,538,384.59	2.11%	5,615,554.58
10	短期投資	0.53%	1,400,801.50	0.64%	1,687,747.99
11	應收帳款	14.04%	37,299,545.58	7.60%	20,192,123.25
12	存貨	15.21%	40,419,409.43	5.55%	14,738,185.26
13	流動資產合計	33.75%	89,658,141.10	15.90%	42,233,611.08
14	固定資產淨額	11.93%	31,684,636.69	8.46%	22,468,006.70
15	無形資產及其他資產合計	11.93%	31,684,636.69	8.46%	22,468,006.70
16	資產合計	45.67%	121,342,777.79	24.35%	64,701,617.78
17	負債和所有者權益				
18	流動負債：				
19	應付票據	3.21%	8,519,596.35	1.45%	3,839,505.59
20	應付帳款	10.21%	27,135,285.10	6.26%	16,623,261.08
21	應計項目	3.17%	8,423,226.14	1.48%	3,920,530.21
22	流動負債合計	16.59%	44,078,107.59	9.18%	24,383,296.88
23	長期借款	3.06%	8,126,689.30	1.59%	4,220,839.90
24	長期負債合計	3.06%	8,126,689.30	1.59%	4,220,839.90
25	負債合計	19.65%	52,204,796.89	10.77%	28,604,136.78
26	所有者權益：				
27	股本	5.23%	13,904,871.70	2.37%	6,303,026.00
28	留存收益	19.89%	52,837,961.80	11.21%	29,794,455.00
29	所有者權益合計	25.12%	66,742,832.94	13.59%	36,097,481.00
30	負債和所有者權益合計		118,947,629.83		64,701,617.78

表 6-17　　　　　　　　　銷售百分比法：損益表預測

1	ABC 公司
2	損益表
3	2006.12.31

6 ECXEL 在財務報表分析中的應用

表6-17(續)

單位:元

4					
5		2006		2005	
6	銷售收入	100.00%	265,677,838.16	100.00%	138,002,232.60
7	減:銷售商品成本	79.24%	210,530,988.32	86.23%	119,001,346.80
8	銷售利潤	20.76%	55,146,849.84	13.77%	19,000,885.80
9	減:營業費用	2.07%	5,491,807.91	3.20%	4,415,524.10
10	管理費用	4.20%	11,152,828.82	3.92%	5,403,364.31
11	財務費用	0.20%	534,071.68	0.33%	450,268.05
12	利潤總額	14.29%	37,968,141.43	6.33%	8,731,729.34
13	減:所得稅	4.72%	12,529,486.67	2.09%	2,881,470.68
14	淨利潤	9.58%	25,438,654.76	4.24%	5,850,258.66
15	加:年初未分配利潤	3.87%	10,280,482.83	3.85%	5,307,762.97
16	可分配利潤	13.44%	35,719,137.59	8.09%	11,158,021.63
17	減:提取法定盈餘公積	0.96%	2,543,865.48	0.42%	585,025.87
18	提取法定公益金	0.48%	1,271,932.74	0.21%	292,512.93
19	應付股利	0.90%	2,395,147.96	0.00%	0.00
20	未分配利潤	8.14%	21,622,856.54	7.45%	10,280,482.83
21					
22	所得稅率		33%		

6.4.1.1 資產負債表預測

銷售收入變化自然會引起資金等項目的變化,由於通貨膨脹和其他項目的資金流出等原因,實際中的各項資產、負債項目與銷售收入的比值也不可能完全不變,但是,為簡化預測,我們一般假定預測當年和預測前一年的各資產和負債項目與對應的銷售收入的比例不變。那麼,在此基礎上我們就可以計算資產負債表各資產和負債的預測值。

【例題6-11】ABC公司根據各部門的分析預測2007年的主營業務收入為4.2億元人民幣,試用銷售百分比法預測ABC公司在2007年的資產負債表情況,2005年、2006年的資產負債表情況參見表6-3,2007年股本保持不變。

步驟一:如表6-18所示,在B列前插入兩列,合併B5和C5,並在合併格的居中位置註明「2007預測」;與「預測損益表」有所不同的是,由於要計算各資產、負債項與銷售收入的比例,因此需插入一行作為「銷售收入」,如表中的行6。首先在A6中填入項目內容「銷售收入」,然後在E6中填入2006年的銷售收入額,在C6中填入2007年

Excel 在實驗金融學中的應用

的預測銷售收入額。

步驟二：計算每一項資產與銷售收入的比例，即用 2006 年的各項資產的金額除以 2006 年的銷售收入。以「貨幣資金」為例，D9＝E9/＄E＄6＝3.97%，即 2006 年貨幣資金與銷售收入的比例為 3.97%。同樣的，將 D9 的公式複製到其他資產項，包括短期投資、應收帳款、存貨以及固定資產淨值。

步驟三：計算每一項負債與銷售收入的比例，即用 2006 年的各項負債的金額除以 2006 年的銷售收入。計算方法與步驟二相同，本例中應付帳款、應計項目、長期借款都應計算出與銷售收入的比例。但是也有一項例外，即應付票據，它由於會受到外部因素的影響，因此並不與銷售收入同比增長，與它類似的還有長期債券等項。

步驟四：將步驟二和步驟三中計算出的各項比例複製到 2007 年預測欄下對應的單元格中，如「貨幣資金」的比例就複製到 B9，「長期借款」的比例就複製到 B23。

步驟五：根據比例預測 2007 年的各項資產和負債金額。如「貨幣資金」的預測金額 C9＝＄C＄6*B9＝16,659,731.80。同樣的，可以計算出其他資產和負債項的 2007 年預測金額。

步驟六：將步驟五的資產和負債預測值各自分別加總，就可計算出資產項和負債項的合計。

步驟七：股本項並不是與銷售收入成比例變動，而是由融資政策等外部因素來決定，本例中根據假定，2007 年股本不會發生變動，因此將 2006 年的股本額複製到 2007 年，即 C27＝13,904,871.14。

步驟八：由於本例中不考慮股利分紅，因此留存收益增量也就是損益表中的淨利潤 C14，根據公式：2007 年留存收益＝2006 年留存收益＋2007 年預測留存收益增加值；2007 年預測留存收益增加值＝淨利潤－應付股利。

那麼，2007 年的留存收益 C28＝E28＋簡化的損益表！C14－簡化的損益表！C19＝79,452,738.72。根據以上的計算所得，2007 年預測所有者權益合計 C29＝SUM（C27：C28）＝93,357,609.86，預測負債和所有者權益總計 C30＝C25＋C29＝171,617,883.59。

至此，我們就預測出了 2007 年的資產負債表，如表 6-18 所示。

表 6-18　　　　　　ABC 公司 2007 年資產負債表（預測）

1	ABC 公司			
2	資產負債表			
3	2006.12.31			
4				單位：元
5	2007 年預期	2006.12.31	2005.12.31	
6	銷售收入	420,000,000.00	265,677,838.16	138,002,232.60
7	資產			
8	流動資產：			

6 ECXEL 在財務報表分析中的應用

表6-18(續)

9	貨幣資金	3.97%	16,659,731.80	3.97%	10,538,384.59	2.11%	5,615,554.58
10	短期投資	0.53%	2,214,473.87	0.53%	1,400,801.50	0.64%	1,687,747.99
11	應收帳款	14.04%	58,965,434.42	14.04%	37,299,545.58	7.60%	20,192,123.25
12	存貨	15.21%	63,897,508.64	15.21%	40,419,409.43	5.55%	14,738,185.26
13	流動資產合計		141,737,148.73	33.75%	89,658,141.10	15.90%	42,233,611.08
14	固定資產淨額	11.93%	50,089,038.30	11.93%	31,684,636.69	8.46%	22,468,006.70
15	無形資產及其他資產合計		50,089,038.30	11.93%	31,684,636.69	8.46%	22,468,006.70
16	資產合計		191,826,187.03	45.67%	121,342,777.79	24.35%	64,701,617.78
17	負債和所有者權益						
18	流動負債:						
19	應付票據		9,200,000.00	3.21%	8,519,596.35	1.45%	3,839,505.59
20	應付帳款	10.21%	42,897,141.22	10.21%	27,135,285.10	6.26%	16,623,261.08
21	應計項目	3.17%	13,315,958.17	3.17%	8,423,226.14	1.48%	3,920,530.21
22	流動負債合計		65,413,099.38	16.59%	44,078,107.59	9.18%	24,383,296.88
23	長期借款	3.06%	12,847,174.34	3.06%	8,126,689.30	1.59%	4,220,839.90
24	長期負債合計		12,847,174.34	3.06%	8,126,689.30	1.59%	4,220,839.90
25	負債合計		78,260,273.73	19.65%	52,204,796.89	10.77%	28,604,136.78
26	所有者權益:						
27	股本		13,904,871.14	5.23%	13,904,871.14	2.37%	6,303,026.00
28	留存收益		79,452,738.72	19.89%	52,837,961.80	11.21%	29,794,455.00
29	所有者權益合計		93,357,609.86	25.12%	66,742,832.94	13.59%	36,097,481.00
30	負債和所有者權益合計		171,617,883.59		118,947,629.83		64,701,617.78
31							
32	AFN		20,208,303.44		需要對外融資		

我們可以發現,上表有一個與會計準則明顯不符的地方,即資產合計≠負債和所有者權益合計,而兩者的差額正需要我們通過外部融資來解決,我們將它定義為外部融資需求額。外部融資取決於多種因素,包括企業的目標資本結構、股票和債券市場現狀、短期借款對流動比率的影響等,需要財務人員對各方面的因素做綜合考慮后確定融資方式以及每種方式的融資額。

為計算外部融資需求額,我們在 A32 列出新項目「外部融資需求」,那麼 C32＝C16－C30＝20,208,303.44,這就是 2007 年需對外融資的金額。為了一目了然,我們可使用 IF 函數,D32＝IF(C32>0,「需要對外融資」,「不需對外融資」),結果如上表 6-18 所示,這樣我們就能清楚地知道未來一年的預測情況了。

6.4.1.2 損益表預測

損益表的詳細程度會影響隨銷售收入變動的項目的多少,通常我們首先會逐項確認銷售收入變動是否將對損益表中的項目產生直接影響,若有直接影響,我們將計算該項目與銷售收入的歷史比率。銷售百分比法認為產品的成本以及某年份的銷售收入是該年銷售收入的特定比率,因此在分析前,先要計算過去幾年中費用占銷售收入

的比率。在此基礎上我們就可以使用銷售百分比法預測2007年的損益表。

【例題6-12】ABC公司根據各部門分析預測2007年的主營業務收入為4.2億元人民幣,試用銷售百分比法預測ABC公司在2007年的損益表情況,2005年、2006年的損益表情況參見表6-5(第148頁)。

步驟一:如表6-19所示,在B列前插入兩列,合併B5和C5,並在合併格的居中位置註明「2007」。首先在C6填入銷售收入預測值C6=420,000,000,以後的計算中,在B6:B22區域填入各項目與銷售收入的比例,在C6:C22中填入各項目的預測值。

步驟二:確定損益表中與銷售收入有關的項目並計算出該項目與銷售收入的百分比。成本和費用一般被看作是與銷售收入成一定比例關係的,即銷售商品成本、營業費用、管理費用以及財務費用與銷售收入是成一定的比例關係的,因此,我們可以按前幾年(本書為簡化數據,僅參照了前兩年)各項目與銷售收入比例的算術平均值,計算實現目標銷售收入所支出的成本和費用。以銷售商品成本為例,B7=AVERAGE(D7,F7),函數AVERAGE表示2007年預測的銷售商品成本與銷售收入的比例是2005年、2006兩年比例的算術平均值。將B7的公式複製到B9:B11,就得到預計營業費用、管理費用以及財務費用與銷售收入的比例。

步驟三:計算成本、費用的預測值。根據步驟二計算的比例,可以計算出成本、費用相應的預測值。仍以銷售商品成本為例,C7=＄C＄6*B7,即銷售商品成本=銷售收入×銷售商品成本與銷售收入比例的算術平均值。將公式複製到C9:C11就可以得到營業費用、管理費用以及財務費用的預測金額。

步驟四:根據步驟三的預測值計算利潤、所得稅等各項。在得到收入、成本、費用各項的預測值後,可以通過計算得到其他各項的預測值。如銷售利潤,根據求銷售利潤的公式:銷售利潤=銷售收入-銷售產品成本可求得。

那麼,C8=C6-C7=72,503,703.47,即預計銷售利潤為72,503,703.47元人民幣。同理,我們可根據利潤總額、淨利潤、可分配利潤、法定盈餘公積、法定公益金、未分配利潤各項的公式計算出各自的預測金額。

步驟五:在主要步驟結束後,我們可根據各項的預測值計算出各自與銷售收入的比例,如B8、B12等單元格所示,這些比例關係可以為我們提供一個對公司未來盈利能力、經營狀況等進行衡量的參考數據。

6　ECXEL在財務報表分析中的應用

表 6-19　　　　　　　　　　ABC 公司損益表(預測)

		2007		2006		2005	
1				ABC 公司			
2				損益表			
3				2006.12.31			
4							單位:元
5		2007		2006		2005	
6	銷售收入	100%	420,000,000.00	100.00%	265,677,838.16	100.00%
7	減:銷售商品成本	82.74%	347,496,296.53	79.24%	210,530,988.32	86.23%
8	銷售利潤		72,503,703.47	20.76%	55,146,849.84	13.77%
9	減:營業費用	2.63%	11,060,062.33	2.07%	5,491,807.91	3.20%
10	管理費用	4.06%	17,037,919.55	4.20%	11,152,828.82	3.92%
11	財務費用	0.26%	1,107,326.24	0.20%	534,071.68	0.33%
12	利潤總額		43,298,395.35	14.29%	37,968,141.43	6.33%
13	減:所得稅		14,288,470.47	4.72%	12,529,486.67	2.09%
14	淨利潤		29,009,924.88	9.58%	25,438,654.76	4.24%
15	加:年初未分配利潤		21,622,856.54	3.87%	10,280,482.83	3.85%
16	可分配利潤		50,632,781.43	13.44%	35,719,137.59	8.09%
17	減:提取法定盈餘公積		2,900,992.49	0.96%	2,543,865.48	0.42%
18	提取法定公益金		1,450,496.24	0.48%	1,271,932.74	0.21%
19	應付股利		2,395,147.96	0.90%	2,395,147.96	0.00%
20	未分配利潤		43,886,144.74	8.14%	21,622,856.54	7.45%
21							
22	所得稅率				33%	
23	利息率				8%	
24	每股股利				0.50	

6.4.2　線性趨勢法

本方法更適用於沒有常規財務預測的小型公司進行的銷售收入預測。由於沒有既定模型,因此我們首先需要對以前年度的銷售情況進行考察,找出其中的規律,利用 TREND 函數對未來幾年做一個粗略的預測。

【例題6-13】SSC公司是一家小規模的生產型企業,此前未做過財務預測,現請你為其預測未來3年的銷售情況。該公司前5年(2002—2006年)的銷售收入如表6-20所示。

表 6-20　SSC 公司銷售收入表　　單位:元

SSC 公司銷售收入表	
2002	500,000
2003	530,000
2004	600,000
2005	710,000
2006	880,000

步驟一:根據表 6-20 的數據做出 SSC 公司 2002—2006 年的銷售狀況圖,首先在菜單欄的「插入」項中選擇「圖表」,打開「圖表向導」,如圖 6-14 所示。

圖 6-14　圖表向導步驟 1

在左欄中選擇「折線圖」,然後在右欄中選擇折線圖的式樣,完成後點擊「下一步」進入「源數據」對話框,如圖 6-15 所示。

選定需要製圖的數據區域后點擊「下一步」進入「圖表選項」對話框,在各項中填入對應名稱,並可根據對話框中其他選項調整圖形,如圖 6-16 所示。

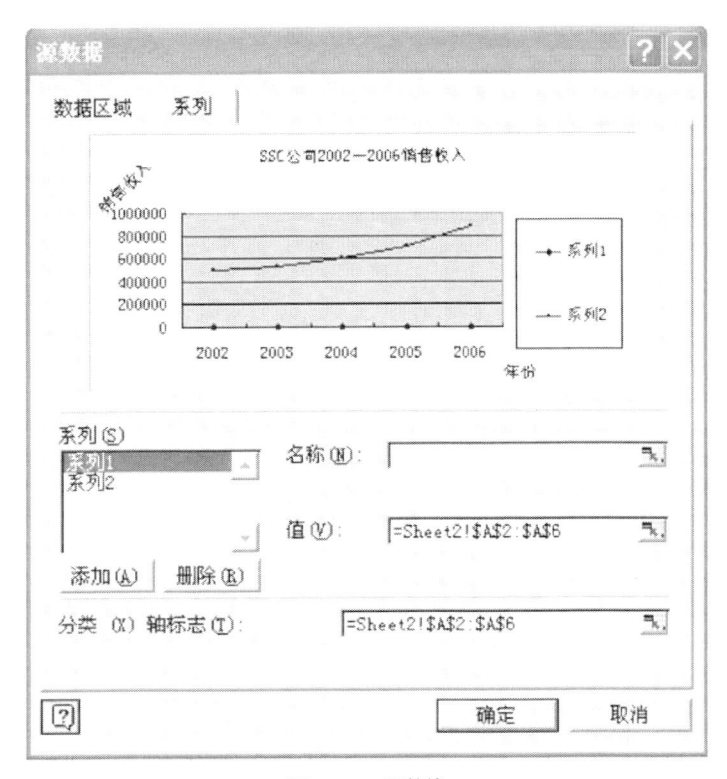

6 ECXEL 在財務報表分析中的應用

圖 6-15 源數據

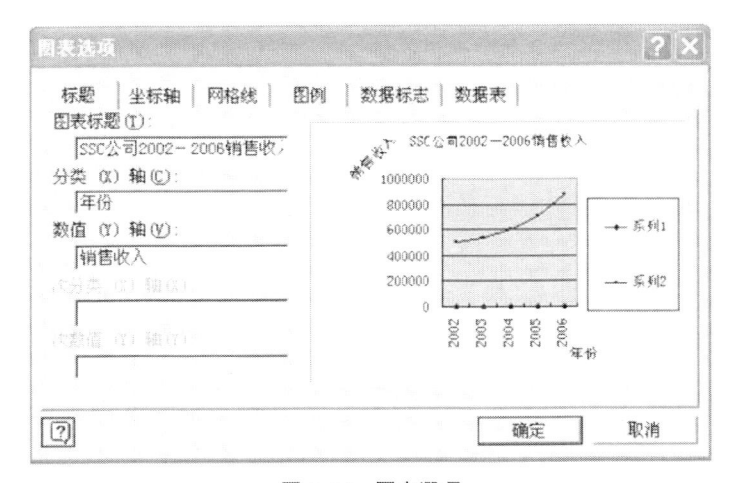

圖 6-16 圖表選項

調整好圖形后點擊「下一步」進入「圖表位置」對話框,選擇是以單獨的工作表形式插入,還是以嵌入的形式插入,具體的對話框形式如圖 6-17 所示。

179

Excel 在實驗金融學中的應用

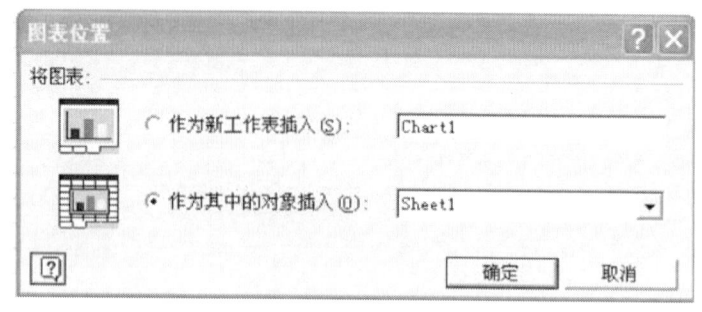

圖 6-17　圖表位置

以上步驟完成後，點擊「完成」，就可以得到一個完整的 SSC 公司 2002—2006 年銷售狀況圖，如圖 6-18 所示。

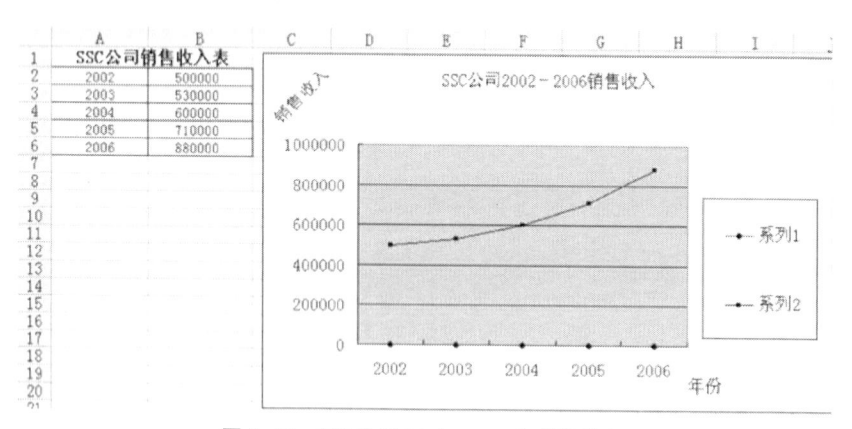

圖 6-18　SSC 公司 2002—2006 年銷售收入

步驟二：利用 TREND 函數預測 SSC 公司未來 3 年的銷售情況。TREND 函數具體表述如下：

TREND(known_y's,known_x's,new_x's,const)。

其含義是返回一條線性迴歸擬合線的值，即找到適合已知數組 known_y's 和 known_x's 的直線（用最小二乘法），並返回指定數組 new_x's 在直線上對應的 y 值。Known_y's 是關係表達式 y=mx+b 中已知的 y 值集合；Known_x's 是關係表達式 y=mx+b 中已知的可選 x 值集合；New_x's 為需要函數 TREND 返回對應 y 值的新 x 值；Const 為一邏輯值，用於指定是否將常量 b 強制設為 0。本例中，我們先在 A7:A9 中填入 2007 年、2008 年、2009 年三個年份，然后計算 2007 年的銷售收入 B7＝TREND(B$2:B$6,A$2:A$6,A7,TRUE)＝926,000，同樣的，將公式複製到 B8、B9，就可利用 TREND 函數計算出 2008 年、2009 年的預測銷售收入，如表 6-21 所示：

180

6 ECXEL 在財務報表分析中的應用

表 6-21　SSC 公司銷售收入表　　單位:元

SSC 公司銷售收入表	
2002	500,000
2003	530,000
2004	600,000
2005	710,000
2006	880,000
2007	926,000
2008	1,020,000
2009	1,114,000

步驟三:根據新數據擴展銷售情況圖。將 2007—2009 年的預測數據一起納入銷售情況圖中,就可以得到未來 3 年銷售收入預測圖,如圖 6-19 所示。

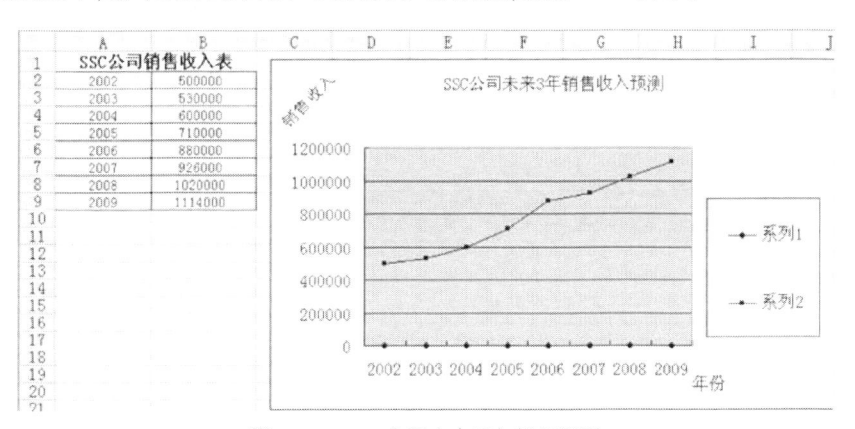

圖 6-19　SSC 公司未來三年銷售預測

Excel 的圖表還有一個特殊功能,就是可以添加趨勢線,以上圖為例,將鼠標移至圖像中的折線處,按右鍵會出現選項菜單,選擇「添加趨勢線」,進入對話框,如圖 6-20 所示。

Excel在實驗金融學中的應用

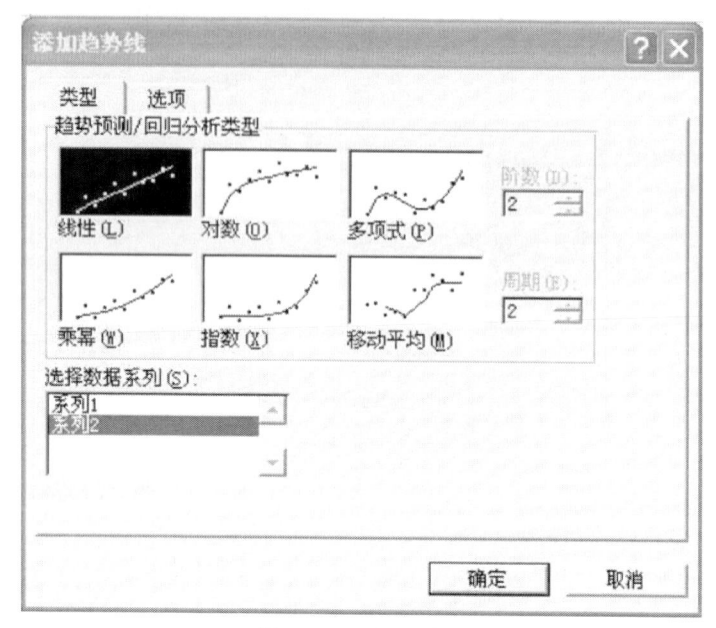

圖 6-20　添加趨勢線

由於我們採用的是線性趨勢法,因此選擇線性的趨勢線,「選項」欄中還有其他可供選擇的設置,可根據實際需要進行調整,調整完畢後點擊「確定」,在折線處就會多出來的一條直線就是我們添加進去,描述銷售收入變化趨勢的趨勢線,如圖 6-21 所示。

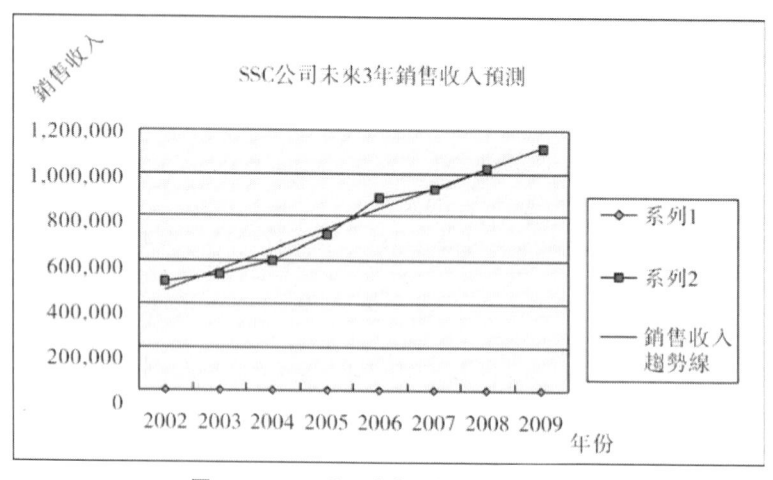

圖 6-21　SSC 公司未來 3 年銷售收入預測

圖中趨勢線旁的公式就是銷售收入遵循線性增長的公式,利用 Excel 也可以把它

顯示出來,具體做法是:將鼠標移至趨勢線處,按右鍵選擇「趨勢線格式」進入對話框,在「選項」一欄中點擊「顯示公式」,就可以在圖中的趨勢線旁添加線性公式了。

6.4.3 迴歸分析法

迴歸分析需要用到很深奧的數學知識,但是 Excel 卻提供了迴歸分析的工具,幫助我們即使不懂得深奧的數學原理也可以處理複雜的迴歸分析模型,運用迴歸分析法進行財務預測。迴歸分析法可以繪製出與數據組最相符的曲線,無論是決定變量間關係還是做預測,都是十分強大的工具。

【例題6-14】MSC 公司 2002—2006 年的銷售收入和銷售商品成本如圖 6-22 所示,現請你運用 Excel 的迴歸分析法為其預測 2007 年的預測銷售商品成本。

銷售收入與修售商品成本一覽表

年份	銷售收入	銷售商品成本
2002	1500000	1160000
2003	1670000	1220000
2004	1830000	1400000
2005	1850000	1405000
2006	1960000	1470000

圖 6-22　銷售收入與銷售商品成本圖

步驟一:根據圖 6-22 的數據按圖表向導的指示做出銷售收入與其成本的關係圖,由圖可以更清晰地瞭解過去 5 年銷售收入與其成本的關係。為了對兩個變量的關係更一目了然,在作圖時我們將坐標軸的區間設定為 1,000,000～2,000,000 之間,刻度間隔為 250,000,由下圖可以清楚看出 2002—2006 年銷售收入與其成本之間的關係,但是我們並不能知道它們之間更精確的關係,這就需要依靠迴歸分析。

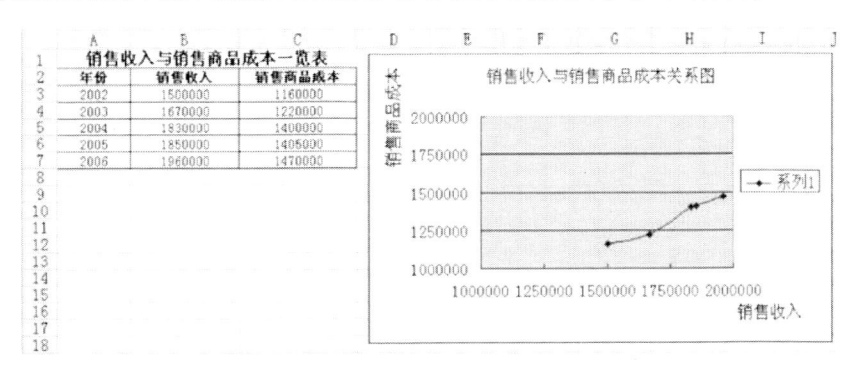

圖 6-23　銷售收入與銷售商品成本關係圖

步驟二:利用 Excel 的數據分析工具包中的迴歸工具進行迴歸分析。首先在菜單欄的工具項中選擇「數據分析」,將出現「數據分析」對話框,如圖 6-24 所示。

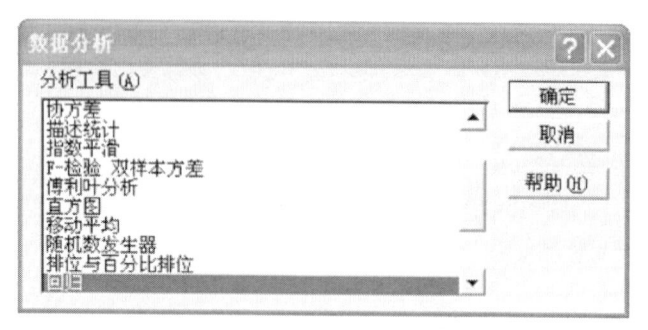

圖 6-24　數據分析功能選擇

進入對話框后，找到「迴歸」，然后點擊「確定」，將進入下一個對話框，如圖 6-25 所示：

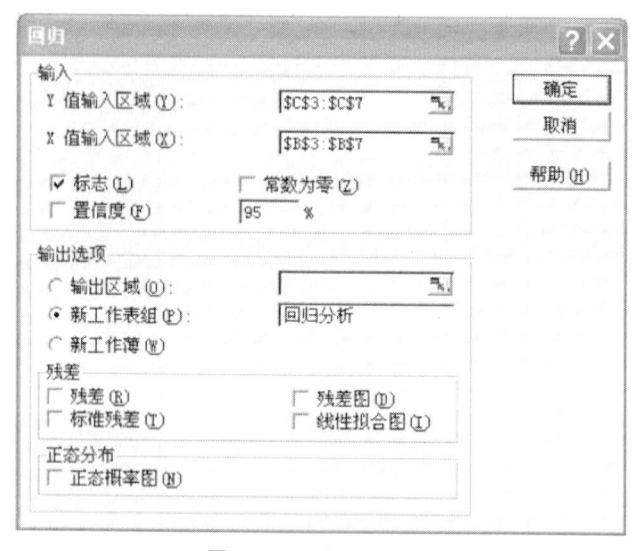

圖 6-25　迴歸分析選項

這一對話框的選項很多，但是實際上我們這種簡單的迴歸分析只需要用到其中的四個選項，包括：①Y 值輸入區域，我們需要在圖 6-25 所顯示的數據中尋找 Y 值所對應的區域，即銷售商品成本，因此 Y 值範圍就是 \$C\$3：\$C\$7；②X 值的輸入區域，這個可以用與①相同的方法找到 X 值對應的區域 \$B\$3：\$B\$7；③查看「標誌」項是否已經選定；④選擇「新工作表組」並填入名稱，以便生成專門的一頁工作表顯示迴歸分析的結果。經過以上操作后，按「確定」就可以產生我們想要的迴歸分析結果，如圖 6-26 所示。

6 ECXEL 在財務報表分析中的應用

	A	B	C	D	E	F	G	H	I
1	銷售收入回歸								
2									
3									
4	Multiple R	0.979881							
5	R Square	0.960163							
6	Adjusted R square	0.94689							
7	Standard Error	30729.31							
8	Observations	5							
9									
10									
11		df	SS	MS	F	gnificance F			
12	Regession	1	68287127759	68287127759	72.31579	0.003415			
13	Residual	3	2832872241	944290747.1					
14	Total	4	71120000000						
15									
16		Coefficien	標準誤差	t Stat	P-value	Lower 95%	Upper 95%	下限 95.0%	上限 95.0%
17		47429.28	151563.9346	0.312932506	0.774825	-434915	529773.8	-434915	529773.8
18	X Variable 1	0.728474	0.085663801	8.503868895	0.003415	0.455853	1.001094	0.455853	1.001094

圖 6-26 迴歸分析結果

步驟三:得到以上迴歸結果後,我們首先應查看 R^2 檢驗、t-檢驗、F-檢驗的值,以確定 X 值和 Y 值在統計是否存在較強的相關關係。本例中 R^2=B5=0.960,168,t=C18=8.503,868,895,F=E12=72.315,79,因此表明 X 值與 Y 值的相關性不太強,但是本例中仍可以認為它們之間存在線性相關關係,得出它們之間的線性關係式:

銷售商品成本=47,429.28+0.728,474×銷售收入+e_i(e_i 是公式的殘差)

步驟四:預測 2007 年的銷售商品成本。在圖 6-25 表格內的 A8 處添加年份「2007」,在 C8 內填入步驟三迴歸得到的線性方程,即 C8=47,429.28+0.728,474×B8。那麼只要插入 2007 年預測銷售收入就可以相應計算出 2007 年的預測銷售商品成本。假定 2007 年銷售收入為 2,000,000,那麼就可以在圖 6-23 的基礎上進行預測了,結果如圖 6-27 所示。

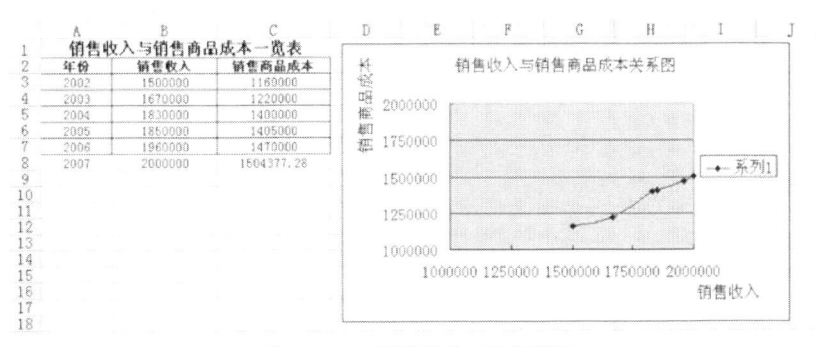

圖 6-27 利用迴歸分析進行預測

6.5 盈虧平衡點分析和企業經濟利潤分析

6.5.1 盈虧平衡點分析

盈虧平衡點(又稱保本點、盈虧臨界點、損益分歧點、收益轉折點等)通常是指企業收入和成本相等的經營狀態,即邊際貢獻等於固定成本時企業所處的既不盈利又不虧損的狀態。企業以盈虧平衡點為界限,當銷售收入高於盈虧平衡點時盈利,反之就虧損。盈虧平衡點有兩種表示方法:一是用銷售量來表示,即盈虧平衡點的銷售量;二是用銷售額來表示,即盈虧平衡點的銷售額。其基本計算公式如下:

以數量表示的盈虧平衡點=總固定成本/單位邊際貢獻,其中,單位邊際貢獻=單價−單位變動成本,即 $Q_0=F/(P-V/Q)$,式中:Q_0 為盈虧平衡點的銷售量,Q 為銷售量,F 為總固定成本,V 為總變動成本,P 為單位產品價格。

以銷售額表示的盈虧平衡點=總固定成本/邊際貢獻率,其中,邊際貢獻率=單位邊際貢獻/單價,即 $S_0=F/(1-V/S)$,式中:S_0 為盈虧平衡點的銷售額,S 為銷售收入,F 為總固定成本,V 為總變動成本。

盈虧平衡點還可以用盈虧平衡點作業率這一指標分析。盈虧平衡點作業率是指盈虧平衡點銷售量占企業正常銷售量的比重。所謂正常銷售量是指正常市場和正常營運情況下,企業的銷售數量,也可以用銷售金額來表示。其計算公式如下:盈虧平衡點作業率=盈虧平衡點銷售量/正常銷售量。該比率表明企業保本狀態下的生產經營能力的利用程度。

盈虧平衡點把企業的正常銷售分為兩個部分:盈虧平衡點銷售額和安全邊際,即正常銷售額=盈虧平衡點銷售額+安全邊際。只有安全邊際才能為企業提供利潤,而盈虧平衡點銷售額扣除變動成本後只能為企業收回固定成本。安全邊際部分的銷售減去其自身變動成本後成為企業利潤,即安全邊際中的邊際貢獻等於企業利潤。所以,利潤=安全邊際×邊際貢獻率。

6.5.2 經濟利潤分析

企業的經濟利潤,又稱經濟增加值(economic value added,EVA),是用稅後淨經營利潤減去經營性資本的稅後成本,即經濟利潤確認了未實現的持有收益。而企業的會計利潤僅僅扣除了債務利息,只確認已實現的利潤。

經濟增加值的計算公式為:經濟增加值=稅後淨經營利潤−經營性資本的稅後成本=EBIT(1−公司稅率)−經營性資本×加權資本成本。其中,EBIT 為經營利潤。經營性資本是用於購買公司經營性資產淨額的付息債務、優先股和普通股的總和。而經營性資產淨額等於經營性營運資本淨額加上廠房和設備等固定資產淨值。計算經濟增加值時沒有把折舊加回來,因為儘管折舊不是一項現金費用,但它確實是一種成本,所

6 ECXEL 在財務報表分析中的應用

以在計算淨利潤和經濟增加值時都要減去折舊。

用 Excel 計算經濟增加值的步驟如下：

步驟一：在 Excel 工作簿中建立新的工作表，並命名為「EVA」。

步驟二：單擊選定表格 C2，連結損益表！C17，按 Enter 鍵確認輸入，此時單元格 C2 中顯示 2005 年的數值，同理可得 2006 年的數值。

步驟三：單擊選定表格 C4，根據公式 EBIT(1-公司稅率)，即 =C2*(1-C3)，按 Enter 鍵確認輸入，此時單元格 C4 中顯示 2005 年稅后淨經營利潤的計算值，同理可得 2006 年的數值。

步驟四：單擊選定表格 C5，根據公式投資者提供的經營性資本總額 = 負債權益總額 - 應付帳款 - 短期投資 - 利息，即 = 資產負債表！C62- 資產負債表！C9- 資產負債表！C39- 損益表！C12，按 Enter 鍵確認輸入，此時單元格 C5 中顯示 2005 年投資者提供的經營性資本總額的計算值，同理可得 2006 年的數值。

步驟五：單擊選定表格 C6，根據公式計算加權資本成本(WACC) = $W_d k_d (1-T) + W_{ps} k_{ps} + W_{ce} k_s$，其中，$W_d$、$W_{ps}$、$W_{ce}$ 分別表示債務、優先股、普通股的權重，$k_d(1-T)$ 為稅后債務成本，k_{ps} 為優先股成本，k_s 為普通股成本。本章假設 ABC 公司 2005 年和 2006 年的加權資本成本分別為 11.7% 和 10.8%。

步驟六：單擊選定表格 C7，根據公式資本×加權資本成本，即 =C5*C6，按 Enter 鍵確認輸入，此時單元格 C7 中顯示 2005 年資本成本額的計算值，同理可得 2006 年的數值。

步驟七：單擊選定表格 C8，根據公式稅后淨經營利潤 - 資本成本額，即 =C4-C7，按 Enter 鍵確認輸入，此時單元格 C8 中顯示 2005 年經濟增加值的計算值，同理可得 2006 年的數值。

用 Excel 計算的結果如表 6-22 所示。

表 6-22　　　　　　　　　　盈虧平衡點分析　　　　　　　　　單位：元

1		2005	2006
2	EBIT	9,136,934.8	38,245,465.08
3	稅率	33%	33%
4	稅後淨經營利潤	6,121,746.32	25,624,461.60
5	投資者提供的經營性資本總額	65,473,366.09	116,436,931.76
6	加權資本成本(WACC)	11.7%	10.8%
7	資本成本額	7,660,383.83	12,575,188.63
8	EVA	(1,538,637.52)	13,049,272.97

經濟增加值衡量企業為所有者創造價值的程度，所以，如果管理者對 EVA 很關注，這能保證企業的經營始終以股東財富最大化為目標。而且 EVA 既能用於企業整

Excel 在實驗金融學中的應用

體也能用於部門,它提供了一個考察各層管理人員業績的基礎。

註釋:

①鼠標在「Sheet 1」處按右鍵會出現菜單,按「插入」后會出現對話框,對話框中的「電子方案表格」有各行業財務報表的模板,若可找到適合的報表模板,也可直接插入后修改使用。

②在輸入數據過程中根據需要可隨時插入列、行或者單元格,如需要在第2行上方插入一行,則用鼠標點擊行數中的2后按右鍵,選擇「插入」即可。

③行高的調整方式與列寬相似,若用鼠標點擊特定的單元格,也可用相似的方式調整單元格的大小。

④常用函數還有很多,如「AVERAGE」「COUNT」「MAX」等,也希望大家能在使用中逐漸掌握。

⑤其他還有一些可供使用的圖標,如「加粗」「傾斜」等都可以在格式欄中找到。

7 公司財務分析

隨著市場經濟的發展,公司所面對的經營環境發生了深刻的變化,財務活動的內容也變得日益豐富和複雜,公司財務分析也就變得日漸複雜。本章介紹的財務分析內容包括資本成本的估算,資本預算與投資決策,股票定價以及存貨和應收帳款的管理,最后簡要地介紹了實物期權在財務分析中的應用。

7.1 資本資產定價模型(CAPM)的應用

資本市場的資產包括風險資產和具有固定收益率的無風險資產。由 CAPM 知,任何一項資產或資產組合,其收益都是由兩部分組成:一部分是無風險收益,另一部分是風險溢價。在均衡狀態,任何資產的風險溢價等於其風險系數乘以市場投資組合風險溢價。表示這一關係的方程式為:

$$R_i = R_f + \beta_i(R_M - R_f) \tag{7-1}$$

其中 R_i 為某種風險資產或組合的期望收益率,R_f 為無風險利率,β_i 為該資產或組合的風險系數,R_M 為市場組合期望收益率,$(R_M - R_f)$ 為風險溢價。

資本資產定價模型(CAPM)是金融學裡一個非常重要的模型。因為它是我們進行資產定價的基礎,其應用非常廣泛,例如:在做公司價值分析時,我們要用公司加權資本成本對未來的自由現金流進行貼現,其中的權益成本通常就是用 CAPM 計算的。以下說明如何運用 CAPM 模型。

7.1.1 確定無風險收益率

運用 CAPM 模型首先要確定無風險收益率。無風險收益率是指在未來投資區間

內完全可預期的收益率。比如，銀行儲蓄存款的利率，國債收益率都可看作無風險收益率。

β 系數的計算。

β 系數是度量一種證券對於市場組合變動的反應程度的指標，它衡量的是系統性風險。β 系數的定義為：

$$\beta_i = \frac{Cov(R_i, R_M)}{\sigma^2(R_M)} \qquad (7-2)$$

其中，β_i 為某證券的 β 系數，$Cov(R_i, R_M)$ 為該證券與市場組合收益率的協方差，$\sigma^2(R_M)$ 為市場組合收益的方差。

β 系數通常用歷史收益數據進行估計。這在我們的例子中可以看出。

示例：我們在國泰君安的軟件上找到代碼 600601 的股票和上證綜合指數的收益率月度數據。根據定義我們計算 β 系數。

Excel 中有直接計算協方差和方差的函數，首先計算協方差，函數為 COVAR，COVAR 函數操作如圖 7-1 所示。

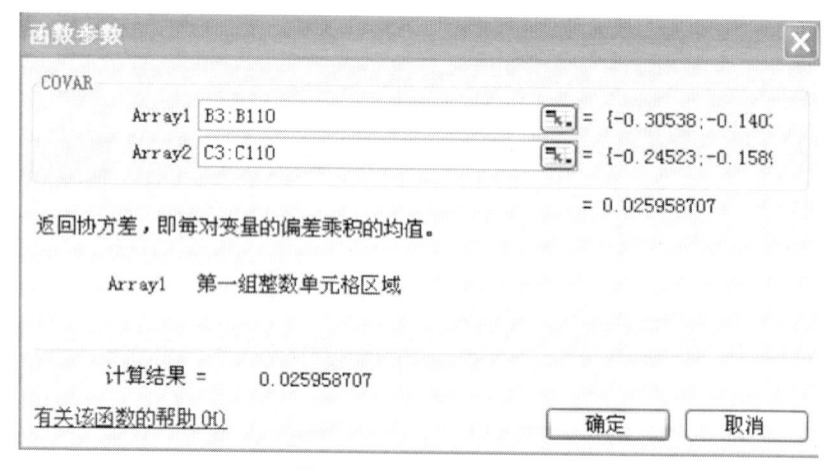

圖 7-1　COVAR 函數參數

其次計算方差，函數為 VAR，VAR 函數操作如圖 7-2 所示。

表 7-1　　　　　　　　　　　　貝塔系數計算

	A	B	C	D	E
1		貝塔系數按定義計算			
112	協方差	0.025,958,707	公式為「=COVAR(B3:B110,C3:C110)」		
113	市場收益方差	0.024,367,747	公式為「=VAR(C3:C110)」		
114	貝塔系數	1.065,289,551	公式為「=B112/B113」		

7 公司財務分析

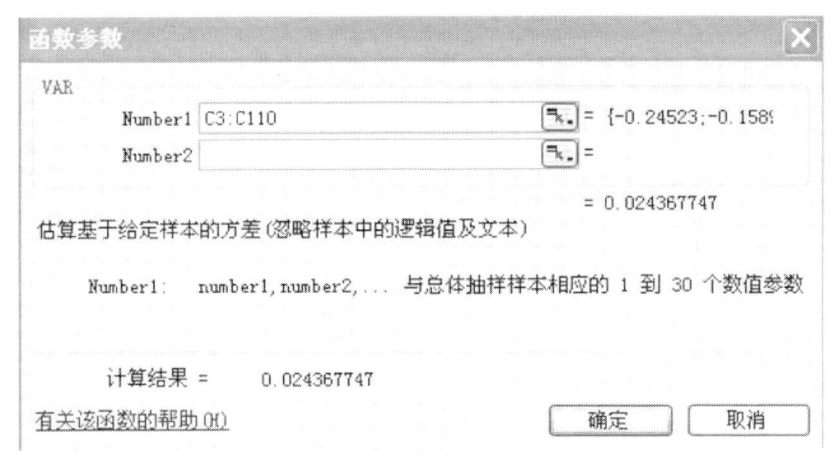

圖7-2 VAR 函數參數

還有另外一種估算貝塔系數的方法是單因素模型。單因素模型一般可以表示為：

$$R_{it} = \alpha_i + \beta_i \times R_{mt} + \varepsilon_{it} \tag{7-3}$$

其中 R_{it} 為證券 i 在 t 時刻的實際收益率，R_{mt} 為市場指數在 t 時刻的收益率，α_i 為截距項，ε_{it} 為隨機誤差項。

單因素模型可以用圖7-3 的證券特徵線表示，證券特徵線表示證券收益率與市場組合收益率之間的關係。貝塔值可以看成是特徵線的斜率，它表示市場指數收益率變動1%，證券收益率的變動幅度。

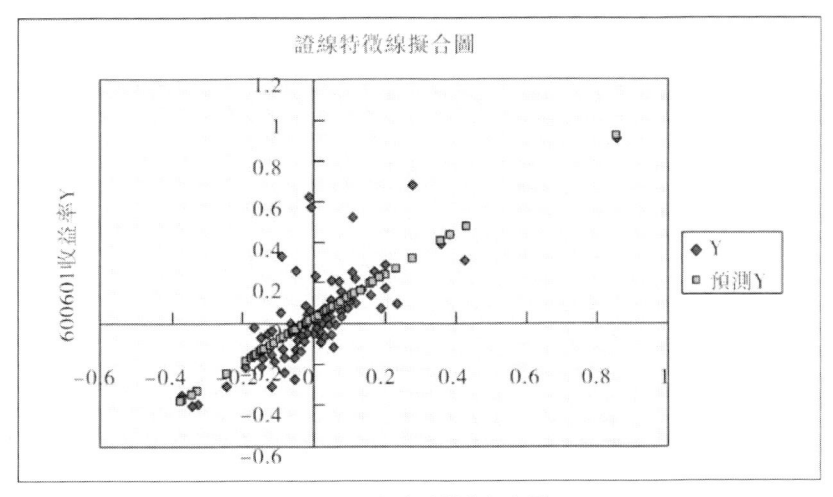

圖7-3 證券特徵線擬合圖

191

Excel 在實驗金融學中的應用

上圖橫軸為上證綜合指數收益率，縱軸為股票 600601 的實際收益率。其中紅色的擬合線即為證券特徵線。該線的斜率就是 600601 的貝塔系數。

我們可以運用對歷史數據的迴歸分析估計出單因素模型中的參數，也即把特徵線代數化，從而得出 β 值。Excel 提供了數據分析的功能，在「工具」菜單欄裡點「數據分析」(圖 7-4)。

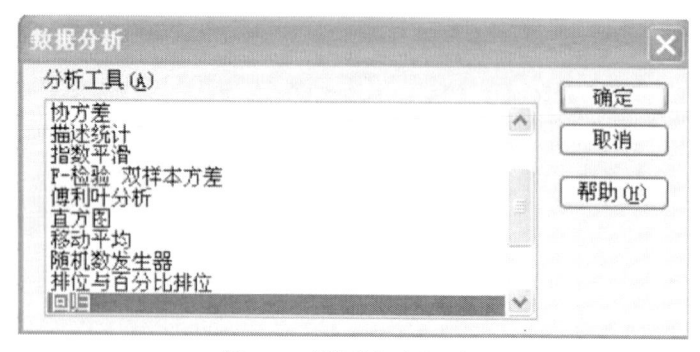

圖 7-4　數據分析功能選擇

然后如圖 7-5 所示打開迴歸分析功能，在命令框中，「Y 值輸入區域」輸入股票 600601 的收益率數據，在「X 值輸入區域」輸入上證綜合指數收益率。

圖 7-5　迴歸分析參數選擇

7 公司財務分析

迴歸結果在另外一張工作表中保存,其中大部分輸出都是統計迴歸的指標。根據統計學原理,我們得到 β 值為 1.075.24。與按定義計算的相差 0.01。結果如下:

表 7-2　　　　　　　　　　　迴歸分析結果

	Coefficients	標準誤差	t Stat	P-value
Intercept	0.017,278,17	0.012,918,693	1.337,454,947	0.183,936,933
X Variable 1	1.075,245,528	0.083,090,591	12.940,641,2	1.506,84E-23

7.1.3 市場組合風險溢價的計算

市場組合風險溢價的計算關鍵在於計算市場組合期望收益率。所謂市場組合是按市場價格的同比例持有所有資產的投資組合。在實踐中通常使用一些相對比較穩定而且有代表性、能夠充分反應市場情況的指數來代表市場組合,比如上證綜合指數。測算市場組合的預期收益率一般還是根據市場組合的歷史收益率來估算。

估算風險溢價要注意兩個問題,一個是市場組合歷史收益率的選擇要與股票的歷史收益率同期。另一個是不能用市場組合的歷史平均收益率去減當前的無風險利率,必須用同期的市場組合收益率與無風險利率相減才能得到正確的結果。根據國泰安的數據我們得到同期上證指數的年收益率,無風險利率選擇居民一年期儲蓄存款利率,計算結果如表 7-3 所示。

表 7-3　　　　　　用歷史收益率測算市場組合風險溢價

	A	B	C	D	E
1	用歷史收益率測算市場組合風險溢價(MRP)					
2	年份	上證指數	上證指數收益率	定期存款利率	稅後定期存款利率
3	1992	913			
4	1993	837	-8.69%	9.18%	7.34%
5	1994	641	-26.68%	9.18%	7.34%
6	1995	542	-16.78%	9.18%	7.34%
7	1996	891	49.71%	5.17%	4.14%
8	1997	1,201	29.86%	5.67%	4.54%
9	1998	1,124	-6.63%	5.67%	4.54%
10	1999	1,406	22.39%	2.25%	1.80%
11	2000	2,129	41.49%	2.25%	1.80%
12	均值		10.58%	6.07%	4.86%

表7-3(續)

	A	B	C	D	E
13					
14		MRP：	5.73%	公式為「=C12-E12」	

7.1.4 用CAPM計算個股預期收益率

估算出上面的參數后,我們就可以計算股票600601的預期收益率。由上可知,股票600601的β系數為1.075,25,市場風險溢價為1.70%,假設現在無風險利率為1.98%,則它的預期收益率為:1.98%+1.075,25×1.70%＝3.81%,計算如表7-4所示。

表7-4　　　　方正科技的預期收益率計算

	A	B	C	D	E
1	方正科技的預期收益率計算(CAPM)				
2	無風險利率	1.98%			
3	稅後無風險利率	1.58%			
4	β值	1.075,25			
5	風險溢價	5.73%			
6					
7	預期收益率	6.04%	公式為「=B3+B3*(B4-B2)」		

7.2 加權平均資本成本計算

資本預算的基本方法是貼現現金流量法(DCF),該方法要預測兩個主要變量,一個是未來現金流量,另一個是未來現金流的貼現率。貼現率是金融學中一個非常重要的概念。從不同的角度對貼現率有不同的認識。站在投資者和債權人的角度來看,他們將資金投入到特定的項目和企業,根據投資的風險程度要求相應的收益率,這種收益率的具體表現形式就是債券的利率和股票收益率。相反,站在企業或項目的管理者的角度看,投資者和債權人所要求的收益就是企業或項目資本使用的成本,也就是資本成本。可見,貼現率、要求收益率和資本成本在本質上是一致的。

不論對於項目還是對於企業而言,資本來源往往包括負債和股權。故必須計算加權平均資本成本作為折現率。加權資本成本(WACC)是股權資本成本和債務資本成本加權平均值,用公式表示為:

7 公司財務分析

$$WACC = (\frac{S}{B+S}) * r_S + (\frac{B}{B+S}) * r_B * (1 - T_C) \tag{7-4}$$

其中 S 為權益值，B 為長期負債值，r_S 為權益融資成本，r_B 為長期債務融資成本，T_C 為公司所得稅稅率。可見，要計算 WACC，必須先估計權益資本成本和債務資本成本，然後還必須知道公司的目標資本結構。

7.1.2 權益融資成本

企業的所有者權益通常包括優先股和普通股，所以權益成本也就分為優先股成本和普通股成本兩個部分。優先股的成本是優先股的股利。由於優先股的股利率是確定的，所以優先股成本的測算比較簡單。其計算為：$r_{ps} = D_{ps}/P_{ps}$，r_{ps} 為優先股成本，D_{ps} 優先股股利，P_{ps} 為優先股價格（可以用永續年金公式計算）。由於優先股成本計算較簡單，而且許多公司不發行優先股，故我們用普通股成本代表權益成本。

普通股成本常用 CAPM 法來計算。其基本原理是股票的預期收益率等於無風險利率加上該股票風險系數（β 值）乘以市場風險溢價（MRP）。用公式表示是：

$$r_S = r_f + \beta * (r_m - r_f) \tag{7-5}$$

其中，r_S 為股票預期收益率，r_f 為無風險利率，r_m 為市場組合收益率，$r_m - r_f$ 為風險溢價。所以，我們需要知道以下三個變量：①無風險利率 r_f；②β 值；③風險溢價（$r_m - r_f$）。

7.1.2.1 確定無風險利率 r_f

在實踐中，我們一般選擇短期國債收益率或者一年期居民儲蓄存款利率作為無風險利率。如現階段一年期居民儲蓄存款利率為 1.75%。

7.1.2.2 確定股票的 β 值

關於 β 值的計算方法在上一節討論過。通過其他渠道（如證券公司的研究報告，財經網站）也可獲得有些股票的 β 值。

(3) 確定市場組合風險溢價（MRP）

關於 MRP 的計算參見 CAPM 應用的討論。

示例：假定無風險利率為一年期居民儲蓄存款利率 1.75%，某股票的 β 值為 1.075,25，市場組合風險溢價為 1.70%，用 CAPM 計算該股票的權益成本，如表 7-5 所示。

r = 1.75% + 1.075,25 × 1.70% = 3.58%

表 7-5　　　　　　　　　用 CAPM 法計算權益成本

	A	B	C	D	E
1	用 CAPM 法計算權益成本				
2	無風險利率	1.75%			

表7-5(續)

	A	B	C	D	E
3	稅後無風險利率	1.40%			
4	市場風險溢價	5.73%			
5	風險係數	1.075,25			
6	權益成本	6.40%	公式為「=B3+B5*(B4-B3)」		

7.2.2 債務融資成本

計算債務融資成本首先要明確的問題是該債務指的是長期債務,一般指企業發行的長期債券。而且債務融資成本是指新發行債務的成本,而不是企業過去發行債務的歷史成本。

如果企業曾經以發行債券的方式融資,並且其債券在二級市場上進行交易,則可以根據市場價格計算債券到期收益率(YTM)或贖回收益率(YTC)來作為債務成本的估計值。此外,如果企業沒有在市場公開交易的債券,可以通過分析行業、規模和信用評級相近似的企業債券的收益率來估計企業的債務成本。

測算債務成本的另一個影響因素是企業的所得稅稅率。因為利息在稅前支付,故利息有抵稅的作用。所以企業的債務成本應是稅后債務成本。即稅後債務成本 = r_B * $(1-T_C)$。

示例:計算某上市公司債務融資成本。該公司現有發行在外的長期債券:債券面值為100元,息票利率為3.73%,付息頻率為一年一次,當前價格為105.5元,當前結算日為2006年4月3日,到期日為2011年6月17日。公司所得稅稅率為33%。

根據上面的原理可知,我們可以計算公司現有債券的到期收益率來估計公司新發債券融資成本。計算見表7-6。

表7-6　　　　　　　　　　　債務成本計算

	A	B	C	D	E
1					
2	債券名稱	01中移動			
3	當前價(淨價)	105.5			
4	息票利率	3.73%			
5	到期日	2011-6-17			
6	付息頻率	1			
7	面值	100			
8	結算日	2006-4-3			

表7-6(續)

A	B	C	D	E
9	應計利息天數	286	公式為:「=COUPDAYBS(B8,B5,1)」	
10	付息週期	360	公式為:「=COUPDAYS(B8,B5,1)」	
11	到期收益率	2.59%	公式為:「=YIELD(B8,B5,B4,B3,100,1)」	
12	所得稅稅率	33%		
13	債務成本	1.73%	公式為:「=B11*(1-B12)」	

由上面計算可知,該公司的債務融資成本為1.73%。

7.2.3 MM定理和企業資本結構

為了計算加權資本成本,還需解決一個資本結構問題。資本結構是指企業債務融資和權益融資的比例,用長期負債與股東權益的比率表示。資本結構的研究是企業籌資決策的核心問題。最早研究資本結構的理論是著名的MM理論(由提出該理論的Modigliani和Miller的名字命名)。這一節將討論這個問題。

7.2.3.1 無公司稅的MM模型

在沒有公司所得稅等一系列理想的假定條件下[1],他們提出並證明了兩個著名的命題。

命題1:

$$V_L = V_U = \frac{EBIT}{r_w} = \frac{EBIT}{r_0} \tag{7-6}$$

其中:

V_L 為有負債公司的價值;V_U 為無負債公司的價值;$EBIT$ 為預期息前稅前利潤;r_w 為有負債公司的加權平均資本成本;r_0 為完全權益公司的資本成本。

命題1的含義是:在上述理想假定條件下,舉債公司的價值和無債公司的價值相等,公司價值與資本結構無關。公司的加權平均成本與資本結構無關,始終等於無債時的權益成本。

命題2:

$$r_s = r_0 + (r_0 - r_B) * (B/S) \tag{7-7}$$

其中:

---

[1] 假設包括:(1)經營風險可以用EBIT的標準差來衡量;
    (2)投資者對公司未來的收益和風險具有相同的預期;
    (3)沒有交易成本以及投資者的借款利率與公司相同;
    (4)所有債務利率為無風險利率;
    (5)所有現金流都是永續的。

r_s為有負債公司的權益成本;r_0為無負債公司的權益成本;r_B為債務成本;B為債務的市場價值;S為普通股的市場價值。

命題2的含義是:公司的債務增加時其權益成本也隨之增加,但加權平均資本成本不會受到財務槓桿的影響。

無公司稅的MM模型的基本結論是:資本結構中包含更多的債務並不能增加公司的價值,因為以低成本借入債務所得到的益處會被其較高風險造成的成本所抵消。因此,公司的價值和WACC都與公司資本結構無關。

7.2.3.2 有公司稅的MM模型

在完善的資本市場等假定條件下,但有公司所得稅存在時,他們提出並證明了以下兩個命題。

命題1:

$$V_L = V_U + T_C * B \qquad (7-8)$$

其中:T_C為公司所得稅稅率。

命題1表明:因公司債務利息可以作為稅前費用抵稅,故財務槓桿會增加公司的價值,有債公司的價值會隨財務槓桿的升高而增大。

命題2:

$$r_s = r_0 + (r_0 - r_B) * (1 - T_C) * (B/S) \qquad (7-9)$$

命題2表明:在有公司所得稅存在的情況下,因為$(1-T_C)$小於1,故負債公司的權益成本要比無稅時小。

有公司稅MM模型基本結論是:負債會增加公司的價值,降低公司的加權平均資本成本。

7.2.3.3 權衡模型

現實中MM模型所依賴的假設條件是不存在的,因而MM模型如果直接用於指導企業進行籌資決策,則會得出公司要使其價值最大化就要完全依賴於負債的結論,顯然,MM理論要加以修正才能應用。

在現實中,企業負債經營或負債增加除了會有直接的利息成本外,還會引起財務危機成本和代理成本增加。財務危機成本是指企業因借債而引起的企業處於財務困境狀態所發生的有關成本,如企業的所有者和債權人之間發生爭執過程中導致的資產破損或過時、支付的律師費、法庭收費等。代理成本是指為解決股東和債權人之間的矛盾而發生的監督債務契約的執行以保護債權人利益等有關的費用支出。這些成本在企業負債很高時會顯現出來,從而減少企業的價值。所以,MM模型要修正如下:

$$V_L = V_U + T_C * B - FA$$

其中:

FA為財務危機成本和代理成本的現值;$T_C * B$為債務利息抵稅的現值。

權衡模型表明,企業的市場價值存在一個最高點,同時加權平均資本成本存在一個最低點,此點對應的資本結構即為最優資本結構。我們可以從圖7-6清楚地看到

7 公司財務分析

這一點。

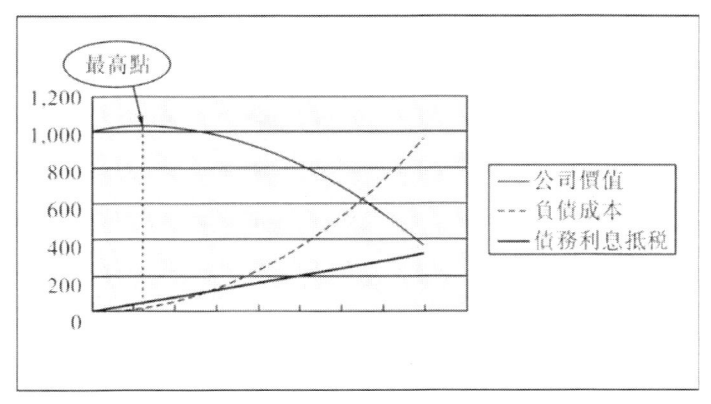

圖 7-6 公司價值與負債水平的關係

下面用例子來說明：

示例：A 公司目前沒有負債，總市值為 1,000 億元。該公司正考慮發行長期債券以利用槓桿效應。分析該公司的最佳資本結構，公司所得稅稅率為 40%。

分析：隨著負債水平的提高，公司負債成本（包括利息、破產成本和代理成本）的現值也將增加。假設運用計量經濟學方法估計得到如下關係式：$y = 0.001,5 * x^2 - 0.008 * x$，$y$ 為負債成本現值，x 為負債水平。

其次，隨著負債水平的提高，債務利息抵稅值也將增加。

下面我們根據權衡模型公式來確定最優負債水平。

首先計算債務成本現值。然後計算債務利息抵稅值，等於債務數額乘以稅率，最後計算公司總價值，等於無債時價值加上債務利息抵稅值再減去債務成本現值。見表 7-7。

表 7-7　　　　　　用歷史收益率測算市場組合風險溢價

	A	B	C	D	E	F	G	H	I	J
1	資本結構分析（最優債務水平）									
2	無債務公司市場價值	1,000	公司所得稅率 T	40%						
3	債務水平	0	100	200	300	400	500	600	700	800
4	負債成本現值	0	14	58	133	237	371	535	729	954
5	公司價值分析									
6	債務水平	0	100	200	300	400	500	600	700	800
7	無債時價值	1,000	1,000	1,000	1,000	1,000	1,000	1,000	1,000	1,000
8	債務利息抵稅值	0	40	80	120	160	200	240	280	320
9	負債成本現值	0	14	58	133	237	371	535	729	954
10	公司實際價值	1,000	1,026	1,022	987	923	829	705	551	366

Excel 在實驗金融學中的應用

上圖中單元格 J4 公式為「=0.001.5 * J3^2-0.008 * J3」。單元格 J8 公式為「=I3 * $D$2」。單元格 J10 公式為「=I7+I8-I9」。

從上圖第 10 行數據可知，公司實際價值最大值在 1,026 左右，最優債務水平在 100 與 200 之間。下面利用規劃求解求得公司最大價值與最優債務水平。如表 7-8 所示。

表 7-8 規劃求解結果

13	規劃求解						
14	最優負債	136					
15	公司價值	1,028	公式為「=1000+0.4 * B14-(0.0015 * B14^2-0.008 * B14)」				

在單元格 B15 中輸入公式「=1000+0.4 * B14-(0.0015 * B14^2-0.008 * B14)」，選中單元格 B14，點「菜單」中「工具」欄「規劃求解」，按圖 7-7 輸入，確定即解得最優債務水平為 136 億元，最優債務水平下公司價值為 1,028 億元。

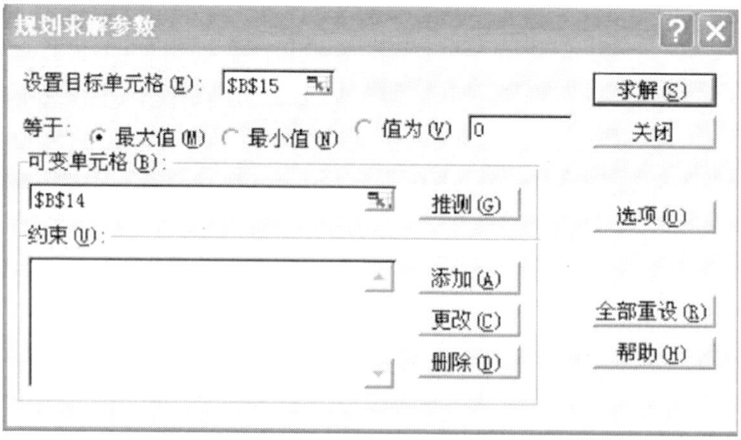

圖 7-7 規劃求解參數選擇

由上可得，公司最優資本結構為：136/(136+1,000)=12%，即負債占總資本的比例為 12%。

7.2.4 加權平均資本成本

計算加權平均資本成本是以上分析的綜合。因為它必須確定權益融資成本、債務融資成本和最優資本結構，還有稅率。假如我們把前面章節計算的一些指標作為一個例子，權益融資成本為 4.08%，債務融資成本為 1.73%，資本結構為債務占總資本的 12%，稅率為 33%。

則 WACC=(1-12%) * 4.08%+12% * 1.73%(1-33%)=3.73%。計算如圖 7-8

7 公司財務分析

所示。

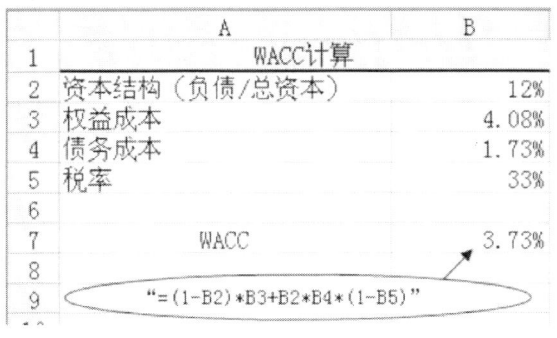

	A	B
1	WACC計算	
2	资本结构（负债/总资本）	12%
3	权益成本	4.08%
4	债务成本	1.73%
5	税率	33%
6		
7	WACC	3.73%
8		
9	"=(1-B2)*B3+B2*B4*(1-B5)"	

圖 7-8　WACC 的計算

7.3　投資項目分析

7.3.1　項目現金流預測

　　預測項目的現金流量是正確進行資本預算的前提之一。然而現金流量的預測不是件容易的事情，特別是一些大型項目或持續時間較長的項目更是如此。原因很簡單：項目規模越大，持續時間越長，預測中的不確定性因素就越多。預測現金流的過程往往會牽涉到許多的部門和個人，比如銷售量和價格的預測一般由市場營銷部門做出；成本費用的預測一般由成本會計、生產管理、人力資源等部門完成。要更準確地做出預測，部門之間的信息共享和工作協調顯得尤為重要。

　　要做好現金流的預測，首先必須準確識別項目的相關現金流量。所謂相關現金流量是指由於實施了投資項目而給公司未來的總體現金流量所帶來的變化，通常這種變化應該體現為增量，所以它也被稱為增量現金流量。識別項目的相關現金流量應採用獨立性原則，即將一個個項目從公司總體中獨立出來，單獨考慮項目本身的收益和成本。將與項目相關的因素充分考慮，而將無關的因素剝離出去，這樣才能確保評價結果的準確可靠。

　　通常，項目的相關現金流量可以分為三個部分：初始投資、營運期間每年的現金流量以及項目終止時的現金流量。初始投資的預測較為直觀簡單。計算營運期間現金流量的基本原則是，要注意區分會計收益與現金流量的不同。資本預算的基礎是現金流量而不是會計收益，故會計上的盈利不一定是現金流量，這一點可以從我們的例子中看到。項目中的現金流量主要注意幾個方面：固定資產的殘值、營運資本的回收以及可能發生的其他終止成本。根據上面的定義，一個項目的總現金流量可以表示為：

　　項目現金流量=初始投資+營運期間每年的現金流量累計+終止期現金流量

201

Excel 在實驗金融學中的應用

其中：

營運期間每年的現金流量＝EBIT-所得稅+折舊-固定資產投資-淨營運資本的變化

上式的計算也就是自由現金流量（FCF）的計算。自由現金流量可以理解為公司支付了維持經營所需的現金支出后可以自由支配的現金流量。

下面對一些容易出錯的相關項作一些解釋：

(1)固定資產投資成本及其折舊。多數項目啟動時都要有固定資產的投資。投資額即作為項目初始投資成本，以負值列入項目現金流量。在會計上，固定資產以折舊方式分攤在項目的經濟年限內。由於折舊是非現金項目，所以根據現金流量的定義，在項目經濟年限內計算每年的現金流量時，必須在淨收益上加上折舊，才能得到正確的結果。另外需要注意的是，項目經濟年限結束時，有些固定資產仍有價值，即固定資產仍有殘值，這時會計上用殘值記帳，但計算終止期現金流時，應計扣稅后市場價值。

(2)營運資本。營運資本是保證每個項目正常經營的基本前提。它主要包括現金、應收帳款、庫存等流動資產。這些投入要計入項目初始投資中。不過，在經營中，如果諸如應付帳款等流動負債增加，則相應對現金等的需求可以抵消一些。故有淨營運資本這個概念，它等於流動資產減去流動負債，即實際占用的營運資本。所以我們可以看到，淨營運資本增加，意味著我們所需占用的諸如現金費用增加，所以營運期間現金流入會減少。淨營運資本減少，我們所需的占用的現金也減少，營運期間現金流入會增加。這就是上面公式是減去淨營運資本變化的原因。到項目終止時，以項目初始投資投入作為營運資本的現金仍然會按照原來的價值返回，庫存會轉化為現金，應收帳款會收回，總之在項目終止時，營運資本將會作為項目的現金流入量計入。

(3)關於利息支出的解釋。在公式中，我們直接從 EBIT 開始計算現金流，而 EBIT 為息前稅前利潤，我們並沒有把利息作為現金流出扣除。原因在於利息費用被視為財務費用，對債務融資的任何調整都反應在最終的貼現率中了，而不涉及現金流量。

(4)所得稅。在計算項目現金流量時，另外一個重要的影響因素是企業的所得稅。按照稅法，所得稅規定必需按期以現金支付，所以它對於項目而言是一項必需的現金流出。故我們看到公式裡要減去所得稅。另外，所得稅的計算也要注意，它等於稅前利潤乘以稅率。由於債務利息和固定資本折舊都是作為經營成本扣除的，所以稅前利潤要在 EBIT 的基礎上減去債務利息。

(5)通貨膨脹。在計算項目現金流量時還必須考慮到的一個來自外部的宏觀經濟因素，這就是通貨膨脹。由於通貨膨脹可直接影響固定和可變成本以及銷售價格，從而影響每期的現金流量，故各種預期現金流量會偏離原來的估計值。然而對未來通貨膨脹本身我們也是在預測，這種預測未必準確，所以考慮通貨膨脹因素后資本預算、預測風險會增加。

以上簡要介紹了原理和應該特別注意的幾個問題，接下來我們通過示例來加強理

7 公司財務分析

表7-17(續)

	A	B	C	D	E	F
11	10%	44,000	5,648,431	10%	1,320	10,797,957
12	15%	46,000	6,935,812	15%	1,380	14,660,102
13	20%	48,000	8,223,194	20%	1,440	18,522,246
14						
15		單位變動成本			貼現率	
16	變化幅度	單位變動成本	淨現值	變化幅度	貼現率	淨現值
17	−20%	640	13,372,720	−20%	9.6%	4,262,730
18	−15%	680	10,797,957	−15%	10.2%	3,957,150
19	−10%	720	8,223,194	−10%	10.8%	3,657,205
20	−5%	760	5,648,431	−5%	11.4%	3,362,755
21	0	800	3,073,668	0	12.0%	3,073,668
22	5%	840	498,904	5%	12.6%	2,789,811
23	10%	880	−2,075,859	10%	13.2%	2,511,060
24	15%	920	−4,650,622	15%	13.8%	2,237,292
25	20%	960	−7,225,385	20%	14.4%	1,968,388

　　從表 7-17 中我們看到,貼現率變動 20% 時淨現值始終為正,故該項目淨現值對貼現率不是太敏感。相反,對於銷售價格變動則反應很明顯。對於銷售量和單位變動成本也較敏感,故我們在對這幾個指標預測時要特別小心。我們可以將上述結果繪成圖表,更直觀地分析,如圖 7-9 所示。

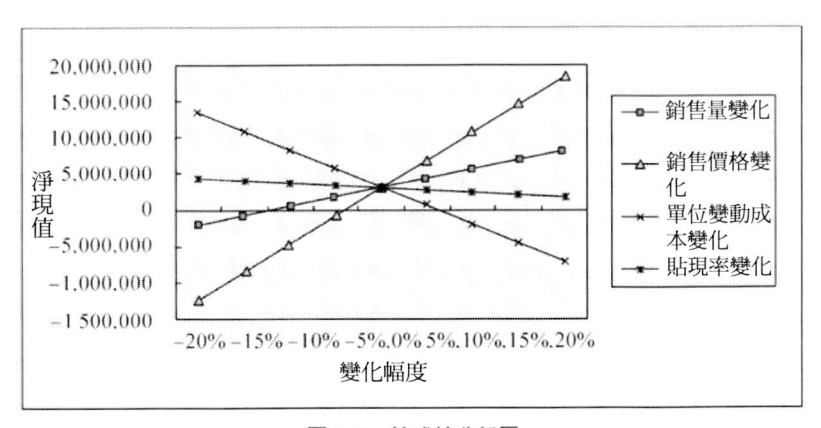

圖 7-9　敏感性分析圖

　　上圖縱軸為淨現值,橫軸為各種因素的變化幅度。淨現值始終為正,表示因素變化對投資決策不會產生太大影響,如貼現率的變化。淨現值斜率越大,表示投資決策對因素越敏感,如銷售價格的變化。對於越敏感的因素,在預測時要越謹慎。

表7-9(續)

	A	B	C	D	E	F
17	營運資本變化:	-4,800,000			4,800,000	
18	自由現金流量:	-22,800,000	9,350,000	9,350,000	14,150,000	公式為「=SUM(E15:E17)」
19	貼現現金流量:	-22,800,000	8,348,214	7,453,763	10,071,691	公式為「=PV($B$11,E14,,-E18)」
20	累計現金流量:	-22,800,000	-13,450,000	-4,100,000	10,050,000	公式為「=D20+E18」
21	累計貼現現金流量:	-22,800,000	-14,451,786	-6,998,023	3,073,668	公式為「=D21+E19」

註:單元格F18至F21所說的公式為單元格E18至E21所用的公式。

7.3.1.2 考慮折舊因素

在上面的例子基礎上,將固定資產投資細化並充分考慮折舊及殘值因素。在1,800萬元的固定資產投資中,1,200萬元用於購買和安裝設備,設備的折舊期為5年,到期殘值為0,在3年後項目終止時,預計設備的市場價值為400萬元;另外的600萬元用於建設廠房,廠房的折舊期為10年,到期殘值為60萬元,在3年後項目終止時,預計廠房的市場價值為500萬元。

在這裡需要注意的是固定資產的使用年限與項目的經濟年限不一致,即項目結束後,固定資產還有殘值,而且殘值的帳面價值和市場價值不相等。在計算每年經營現金流量時和簡化情形一樣,但在計算最後一年現金流入時,必須加上殘值現金流。

殘值現金流=殘值市場價值-所得稅差異

所得稅差異=(殘值市場價值-殘值帳面價值)×稅率

計算結果見表7-10。

表7-10　　　　　　　　考慮折舊因素的方案　　　　　　　　單位:元

	A	B	C	D	E	F
30			考慮折舊因素方案			
31		設備		廠房		
32	設備原值:	12,000,000	廠房原值:	6,000,000		
33	折舊年限:	5	折舊年限:	10		
34	殘值:	0	殘值:	600,000		
35	年折舊:	2,400,000	年折舊:	540,000	公式為「=SLN(D29,D31,D30)」	
36	3年後帳面價值:	4,800,000	3年後帳面價值:	4,380,000	公式為「=D29-3*D32」	
37	3年後市場價值:	4,000,000	3年後市場價值:	5,000,000		
38	所得稅差異:	-264,000	所得稅差異:	204,600	公式為「=(D34-D33)*B9」	
39	殘值現金流量:	4,264,000	殘值現金流量:	4,795,400	公式為「=D34-D35」	
40						
41		原始數據		預測收益表		

7 公司財務分析

表7-10(續)

42	預期銷量：	40,000		銷售收入：	48,000,000	
43	銷售價格：	1,200		變動成本：	32,000,000	
44	單位變動成本：	800		銷售利潤：	16,000,000	
45	固定成本：	5,000,000		固定成本：	5,000,000	
46	固定資產原值：	18,000,000		折舊：	2,940,000	
47	年限：	3		EBIT：	8,060,000	
48	所得稅稅率：	33%		所得稅：	2,659,800	
49	營運資本：	4,800,000		淨收益：	5,400,200	
50	貼現率：	12%		經營現金流量：	8,340,200	
51						
52			現金流量預測			
53	年份：	0	1	2	3	
54	經營性現金流量：		8,340,200	8,340,200	17,399,600	公式為「= E50+B39+D39」
55	固定資產支出：	-18,000,000				
56	營運資本變化：	-4,800,000			4,800,000	
57	自由現金流量：	-22,800,000	8,340,200	8,340,200	22,199,600	公式為「= SUM(E54:E56)」
58	貼現現金流量：	-22,800,000	7,446,607	6,648,756	15,801,237	
59	累計現金流量：	-22,800,000	-14,459,800	-6,119,600	16,080,000	
60	累計貼現現金流量：	-22,800,000	-15,353,393	-8,704,636	7,096,600	

7.3.1.3 考慮折舊、通貨膨脹綜合因素

以上例子其他條件保持不變，假定在項目開始后的 3 年內對通貨膨脹有一個預期，銷售價格和變動成本會以每年2%的比率遞增，固定成本以每年1%的比率遞增。

由於引入了通貨膨脹因素，每年的經營性現金流量將不再保持相等。因此，需要對項目週期內每一年單獨計算。計算過程和結果見表 7-11。

表 7-11　　　考慮折舊、通貨膨脹的綜合方案　　　單位：元

	A	B	C	D	E	F	G
69			考慮折舊、通貨膨脹的綜合方案				
70				經營活動			
71	年份：	0	1	2	3		
72	銷售量：		40,000	40,000	40,000		
73	價格：		1,200	1,224	1,248	公式為「= D73 * (1+2%)」	
74	銷售收入：		48,000,000	48,960,000	49,939,200		
75	單位變動成本：		800	816	832.32	公式為「= D75 * (1+2%)」	

表7-11(續)

	A	B	C	D	E	F	G
76	變動成本:		32,000,000	32,640,000	33,292,800		
77	固定成本:		5,000,000	5,050,000	5,100,500	公式為「= D77 * (1+1%)」	
78	折舊		2,940,000	2,940,000	2,940,000		
79	EBIT:		8,060,000	8,330,000	8,605,900		
80	所得稅:		2,659,800	2,748,900	2,839,947		
81	淨收益		5,400,200	5,581,100	5,765,953		
82	經營性現金流量		8,340,200	8,521,100	8,705,953		
83							
84			現金流量預測				
85	年份:	0	1	2	3		
86	經營性現金流量:		8,340,201	8,521,102	8,705,956		
87	固定資產支出:	-18,000,000					
88	營運資本:	4,800,000	4,896,000	4,993,920	0		
89	營運資本變化:	-4,800,000	-96,000	-97,920	4,993,920		
90	自由現金流量:	-22,800,000	8,244,201	8,423,182	22,759,276	公式為「= SUM (E86: E87, E89) +B39+D39」	
91	貼現現金流量:	-22,800,000	7,360,894	6,714,909	16,199,603		
92	累計現金流量:	-22,800,000	-14,555,799	-6,132,617	16,626,659		
93	累計貼現現金流量:	-22,800,000	-15,439,106	-8,724,197	7,475,406		

7.3.2 項目評估分析

資本預算的第二個步驟即是項目評估分析。評估分析基於已經預測出來的項目未來現金流量。評估分析可能是考察一個項目是否值得投資,也可能是為了比較幾個項目然后進行取捨。不管是哪一種,要得出直觀的結果,都要有一個科學的評價方法和指標以及相應的標準。以下結合上節例子的簡化情形,介紹五個指標:投資回收期、現值回收期、淨現值、內部收益率和修正內部收益率。假設貼現率為12%。

7.3.2.1 投資回收期與現值回收期評估

回收期是指項目累計產生的現金流正好等於初始投資的時間。比如初始投資50,000元,第一年回收20,000元,第二年回收30,000元。則回收期為2年。有時,正好回收點不在整數年末,此時根據累計現金流量按比例計算回收期,計算見表7-12。例中先找到累計現金流接近0的年份即第二年,然后計算累計現金流從第二年累計到0所需的平均時間,例中計算為:4,100,000/(10,050,000+4,100,000),最后兩項相加即得所求投資回收期為2.29年。

7 公司財務分析

表 7-12　　投資回收期計算的簡化方案　　單位:元

	A	B	C	D	E
1			簡化方案		
13			現金流量預測		
14	年份:	0	1	2	3
15	經營性現金流量:		9,350,000	9,350,000	9,350,000
16	固定資產支出:	-18,000,000			
17	營運資本變化:	-4,800,000			4,800,000
18	自由現金流量:	-22,800,000	9,350,000	9,350,000	14,150,000
19	貼現現金流量:	-22,800,000	8,348,214	7,453,763	10,071,691
20	累計現金流量:	-22,800,000	-13,450,000	-4,100,000	10,050,000
21	累計貼現現金流量:	-22,800,000	-14,451,786	-6,998,023	3,073,668
22					
23			評估分析		
24	投資回收期:	2.29	公式為「=2+ABS(D20)/(E20-D20)」		

　　以上計算的回收期只是一個最直觀的回收期,它有一個缺陷就是沒有考慮貨幣的時間價值,即沒有考慮貼現因素。不過,通過簡單的修正即可彌補這一缺陷。如果給定了貼現率,那麼就可以計算所謂的貼現回收期。貼現回收期是指項目未來現金流入貼現后等於初始投資的時間。計算方法類似於投資回收期,只是要根據累計貼現現金流來計算,見表 7-13,貼現回收期為 2.69 年。

表 7-13　　用貼現現金流計算回收期

	A	B	C	D	E
1			簡化方案		
13			現金流量預測		
14	年份:	0	1	2	3
15	經營性現金流量:		9,350,000	9,350,000	9,350,000
16	固定資產支出:	-18,000,000			
17	營運資本變化:	-4,800,000			4,800,000
18	自由現金流量:	-22,800,000	9,350,000	9,350,000	14,150,000
19	貼現現金流量:	-22,800,000	8,348,214	7,453,763	10,071,691
20	累計現金流量:	-22,800,000	-13,450,000	-4,100,000	10,050,000
21	累計貼現現金流量:	-22,800,000	-14,451,786	-6,998,023	3,073,668

表7-13(續)

	A	B	C	D	E
22					
23			評估分析		
25	貼現回收期：	2.69	公式為「=2+ABS(D21)/(E21−D21)」		

從上計算可以看出，考慮貼現因素後，回收期變得更長了。

從回收期看(不論投資回收期還是貼現回收期)，都小於3年的產品壽命期，故該項目值得投資。

回收期法一般不考慮到達回收期以後產生的現金流量，所以在對兩個或多個項目對比分析時，往往不能給出正確答案，這時需要用另一個指標——淨現值。

7.3.2.2 淨現值評估

淨現值評估是資本預算中最常用的評價指標，也是最完善的投資評估方法。淨現值等於項目未來整個經濟年限內，各年份預期產生的現金流量貼現和與初始投資的差。差額大於0，項目值得投資；反之則不行。淨現值法需要一個貼現率對每期現金流進行貼現。在Excel中可以直接用公式一步計算出，也可分步計算。分步計算即直接求累計貼現現金流量(見單元格E21)。公式計算見單元格B26，公式見表7-14。公式中B11為貼現率(12%)。

表7-14　　　　　　　　　　淨現值計算

	A	B	C	D	E
1			簡化方案		
13			現金流量預測		
14	年份	0	1	2	3
15	經營性現金流量：		9,350,000	9,350,000	9,350,000
16	固定資產支出：	−18,000,000			
17	營運資本變化：	−4,800,000			4,800,000
18	自由現金流量：	−22,800,000	9,350,000	9,350,000	14,150,000
19	貼現現金流量：	−22,800,000	8,348,214	7,453,763	10,071,691
20	累計現金流量：	−22,800,000	−13,450,000	−4,100,000	10,050,000
21	累計貼現現金流量：	−22,800,000	−14,451,786	−6,998,023	3,073,668
22					
23			評估分析		
26	NPV：	3,073,668	公式為「=B18+NPV(B11,C18:E18)」		

由於淨現值大於0，故同樣得到項目值得投資的結論。

7　公司財務分析

7.3.2.3　內部收益與修正內部收益率評估

在資本預算的評價體系中,有一個幾乎和淨現值同等重要的評價指標——內部收益率(IRR)。所謂內部收益率是指使得一系列現金流量淨現值為 0 的貼現率。本書之前有過內部收益率的介紹,在此只提供在項目評估中的操作。Excel 函數功能中有直接的 IRR 函數。計算見表 7-15。內部收益率為 19.15%。

表 7-15　　　　　　　　　　　內部收益率計算　　　　　　　　　　單位:元

	A	B	C	D	E
1		簡化方案			
13		現金流量預測			
14	年份:	0	1	2	3
15	經營性現金流量:		9,350,000	9,350,000	9,350,000
16	固定資產支出:	-18,000,000			
17	營運資本變化:	-4,800,000			4,800,000
18	自由現金流量:	-22,800,000	9,350,000	9,350,000	14,150,000
19	貼現現金流量:	-22,800,000	8,348,214	7,453,763	10,071,691
20	累計現金流量:	-22,800,000	-13,450,000	-4,100,000	10,050,000
21	累計貼現現金流量:	-22,800,000	-14,451,786	-6,998,023	3,073,668
22					
23		評估分析			
27	IRR:	19.15%	公式為「=IRR(B18:E18,0.1)」		

我們知道,內部收益率有一個重要的假設,即現金流按照內部收益率進行再投資。這個假設並不經常成立,故提出了調整內部收益率的概念。調整內部收益率的計算是把現金流按照融資成本或要求收益率貼現,然後再統一計算一個使淨現值等於 0 的「平均」收益率。關於調整收益率,本書之前已有介紹,在此不作詳細闡述。我們只看 Excel 項目評估的操作,見表 7-16,MIRR 為 16.82%。

表 7-16　　　　　　　　　項目的調整內部收益率計算

	A	B	C	D	E
1		簡化方案			
13		現金流量預測			
14	年份:	0	1	2	3
15	經營性現金流量:		9,350,000	9,350,000	9,350,000
16	固定資產支出:	-18,000,000			

表7-16(續)

	A	B	C	D	E
17	營運資本變化:	-4,800,000			4,800,000
18	自由現金流量:	-22,800,000	9,350,000	9,350,000	14,150,000
19	貼現現金流量:	-22,800,000	8,348,214	7,453,763	10,071,691
20	累計現金流量:	-22,800,000	-13,450,000	-4,100,000	10,050,000
21	累計貼現現金流量:	-22,800,000	-14,451,786	-6,998,023	3,073,668
22					
23			評估分析		
28	MIRR:	16.82%	公式為「=MIRR(B18:E18,B11,B11)」		

由於 IRR 和 MIRR 都大於 12%,故項目值得投資。

7.3.3 項目風險分析:情景分析模板

從上面的討論中我們似乎已經完成了資本預算的工作。但是,我們發現,現金流的預測是基於很多假設的,即現金流的預測是在很多預測指標下得出的,如預測銷售量、價格、成本等。這些指標預測得準確與否,很大程度上會影響最終的評估結果。所以我們在預測時要格外小心。敏感性分析提供了評價指標對某一預測變量的依賴程度。它是指通過設定每一個預測變量的可能變化範圍,計算該變量變化時評價指標的變化情況。如,在其他因素不變時,銷售量變化對項目淨現值的影響程度。通過變動各預測指標,我們可以得到不同的淨現值。在此我們給出結果。表 7-17 是淨現值對銷售量、銷售價格、變動成本以及貼現率的敏感性分析結果。

表7-17　　　　　　　　項目敏感性分析　　　　　　　　單位:元

	A	B	C	D	E	F
1			項目敏感性分析			
2						
3		銷售量			銷售價格	
4	變化幅度	銷售量	淨現值	變化幅度	銷售價格	淨現值
5	-20%	32,000	-2,075,859	-20%	960	-12,374,911
6	-15%	34,000	-788,477	-15%	1,020	-8,512,766
7	-10%	36,000	498,904	-10%	1,080	-4,650,622
8	-5%	38,000	1,786,286	-5%	1,140	-788,477
9	0	40,000	3,073,668	0	1,200	3,073,668
10	5%	42,000	4,361,049	5%	1,260	6,935,812

7 公司財務分析

表7-17(續)

	A	B	C	D	E	F
11	10%	44,000	5,648,431	10%	1,320	10,797,957
12	15%	46,000	6,935,812	15%	1,380	14,660,102
13	20%	48,000	8,223,194	20%	1,440	18,522,246
14						
15		單位變動成本			貼現率	
16	變化幅度	單位變動成本	淨現值	變化幅度	貼現率	淨現值
17	−20%	640	13,372,720	−20%	9.6	4,262,730
18	−15%	680	10,797,957	−15%	10.2	3,957,150
19	−10%	720	8,223,194	−10%	10.8	3,657,205
20	−5%	760	5,648,431	−5%	11.4	3,362,755
21	0	800	3,073,668	0	12.0	3,073,668
22	5%	840	498,904	5%	12.6	2,789,811
23	10%	880	−2,075,859	10%	13.2	2,511,060
24	15%	920	−4,650,622	15%	13.8	2,237,292
25	20%	960	−7,225,385	20%	14.4	1,968,388

　　從表7-17中我們看到，貼現率變動20%時淨現值始終為正，故該項目淨現值對貼現率不是太敏感。相反，對於銷售價格變動則反應很明顯。對於銷售量和單位變動成本也較敏感，故我們在對這幾個指標預測時要特別小心。我們可以將上述結果繪成圖表，更直觀地分析，如圖7-9所示。

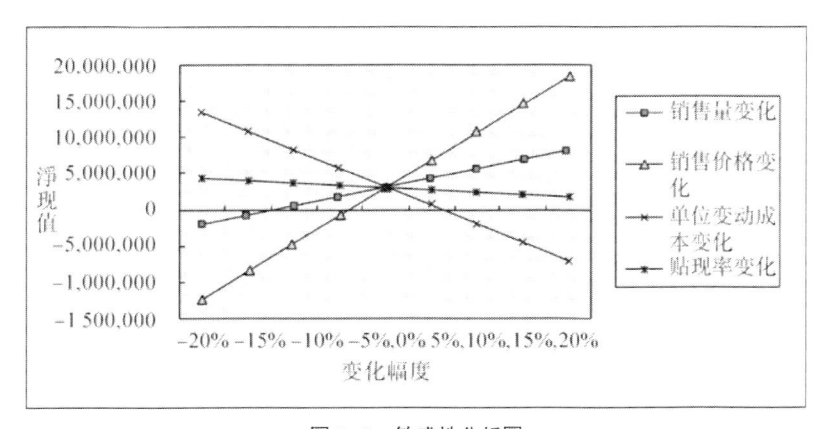

圖7-9　敏感性分析圖

　　上圖縱軸為淨現值，橫軸為各種因素的變化幅度。淨現值始終為正，表示因素變化對投資決策不會產生太大影響，如貼現率的變化。淨現值斜率越大，表示投資決策對因素越敏感，如銷售價格的變化。對於越敏感的因素，在預測時要越謹慎。

211

7.4 租賃與股票定價

7.4.1 租賃—購買決策分析

租賃是承租人和出租人之間的一項契約性協議。協議中規定承租人擁有使用租賃資產的權利，同時必須定期向資產的所有者——出租人支付租金。租賃作為一種融資方式，一般指租賃期限長於 5 年的長期租賃，長期租賃是籌集房產、廠房和設備建設資金的一種方法。承租人通過租賃來代替購買這些資產，故租賃有融資的含義。租賃有許多優點，但是最根本的還是租金可以抵稅。是租賃還是購買？這是一個需要分析的財務問題。

分析是否租賃的一種方法叫約當貸款法。該方法虛擬一個與租賃產生相同現金流的貸款。我們通過示例來理解這種方法。

【例題 7-2】某公司決定購買一臺機器，要花費 540,000 元，機器將按直線法折舊到殘值為 0。估計機器使用壽命為 6 年，公司所得稅稅率為 33%。另一種替代方式是租賃，租期 6 年。每年租金為 130,000 元，第一筆付款是現在支付，並且以後的 5 年裡租金是年初支付。

分析：租賃的現金流為稅后現金流量，即每年的租金×(1-稅率)。

購買的現金流量包括：第 0 年支付的購買價格，1～6 年機器折舊的抵稅額，抵稅額等於折舊額乘以稅率。

現金流量差額等於租賃稅后現金流減購買機器淨現金流。它相當於一筆 459,400 元的貸款。這筆貸款在 1～5 年的稅后還款為 114,800 元，在第 6 年的稅后還款為 34,200 元。換句話說，租賃可以看作為貸款融資的一種替代方法。為了比較租賃和購買，我們轉而評估一筆虛構貸款的成本。如果該貸款的成本大於公司稅后借款成本，則應該購買機器；如果小於則應租賃。

分析參見表 7-18。

表 7-18　　　　　　　　　　　約當貸款法　　　　　　　　　　　單位：元

	A	B	C	D	E	F	G	H
1	約當貸款法							
2	機器價格	540,000						
3	利率	12%						
4	租金	130,000						
5	每年折舊	90,000	公式為「=SLN(B2,0,6)」				
6	稅率	38%						
7	分析							

表7-18(續)

	A	B	C	D	E	F	G	H
8	時間軸(年)	0	1	2	3	4	5	6
9			租賃的稅后現金流					
10	稅后租金	-80,600	-80,600	-80,600	-80,600	-80,600	-80,600	
11			購買機器的稅后現金流					
12	機器價格	-540,000						
13	折舊抵稅		34,200	34,200	34,200	34,200	34,200	34,200
14	淨現金流	-540,000	34,200	34,200	34,200	34,200	34,200	34,200
15			現金流量差額					
16	租賃減購買	459,400	-114,800	-114,800	-114,800	-114,800	-114,800	-34,200
17								
18	現金流量差額的IRR		9.6%	公式為「=IRR(B16:H16)」				
19	決策		購買	公式為「=IF(C18>B3*(1-B6),"購買","租賃")」				

單元格C13公式為「=$B$5*$B$6」,單元格C14公式為「=C12+C13」,單元格C16公式為「=C10-C14」。

圖中單元格C18提供了租賃隱含的融資成本。由於它大於公司借款的稅后成本,故公司應該購買機器,而不是租賃。

7.4.2 GORDON 模型

根據股票的性質,股票的收益來源於兩個方面:一是股利,即上市公司派發的股利分紅;一是資本利得,即買賣價差。所以股票投資的預期現金流為:股利和出售時的價格。那麼根據現金流貼現定價方法,股票的價格為:

$$P_0 = \sum_{t=1}^{\infty} \frac{D_t}{(1+r)^t} + \frac{P_M}{(1+r)^M} \qquad (7\text{-}10)$$

其中,P_0 為股票當前價格,D_t 為從當年起第 t 年的股利,P_M 為第 M 年出售股票的價格,M 為持有股票的年數,r 為貼現率,也即該股票的預期收益率。上式的 P_M 為不可直接預測值,不過按照一樣的推理,P_M 也可表示為第 M 年後未來現金流和出售價的貼現值,故最終我們可得到股票的當前價格等於未來所有股利的現值的結論。

$$P_0 = \sum_{t=1}^{\infty} \frac{D_t}{(1+r)^t} \qquad (7\text{-}11)$$

這是一個非常重要的結論,但是該結論無法應用,因為不可能準確預測未來所有的股利。不過在兩種情況下是可以應用的,一種是每期股利相同,一種是股利按照固定比率增長。前者簡化為永久年金的問題,在此不作討論。下面分析第二種情況。即固定增長股利模型,也就是GORDON模型。該模型是由GORDON推出的一個簡潔的式子:

Excel 在實驗金融學中的應用

$$P_0 = \frac{D_1}{r-g} = \frac{D_0(1+g)}{r-g} \tag{7-12}$$

其中 D_1 為第一年末派發的股利，D_0 為上年末派發的股利，g 為股利增長比率。

下面看一個例子。

【例題 7-3】某公司股票初期的股息為 1.8 元/股，經預測該公司未來股利每年將按 5% 的比率增長，假定貼現率為 11%，求該公司股票當前的價值。

根據公式，$P_0 = 1.8(1+5\%)/(11\%-5\%) = 31.5$ 元/股

具體的 Excel 計算如表 7-19 所示。

表 7-19　　　　　　　　　　Gordon 固定股利增長模型

	A	B	C	D	E	F	G
1	GORDON 固定股利增長模型							
2	輸入						
3	上年末股利 D_0	1.80					
4	股息增長率 g	5.00%					
5	貼現率 r	11.0%					
6							
7	輸出						
8	當前價值 P_0	31.50	公式為「＝B4＊(1+B5)/(B6-B5)」				

註 GORDON 模型的應用有一個隱含的條件，即 $r>g$。如果 $r<g$，GORDON 模型就失效了。

GORDON 股利增長模型的基本前提是增長率固定不變，但在實踐中很多企業的增長率是變化的。最典型的情況是所謂的「增長型」企業，即在一定時期內高速增長，然後再以一個較低的速度持續穩定增長。兩階段模型的股票初始價格等於兩階段的股息貼現和。第一階段假設有 M 期，第二階段則是一個固定股利增長模型。下面通過例子來說明。

【例題 7-4】某公司上一年實際發放股利 1 元/股，預計該公司今後 5 年出現高增長，股利增長率為 30%，在第 5 年後，將轉為正常增長，股利增長率為 10%，貼現率為 35%。求股票初始價格。

首先在 Excel 中輸入已知條件，然後計算初期 5 年的股息貼現值，見表 7-20。

7 公司財務分析

表 7-20　　　　　　　　　　　　兩階段模型　　　　　　　　　　　　單位:元

	A	B	C	D	E	F	G
10	兩階段模型(增長型企業)							
11	輸入						
12	上年末股利 D_0	1					
13	初期增長速度	30%					
14	初期時段(年)	5					
15	常規期增長速度	10%					
16	貼現率	35%					
17	初期							
18	年份	0	1	2	3	4	5
19	股息	1	1.3	1.69	2.20	2.86	3.71
20	股息貼現值	1.00	0.96	0.93	0.89	0.86	0.83
21	常規期							
22	年份	6					
23	股息	4.08	公式為「=G19*(1+B15)」				
24	第5年股價	16.34	公式為「=B23/(B16-B15)」				
25	第5年股價貼現	3.64	公式為「=B24/(1+B16)^5」				
26	輸出						
27	初期股息的現值	5.47	公式為「=SUM(B20:G20)」				
28	常規期股息的現值	3.64	公式為「=B25」				
29	股票當前價值 P_0	9.11	公式為「=SUM(B27:B28)」				

　　然后計算常規期的股息貼現值,常規期的股息貼現值是一個GORDON固定股利增長模型,g為10%,不過要注意的是常規期計算的股價為第五年的股價,還要貼現到初始期,最后把兩時期的貼現值加總即得初始股價。見表7-20,計算得到公司估價為9.11。

　　推廣:根據GORDON模型的思想,即使在股利增長速度變化時,我們仍可以計算股票的初始價值,只需要把股利變化的整個過程進行分段,然后構造多階段模型即可,最后把所有階段的股息都貼現到初始期,加總即得股票初始價值。

7.4.3　市盈率模型

　　股票實際市盈率等於每股價格除以每股收益。市盈率模型可以用來判斷股票價格的高估或低估。因為根據市盈率模型決定的市盈率是一個理論的市盈率(也叫正

Excel 在實驗金融學中的應用

常市盈率)。如果股票的實際市盈率高於正常市盈率,說明該股票被高估了;反之,當實際的市盈率低於正常的市盈率,說明股票被低估了。市盈率模型的推導如下:

根據股利不變增長模型(GORDON 模型)有: $P_0 = \dfrac{D_1}{r-g} = \dfrac{D_0(1+g)}{r-g}$

其中 D_1, r, g 分別代表第一期支付的股息、貼現率和股利增長率。P_0 為股票內在價值。

而每期的股利等於當期的每股收益(E)乘以派息比率(b),即 $D = E * b$,代入上式可推出市盈率模型的一般表達式: $\dfrac{P}{E} = \dfrac{b}{r-g}$。從該式可以發現,市盈率取決於三個變量:派息比率、貼現率和股利增長率。

進一步分析,我們可以發現市盈率的第二層次的決定因素。因為股利增長率等於淨資產收益率(ROE)乘以留存比率。即 $g = ROE \times (1-b)$。$(1-b)$ 為留存比率。此式不難理解,因為股利的來源是淨收益。淨資產收益率等於淨利潤除以平均股東權益。貼現率我們可以根據 CAPM 來計算,相關內容見前面章節。下面以一個例子來說明。

【例題 7-5】某上市公司兩年度的基本財務數據如表 7-21 所示,另外已知無風險利率為 2.25%,公司股票 β 系數為 1.19,市場溢價為 3.34%,根據上面的原理計算如表 7-21 所示。

表 7-21 市盈率模型

	A	B	C	D	E	F
1	市盈率模型(股利不變增長模型)					
2	已知條件					
3	年度	實際市盈率	留存比率	淨利潤(元)	股東權益(元)	
4	20,031,231		0.750,346	542,270,658.2	4,701,359,104	
5	20,041,231	13.620,954	0.741,047	878,006,255.1	6,202,198,787	
6	計算分析					
7	無風險收益率	2.25%				
8	貝塔系數	1.19				
9	市場溢價	3.34%				
10	貼現率	6.22%	公式為「=B7+B8*B9」			
11	淨資產收益率	4.03%	公式為「=D5/(E4+E5)/2」			
12	股利增長率	2.98%	公式為「=B11*C5」			
13	理論市盈率	7.99	公式為「=(1-C5)/(B10-B12)」			
14	判斷	股價高估	公式為「=IF(B5>B13,"股價高估","股價低估")」			

7　公司財務分析

從上圖可見，由於公司的實際股票市盈率遠遠高於理論市盈率，故我們得出公司股票被高估的判斷。

7.5　企業庫存管理

存貨是企業在生產經營過程中為銷售或者耗用而儲備的物資，包括原材料、在產品、產成品等。企業的存貨一般在流動資產中佔有較大的比重，存貨管理水平的高低會對企業的財務狀況和經營成果產生很大的影響，因此，加強存貨管理具有重要的意義。

存貨的決策涉及多方面的內容，包括決定進貨項目、選擇供貨單位、決定進貨時間和決定進貨批量等，其中最常見的存貨決策是確定經濟訂貨批量。

企業購買和儲存存貨的有關成本包括三部分：

（1）採購成本，指購買材料等存貨所支付的價款。

（2）訂貨費用，指為採購存貨所花費的各項進貨費用，包括採購人員的差旅費、辦公費以及存貨的運輸費用和檢驗費用等。

（3）儲存費用，指存貨在倉庫中儲存和保管所花費的各項費用，包括存貨占用資金的機會成本、倉庫人員的工資及辦公費、庫房的折舊費和維修費及存貨儲存期間的合理損耗等。在一定時期存貨的需求和採購量一定的情況下，如果供貨商沒有按訂貨數量的多少給予價格上的折扣，採購成本是確定的；訂貨費用與一定時期的訂貨次數成正比，與一次訂貨量成反比；儲存費用與一定時期的平均存貨水平成正比。所謂經濟訂貨批量是指使存貨的總成本最低的一次訂貨批量。

7.5.1　基本的經濟訂貨批量模型

基本的經濟訂貨批量模型建立在下列假設基礎之上：

（1）企業能夠瞬時補充存貨。

（2）存貨能集中到貨。

（3）不允許缺貨。

（4）一定時期的存貨總需求量確定。

（5）存貨的單價保持不變。

在這些假設前提下，總存貨費用 C 為：

$$C = D \times P + \frac{D \times A}{Q} + \frac{1}{2} P \times K \times Q \tag{7-13}$$

式中，Q 為訂貨批量；D 為一定時期存貨的需求量；A 為一次訂貨費；P 為存貨單價；K 為存貨的存儲費率，P、K 為單位存儲費用。

Excel 在實驗金融學中的應用

C 對 Q 求導數,並令在 $\frac{dc}{dq}=0$ 時,即得存貨的經濟訂貨批量為:

$$Q^* = \sqrt{\frac{2DA}{PK}} \tag{7-14}$$

在此基礎上,還可以進一步計算出一定時期最佳的訂貨次數為:

$$N^* = \frac{D}{Q^*} \tag{7-15}$$

一定時期存貨的最低訂儲費用(訂貨費用和儲存費用合計)為:

$$T^* = \sqrt{2DAPK} \tag{7-16}$$

【例題 7-6】某企業全年需要某種材料 3,600 千克,一次訂貨費用 25 元,材料單價 20 元/千克,材料的存儲費率為 10%,求該材料的經濟訂貨批量、全年訂貨次數和最低訂儲費用。

將有關資料整理到 Excel 上,如表 7-22 所示。

在 B9 單元格中輸入「=SQRT(2*B3*B4/(B5*B6))」;在 B10 單元格中輸入「=B3/B9」;在 B11 單元格中輸入「=SQRT(2*B3*B4*B5*B6)」,則可得到經濟訂貨批量為 300 千克,年訂貨次數為 12 次,年最低訂儲費用為 600 元。

表 7-22　　　　　　　　　　經濟訂貨批量決策模型

	A	B	C	D
1	經濟訂貨批量決策模型(瞬時進貨與陸續供應)			
2	已知條件			
3	全年需要量(千克)	3,600	每日供貨量(千克)	30
4	一次訂貨費(元/次)	25	每日需求量(千克)	10
5	材料單價(元/千克)	20		
6	存儲費率	10%		
7	計算結果			
8	瞬時進貨的情況		存貨陸續供應的情況	
9	經濟訂貨批量(千克)	300	經濟訂貨批量(千克)	367.42
10	年經濟訂貨次數(次)	12	年經濟訂貨次數(次)	10
11	年最低訂儲費用(元)	600	年最低訂儲費用(元)	489.90

7.5.2　存貨陸續供應和耗用情況下的經濟訂貨批量模型

在存貨陸續供應和耗用情況下,經濟訂貨批量 Q^* 和最低訂儲費 T^* 的計算公式如下:

7 公司財務分析

$$Q^* = \sqrt{\frac{2DA}{PK(1-\frac{d}{g})}} \qquad (7-17)$$

$$T^* = \sqrt{2DAPK(1-\frac{d}{g})} \qquad (7-18)$$

式中，g 為送貨期內每日平均送貨量；d 為每日平均消耗量，其他符號的含義同前。

假如上例的企業所需要的材料不是瞬時到貨，而是陸續供貨，進貨期內每日供貨量為 30 千克，每日需求量 10 千克，則可計算出經濟訂貨批量為 367.42 千克，年訂貨次數為 10 次，年最低訂儲費用為 489.90 元，如表 7-22 所示。其中，單元格 D9、D10、D11 中的計算公式分別為：「=SQRT(2*B3*B4/(B5*B6*(1-D4/D3)))」「=INT(B3/D9+0.5)」「=SQRT(2*B3*B4*B5*B6*(1-D4/D3))」。

7.5.3 允許缺貨條件下的經濟訂貨批量模型

在允許缺貨的條件下，經濟訂貨批量 Q^* 和年最低訂儲費用 T^* 的計算公式如下：

$$Q^* = \sqrt{\frac{2DA}{PK} \times \frac{S+PK}{S}} \qquad (7-19)$$

$$T^* = \sqrt{2DAPK * \frac{S+PK}{S}} \qquad (7-20)$$

式中，S 為單位缺貨損失費用。其他符號的含義同前。

【例題 7-7】某企業年需要 A 材料 5,000 千克，每次訂貨費用為 200 元，單位保管費用 10 元/年，允許缺貨。如果缺貨，則每缺貨 1 千克材料年損失費用為 8 元。

將有關資料整理到 Excel 上，如表 7-23 所示。

在 C21 單元格中輸入「=SQRT((2*C15*C16/C18/C19)*(C17+C18*C19)/C17)」；在 C22 單元格中輸入「=C15/C23」；在 C23 單元格中輸入「=SQRT(2*C15*C16*C18*C19*C17/(C17+C18*C19))」，則可得到經濟訂貨批量為 1,118 千克，年訂貨次數為 3 次，年最低訂儲費用為 1,789 元。

表 7-23　　　　　　用歷史收益率測算市場組合風險溢價

D	A	B	C
13	經濟訂貨批量決策模型(允許缺貨)		
14	已知數據		
15	年需求量(千克)	5,000	
16	每次訂貨費用(元/次)	200	
17	單件缺貨損失費用(元/件)	8	
18	材料單價(元/千克)	20	

表7-23(續)

D	A	B	C
19	存儲費率	10%	
20	計算結果		
21	經濟訂貨批量(件)	1,118	
22	年經濟訂貨次數(次)	3	
23	年最低訂儲費用(元)	1,789	

7.5.4 有數量折扣情況下的經濟訂貨批量決策模型

隨著企業訂貨數量的增加,供貨商一般會降低單位產品的價格,給予價格上的優惠,這就涉及有數量折扣情況下的經濟訂貨批量決策問題。

有數量折扣但不允許缺貨情況下確定經濟訂貨批量的具體步驟如下:

(1)分別計算不同折扣價格下的經濟訂貨批量(按前面傳統模型計算);

(2)判斷這些經濟訂貨批量是否有效(即計算出的某經濟訂貨批量是否與該折扣區間的價格相符);

(3)其次,計算有效的經濟訂貨批量下的總存貨費用,並同時計算不同折扣起點批量下的總存貨費用。

(4)在這些總存貨費用中找出最低費用對應的經濟訂貨批量或折扣起點批量;

(5)比較此經濟訂貨批量或折扣起點批量與需求量的關係,若小於需求量,則該經濟訂貨批量或折扣起點批量就是最優解,否則,需求量是最優解。

【例題7-8】某企業每年需要某零件10,000件,每次訂貨費用為300元,存儲費率是零件單價的10%。供貨商規定,凡一次性購買500件以下的價格為25元/件,500件或以上但1,000件以下的價格為24.5元,1,000件或以上但2,000件以下的價格為24元,2,000件或以上但3,000件以下的價格為23.5元,3,000件或以上但4,000件以下的價格為23元,4,000件或以上的價格為22元。問企業應如何訂貨?

如表7-24所示,訂貨決策過程如下:

(1)在單元格C32、D32、E32、F32、G32和H32中分別輸入以下公式:

單元格C32:「=SQRT(2*$B$27*$B$28/B32/$B$29)」。

單元格D32:「=IF(AND(C32>=A32,C32<A33),"有效","無效")」。

單元格E32:「=IF(D32="有效",B32*$B$27+$B$27*$B$28/C32+$B$29*B32*C32/2,"無效")」。

單元格F32:「=B32*$B$27+$B$27*$B$28/A32+$B$29*B32*A32/2」。

單元格G32:「=IF(D32="有效",MIN(E32:F32),F32)」。

7 公司財務分析

單元格 H32:「=IF(G32=F32,A32,C32)」。

然后將單元格 C32:H32 分別複製到單元格 C33:H37 中。

這裡,經濟訂貨批量計算公式為:

$$Q^* = \sqrt{\frac{2DA}{PK}}$$

總存貨費用計算公式為:

$$C = D \times P + \frac{D \times A}{Q} + \frac{1}{2} P \times K \times Q$$

(1) 公式各符號的含義見前所述。

(2) 在 B38 中輸入「=INDEX(A32:A37,MATCH(MIN(G32:G37),G32:G37,0),0)」。

(3) 在 B39 中輸入:「=IF(B27>B38,B38,B27)」。

(4) 在 D39 中輸入:「=B27/B39」。

表 7-24　　　　　　　　經濟訂貨批量決策模型(有折扣)

	A	B	C	D	E	F	G	H
25	經濟訂貨批量決策模型(有折扣)							
26		原始數據						
27	年需求量(千克)	10,000						
28	每次訂貨費用(元/次)	300						
29	存儲費率	10%						
30				計算分析過程				
31	折扣起點批量(件)	價格(元/件)	計算的經濟批量	是否為有效點	按經濟批量且打折後計算的費用	按折扣起點批量計算的費用	兩個費用取最小	最小費用對應的折扣起點
32	1	25	1,549	無效	無效	3,250,001	3,250,001	1
33	500	24.5	1,565	無效	無效	251,613	251,613	500
34	1,000	24	1,581	有效	243,795	244,200	243,795	1,581
35	2,000	23.5	1,598	無效	無效	238,850	238,850	2,000
36	3,000	23	1,615	無效	無效	234,450	234,450	3,000
37	4,000	22	1,651	無效	無效	225,150	225,150	4,000
38	無需求量限制時的經濟訂貨批量	4,000						
39	經濟訂貨批量(最優解)	4,000	年訂貨數	3				

由此可見,以經濟批量 4,000 件訂貨時的存貨總費用最低,故企業的經濟訂貨批

量為 4,000 件。

7.6 授信管理與應收款管理

7.6.1 應收帳款信用政策決策模型(1)

應收帳款信用政策的制訂，是企業財務政策的一個重要組成部分。應收帳款的信用政策主要包括信用標準、信用條件和收帳政策。合理確定企業的信用政策，直接影響到企業的利益。

7.6.1.1 信用標準決策模型

信用標準是企業同意向客戶提供商業信用而提出的基本要求，通常以預期的壞帳損失率作為判別標準。如果企業的信用標準較為嚴格，只對信譽好、壞帳損失率很低的客戶給予賒銷，則會減少壞帳損失、減少應收帳款的機會成本，但這可能不利於企業擴大銷售，甚至會減少銷售。如果企業的信用標準較為寬鬆，雖然會增加銷售量，但也會增加壞帳損失和應收帳款的機會成本。因此，企業應根據具體情況制訂合理的信用標準。

【例題 7-9】某企業目前的經營情況和信用標準如表 7-25 所示，企業現提出兩個信用標準方案，有關數據如表 7-25 所示。那麼，企業應採用哪個方案？

表 7-25　　　　　　　　　信用標準決策模型　　　　　　　　　單位:元

	A	B	C
1	信用標準決策模型		
2	目前經營情況及信用標準		
3	項目	數據	
4	銷售收入	150,000	
5	變動成本率	60%	
6	利潤	30,000	
7	銷售利潤率	25%	
8	信用標準	10%	
9	平均壞帳損失率	5%	
10	信用條件	30 天付清	
11	平均收款期(天)	45	
12	應收帳款的機會成本率	15%	
13	新的信用標準方案有關數據		

222

7 公司財務分析

表7-25(續)

	A	B	C
14	項目	方案A	方案B
15	信用標準	5%	15%
16	由於標準變化增加或減少的銷售額	-9,000	10,000
17	增加或減少的銷售額的平均收款期(天)	65	80
18	增加或減少的銷售額的平均壞帳損失率	8%	13%
19	分析區域		
20	項目	方案A	方案B
21	信用標準變化對利潤的影響	-2,250	2,500
22	信用標準變化對應收帳款機會成本的影響	-146.25	200
23	信用標準變化對壞帳損失的影響	-720	1,300
24	信用標準變化帶來的增量利潤	-1,383.75	1,000
25			
26	結論	應採用方案B	
27			

主要計算公式如下：

信用標準變化對利潤的影響＝由於標準變化增加或減少的銷售額×銷售利潤率

信用標準變化對應收帳款機會成本的影響＝增加或減少的銷售額的平均收款期/360×由於標準變化增加或減少的銷售額×變動成本率×應收帳款的機會成本率(其中：變動成本率＝變動成本/銷售額)

信用標準變化對壞帳損失的影響＝由於標準變化增加或減少的銷售額×增加或減少的銷售額的壞帳損失率

信用標準變化帶來的增量利潤＝信用標準變化對利潤的影響－信用標準變化對應收帳款機會成本的影響－信用標準變化對壞帳損失的影響

在單元格B21中輸入公式「=B16*B7」，在單元格B22中輸入公式「=B17/360*B16*B5*B12」，在單元格B23中輸入公式「=B16*B18」，在單元格B24中輸入公式「=B21-B22-B23」，得到方案A的有關計算結果。同理得到方案B的有關計算結果。最后在單元格B25中輸入公式「=IF(AND(B24>0,C24>0),IF(B24>C24,"應採用方案A","應採用方案B"),IF(B24>0,"應採用方案A",IF(C24>0,"應採用方案B","仍採用目前的信用標準")))」，此公式的含義為，若兩個方案的增量利潤均為正值,則選擇增量利潤最大的方案；若兩個方案的增量利潤一正一負,則選取增量利潤為正值的方案；若兩個方案的增量利潤均為負值,則仍採取目前的信用標準。

結果表明,企業應採取方案B,可使企業利潤比目前增加1,000元。

7.7 信用條件決策模型

信用條件是指企業要求客戶支付賒銷款項的條件，包括信用期限、折扣期限和現金折扣。信用期限是企業為客戶規定的最長付款時間，折扣期限是企業為客戶規定的可享受現金折扣的付款時間，現金折扣是客戶在折扣期限內付款時企業提供給客戶的優惠。例如，帳單中的「3/15，n/30」就是一項信用條件，它規定如果在發票開出後 15 天內付款，可享受3%的折扣，如果不想取得折扣，則這筆款項必須在 30 天內付清。這裡，30 天為信用期限，15 天為折扣期限，3%為現金折扣。企業提供比較優惠的信用條件，可以增加銷售量，但也會增加應收帳款的機會成本、壞帳損失和現金折扣成本等。

【例題 7-10】某企業擬改變信用條件，現有兩個可供選擇的信用條件方案，有關資料如表 7-26 所示。那麼，企業應採用哪個方案？

表 7-26　　　　　　　　　　信用條件決策模型　　　　　　　　　　單位：元

	A	B	C
1	信用條件決策模型		
2	目前基本情況		
3	項目	數據	
4	銷售額	150,000	
5	變動成本率	60%	
6	利潤	30,000	
7	銷售利潤率	25%	
8	信用標準	10%	
9	平均壞帳損失率	6%	
10	信用條件	30 天付清	
11	平均收款期	45	
12	應收帳款的機會成本率	15%	
13	新的信用條件方案有關數據		
14	項目	方案 A	方案 B
15	信用條件	45 天內付清，無現金折扣	「2/10，n/30」
16	由於條件變化增加或減少的銷售額	20,000	30,000
17	增加銷售額的平均壞帳損失率	11%	10%

7 公司財務分析

表7-26(續)

	A	B	C
18	需付折扣的銷售額占總銷售額的百分比	0	50%
19	現金折扣率	0	2%
20	平均收款期	60	20
21	分析區域		
22	項目	方案A	方案B
23	信用條件變化對利潤的影響	5,000	7,500
24	信用條件變化對應收帳款機會成本的影響	862.5	-787.5
25	信用條件變化對現金折扣成本的影響	0	1,800
26	信用條件變化對壞帳損失的影響	2,200	3,000
27	信用條件變化帶來的增量利潤	1,937.5	3,487.5
28			
29	結論：	應採用方案B	
30			

主要計算公式如下：

信用條件變化對利潤的影響＝由於信用條件變化增加或減少的銷售額×銷售利潤率

信用條件變化對應收帳款機會成本的影響＝[(新方案的平均收款期-目前的平均收款期)/360×目前條件下的銷售額+新方案的平均收款期/360×由於信用條件變化增加或減少的銷售額]×變動成本率×應收帳款的機會成本率

信用條件變化對現金折扣成本的影響＝(目前條件下的銷售額+由於信用條件變化增加或減少的銷售額)×需付現金折扣的銷售額占總銷售額的百分比×現金折扣率

信用條件變化對壞帳損失的影響＝由於信用條件變化增加或減少的銷售額×增加或減少的銷售額的壞帳損失率

信用條件變化帶來的增量利潤＝信用條件變化對利潤的影響-信用條件變化對應收帳款機會成本的影響-信用條件變化對現金折扣成本的影響-信用條件變化對壞帳損失的影響

在單元格B23中輸入公式「＝B16*B7」，B24中輸入公式「＝((B20-B11)/360*B4+B20/360*B16)*B5*B12」，B25中輸入公式「＝(B4+B16)*B18*B19」，B26中輸入公式「＝B16*B17」，B27中輸入公式「＝B23-B24-B25-B26」，得到方案A的有關計算結果。同理得到方案B的有關計算結果。最后在單元格B28中輸入公式「＝IF(AND(B27>0,C27>0),IF(B27>C27,"應採用方案A","應採用方案B"),IF(B27>0,"應採用方案A",IF(C27>0,"應採用方案B","仍採用目前的信用條件")))」，此公式的含義為，若兩個方案的增量利潤均為正值，則選擇增量利潤最大的

225

方案;若兩個方案的增量利潤一正一負,則選取增量利潤為正值的方案;若兩個方案的增量利潤均為負值,則仍採取目前的信用條件。

結果表明,企業應採取方案 B,可使企業利潤比目前增加 3,488 元。

7.7.1 應收帳款管理

7.7.1.1 收帳政策決策模型

收帳政策是指信用條件被違反時,企業採取的收帳策略。企業如果採用較積極的收帳政策,可能會減少應收帳款占用的資金,減少壞帳損失,但要增加收帳費用;如果採用較消極的收帳政策,可能會增加應收帳款占用的資金,增加壞帳損失,但會減少收帳費用。因此,企業應根據具體情況,制訂合適的收帳政策。

【例題 7-11】某企業在不同收帳政策下的有關資料如表 7-27 所示。那麼,企業是否應該採用建議的收帳政策?

表 7-27　　　　　　　　　收帳政策決策模型

	A	B	C
1		收帳政策決策模型	
2		目前的基本情況	
3	項目	數據	
4	年銷售收入	1,500,000	
5	變動成本率	60%	
6	應收帳款的機會成本率	15%	
7		不同收帳政策的有關數據	
8	項目	目前收帳政策	建議收帳政策
9	年收帳費用	20,000	30,000
10	應收帳款平均收款期	60	30
11	壞帳損失率	4%	2%
12		分析區域	
13	項目	目前收帳政策	建議收帳政策
14	應收帳款的平均占用額	250,000	125,000
15	建議收帳政策所節約的機會成本		11,250
16	壞帳損失	60,000	30,000
17	建議機會減少的壞帳損失		30,000
18	按建議收帳政策所增加的收帳費用		10,000
19	建議收帳政策可獲得的淨收益		31,250
20	結論	採用建議收帳政策	
21			

7 公司財務分析

主要計算公式如下:

應收帳款的平均占用額 = 年銷售收入/360×應收帳款平均收款期

壞帳損失 = 年銷售收入×壞帳損失率

建議收帳政策所節約的機會成本 = 應收帳款的平均占用額×變動成本率×應收帳款的機會成本率

建議計劃減少的壞帳損失 = 目前收帳政策的壞帳損失 - 建議收帳政策的壞帳損失

建議收帳政策所增加的收帳費用 = 建議收帳政策的年收帳費用 - 目前收帳政策的年收帳費用

建議收帳政策可獲得的淨收益 = 建議收帳政策所節約的機會成本 + 建議計劃減少的壞帳損失 - 建議收帳政策所增加的收帳費用

在單元格 B14 中輸入公式「= B4/360 * B10」,在單元格 C14 中輸入公式「= B4/360 * C10」,在單元格 C15 中輸入公式「=(B14-C14) * B5 * B6」;在單元格 B16 中輸入公式「= B4 * B11」,在單元格 C16 中輸入公式「= C4 * C11」,在單元格 C17 中輸入公式「= B16-C16」;在單元格 C18 中輸入公式「= C9-B9」;在單元格 C19 中輸入公式「= C15+C17-C18」;在單元格 B20 中輸入公式「= IF(C19>0,"採用建議收帳政策","維持目前收帳政策")」。

結果表明,企業應採用建議收帳政策。

7.7.1.2 應收帳款信用政策的綜合決策模型

信用政策中的每一項內容的變化都會影響到企業的利益,因此,需要將這些因素綜合起來考慮,以制定合適的信用政策。

主要計算公式如下:

(1) 信用政策變化對利潤的影響

利潤增減量 = 新方案銷售額增減量×銷售利潤率

(2) 信用政策變化對應收帳款機會成本的影響

$$\text{機會成本增減量} = \left[\frac{\text{新方案平均收帳期} - \text{原方案平均收帳期}}{360} \times \text{原方案銷售額} + \frac{\text{新方案平均收帳期}}{360} \times \text{新方案銷售額} \right]$$
$$\times \text{變成本率} \times \text{應收帳款機會成本率} \tag{7-21}$$

(3) 信用政策變化對壞帳損失的影響

壞帳損失增減量 = 新方案銷售額×新方案平均壞帳損失率 - 原方案銷售額×原方案平均壞帳損失率

(4) 信用政策變化對現金折扣成本的影響

現金折扣成本增減量 = 新方案銷售額×新方案的現金折扣率×新方案需付現金折扣的銷售額占銷售額的百分比 - 原方案銷售額×原方案的現金折扣率×原方案需付現金折扣的銷售額占總銷售額的百分比

(5) 信用政策變化對收帳管理成本的影響

收帳管理成本增減量＝新方案銷售額×新方案收帳管理成本率－原方案銷售額×原方案收帳管理成本率

【例題 7-12】某企業現有的信用政策以及要改變信用政策的兩個可供選擇的方案如表 7-28 所示，則決策步驟如下：

表 7-28　　　　　　　　應收帳款的信用政策決策模型

	A	B	C	D
1	應收帳款的信用政策決策模型			
2	原始數據區			
3	項目	目前信用政策	新信用政策方案	
4			方案 A	方案 B
5	年銷售額	100,000	120,000	130,000
6	銷售利潤率	20%	20%	20%
7	收帳管理成本率	0.60%	0.70%	0.80%
8	平均壞帳損失率	2%	3%	4%
9	平均收現期	45	60	30
10	需付現金折扣的銷售額占總銷售額的比例	0	0	50%
11	現金折扣率	0	0	2%
12	應收帳款的機會成本率	15%	15%	15%
13	變動成本率	60%	60%	60%
14	分析區域			
15	信用政策變化對利潤的影響		4,000	6,000
16	信用政策變化對應收帳款機會成本的影響		675	-150
17	信用政策變化對壞帳損失的影響		1,600	3,200
18	信用政策變化對現金折扣成本的影響		0	1,300
19	信用政策變化對收款管理成本的影響		240	440
20	信用政策變化帶來的增量利潤		1,485	1,210
21			結論	採用方案 A
22				

(1) 首先計算方案 A 的各項增量指標。各單元格的計算公式如下：

單元格 C15：「＝(C5-B5)＊C6」

單元格 C16：「＝((C9-B9)/360＊B5+C9/360＊(C5-B5))＊C13＊C12」

單元格 C17：「＝C5＊C8-B5＊B8」

7 公司財務分析

單元格 C18:「=C5*C11*C10-B5*B11*B10」

單元格 C19:「=C5*C7-B5*B7」

單元格 C20:「=C15-C16-C17-C18-C19」

（2）同理可得到方案 B 的各項增量指標。

（3）在單元格 B21 中輸入「=IF(AND(C20>0,D20>0),IF(C20>D20,"採用方案 A","採用方案 B"),IF(C20>0,"採用方案 A",IF(D20>0,"採用方案 B","採用目前信用政策")))」。

計算結果如表 7-28 所示，企業應採用方案 A 的信用政策。

7.7.2 帳齡分析

企業為了隨時瞭解已發生應收帳款的欠款情況，可以編製應收帳款的帳齡分析表。帳齡分析表的主要作用在於反應不同客戶欠款的分佈情況以及不同欠款時間的分佈情況，這些信息有助於財務管理人員制定合理的收帳政策以及時收回債權。

【例題 7-13】某企業於 2005 年 9 月 30 日從它的數據庫中列出了所有沒有清償的發票清單，如表 7-29 所示。試以 30 天為一時段，對該企業的應收帳款進行帳齡分析。

表 7-29　　　　　　　　　　帳齡分析

	A	B	C	D	E
1			未清償的發票		
2	發票編號	發票日期	發票金額（萬元）	客戶名稱	距統計日期的天數
3	1041	2005-7-2	15	客戶 A	90
4	1043	2005-7-5	43	客戶 A	87
5	1049	2005-7-31	42	客戶 A	61
6	1051	2005-8-7	21	客戶 A	54
7	1053	2005-8-21	52	客戶 A	40
8	1055	2005-9-7	5	客戶 A	23
9	1042	2005-7-4	23	客戶 B	88
10	1046	2005-7-25	30	客戶 B	67
11	1048	2005-7-26	24	客戶 B	66
12	1045	2005-7-13	34	客戶 C	79
13	1056	2005-8-18	39	客戶 C	43
14	1047	2005-7-26	18	客戶 D	66
15	1050	2005-8-5	35	客戶 D	56
16	1044	2005-7-12	12	客戶 E	80

表7-29(續)

	A	B	C	D	E
17	1052	2005-8-20	64	客戶E	41
18	1054	2005-8-22	7	客戶E	39

分析：

(1)計算距統計日期的天數。公式為「="2005-9-30"-B3」，注意要將單元格E3:E18的數據類型設置為「常規」。

(2)首先對原始數據按客戶名稱進行排序，步驟是點菜單裡的[數據]，然後點[排序]，得到原始數據的表，該表可以明顯地看出各客戶的帳款數量。

(3)排序完成後，再作帳齡分析表。把帳齡按30天分段。計算各個客戶每段的帳款總額並橫向加總計算某客戶總帳款額。如客戶A的公式是：

單元格B22：=SUMIF(E3:E8,"<=30",C3:C8)

單元格C22：=SUMIF(E3:E8,"<=60",C3:C8)-B22

單元格D22：=SUMIF(E3:E8,"<=90",C3:C8)-B22-C22

單元格E22：=SUMIF(E3:E8,">90",C3:C8)

單元格F22：=SUM(B22:E22)

(4)其他客戶的計算類似。

(5)上面完成後，再在單元格B27裡輸入「=SUM(B22:B26)」進行縱向加總求得各帳齡段的帳款總額。在單元格F27裡輸入「=SUM(F22:F26)」求得公司總帳款額。

(6)計算各客戶和各帳齡段的帳款占公司總帳款的百分比。單元格G22中輸入「=F22/\$F\$27」，在單元格B28輸入「=B27/\$F\$27」。其他單元格同理可得。

(7)計算帳齡。帳齡為一個加權平均數，即把每一個發票的帳款額乘以帳齡天數加總后除以總金額。公式為在單元格D29裡輸入「=SUMPRODUCT(C3:C18/F27,E3:E18)」，如表7-30所示。

表7-30　　　　　　　帳齡分析表

	A	B	C	D	E	F	G
20			帳齡分析表				
21	帳齡	1~30天	31~60天	61~90天	90天以上	合計	百分比
22	客戶A	5	73	100	0	178	38.36%
23	客戶B	0	0	77	0	77	16.59%
24	客戶C	0	39	34	0	73	15.73%
25	客戶D	0	35	18	0	53	11.42%
26	客戶E	0	71	12	0	83	17.89%

7 公司財務分析

表7-30(續)

	A	B	C	D	E	F	G	I
27	合計	5	218	241	0	464	100.00%	
28	百分比	1.08%	46.98%	51.94%	0.00%	100.00%		
29	應收帳款平均帳齡(天)			60.3	公式為「= SUMPRODUCT(C3:C18/F27, E3:E18)」			

從上面的分析我們看到,該企業的應收帳款總額為 464 萬元,其中最大比例為帳齡在 61~90 天的帳款,占 51.94%,最少的是 30 天以內的帳款,占 1.08%。平均帳齡為:60.3 天。

● 7.8 實物期權與公司財務管理

投資項目一個非常重要的特性在於:管理者有選擇一個項目啟動時機的能力,以及啟動后進一步擴展或終止該項目的能力。這些選擇能力是一種期權,如果沒有考慮這些管理期權,分析者將低估投資項目的真實淨現值。可以說,傳統的標準 NPV 分析方法沒有考慮投資的靈活性,即上述我們所說的根據不同情況能動地改變決策的能力。典型的例子是,如果一家公司考慮用一個新型號的機器更換現有的一些機器。並不是一下子更換所有機器,而是先更換一臺機器。根據先更換的機器性能情況,然後再決定是否更換其他的機器。這個選擇的權利在標準 NPV 分析中沒有被估價,本質上它是一個看漲期權。這種期權就叫實物期權。

實物期權的識別是 NPV 技術的一個重要擴展。但是,實物期權技術的內在困難之一是計算複雜。實物期權建模和估價比標準現金流量要困難得多。通常實現實物期權最好的方法是認識到 NPV 技術對項目價值的估計是不準確的,因為它忽略了該項目的實物期權的價值。NPV 低估了真實價值,因此通常我們的結果是將實物期權的價值加到項目價值中去。下面我們用一個例子來說明。

【例題 7-14】某公司有六臺舊的機器,現在考慮用一種價格為 1,000 元的新型機器來更換這些舊機器。新機器的壽命為 5 年,它的預期現金流量如表 7-31 所示。

表 7-31　　　　　　　預期現金流量表　　　　　　單位:元

年份	0	1	2	3	4	5
每臺機器的現金流量	-1,000	220	300	400	200	150

按照以上的現金流量,如果貼現率為 12%,則更換一臺機器的淨現值是負的:-146.75元。所以可能得出不要更換六臺舊機器的結論。

Excel 在實驗金融學中的應用

然而,這個分析和現實是不一致的。因為現實中可以先試一臺新機器,在年底,如果試驗是成功的,再更換流水線上其他 5 臺機器。這實際上是一個看漲期權。這個期權的執行價格為一臺機器的價格 1,000 元,現價為一臺機器未來 5 年現金流的現值,期權到期時間為一年。假設無風險利率為 6%,收益波動為 40%。利用 Black-Scholes 期權定價模型求該期權的價值為 102.27 元。求出該期權的價值即是更換一臺機器所獲的期權價值。也就是說用 1,000 元的價格購買一臺新機器,不僅購得了未來 5 年的現金流而且還獲得了一個期權價值。由於 1 年后有更換 5 臺機器的選擇權,故總期權價值為 555.37 元。最后項目的總淨現值為:364.58 元。所以我們可以做出更換機器的決策。計算見表 7-32。

表 7-32　　　　　　　　　　實物期權分析　　　　　　　　　　單位:元

	A	B	C	D	E	F	G	H	I
1				實物期權分析					
2	貼現率	12%							
3	無風險利率	6%							
4			傳統 DCF 分析						
5	年份	0	1						
6		-600	-10,600						
7			11,200						
8	項目 NPV:	-600	公式為「=B6+C6/(1+B3)+C7/(1+B2)」						
9									
10			結合實物期權分析						
11	black-scholes 模型								
12	S	10,000	公式為「=C7/(1+B2)」						
13	X	10,600							
14	r	6%							
15	T	1							
16	Sigma	20%							
17	d1	0.108,655	公式為「=(LN(B12/B13)+(B14+0.5*B16^2)*B15)/(B16*SQRT(B15))」						
18	d2	-0.091,345	公式為「=B17-B16*SQRT(B15)」						
19	N(d1)	0.543,262	公式為「=NORMSDIST(B17)」						
20	N(d2)	0.463,609	公式為「=NORMSDIST(B18)」						
21	實物期權價值	804.55	公式為「=B12*B19-B13*EXP(-B14*B15)*B20」						
22									
23	項目 NPV:	204.55	公式為「=B21+B8」						

由上我們得出結論:現在更換一臺機器,由於同時獲得了期權價值,最終項目的

7 公司財務分析

NPV 大於 0。但是這個結論建立在一個關鍵的假設上,即未來收益的波動率的假設。波動率對期權的價值影響很大。所以我們有必要作一個敏感性分析。敏感性分析即計算不同波動率下的 NPV 值。我們可以用模擬運算表來計算。在單元格 B27 中輸入公式「=B12」,在單元格 A28 至 A35 中輸入不同的波動率值,然后選中單元格 A27 至 B35,點菜單「數據」中的「模擬運算表」。按如圖 7-10 所示輸入。

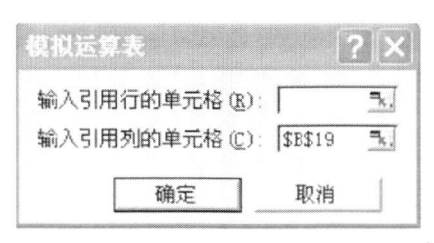

圖 7-10 模擬運算表

點擊「確定」后得到如圖 7-11 所示的數據。

	A	B	C	D	E	F	G	H	I
27	模擬運算表								
28	Sigma	204.55	公式爲 "=B23"						
29	5%	3	-91.95						
30	10%	1	-92.86		{=表(,B16)}				
31	15%		6.02						
32	20%		204.55						
33	25%		402.58						
34	30%		599.99						
35	35%		796.67						
36	40%		992.49						

圖 7-11 項目淨現值敏感性分析

從圖 7-11 可以看到,項目淨現值與收益波動率成正比,波動率越低(不確定性越小),該項目價值就越低,因為看漲期權價值越小,波動率越接近 1。

8 期貨定價

期貨價格是期貨交易機制的核心要素,是期貨市場運行狀況的反應。合理、有效的期貨價格的形成,不僅對市場價格可以起到預期、先導的作用,彌補現貨價格滯后性的不足,而且能夠正確引導投資和保值,使社會資源實現有效配置。目前,理論界期貨合約的定價模型主要有兩大類:一是預期模型(expectation),二是持有成本模型(cost of carry)。在本章中,我們主要討論基於持有成本模型的期貨價格與其標的資產的價格之間的相互關係。

8.1 基差風險

期貨價格和現貨價格的關係可以用基差(basis)來描述。所謂基差,是指現貨價格與期貨價格之差:

基差 = 現貨價格 - 期貨價格 　　　　　　　　　　　　　　　　(8-1)

例如,假設 9 月 28 日黑龍江省的一個大豆產地現貨價格為 1,810 元/噸,當日的下年度 3 月份大商所大豆期貨合約價格是 1,977 元/噸,則基差是 -167 元/噸。又如,9 月 28 日上海地區的油脂廠買進大豆,當地的現貨價格是 2,080 元/噸,那麼,基差為 +103 元/噸。

基差可能為正值也可能為負值,這主要取決於現貨價格是高於還是低於期貨價格。現貨價格高於期貨價格,則基差為正數,又稱為遠期貼水或現貨升水;現貨價格低於期貨價格,則基差為負數,又稱為遠期升水或現貨貼水。基差會隨著期貨價格和現貨價格變動幅度的差距而變化。當現貨價格的增長大於期貨價格的增長時,基差也隨之增加,稱為基差增大。當期貨價格的增長大於現貨價格增長時,稱為基差減少。但

8 期貨定價

在期貨合約到期日,基差應為零,這種現象稱為期貨價格收斂於標的資產的現貨價格,期貨價格收斂於標的資產現貨價格是由套利行為決定的。

本節中我們將介紹如何在基差工作表中製作相關圖表,以使用戶在金融操作中更直觀地理解其關係。

【例題 8-1】已知 7 月份到期的 1-7 月份的期貨和現貨價格,求各個時點的基差,並在 Excel 工作表中插入圖表。

表 8-1　　　　　　　　　　現貨與期貨價格　　　　　　　　　　單位:元

月份	1	2	3	4	5	6	7
現貨價格	1,417.8	1,436.3	1,426.6	1,456.8	1,455.5	1,460.2	1,476.6
期貨價格	1,454	1,466.8	1,450.8	1,475.3	1,467.8	1,466.3	1,476.6

在 Excel 工作表中輸入數據,並選擇數據區域,如圖 8-1 所示。

	A	B	C	D	E	F	G	H
1	基差							
2								
3	輸入							到期
4	月份	1	2	3	4	5	6	7
5	現貨價格	1417.8	1436.3	1426.6	1456.8	1455.5	1460.2	1476.6
6	期貨價格	1454	1466.8	1450.8	1475.3	1467.8	1466.3	1476.6
7								
8	輸出							
9	基差(期貨	36.2	30.5	24.2	18.5	12.3	6.1	0

圖 8-1　基差的計算

第一步,選擇基差表中的 A5 至 H6 單元格。

第二步,單擊「插入」菜單下的「圖表」命令,彈出「圖表向導」對話框,如圖 8-2 所示。

Excel 在實驗金融學中的應用

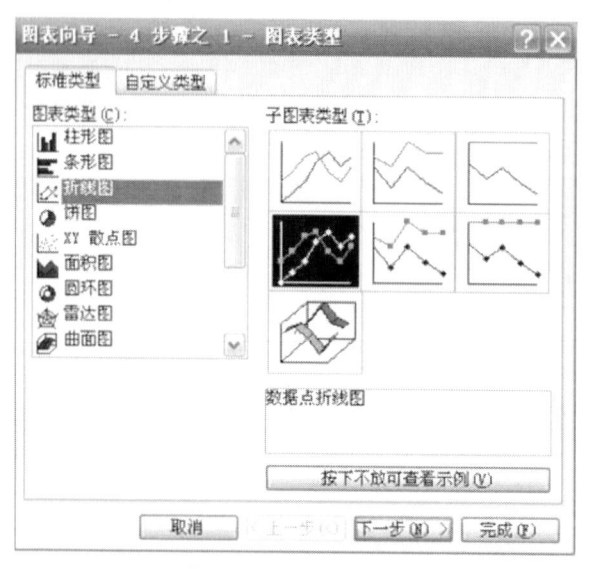

圖 8-2　圖表類型選擇

第三步,選擇「標準類型」選項卡中的「圖表類型」下的「折線圖」選項,及「子圖表類型」選項組中的第四個圖形,並單擊「下一步」按鈕,出現「圖表向導-4 步驟之 2-圖表源數據」對話框,結果如圖 8-3 所示。

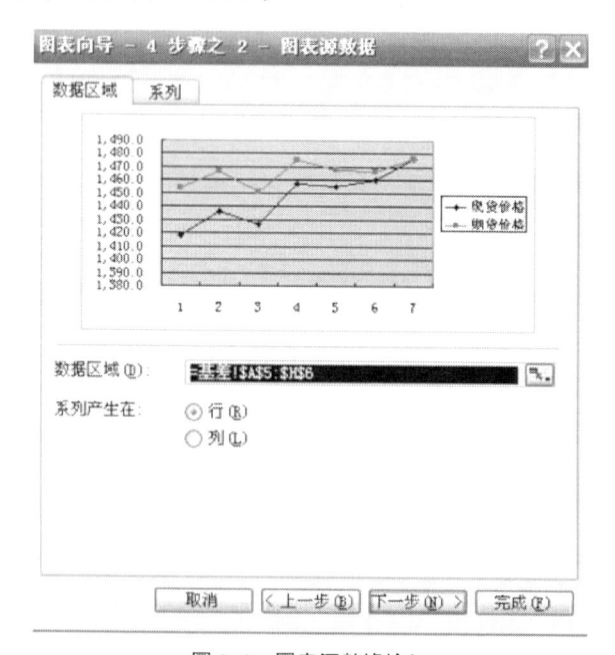

圖 8-3　圖表源數據輸入

8　期貨定價

第四步，在上圖中已能夠看出圖表的樣子了，再單擊「下一步」按鈕，出現「圖表向導-4 步驟之 3-圖表選項」對話框，如圖 8-4 所示。

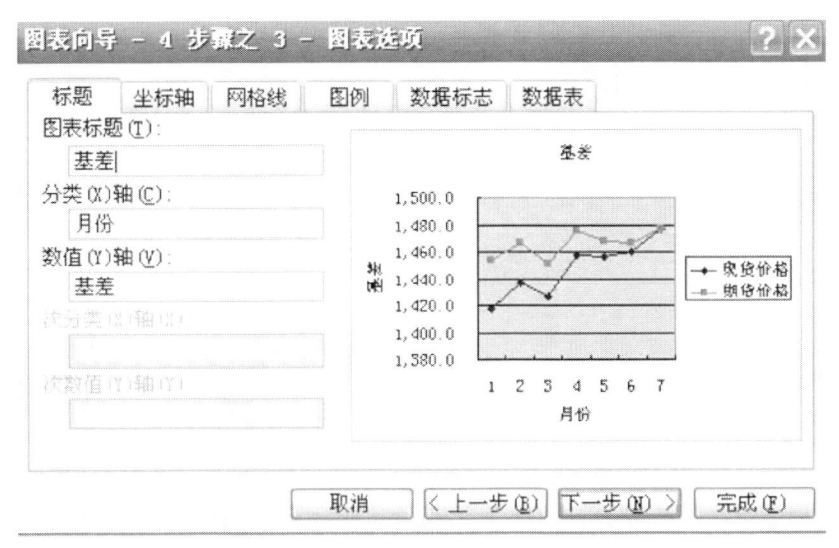

圖 8-4　圖表選項

第五步，首先選擇「標題」，在「圖表標題」文本框中輸入「基差」，在「分類(X)軸」文本框中輸入「月份」，在「分類(Y)軸」文本框中輸入「基差」。再單擊「下一步」按鈕，出現「圖表向導-4 步驟之 4-圖表位置」對話框，如圖 8-5 所示。

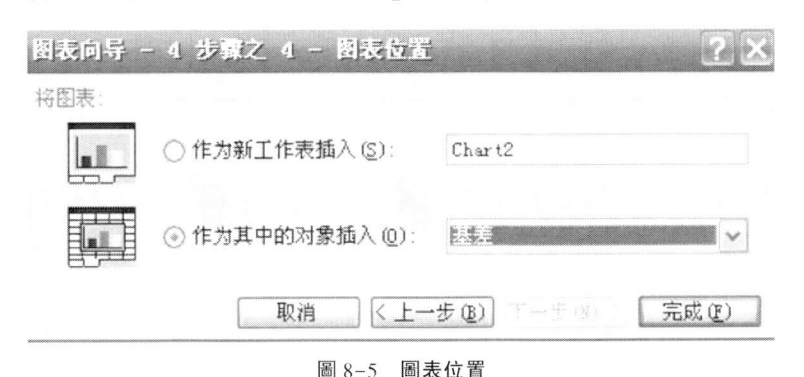

圖 8-5　圖表位置

第六步，單擊「其中的對象插入」按鈕，再單擊「完成」按鈕，則在基差表中就出現了一幅圖表，如圖 8-6 所示。

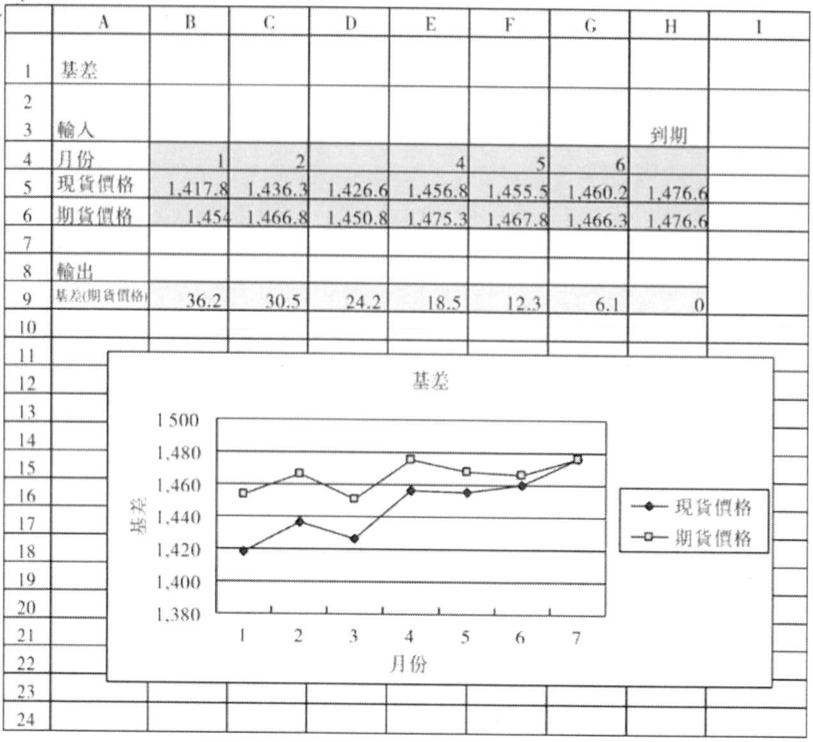

	A	B	C	D	E	F	G	H	I
1	基差								
2									
3	輸入							到期	
4	月份	1	2		4	5	6		
5	現貨價格	1,417.8	1,436.3	1,426.6	1,456.8	1,455.5	1,460.2	1,476.6	
6	期貨價格	1,454	1,466.8	1,450.8	1,475.3	1,467.8	1,466.3	1,476.6	
7									
8	輸出								
9	基差(期貨價格	36.2	30.5	24.2	18.5	12.3	6.1	0	
10									
11									
12									
13									
14									
15									
16									
17									
18									
19									
20									
21									
22									
23									
24									

圖 8-6 基差變化圖示

第七步，雙擊 Y 軸，出現「坐標軸格式」對話框，如圖 8-7 所示。在「刻度」選項的「最小值」文本框中輸入 1410，在「最大值」文本框中輸入 1, 480，在「分類(X)軸交叉於(C)」文本框中輸入 1, 410，單擊確定；同理雙擊 X 軸，彈出「坐標軸格式」，選擇「刻度」，只需取消「數軸(Y)置於分類之間即可(B)」，點擊確定，結果如圖 8-8 所示。

8 期貨定價

圖 8-8 坐標格式選擇

	A	B	C	D	E	F	G	H	I
1	基差								
2									
3	輸入							到期	
4	月份	1	2	3	4	5	6	7	
5	現貨價格	1,417.8	1,436.3	1,426.6	1,456.8	1,455.5	1,460.2	1,476.6	
6	期貨價格	1,454	1,466.8	1,450.8	1,475.3	1,467.8	1,466.3	1,476.6	
7									
8	輸出								
9	基差(期貨價格)	36.2	30.5	24.2	18.5	12.3	6.1	0	

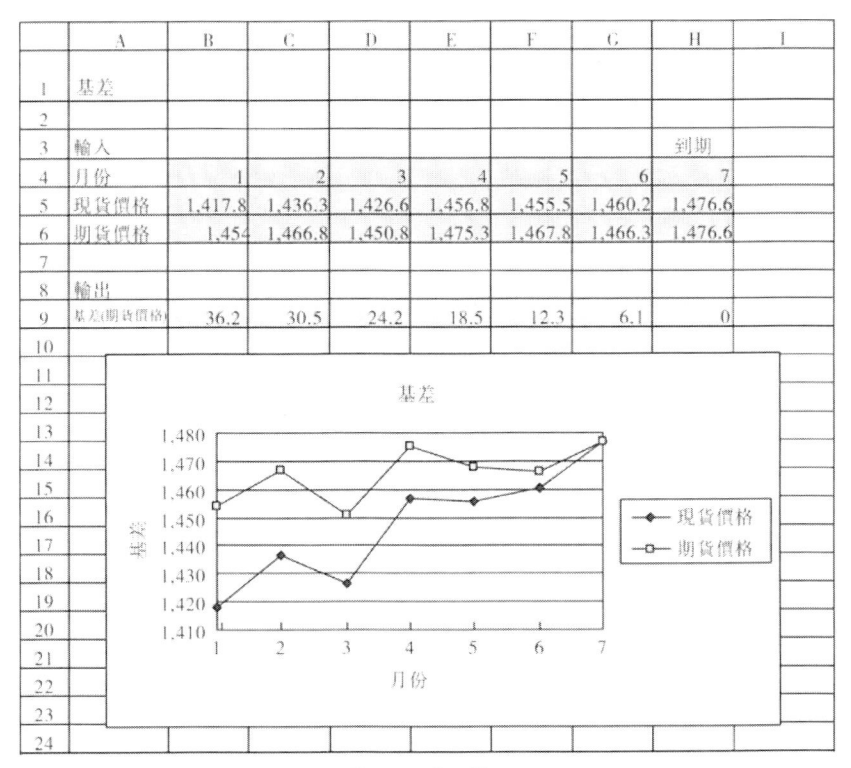

圖 8-8 基差圖示

8.1.1 「繪圖」工具欄

接下來我們希望在圖表中增加一些箭頭及文本,以作為說明圖表時的有力工具。

要在圖表中增加箭頭及文本等,就必須利用繪圖工具欄。打開「繪圖」工具欄的步驟如下:

選擇「視圖」「工具欄」「繪圖」命令,就可以打開「繪圖」工具欄,如圖 8-9 所示。

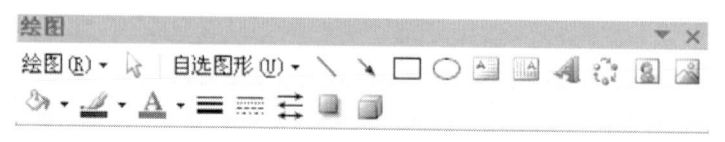

圖 8-9 繪圖工具欄

8.1.2 繪製箭頭

在「自選圖形」中找到「雙箭頭」圖標,單擊,則光標會變成實心「+」。將光標移至期貨價格曲線的第二個坐標點處,並按住鼠標左鍵不放,向現貨價格曲線的第二個坐標點拖動後,再松開鼠標按鍵,結果如圖 8-10 所示。

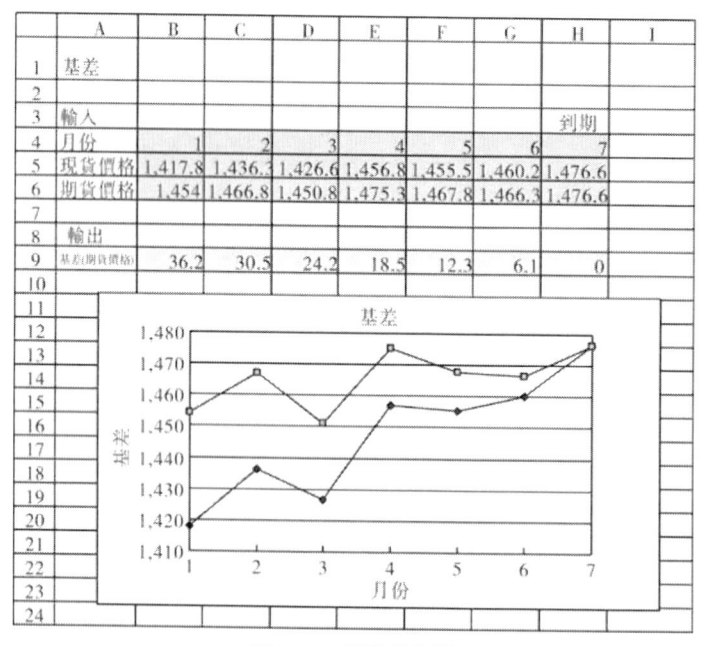

圖 8-10 箭頭的繪製

8 期貨定價

8.1.3 利用文本框做批註

加入箭頭后,如果不加任何說明,那麼這樣的一條線仍沒有任何意義,因此,接下來我們將介紹如何利用「文本框」來做批註說明。

單擊繪圖工具欄上的文本框按鈕,則光標變成「+」狀。將光標移到繪製的箭頭旁,並拖出一個方框,如圖 8-11 所示。

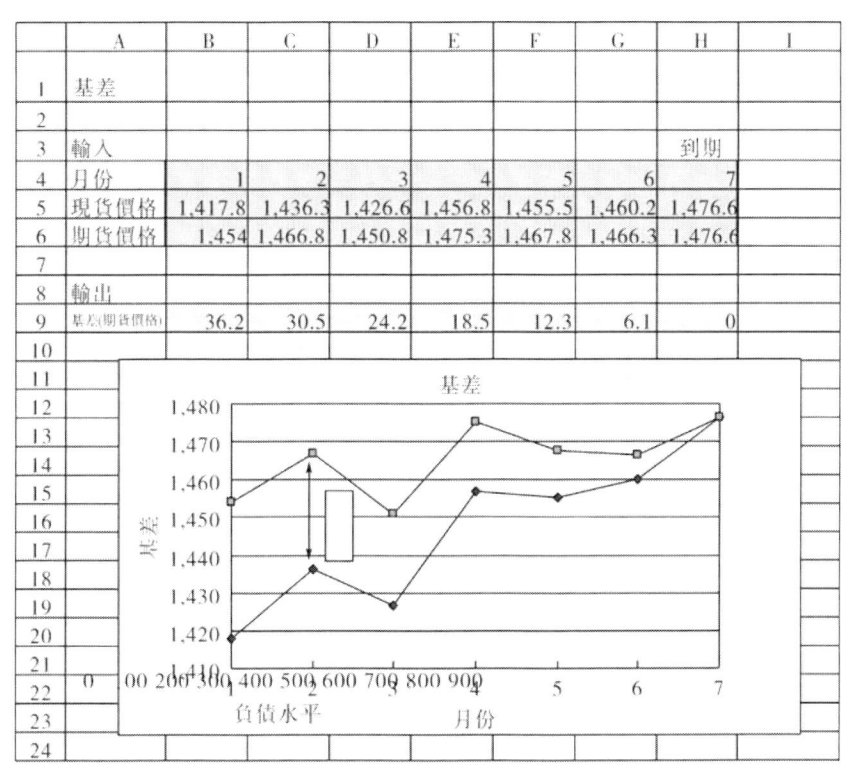

	A	B	C	D	E	F	G	H	I
1	基差								
2									
3	輸入							到期	
4	月份	1	2	3	4	5	6	7	
5	現貨價格	1,417.8	1,436.3	1,426.6	1,456.8	1,455.5	1,460.2	1,476.6	
6	期貨價格	1,454	1,466.8	1,450.8	1,475.3	1,467.8	1,466.3	1,476.6	
7									
8	輸出								
9	基差(期貨價格)	36.2	30.5	24.2	18.5	12.3	6.1	0	

圖 8-11 利用文本框做批註

此時光標會在框中閃爍,輸入「基差」,再利用「文本框」中的小方框調整其大小,同理對期貨曲線和現貨曲線可添加所需標註,如圖 8-12 所示。

	A	B	C	D	E	F	G	H	I
1	基差								
2									
3	輸入							到期	
4	月份	1	2	3	4	5	6	7	
5	現貨價格	1,417.8	1,436.3	1,426.6	1,456.8	1,455.5	1,460.2	1,476.6	
6	期貨價格	1,454	1,466.8	1,450.8	1,475.3	1,467.8	1,466.3	1,476.6	
7									
8	輸出								
9	基差(期貨價格)	36.2	30.5	24.2	18.5	12.3	6.1	0	

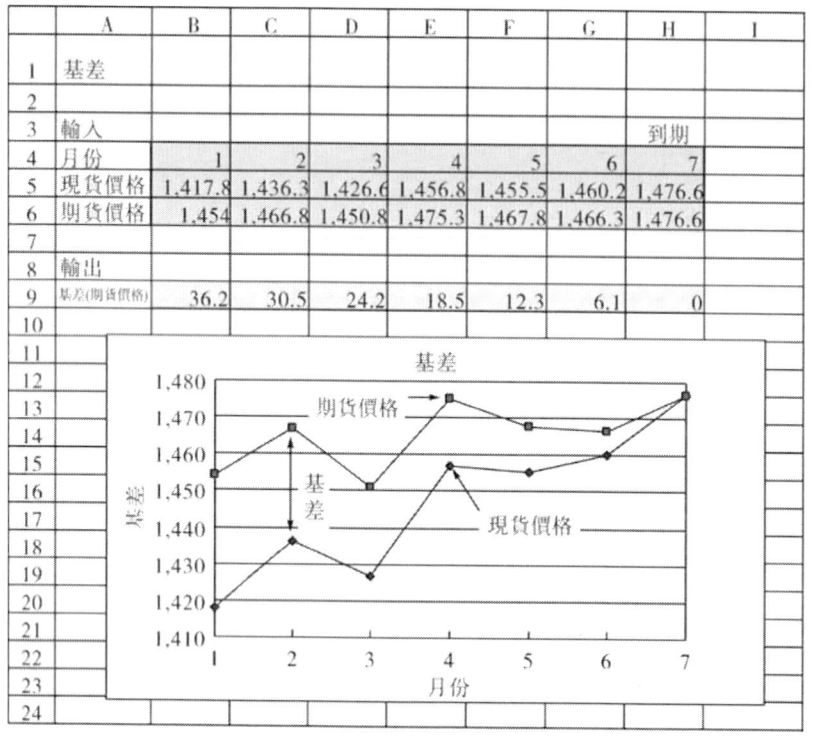

圖 8-12　圖中添加批註

8.2　持有成本

持有成本模型是研究期貨價格的主要模型之一。持有成本價格模型認為從理論上分析,期貨價格等於即時的現貨價格加人們將現貨持有到期貨交割期內所發生的持有成本。在持有成本模型中,持有成本由三個部分組成:保存成本、利息成本和標的資產在合約期限內提供的收益。用公式表示為:

持有成本＝保存成本＋利息成本－標的資產在合約期限內提供的收益

在持有成本模型的期貨價格的確定過程中,套利行為發揮重要的作用,套利者通過現貨與期貨之間的買低賣高的交易,從價格差異中獲取利潤。套利交易產生了對現貨和期貨合約的供給和需求。一旦對某種現貨和期貨合約的供給和需求達到了均衡,此時的現貨和期貨合約價格就是現貨以及期貨合約的均衡價格。持有成本模型認為,

8 期貨定價

此時的現貨以及期貨價格的價差反應了不同時期持有現貨的交易者支付的持有成本。

對持有成本理論論述的邏輯順序是,首先假設交易者面臨的市場是一個完美的市場,即沒有交易成本;沒有交易阻力;對交易雙方沒有任何約束;而且排斥任何無風險的套利行為。在完美市場的條件下的持有成本模型中逐步引入現實市場的因素,並研究這些因素的影響,繼而修正模型,使之更加符合現實市場的情況,即現實市場的期貨合約價格持有成本模型。

8.2.1 完美市場現貨、期貨持有成本模型

在完全市場中,期貨價格模型為:

$$F = Se^{r(T-t)} \tag{8-2}$$

F 為在 t 時買入的到 T 時交割的期貨合約的價格;S 為在 t 時的現貨價格;r 為年利率。

【例題8-2】已知市場價格:1月黃金現貨價格為400美元,年利率為10%,按連續複利計,求第24個月黃金期貨價格。

根據題意,本例可以利用 EXP 函數計算其結果,具體操作步驟如下:

第一步,輸入相應的數據,如圖 8-13 所示。

	A	B
1	完美市場持有成本模型	
2		
3	現貨價格	$400
4	年利率	10%
5	期限（單位：年）	2
6	期貨價格	

圖 8-13 完美市場持有成本模型

第二步,選定 B6 單元格,然后輸入「=B3*」,單擊菜單欄中的「插入」菜單項,在「插入」菜單項下單擊「函數」子菜單,在彈出的「插入函數」對話框中的「或選擇類別(C)」中選擇「數學與三角函數」類型的「EXP」函數,單擊確定,彈出「EXP 函數參數」對話框。

第三步,選取相應的數據域,如圖 8-14 所示。

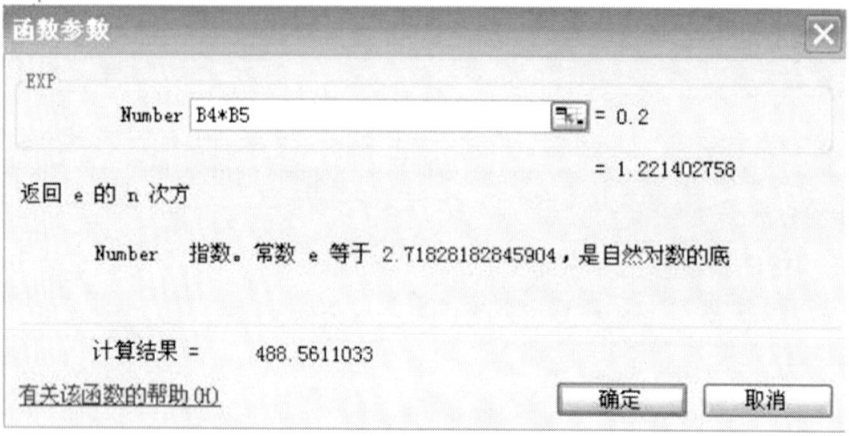

Excel在實驗金融學中的應用

圖 8-14 函數參數選擇

第四步,點擊「確定」按鈕,即可得到期貨價格 = B3 * EXP(B4 * B5) = 488.56(美元)。如圖 8-15 所示。

	A	B
1	完美市場持有成本模型	
2		
3	現貨價格	$400
4	年利率	10%
5	期限（單位：年）	2
6	期貨價格	$488.56

圖 8-15 完美市場持有成本模型 結果

也可以點擊 B6 單元格,然后直接在編輯欄中輸入公式：= B3 * EXP(B4 * B5),在按回車鍵,也可得出如圖 8-15 所示結果。

如果套利者認為即期的現貨價格加持有成本相對於期貨價格偏高,套利者將做現貨的賣空交易(selling short) 和期貨多頭以套期牟利。在現貨的賣空交易中,套利者出售從別處借來的商品,將銷售收入再投資。同時,在期貨市場上,套利者買入相應商品的期貨合約,並持有期貨合約以確保將來能以一定的價格買進現貨,將期初借入的商品歸還別人。套利者即可獲得無風險利潤,但是,這種無風險套利機會在完美市場裡是不存在的。因為,在完美市場裡商品的期貨合約在期初時的價格必須等於在期初時的相應商品的現貨價格加上將現貨持有到交割期時的成本。

8.2.2 非完美市場的持有成本模型

在完美市場裡,期貨價格被表達為一個確定值,當期貨價格等於這個值時,套利機

8 期貨定價

會消失,套利者對現貨以及相關的期貨合約的供給與需求實現了平衡。但是,在非完美市場裡,或者說在現實的市場裡,由於有諸多因素的影響,持有成本模型的期貨價格不是表達為一個確定的值,而是一個區間。只有在這個區間內,不存在套利機會,套利者對現貨以及商品期貨的供給與需求才達到了平衡。

影響期貨價格偏離完全持有成本市場的因素是:直接的交易成本、借貸利率的不等性、賣空操作中的保證金和限制條款、商品倉儲期的限制、供給規模、生產和需求的季節性以及靈活性偏好收益等。

下面將選擇直接的交易成本、借貸利率的不等性和賣空操作中的保證金限制條款等因素對持有成本模型進行修正。

8.2.3 直接的交易成本

在現實的市場裡,無論是場外交易者還是場內交易者都必須考慮到交易費用才能進行交易。

存在交易成本的時候,假定每一筆交易的費率為 Y,那麼期貨價格模型修正為:

$$S(1-Y)e^{r(T-t)} \leq F \leq S(1+Y)e^{r(T-t)} \tag{8-3}$$

F 為在 t 時的到 T 時交割的期貨合約的價格;S 為在 t 時的現貨價格;r 為年利率;Y 為交易費用率。

【例題 8-3】已知市場價格:1 月黃金現貨價格為 400 美元,年利率為 10%(連續複利),交易費用率為 3%,求第 24 個月黃金期貨價格。

根據題意,本例仍可以利用 EXP 函數計算其結果,具體操作步驟如下:

第一步,輸入相應的數據,如圖 8-16 所示。

	A	B
1	非完美市場持有成本模型	
2		
3	現貨價格	$400
4	年利率	10%
5	期限(單位:年)	2
6	交易費用率	3%
7	期貨價格下限	
8	期貨價格上限	

圖 8-16 非完美市場持有成本模型

第二步,選定 B7 單元格,然後輸入「=B3*(1-B6)」,單擊菜單欄中的「插入」菜單項,在「插入」菜單項下單擊「函數」子菜單,在彈出的「插入函數」對話框中的「或選擇類別(C)」中選擇「數學與三角函數」類型的「EXP」函數,單擊確定,彈出「EXP 函數參數」對話框。

第三步,選取相應的數據域和參數。

第四步，點擊「確定」按鈕，即可得到期貨價格的下限 = B3 * (1-B6) * EXP(B4 * B5) = 473.90(美元)。如圖 8-17 所示。

	A	B
1	非完美市場持有成本模型	
2		
3	現貨價格	$400
4	年利率	10%
5	期限（單位：年）	2
6	交易費用率	3%
7	期貨價格下限	$473.90
8	期貨價格上限	

圖 8-17　非完美市場持有成本模型結果、下限

第五步，單擊 B8 單元格，然後直接在編輯欄中輸入公式：= B3 * (1+B6) * EXP (B4 * B5) 再按回車鍵，可得期貨價格的上限，如圖 8-18 所示。

	A	B
1	非完美市場持有成本模型	
2		
3	現貨價格	$400
4	年利率	10%
5	期限（單位：年）	2
6	交易費用率	3%
7	期貨價格下限	$473.90
8	期貨價格上限	$503.22

圖 8-18　非完美市場持有成本模型結果、下限

在這個區間裡沒有套利行為發生，期貨合約的均衡價格不再是一個確定的值區間。如果，期貨價格突破上限或者下限界限，套利者可以進行套利以獲取無風險利潤。假設期貨價格突破上限，套利者可以借款買進現貨出售期貨，進行現貨持有套利。套利者的行為將使現貨價格上升，期貨價格下降，期貨價格迴歸到無套利機會的界限內。反之，如果期貨價格突破下限，則會引起反向現貨持有套利，投機者就會空頭賣出現貨，將收入貸出，同時買進期貨，做多頭套期牟利。這樣的套利，就會使現貨價格相對下降，而期貨價格上升，期貨價格返回到無套利機會的界限內，如圖 8-19 所示。

8 期貨定價

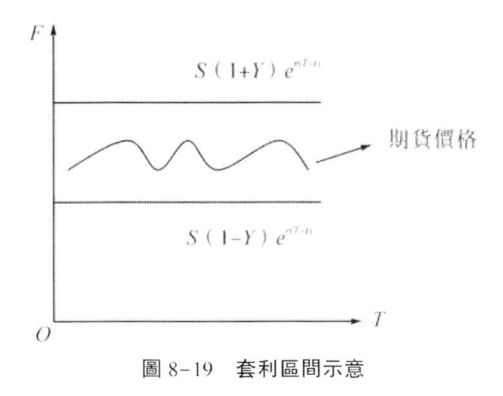

圖 8-19 套利區間示意

8.2.4 借貸利率的不等性和賣空操作中的保證金限制條款

在完美的市場裡,假定所有的交易者都能以無風險利率借貸,而在現實的市場中,這種假設是不存在的。一般而言,借款和貸款的利率是不相等的,借款利率大於貸款利率。在現貨持有套利中,套利者借入資金,而在反向套利中,套利者貸出資金。由於借貸利率的不等性,期貨價格的無套利機會的上下界限將會進一步擴大。

此時,對於非銀行的機構和個人,期貨價格模型修正為:

$$S(1-Y)e^{r_l(T-t)} \leq F \leq S(1+Y)e^{r_b(T-t)} \tag{8-4}$$

存在賣空限制的時候,因為賣空會給經紀人帶來很大風險,所以幾乎所有的經紀人都扣留賣空客戶的部分所得作為保證金。假設這一比例為 X,那麼均衡的遠期和期貨價格區間應該是:

$$(1-X)S(1-Y)e^{r_l(T-t)} \leq F \leq S(1+Y)e^{r_b(T-t)} \tag{8-5}$$

【例題 8-4】已知市場價格:1 月黃金現貨價格為 400 美元,借入利率為 12%,貸出利率為 8%,均為連續複利,交易費用率為 3%,保證金率為 2%,求第 24 個月黃金的期貨價格。

根據題意,本例仍可以利用 EXP 函數計算其結果,具體操作步驟如下:

第一步,輸入相應的數據,如圖 8-20 所示。

	A	B
1	非完美市場持有成本模型	
2		
3	現貨價格	$400
4	借入利率	12%
5	貸出利率	8%
6	期限(單位:年)	2
7	交易費用率	3%
8	保證金率	2%
9	期貨價格下限	
10	期貨價格上限	

圖 8-20 非完美市場持有成本模型示例

第二步，選定 B9 單元格，然後輸入「=(1-B8)*B3*(1-B7)*」，然後單擊菜單欄中的「插入」菜單項，在「插入」菜單項下單擊「函數」子菜單，在彈出的「插入函數」對話框中的「或選擇類別(C)」中選擇「數學與三角函數」類型的 EXP 函數，單擊確定，彈出「EXP 函數參數」對話框。

第三步，選取相應的數據域和參數。

第四步，點擊「確定」按鈕，即可得到期貨價格的下限 = (1-B8)*B3*(1-B7)*EXP(B5*B6) = 446.22(美元)。

第五步，單擊 B10 單元格，然後直接在編輯欄中輸入公式：=B3*(1+B7)*EXP(B4*B6)，再按回車鍵，可得期貨價格的上限，如圖 8-21 所示。

	A	B
1	非完美市場持有成本模型	
2		
3	現貨价格	$400
4	借入利率	12%
5	貸出利率	8%
6	期限（單位：年）	2
7	交易費用率	3%
8	保證金率	2%
9	期貨價格下限	$¥446.22
10	期貨價格上限	$¥523.75

圖 8-21　非完美市場持有成本模型示例

8.3　商品期貨

持有成本上升理論是早期的商品期貨價格構成理論。早期的商品期貨主要是農產品，它們的生產都有季節性，從生產到銷售要經過相當長的時間，而此間農產品的價格卻可能有較大的波動，給生產者和消費者造成損失。這就是為什麼早期的商品期貨多是以農產品為主的原因。

在商品期貨定價中一般將商品區分為如下兩大類：為投資目的而由相當多的投資者所持有(如黃金和白銀)商品和為消費目的所持有的商品。對投資目的的商品，我們可以通過套利討論得出準確的期貨價格。但是，對消費目的的商品來說，套利討論只能給出期貨價格的上限。

8.3.1　投資類商品定價(黃金和白銀)

在投資類商品中，黃金和白銀是最具有代表性的商品。自古以來，黃金和白銀作為硬通貨就被眾多的投資者所喜愛，持有黃金和白銀的目的就是投資、保值。如果不考慮存儲成本，黃金和白銀類似於無收益的證券，設 S 是黃金的現貨價格，U 為期貨合

8 期貨定價

約有效期間所有存儲成本的現值,存儲成本可以看作是負收益,則遠期價格 F 為:

$$F = (S + U) e^{r(T-t)} \tag{8-6}$$

【例題 8-5】考慮黃金的一年期期貨合約。假設黃金的存儲成本是每年每盎司 2 美元,在年底支付。假設現價為 450 美元,無風險利率始終為每年 7%,按連續複利計,求期貨價格。

根據題意,本例可以利用 EXP 函數計算其結果,具體操作步驟如下:

第一步,輸入相應的數據,如圖 8-22 所示。

	A	B
1	商品期貨定價模型	
2		
3	現貨價格	$450
4	年利率	7%
5	期限(單位:年)	1
6	存儲成本	$2.00
7	存儲成本現值	
8	期貨價格	

圖 8-22 商品期貨定價模型

第二步,選定 B7 單元格,輸入公式 =B6*EXP(-0.07),按回車鍵,即可得存儲成本的現值,如圖 8-23 所示。

	A	B
1	商品期貨定價模型	
2		
3	現貨價格	$450
4	年利率	7%
5	期限(單位:年)	1
6	存儲成本	$2.00
7	存儲成本現值	$1.865
8	期貨價格	

圖 8-23 商品期貨定價 成本現值

第三步,選定 B8 單元格,輸入公式 =(B3+B7)*EXP(0.07),按回車鍵,即可得到期貨價格為 484.6 美元,如圖 8-24 所示。

	A	B
1	商品期貨定價模型	
2		
3	現貨價格	$450
4	年利率	7%
5	期限（單位：年）	1
6	存儲成本	$2.00
7	存儲成本現值	$1.865
8	期貨價格	$484.6

圖 8-24　商品期貨定價、結果

8.3.2　消費類商品定價

對於那些持有目的不是為了投資的商品來說，下面兩個套利結果需要重新考慮：

(1) $F > (S + U) e^{r(T-t)}$ 　　　　　　　　　　　　　　　　　　　(8-7)

(2) $F < (S + U) e^{r(T-t)}$ 　　　　　　　　　　　　　　　　　　　(8-8)

若式 8-7 成立，則套利者將會以無風險利率借金額為 $S+U$ 的資金，用來購買一單位的商品和支付存儲成本，並在期貨市場上賣出一單位的期貨合約；若式 8.8 成立，則套利者將賣出商品，節約存儲成本，以無風險利率將所得收入進行投資，並在期貨市場上購買期貨合約，以獲得無風險套利。

對於持有目的主要不是投資的商品來說，以上討論不再適用。個人或公司保留商品的庫存是因為其有消費價值，而非投資價值。他們不會積極主動地出售商品購買合約。因此，對消費類商品期貨的價格只能給出一個上限：

$$F \le (S + U) e^{r(T-t)} \qquad (8-9)$$

假定商品持有人持有商品時能獲得便利收入 C，即如果商品持有人賣出商品時，將犧牲 C 的便利效用，則式 8-9 可改為：

$$F = (S + U) e^{r(T-t)} + C \qquad (8-10)$$

8.4　外匯期貨

外匯市場的供給和其他的商品供給不同，較少有供給短缺的情況發生。所以，外匯期貨的價格更加符合期貨持有成本的價格模型，外匯期貨市場往往表現為完全持有成本市場。

外匯期貨的價格公式也是通過排斥無風險套利機會的分析得出的。假設某投資者在國內有一美元，並投資於國內無風險利率項目。到期后，他的本利收入為

8 期貨定價

$e^{r_d(T-t)}$。如果投資者用一美元購買外幣,投資於外國的無風險利率項目,並且在期貨市場上將到期收益的本利賣出。到期后,他的本幣收入為:

$$\frac{1}{S}e^{r_f(T-t)}F$$

其中:F 為 T 時外匯期貨價格;S 為以本幣表示的一單位外匯的即期價格;r_d 為國內無風險利率;r_f 為國外無風險利率。

在排除無風險套利機會的條件下,投資者在國內和國外的投資收益應該相等。

$$e^{r_d(T-t)} = \frac{1}{S}e^{r_f(T-t)}F \tag{8-11}$$

將式 8-11 整理,可以得到外匯期貨價格的持有成本的公式(8-12):

$$F = Se^{(r_d-r_f)(T-t)} \tag{8-12}$$

這就是國際金融領域著名的利率平價關係。它表明,在資本自由流動、貨幣自由兌換的條件下,若外匯的利率大於本國的利率,則該外匯的遠期和期貨匯率應小於現貨匯率;若外匯的利率小於本國的利率,則該外匯的遠期和期貨匯率應大於現貨匯率。

【例題 8-6】$S = \$0.57/DM$,$r_f = 5\%$,$r_d = 3\%$,連續複利。$T-t = 0.25$,$F = \$0.58/DM$。問投資者將如何在國內和國外兩個市場上進行無風險套利,描述其過程。

根據題意,本例可用 EXP 函數計算期貨價格,具體操作步驟如下:

第一步,輸入相應的數據,如圖 8-25 所示。

	A	B
1	外匯期貨定價模型	
2		
3	即期價格	0.57
4	國內無風險利率	3%
5	國外無風險利率	5%
6	國內外無風險利率差	-2%
7	期限(單位:年)	0.25
8	期貨價格	

圖 8-25　外匯期權定價

第二步,選定 B8 單元格,然后輸入「=B3*」,單擊菜單欄中的「插入」菜單項,在「插入」菜單項下單擊「函數」子菜單,在彈出的「插入函數」對話框中的「或選擇類別(C)」中選擇「數學與三角函數」類型的 EXP 函數,單擊確定,彈出「EXP 函數參數」對話框。

第三步,選取相應的數據域,如圖 8-26 所示。

第四步,點擊「確定」按鈕,即可得到期貨價格 = B3 * EXP(B6 * B7) = $0.567,2/DM。如圖 8-27 所示。

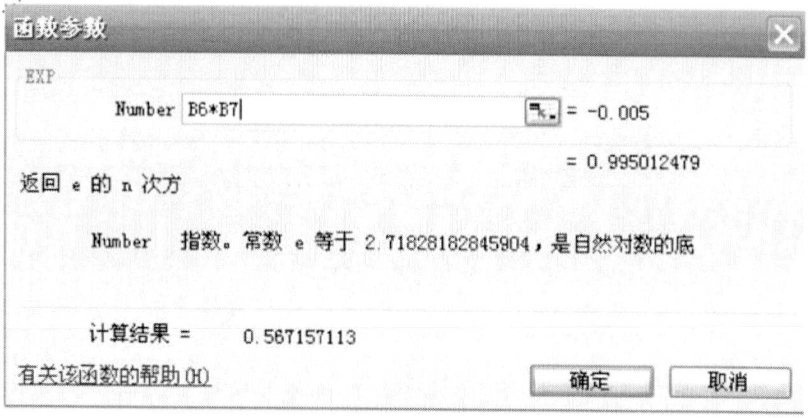

Excel 在實驗金融學中的應用

圖 8-26 函數參數選擇

	A	B
1	外匯期貨定價模型	
2		
3	即期價格	0.57
4	國內無風險利率	3%
5	國外無風險利率	5%
6	國內外無風險利率差	-2%
7	期限(單位:年)	0.25
8	期貨價格	0.5672

圖 8-27 外匯期貨定價結果

當 r_f = 5% 時,當 r_d = 3% 時,投資者將在期初借入一美元,並將其兌換為 1.754,4 德國馬克,投資於德國銀行,德國銀行的利率為 5%。同時,投資者在期貨市場上賣出到期交割的德國馬克的本利和,歸還美元欠款,可得無風險利潤 0.228 美元。

8.5 指數期貨

指數期貨與其他期貨商品相同,皆屬標準化合約,唯一較特殊的是,指數期貨的標的物為股價指數。因此,投資者須先對「股份指數」有所瞭解,才能瞭解指數期貨交易的意義。「股價指數」乃是衡量整個股票市場或某個行業或區域市場股票價格變化的指標,用以反應在某特定日期,股指規定的成分股相對於基準日價值的變化。編製股價指數之主要目的,亦在於提供投資者一個判斷股市興衰與經濟前景的指標,同時股價指數也常被用來作為投資組合管理績效衡量的標準,尤其是共同基金。

8 期貨定價

大部分指數可以看作為付紅利的證券。這裡的證券就是計算指數的股票組合,證券所付紅利就是該組合持有人收到的紅利。假設紅利是連續支付的,可得期貨價格 F 為:

$$F = Se^{(r-q)(T-t)} \qquad (8-13)$$

其中,F 為 T 時的股票指數期貨合約價格;S 為 t 時的股票指數組合投資價格;r 為無風險利率;q 為股票的紅利利率;T 為股票指數期貨合約到期日。

【例題 8-7】考慮一個 S&P500 指數的 3 個月期期貨合約。假設用來計算指數的股票的紅利收益率為每年 3%,指數現值為 400,連續複利的無風險利率為每年 8%。這裡,$r = 0.08$,$S = 400$,$T - t = 0.25$,$q = 0.03$,按連續複利計,求期貨價格 F。

根據題意,本例可用 EXP 函數計算期貨價格,具體操作步驟如下:

第一步,輸入相應的數據,如圖 8-28 所示。

	A	B
1	指數期貨定價模型	
2		
3	即期價格	400
4	無風險利率	8%
5	股票紅利率	3%
6	期限(單位:年)	0.25
7	期貨價格	

圖 8-28　指數期貨定價

第二步,選定 B7 單元格,然后輸入「=B3 *」,單擊菜單欄中的「插入」菜單項,在「插入」菜單項下單擊「函數」子菜單,在彈出的「插入函數」對話框中的「或選擇類別(C)」中選擇「數學與三角函數」類型的 EXP 函數,單擊確定,彈出「EXP 函數參數」對話框。

第三步,選取相應的數據域,如圖 8-29 所示。

圖 8-29　函數參數選擇

第四步，點擊「確定」按鈕，即可得到期貨價格＝B3 * EXP（(B4-B5) * B6）＝405.03，如圖8-30所示。

	A	B
1	指數期貨定價模型	
2		
3	即期價格	400
4	無風險利率	8%
5	股票紅利率	3%
6	期限（單位：年）	0.25
7	期貨價格	405.03

圖8-30　指數期貨定價結果

如果股票指數的期貨不等於405.03，則預示著有無風險套利機會。例如，假設指數期貨高於405.03，套利者將會在期貨市場上賣出股票指數期貨，在股票市場上買進股票指數組合的現貨以套利，這樣的套利將導致期貨合約價格下降，股票指數組合的現貨價格上升，直到指數期貨等於405.03。要說明的是，股票指數期貨在交割時，是用現金交割的，原因是指數本身無法交割，而以指數的成分股進行交割又太麻煩。一般是規定指數的1點，即一個百分點為多少現金，例如標準普爾指數期貨合約規定，1點相當於500美元，根據期貨合約中的指數和交割時即期指數的點數差，乘以相應的每點貨幣值，就可以進行現金交割了。

8.6　轉換因子

8.6.1　轉換因子的概念

在美國的中長期國債期貨中，只要到期期限符合規定的債券都可以作為交割標的進行交割。然而，在國債現券市場上，符合交割標準的券種由於利率和期限的不同，各個券種的價格與國債期貨價格之間並沒有直接的可比性。

當需要用不同的債券進行交割時，就存在需要將不同債券進行轉換的問題。這就會涉及轉換因子。所謂轉換因子，實質上是一種折算比率，通過這個折算比率可以將各種可用於交割的現券價格，調整為可以與期貨價格進行直接比較的價格。以美國中長期債券為例，目前美國中長期國債期貨規定的標準券票面利率為6%（2000年3月以前一直是8%），轉換因子等於面值為100美元的各債券在剩餘期限內的現金流按6%的年利率（每半年計複利一次）貼現到交割月第一天的價值，再扣掉該債券累計利息后的餘額。這樣的計算方法，實際就是將不同條款設計的債券，都與票面利率為

8 期貨定價

6%的標準券進行比較來計算的。

8.6.2 剩餘期限的確定

人們在計算某種可交割債券的轉換因子時，首先必須確定該債券的剩餘期限。一般來說，剩餘期限的確定以中長期國債期貨合約第一交割日為起點，以可交割債券到期日或者最早贖回日（如果是可提前贖回債券）為終點，然後，將這一期間按季取整后的期限作為該債券的剩餘期限。如果取整數后，債券的剩餘期限為半年的倍數，就假定下一次付息是在6個月之后，否則就假定在3個月后付息，並從貼現值中扣掉累計利息，以免重複計算。

例如，1996年11月某交易者準備以息票利率為10%、到期日為2012年7月15日的長期國債進行1996年12月到期的美國長期國債期貨的實物交割，則從國債期貨的第一個交割日1996年12月1日到該債券的到期日2012年7月15日共有15年7個半月，按季取整后就是15年6個月。

8.6.3 轉換因子的計算

在確定了可交割債券的剩餘期限以後，我們就可以通過一定的函數將轉換因子計算出來。

【例題8-8】某長期國債息票利率為14%，剩餘期限還有18年4個月。標準券期貨的報價為90-00，求空方交割10萬美元面值該債券應收到的現金價格（現金價格=報價+上一個付息日以來的累計利息）。

根據題意可知，累計利息為3.5美元，該債券在剩餘期限內付息次數為36次，用PV函數計算債券的價值，具體操作步驟如下：

第一步，輸入相應的數據，選定B7單元格，如圖8-31所示。

	A	B
1	轉換因子的計算	
2		
3	未來值	$100
4	息票利率	14%
5	折線率	6%
6	付息次數	36
7	債券價值	
8		
9	累計利息	$3.5
10	轉換因子	

圖8-31　轉換因子的計算

Excel 在實驗金融學中的應用

第二步，單擊菜單欄中的「插入」菜單項，在「插入」菜單項下單擊「函數」子菜單，在彈出的「插入函數」對話框中選擇「財務函數」類型的 PV 函數，單擊確定，彈出「PV 函數參數」對話框。

第三步，選取相應的數據域，如圖 8-32 所示。

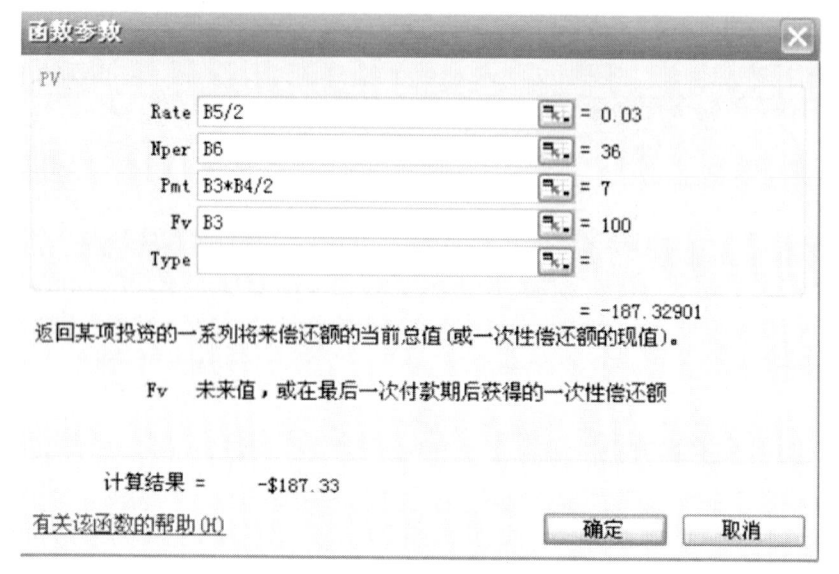

```
函數參數
PV
    Rate   B5/2          = 0.03
    Nper   B6            = 36
    Pmt    B3*B4/2       = 7
    Fv     B3            = 100
    Type                 =
                         = -187.32901
返回某項投資的一系列將來償還額的當前總值（或一次性償還額的現值）。
    Fv    未來值，或在最後一次付款期後獲得的一次性償還額

計算結果 =    -$187.33
有關該函數的幫助(H)               確定    取消
```

圖 8-32　函數參數選擇

第四步，點擊「確定」按鈕，即可得到債券價值=PV(B5/2,B6,B3*B4/2,B3)=$187.33，如圖 8-33 所示。

	A	B
1	轉換因子的計算	
2		
3	未來值	$100
4	息票利率	14%
5	折線率	6%
6	付息次數	36
7	債券價值	¥-187.33
8		
9	累計利息	$3.5
10	轉換因子	

圖 8-33　債券價值的計算結果

第五步，在 B10 單元格中輸入公式：=B7-B9，按回車鍵，可得轉換因子為 $

187.33，如圖 8-34 所示。

	A	B
1	轉換因子的計算	
2		
3	未來值	$100
4	息票利率	14%
5	折線率	6%
6	付息次數	36
7	債券價值	¥-187.33
8		
9	累計利息	$3.5
10	轉換因子	¥-183.83

圖 8-34　轉換因子的計算結果

空方交割 10 萬美元面值該債券應收到的現金為：$1,000 \times [(1.838,3 \times 90.00) + 3.5] = 168.947$（美元）

8.7　最便宜交割債券

在諸多合格可交割債券中，究竟選擇哪一個券種作為期貨的交割標的，其決定權在賣方。在通常情況下，賣方會選擇最經濟的債券作為交割標的，國債期貨的價格走勢也與該項券種的價格最密切，這個最有利於賣方進行交割的券種稱為最便宜可交割債券。

在進行政府長期債券期貨合約交割時，多頭交易者支付給空頭交易者的發票價格等於持盤日的期貨價格和轉換係數的乘積加在持有期間增加的利息。

$$IA = DFP(\$100,000)CF + AI \quad (8-14)$$

其中，IA 為發票價格；DFP 為十進制的結算價格。例如，$96-16 = 0.965$；$\$100,000$ 為債券期貨合約的規格；CF 為轉換係數；AI 為持有期間增加的利息。

我們將通過一個例子來說明最便宜交割債券的判定。

【例題 8-9】假定在 1991 年 9 月 16 日，星期一，1991 年 9 月的 $T-b$ 期貨的價格是 93-00。某一空頭交易者決定今天為持盤日，則實際交割時間是 1991 年 9 月 18 日，星期三。該交易者持有兩種債券，其債券指標如圖 8-35 所示。

Excel 在實驗金融學中的應用

到期時間	息票利率	債券報價	轉換系數
2016.5.15	0.0725	82-16	0.92
2006-2011.11.15	0.14	140-10	1.5188

圖 8-35 兩種債券基本情況

哪一種是最便宜的債券,回答這個問題需要計算債券的現金價格。

債券的現金價格=債券報價+上一個付息日以來的累積利息

表中的兩種債券的息票支付時間是相同的,都是 5 月至 11 月的週期。在這個週期中共有 184 天。從 5 月 15 日息票支付以後到利率期貨實際交割日 9 月 18 日,共有 126 天。

第一步,根據題意,在 Excel 中輸入數據,如圖 8-36 所示。

	A	B	C	D	E
1	最便宜交割債券				
2					
3	息票率為0.725的債券			息票率為0.14的債券	
4					
5	週期天數	184		週期天數	184
6	距上一個付息日的天數	126		距上一個付息日的天數	126
7	息票率	0.0725		息票率	0.14
8	債券期貨合約規格	$100,000		債券期貨合約規格	$100,000
9	持有期間增加的利息（AI）			持有期間增加的利息（AI）	
10					
11	十進制結算價格(DFP)	0.93		十進制結算價格(DFP)	0.93
12	轉換系數（CF）	0.92		轉換系數（CF）	1.5188
13	債券發票價格（IA）			債券發票價格（IA）	
14					
15	債券報價（Pi）	$82,500		債券報價（Pi）	$140,313
16	債券的現金價格(CP)			債券的現金價格(CP)	
17	債券的利潤			債券的利潤	

圖 8-36 最便宜交割債券的計算 1

第二步,息票率為 0.072,5 的債券:AI=(126/184)*0.5*0.072,5*($100,000)= $2,482,如圖 8-37 所示。

8 期貨定價

	A	B	C	D	E
1	最便宜交割債券				
2					
3	息票率為0.725的債券			息票率為0.14的債券	
4					
5	週期天數	184		週期天數	184
6	距上一個付息日的天數	126		距上一個付息日的天數	126
7	息票率	0.0725		息票率	0.14
8	債券期貨合約規格	$100,000		債券期貨合約規格	$100,000
9	持有期間增加的利息（AI）	$2,482		持有期間增加的利息（AI）	
10					
11	十進制結算價格(DFP)	0.93		十進制結算價格(DFP)	0.93
12	轉換系數（CF）	0.92		轉換系數（CF）	1.5188
13	債券發票價格（IA）			債券發票價格（IA）	
14					
15	債券報價（Pi）	$82,500		債券報價（Pi）	$140,313
16	債券的現金價格(CP)			債券的現金價格(CP)	
17	債券的利潤			債券的利潤	

圖 8-37　最便宜交割債券計算 2

第三步，息票率為 0.072,5 的債券：$IA = DFP(\$100,000)(CF) + AI = 0.93(\$100,000)(0.920,0) + \$2,482 = \$88,042$，如圖 8-38 所示。

	A	B	C	D	E
1	最便宜交割債券				
2					
3	息票率為0.725的債券			息票率為0.14的債券	
4					
5	週期天數	184		週期天數	184
6	距上一個付息日的天數	126		距上一個付息日的天數	126
7	息票率	0.0725		息票率	0.14
8	債券期貨合約規格	$100,000		債券期貨合約規格	$100,000
9	持有期間增加的利息（AI）	$2,482		持有期間增加的利息（AI）	$4,793
10					
11	十進制結算價格(DFP)	0.93		十進制結算價格(DFP)	0.93
12	轉換系數（CF）	0.92		轉換系數（CF）	1.5188
13	債券發票價格（IA）	$88,042		債券發票價格（IA）	
14					
15	債券報價（Pi）	$82,500		債券報價（Pi）	$140,313
16	債券的現金價格(CP)			債券的現金價格(CP)	
17	債券的利潤			債券的利潤	

圖 8-38　最便宜交割債券計算 3

第四步，息票率為0.072,5 的債券：現金價格 $CP = P_i + AI = \$82,500 + \$2,482 = \$84,982$；利潤 $\pi_i = IA - CP = \$88,042 - \$84,982 = \$3,060$，如圖 8-39 所示。

Excel 在實驗金融學中的應用

	A	B	C	D	E
1	最便宜交割債券				
2					
3	息票率為0.725的債券			息票率為0.14的債券	
4					
5	週期天數	184		週期天數	184
6	距上一個付息日的天數	126		距上一個付息日的天數	126
7	息票率	0.0725		息票率	0.14
8	債券期貨合約規格	$100,000		債券期貨合約規格	$100,000
9	持有期間增加的利息（AI）	$2,482		持有期間增加的利息（AI）	$4,793
10					
11	十進制結算價格(DFP)	0.93		十進制結算價格(DFP)	0.93
12	轉換系數（CF）	0.92		轉換系數（CF）	1.5188
13	債券發票價格（IA）	$88,042		債券發票價格（IA）	$146,042
14					
15	債券報價（Pi）	$82,500		債券報價（Pi）	$140,313
16	債券的現金價格(CP)	$84,982		債券的現金價格(CP)	$145,106
17	債券的利潤	$3,060		債券的利潤	$935

表 8-39　最便宜交割債券計算結果

所以，由表 8-38 可知，息票率為 0.072,5 的債券是最便宜的交割債券。

另有一種計算最便宜交割債券的方法，即計算隱含回購利率，公式是：

$$隱含回購利率 = \frac{總現金收益}{總投資成本} \times \frac{360}{期貨合約清算前所剩天數}$$

【例題 8-10】假設有一期貨合約如下：期貨交割價為 98，離期貨交割的天數為 110 天，有關交割的信息是：債券的價格為 108，累計利息為 2.888,9 美元，息票利率為 8%，至下期付息日的時間為 50 天，期間息票利息為 4 美元，取得期間息票利息收入至期貨交割的天數為 110-50=60 天，轉換系數為 1.095,8，期貨交割所能獲得的累積利息為 1.333,3 美元，110 天的市場回購利率為 3.6%，計算債券期貨合約的隱含回購利率。

如圖 8-40 所示，可計算隱含回購利率如下：

8　期貨定價

	A	B
1	隱含回購利率	
2		
3	期貨交割價	98
4	距期貨交割天數	110
5	距下期付息日	50
6	債券價格	108
7	債券累積利息	2.8889
8	息票利率	8%
9	期間息票利息	4
10	轉換系數	1.0958
11	期貨累積利息	1.3333
12	市場回購利率	3.60%
13	隱含回購利率	5.480%

圖8-40　隱含貿歲利率計算

要注意的是,在選擇交割債券時,要選擇回購利率較高的債券,而不是回購利率較低的債券,這是因為回購利率越高,意味著用於交割的成本越低。

9 互換定價

互換是一種以現金結算的金融衍生工具。互換中交易雙方按預先約定在未來的一定期限內進行一系列現金流的交換。交換的現金流可以是不同的貨幣(貨幣互換),也可以是相同的貨幣,但一方的計息基礎是固定利率,另一方的計息基礎是浮動利率(利率互換)。當然,互換也可以是這兩者的結合,即以一種貨幣的固定利率現金流去交換另一種貨幣的浮動利率現金流(貨幣利率互換或交叉互換)。除此之外,還有用一種浮動利率交換另一種浮動利率(相同貨幣或不同貨幣都可)的互換形式。

互換有多種形式,最為普遍的兩種互換形式是利率互換(interest rate swap)和貨幣互換(currency swap)。

9.1 利率互換(interest rate swap)

最常見的利率互換形式是固定利率對浮動利率的互換,即根據約定數量的本金交換現金流,其中一方的現金流根據浮動利率計算,另一方的現金流則根據固定利率計算。利率互換中最常用的浮動利率是 3 個月期或 6 個月期的 LIBOR(如果是歐元的互換則使用 EURIBOR)。這就是所謂的香草型利率互換。

【例題 9-1】一個三年期的利率互換協議開始於 2002 年 3 月 1 日,B 公司同意向 A 公司支付年利率 2%、本金 $ 100,000,000 的利息;反過來,A 公司同意向 B 公司支付 6 個月期 LIBOR 和同樣本金的浮動利息。這裡假設互換協議規定利息每六個月交換一次,且 2% 的利息是按照半年複利計算的。由於互換協議中利息每六個月交換一次,則該協議一共產生六個現金流。B 公司每次支付的是固定利息,也就是 $ 1,000,000。第一次利息互換是在 2002 年 9 月 1 日。支付浮動利息的 A 公司採用的

9 互換定價

LIBOR 是六個月前,也就是 2002 年 3 月 1 日的 6 個月期 LIBOR,為 2.33%。所以 A 公司支付給 B 公司的利息為 0.5|0.023,3×\$ 100,000,000,即 \$ 1,165,000。第二次互換在 2002 年 3 月 1 日,六個月前的 6 個月期 LIBOR 為 1.75%,A 公司支付利息為 0.5 ×0.017,5×\$ 100,000,000,即 \$ 875,000。以此類推,A 公司每次支付給 B 公司的利息都是根據本金和六個月前的 LIBOR 計算得出的。

Excel 計算的現金流互換數額見圖 9-1。

	A	B	C	D	E
	日期	LIBOR利率(%)	名義本金為$100,000,000,固定利率为2%,浮动利率为LIBOR的三年期利率互換現金流情況 (單位:$1,000,000)		
			固定利率現金流	浮动利率現金流	淨現金流
1	2002年3月1日	2.33	-100.00	-100.00	0.00
2	2002年9月1日	1.75	1.00	1.17	-0.17
3	2003年3月1日	1.26	1.00	0.88	0.12
4	2003年9月1日	1.18	1.00	0.63	0.37
5	2004年3月1日	1.16	1.00	0.59	0.41
6	2004年9月1日	2.17	1.00	0.58	0.42
7	2005年3月1日	3.39	101.00	101.09	-0.09

圖 9-1　三年期利率互換現金流情況

互換淨現金流示意圖,如圖 9-2 所示。

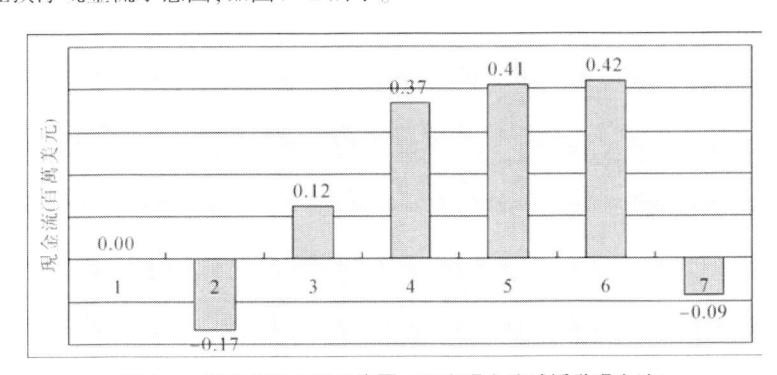

圖 9-2　互換淨現金流示意圖(固定現金流減浮動現金流)

以上是有本金互換的現金流情況,實際上是否交換本金對整個互換協議沒有影響。圖 9-3 是無本金互換的現金流情況:

	A	B	C	D	E
	日期	LIBOR利率(%)	名義本金為$100,000,000,固定利率为2%,浮动利率为LIBOR的三年期利率互換現金流情況 (單位:$1,000,000)		
			固定利率現金流	浮动利率現金流	淨現金流
1	2002年3月1日	2.33	0.00	0.00	0.00
2	2002年9月1日	1.75	1.00	1.17	-0.17
3	2003年3月1日	1.26	1.00	0.88	0.12
4	2003年9月1日	1.18	1.00	0.63	0.37
5	2004年3月1日	1.16	1.00	0.59	0.41
6	2004年9月1日	2.17	1.00	0.58	0.42
7	2005年3月1日	3.39	1.00	1.09	-0.09

圖 9-3　無本金交換的互換淨現金流情況

263

在實際操作中,互換雙方通常只需要一方向另一方支付固定利息與當期浮動利息之間的差額,而不需要真的相互交換利息。

9.1.1 利用互換進行資產或負債性質的轉換

利率互換有多種用途。例如一個公司可以以浮動利率借入資金,但卻希望以固定利率鎖定借款成本,它可以通過利率互換協議支付固定利率利息並收到浮動利率利息,如圖 9-4 所示。

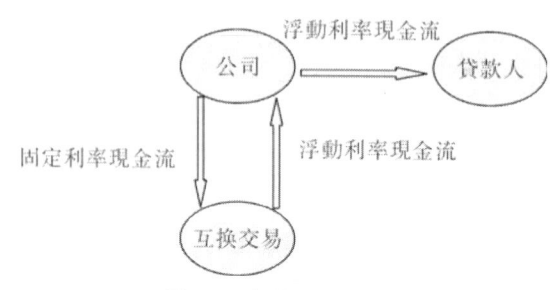

圖 9-4 負債性質的轉換

【例題 9-2】A 公司發行浮動利率人民幣債券,期限為 5 年,每年支付一次利息,票面利率為「一年期定期儲蓄存款利率+40 個基本點」。A 公司預期未來五年人民幣利率將呈上升趨勢,如果持有浮動利率債務,利息負擔會越來越重,因此 A 公司希望能將其轉換為固定利率債務。此時,A 公司可與 B 公司進行利率互換交易。通過簽訂利率互換合約,在每個利息支付日,A 公司要向 B 公司支付以固定利率4%計算的利息,而獲得以「一年期定期儲蓄存款利率」計算的利息額,用於所發行的債券付息。通過利率互換交易,A 公司將自己今後 5 年的債務成本一次性地固定在 4.4%的水平上,從而達到了規避利率風險的目的。

當 A 公司簽署互換協議后,它具有如下三種現金流:

(1) 支付給外部投資者的利率為一年期定期儲蓄存款利率+0.4%;

(2) 按互換的條款得到一年期定期儲蓄存款利率;

(3) 按互換的條款支付 4%。

這三項現金流的淨效果是 A 公司支付了 4.4%。因此對 A 公司來說,該互換可用於將一年期定期儲蓄存款利率+40 個基點的浮動利率負債轉換為 4.4%的固定利率負債。

對 B 公司來說,它可以利用互換將固定利率貸款轉換為浮動利率貸款。假設 B 公司已經安排了一項五年期貸款,利率為 4.2%。當 B 公司簽署互換協議后,它具有如下三種現金流:

(1) 支付給外部貸款人的利率為 4.2%;

(2) 按互換的條款支付一年期定期儲蓄存款利率;

9 互換定價

(3)按互換的條款得到4%。

這三項現金流的淨效果是B公司支付了一年期定期儲蓄存款利率+0.2%。因此對B公司來說,該互換可用於將4.2%的固定利率貸款轉換為一年期定期儲蓄存款利率+20個基點的浮動利率貸款。A公司和B公司的利率互換協議如圖9-5所示。

```
 ←一年期定期儲蓄存款利率+0.4%   一年期定期儲蓄存款利率          4.20%
 ←──────────────────[ A公司 ]────────────────[ B公司 ]──────→
                              4%
```

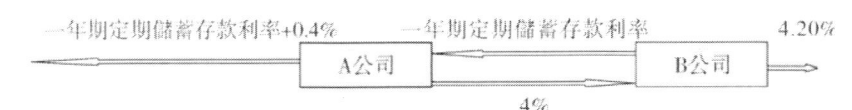

圖9-5　A公司和B公司利用利率互換協議轉換負債

【例題9-2】中的互換結果只是各種可能的互換結果之一,在實際的互換協議中,將根據具體情況,由雙方商定。

同樣,資產性質的轉換也可以通過簽訂類似的互換協議來實現。

9.2　互換交易中的比較優勢

比較優勢理論最早運用於國際貿易中。如果一個國家在本國生產一種產品的機會成本(用其他產品來衡量)低於在其他國家生產該產品的機會成本的話,則這個國家在生產該種產品上就擁有比較優勢。當貿易夥伴國都出口具有比較優勢的產品,並進口不具比較優勢產品,則貿易夥伴都能從國際貿易中獲利。

這裡,比較優勢理論可以用來解釋互換的存在。而最初,利率互換的產生也主要是為了滿足在固定利率和浮動利率市場上具有不同比較優勢的雙方降低融資成本的需要。也就是說有些公司在固定利率市場借款時具有比較優勢,而其他公司在浮動利率市場借款時具有比較優勢。當一個公司獲得一個新的貸款時,它進入有比較優勢的市場是有意義的。這可能使得一個公司按固定利率貸款而實際想用浮動利率貸款,或者它按浮動利率貸款而實際想用固定利率貸款。互換就可用於將固定利率貸款轉換為浮動利率貸款,反之亦然。簡單來說,就是不同借款人或者同一公司在不同市場籌集資金的成本存在著差異,這種不同金融市場的相對比較優勢就產生了公司之間互換利率,交換利息現金流的可能和空間。

下面用一個例子來說明比較優勢在利率互換中的作用。

【例題9-3】實力強大的A公司可以從銀行獲得7年期1,000萬美元的貸款,所支付的利息為LIBOR+0.125%;如果A公司發行7年期債券,需要支付11%的利息率。相反,弱小的B公司則要為籌資1,000萬美元而支付12%的利息率或者從銀行借入7年期、利率為LIBOR+0.5%的貸款。我們注意到A公司無論是從銀行獲得浮動利率貸款或是發行支付固定利息的債券,所付出的成本都低於B公司。

265

表9-1　　　　A公司B公司浮動利率及固定利率借款成本比較

	浮動利率	固定利率
A公司	LIBOR+0.125%	11%
B公司	LIBOR+0.5%	12%
利率差	0.375%	1%

這兩個公司在浮動利率市場的借款成本利差只有0.375%,但是在固定利率市場的成本利差卻是1%。雖然A公司在兩個市場都具有絕對的優勢,但是兩個公司在浮動利率市場利差只有0.375%,小於在固定利率市場的成本差的1%,即A公司在固定利率市場具有比較優勢,B公司在浮動利率市場具有比較優勢。兩個市場信用差異為1%-0.375%=0.625%。這裡0.625%的利差就是兩個公司交換利息現金流獲利的空間。

先假設互換雙方平均分配利差收益:A公司在有比較優勢的固定利率市場以11%的利息率發行7年期、面值1,000萬美元債券進行籌資;在浮動利率市場中有比較優勢的B公司從銀行借入7年期利率為LIBOR+0.5%,1,000萬美元的貸款。兩公司簽訂了一項利率互換協議,A公司同意向B公司支付本金1,000萬美元,以LIBOR計算的利息;相應的,B公司同意向A公司支付同樣的本金,以固定利率11.187,5%計算的利息,如圖9-6所示。

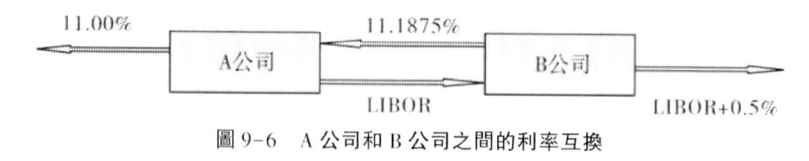

圖9-6　A公司和B公司之間的利率互換

A公司的現金流有:
(1)支付給外部投資者的利息率為11%;
(2)支付給B公司以LIBOR計算的利息;
(3)按互換的條款得到11.187,5%。

根據以上現金流計算出A公司的淨支付為LIBOR-0.187,5%,這比A公司直接在浮動利率市場借款時支付的成本LIBOR+0.125%減少了0.312,5%的利息支出。

B公司的現金流有:
(1)支付給銀行的利息率為LIBOR+0.5%;
(2)支付給A公司以11.187,5%計算的利息;
(3)按互換的條款得到LIBOR。

根據以上現金流計算出B公司的淨支付為11.687,5%,這比B公司直接在固定利率市場籌資時支付的成本12%減少了0.312,5%的利息支出。

因為有了互換協議的存在,A公司和B公司的狀況都有了改善,降低了借款成本。

9 互換定價

事實上，本例中兩個公司可以簽訂不同的互換協議，按各種比例分配0.625%的利差，以節省成本。

本書的Excel模板演示了如何以各種比例分配本例中的利率差收益。用**紅字**表示數據的輸入，**藍字**表示數據的輸出，如表9-2所示。

表9-2　A公司B公司浮動利率及固定利率借款成本比較(無仲介)

步驟一：

		浮動利率	固定利率
A公司	Libor+	0.125%	11%
B公司	Libor+	0.500%	12%
利率差	0.375%		1%

步驟二：

	利差收益分配比例
A公司	50%
B公司	50%

步驟三：

無協議時的總成本	Libor+12.125,0%
利率互換后的總成本	Libor+11.500,0%
總利差收益	0.625,0%
A公司分得收益	0.312,5%
B公司分得收益	0.312,5%
A公司實際借款成本	Libor-0.187,5%
B公司實際借款成本	11.687,5%

9.3　仲介費率

通常情況下，互換不是互換雙方進行直接接觸，需要進行利率互換的公司會通過銀行或其他金融機構安排具體的互換。仲介機構的設立可以將兩個互換機構的不同需求匹配起來，縮短互換中尋找對手方的時間，保證互換雙方可以收取對方支付的現金流。而且也使互換雙方的頭寸不必完全對應，因為仲介機構是與兩個對手方分別簽訂協議，只需要做到合同匹配就可以了。

Excel 在實驗金融學中的應用

在美國,金融機構安排的普通香草型互換(plain vanilla)利率互換,即固定對浮動美元互換時,每一筆交易收取大約 3 個基點(0.03%)的收益。大多數利率互換中的浮動利率都是以 LIBOR 作為參考利率。

沿用【例題 9-3】,只是這一次由金融機構充當仲介,並收取 3 個基點的價差(spread)作為仲介費率。

表 9-3　A 公司和 B 公司浮動利率及固定利率借款成本比較(有仲介)

步驟一:

		浮動利率	固定利率
A 公司	Libor+	0.125%	11%
B 公司	Libor+	0.500%	12%
利率差	0.375,0%	1%	

步驟二:

	利差收益分配比例
A 公司	47.6%
B 公司	47.6%
金融機構	4.8%

步驟三:

無協議時的總成本	Libor+12.125,0%	
利率互換后的總成本	Libor +	11.500,0%
總利差收益	0.625,0%	
A 公司分得收益	0.297,5%	
B 公司分得收益	0.297,5%	
金融機構分得收益	0.030,0%	
A 公司實際借款成本	Libor-0.1,725%	
B 公司實際借款成本	11.702,5%	

此時的互換流程圖如圖 9-7 所示。

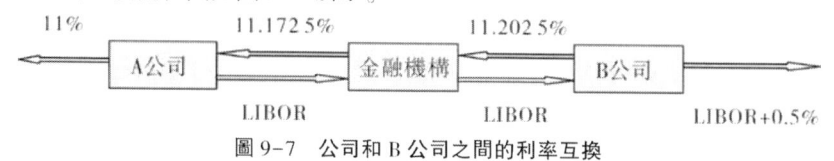

圖 9-7　公司和 B 公司之間的利率互換

9　互換定價

9.4　利率互換合約的定價

一般來說,對於利率互換合約的定價有兩種方法:一種是運用債券組合。假設前提如下:收取固定利率利息並支付浮動利率利息的一方被視為買入一筆固定利率的債券,並同時賣出一筆浮動利率的債券;而收取浮動利息並支付固定利息的另一方就被視為買入一筆相應的浮動利率的債券,並同時賣出一筆相應的固定利率債券。根據這一假想,我們可以先分別計算固定利率債券與浮動利率債券現金流的現值,然後再將這兩筆現金流的現值相減,便可獲得互換各方的淨現值。另一種是運用遠期利率協議(forward rate agreement)給利率互換定價,即將利率互換協議看作一系列遠期利率合約,成交后的利率互換合約價值就是包含在其中的遠期合約價值的總和。

9.4.1　貼現率

在給互換和其他櫃臺交易市場上的金融工具定價的時候,現金流通常用 LIBOR 零息票利率貼現。這是因為 LIBOR 反應了金融機構的資金成本。這樣做的隱含假設是被定價的衍生工具現金流的風險和銀行同業拆借市場的風險相同。

9.4.2　運用債券組合給利率互換定價

9.4.2.1　利率互換的分解

利率互換可以看作是兩個債券——固定利率債券和浮動利率債券價值之間的差額。

考慮本章開始時所舉的【例題 9-1】,一個開始於 2002 年 3 月 1 日三年期的利率互換協議,名義本金是 $100,000,000。B 公司同意向 A 公司支付年利率 2% 的利息;反過來,A 公司同意向 B 公司支付 6 個月期 LIBOR 的浮動利率。儘管在實際操作中,互換雙方不需要交換本金,我們可以假設在互換結束時,A 公司向 B 公司支付了 $100,000,000 的名義本金,B 公司向 A 公司也支付了同樣數額的名義本金。

這樣的互換安排可以看作是兩個債券的組合,因此利率互換可以分解成:

(1) A 公司按 6 個月期 LIBOR 的浮動利率借給 B 公司 $100,000,000;

(2) B 公司按年利率 2% 的利率借給 A 公司 $100,000,000。

或者分解成:

(1) A 公司向 B 公司購買了一只 $100,000,000 以 6 個月期 LIBOR 計息的浮動利率債券;

(2) B 公司向 A 公司購買了一只 $100,000,000 年利率 2%(每半年計息一次)的固定利率債券。

對於 A 公司(支付固定利率利息,並收取浮動利率利息)來說,互換的價值就為這兩只債券的差額。

9.4.2.2 利率互換的定價

【例題 9-4】假設在一筆從互換合約中,某一金融機構支付 6 個月期的 LIBOR,同時收取 4%的年利率(半年計一次複利),名義本金為 $100,000,000。互換還有 1.25 年的期限。3 個月、9 個月和 15 個月的 LIBOR(連續複利率)分別為 4.52%、4.60% 和 4.75%。上一次利息支付日的 6 個月 LIBOR 為 4.45%(半年計一次複利)。

定義:

B_{fix} 為互換中固定利率債券的價值;B_{fl} 為互換中浮動利率債券的價值。

於是對於支付固定利率利息,並收取浮動利率利息的金融機構來說,互換協議的價值為:

$$V_{swap} = B_{fl} - B_{fix}$$

為了對債券價值進行計算,這裡定義:

t_i 為進行第 i 次利息互換的時刻($1 \leq i \leq n$);L 為互換協議中的名義本金;r_i 為在 t_i 時刻到期的 LIBOR 零息利率;K 為每個支付日支付的固定利率利息。

固定利率債券(B_{fix})可以通過以下公式計算:

$$B_{fix} = \sum_{i=1}^{n} k e^{-r_i t_i} + L e^{-r_n t_n} \tag{9-1}$$

其中,債券在 t_i($1 \leq i \leq n$)時刻的現金流是 k,在 t_n 時刻的現金流是 L。

接著考慮浮動利率債券(B_{fl})的定價。根據浮動利率債券的性質,在緊接浮動利率債券支付利息的那一刻,浮動利率債券的價值為其本金 L。假設下一利息支付日應支付的浮動利息額為 k^*(這是已知的),那麼在下一次利息支付前的一刻,浮動利率債券的價值為:

$$B_{fl} = (L + k^*) e^{-r_1 t_1} \tag{9-2}$$

其中 t_1 是到下一個付息日的時間。

在金融機構支付浮動利率利息,並收取固定利率利息的情況下,B_{fl} 和 B_{fix} 的計算方法相同,此時:

$$V_{swap} = B_{fix} - B_{fl} \tag{9-3}$$

在本例中,$k = \$2,000,000$,$k^* = \$2,225,000$

所以 $B_{fix} = 2,000,000 e^{-0.25 \times 0.045,2} + 2,000,000 e^{-0.75 \times 0.046,0} + 102,000,000 e^{-1.25 * 0.047,5}$
$= 100,029,742.57$(美元)

在 Excel 表格中的計算如下:

表 9-4　　　　　　　　　固定利率債券價值的計算　　　　　　　　單位:美元

名義本金額	100,000,000		
	貼現率		

9 互換定價

表9-4(續)

名義本金額	100,000,000		
期限(月)	6個月期的LIBOR	每期現金流現值	固定利率債券年利率
3	4.52%	1,977,527.21	4.00%
9	4.60%	1,932,176.68	每期固定支付利息額
15	4.75%	96,120,038.68	2,000,000
	Bfix	100,029,742.57	

而 $B_{fl} = (100,000,000 + 2,225,000)e^{-0.25*0.045.2} = 101,076,359.54$(美元)
在Excel表格中的計算如表9-5所示。

表9-5　　　　　　浮動利率債券價值的計算　　　　　　單位:美元

名義本金額	100,000,000	上一次支付日6月期LIBOR	4.45%
k^*	2,225,000		
期限(月)	貼現率	現金流現值	
3	4.52%	98,876,360.52	
		2,199,999.02	
	Bfl	101,076,359.54	

因此,對於支付固定利率利息,並收取浮動利率利息的金融機構來說,互換協議的價值為101,076,359.54-100,029,742.57=1,046,616.97(美元);而對於支付浮動利率利息,並收取固定利率利息的金融機構來說,則為-1,046,616.97(美元)。

在利率互換中,固定利率一般要選擇使互換合約初始價值為零的利率。在利率互換的有效期內,合約的價值有可能是正值,也有可能是負值。這與遠期合約十分相似,因此利率互換也可以看成是一系列遠期合約的組合。

9.4.3　運用遠期利率協議給利率互換定價

遠期利率協議(forward eate agreement,以下簡稱FRA)是這樣一筆合約,合約裡事先確定將來某一時間一筆借款的利率。不過在執行FRA的時候,支付的只是市場利率與合約中商定利率的差額。

只要知道利率的期限結構,我們就可以計算出FRA對應的遠期利率和FRA的價值,具體步驟如下:

(1)計算遠期利率;
(2)確定現金流;
(3)將現金流貼現。

再次考慮前面的例子,3個月後要交換的現金流是已知的,金融機構用4%年利率換入4.45%的年利率,所以這筆交換對金融機構的價值是:

$0.5 \times 100,000,000 \times (0.044,5 - 0.04) e^{-0.045,2 \times 0.25} = 222,471.81 (美元)$

為了計算在第9個月的交換價值,必須首先計算對應於3個月和9個月期間的遠期利率。

根據遠期利率的計算公式,3個月到9個月的遠期利率為:

$$\frac{0.046 \times 0.75 - 0.045,2 \times 0.25}{0.5} = 0.046,4$$,或者4.64%(連續複利)。利用轉換公式,可得到以半年期計算複利的利率為4.69%。

所以,對應於在第9個月的交換,FRA的價值為:

$0.5 \times 100,000,000 \times (0.046,9 - 0.04) e^{-0.046 \times 0.75} = 335,349.87 (美元)$

為了計算在第15個月的交換價值,必須首先計算對應於9個月和15個月期間的遠期利率。

根據遠期利率的計算公式,9個月到15個月的遠期利率為:

$$\frac{0.047,5 \times 1.25 - 0.046 \times 0.75}{0.5} = 0.049,8$$,或者4.98%(連續複利)。利用轉換公式,可得到以半年期計算複利的利率為5.04%。

所以對應於在第15個月的交換,FRA的價值為:

$0.5 \times 100,000,000 \times (0.050,4 - 0.04) e^{-0.047,5 \times 1.25} = 488,795.29 (美元)$

作為這一系列遠期利率協議的組合,這筆利率互換的價值為:

$222,471.81 + 335,349.87 + 488,795.29 = 1,046,616.97 (美元)$,這個結果與運用債券組合定出的利率互換價值一致。

運用Excel計算的過程見表9-6。

表9-6　　利率互換合約定價——計算遠期利率

期限 (年)	n年期即期利率 (連續複利)	第n年的遠期利率 (連續複利)	利率轉換 (半年複利)
0.25	4.52%		
0.75	4.60%	4.64%	4.69%
1.25	4.75%	4.98%	5.04%

表9-7　　利率互換合約定價——確定現金流,貼現並計算互換合約價值　　單位:美元

本金	100,000,000	互換固定利率	4.00%	
期限(年)	貼現率	互換浮動利率	每期互換現金流的淨值	現金流現值
0.25	4.52%	4.45%	225,000.00	222,471.81
0.75	4.60%	4.69%	347,121.33	335,349.87
1.25	4.75%	5.04%	518,696.41	488,795.29
			利率互換合約價值	1,046,616.97

9.5 貨幣互換(currency swap)

另一種很普遍的互換類型是貨幣互換,也稱為貨幣掉期。貨幣互換是一項常用的債務保值工具,主要用來控制中長期匯率風險,把以一種貨幣計價的債務或資產轉換為以另一種貨幣計價的債務或資產,以達到規避匯率風險、降低成本的目的。

互換交易是雙方抱著不同的交易目的和各自對市場行情趨勢的分析基礎上達成的交易。互換交易的對象是一年期以上的中長期貨幣,一般採用即期匯率進行交割。

貨幣互換要求在協議中指明互換的兩種貨幣本金額。不同於利率互換一般不交換本金,通常在貨幣互換的開始和結束時都會進行本金的交換。不同貨幣表示的本金額用簽訂互換協議時的匯率換算應大致相等。

貨幣互換的步驟如下:①確定和交換本金。其目的是按不同的貨幣數額定期支付利息,本金的交換可以是名義上的互換(如管理債務型的互換),也可以是實際的轉手(如籌措資金型的互換)。②利息的互換。互換交易雙方按貨幣互換合約規定的各自固定利率,以未償債務本金為基礎支付利息。③本金的再次互換。互換交易雙方在到期日換回原先確定和互換的本金。

貨幣互換可以用來轉換負債的貨幣屬性。

【例題9-5】假設A公司需要1億澳元的貸款,但是A公司的貸款人提供的美元貸款條件更為優越。這時A公司可以借入美元,並與另一家可以提供澳元卻需要美元的B公司簽訂貨幣互換協議。這樣,A公司獲得澳元貸款的成本,比直接借入澳元的成本低,A公司的負債也由美元轉換成了澳元。如圖9-8所示。

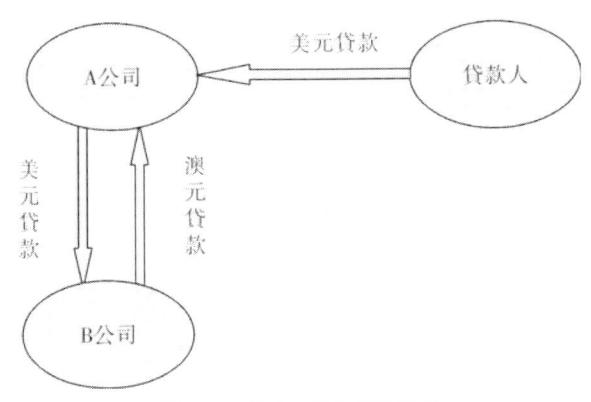

圖9-8 轉換負債的貨幣屬性

貨幣互換也可以用來轉換資產的貨幣屬性。假設B公司有一筆5年期的年收益

率為 3.25%，本金為 12 億日元的投資。B 公司預計美元相對於日元會走強，通過以上的貨幣互換，這筆投資就轉換成了 1,000 萬美元，年收益率為 5.5% 的美元投資。

9.5.1 貨幣互換中的比較優勢

比較優勢理論同樣可以用於貨幣互換。

【例題 9-6】假設 A 公司和 B 公司可以按照下表的 5 年期固定利率借入美元和英鎊，如表 9-8 所示。

表 9-8　　　　　　A 公司和 B 公司不同貨幣的借款利率

	美元借款利率	英鎊借款利率
A 公司	5.00%	12.60%
B 公司	7.00%	13.00%
利率差	2.00%	0.40%

從上表可以看出 A 公司無論是在美元還是英鎊市場上都能以較低利率借入貨幣，說明 A 公司擁有比 B 公司更高的信用等級。然而值得注意的是，在兩個市場上 A 公司和 B 公司的貸款利率之差並不相同。在英鎊市場上，兩公司的利率差只有 0.4%，而在美元市場上卻有 2% 的利率差。

A 公司在美元市場有比較優勢，B 公司在英鎊市場有比較優勢。假設 A 公司需要借入的是英鎊，B 公司需要借入的是美元，這樣兩個公司進行貨幣互換就有獲利的空間。

貨幣互換協議可以這樣安排，兩個公司都在各自有比較優勢的市場上借款，即 A 公司借入美元，B 公司借入英鎊，然後通過貨幣互換將 A 公司的美元貸款轉換成英鎊貸款，同時將 B 公司的英鎊貸款轉換成美元貸款。這樣互換參與者的總收益將為每年 2%-0.4% = 1.6%。

互換有多種安排形式，下圖是其中一種可能的安排，如圖 9-9 所示。

	USD	5.00%		USD	5.00%		USD	6.40%			
			A 公司			金融機構			B 公司		
				GBP	12.00%		GBP	13.00%		GBP	13.00%

圖 9-9　貨幣互換——金融機構承擔匯率風險

通過貨幣互換，A 公司得到了英鎊貸款，並且比直接在英鎊市場上借錢節省 0.6% 的成本；同樣，B 公司得到了美元貸款，且比直接在市場上借入美元節省 0.6% 的成本。安排這次互換的金融機構從中獲利 0.4%。這樣各方的總收益恰好是 1.6%。

需要注意的是在這種方式的貨幣互換中最終承受匯率風險的是金融機構。我們也可以安排其他形式的貨幣互換將匯率風險轉嫁給 B 公司或者 A 公司，如圖 9-10 所示。B 公司承擔了匯率風險，因為它每年支付 1% 的英鎊和 5.4% 的美元。

9 互換定價

	USD	5.00%		USD	5.00%		USD	5.00%	
			A公司	←		金融機構	←		B公司	→
				GBP	12.00%		GBP	12.00%		GBP	13.00%

圖9-10　貨幣互換——B公司承擔匯率風險

如圖9-11所示，A公司承擔了匯率風險，因為它每年收取1.4%的美元並支付13%的英鎊。

	USD	5.00%		USD	6.40%		USD	6.40%	
			A公司	←		金融機構	←		B公司	→
				GBP	13.00%		GBP	13.00%		GBP	13.00%

圖9-11　貨幣互換——A公司承擔匯率風險

9.5.2　貨幣互換的定價

9.5.2.1　運用債券組合給貨幣互換定價

在沒有違約風險的條件下，貨幣互換也可以像利率互換一樣分解成債券的組合，不過不是浮動利率債券和固定利率債券的組合，而是外幣債券和本幣債券的組合。

對於支付外幣，並收取本幣的金融機構來說，貨幣互換協議的價值是：

$$V_{swap} = B_D - S_0 B_F \tag{9-4}$$

其中 B_F 表示互換中以外幣計量的外幣債券價值，B_D 表示互換中以本幣計量的本幣債券價值，S_0 表示即期匯率(使用直接標價法)。

相應的，對於支付本幣，並收取外幣的金融機構來說，貨幣互換協議的價值是：

$$V_{swap} = S_0 B_F - B_D \tag{9-5}$$

【例題9-7】假設美國和英國的利率期限結構都是水平的。美國的貼現率為5.5%，英國的貼現率為4.5%(連續複利)。A公司和B公司在2006年10月1日簽訂了一份5年期的貨幣互換協議。協議規定A公司每年向B公司支付11%的英鎊利息並向B公司收取8%的美元利息。本金分別是1,500萬美元和1,000萬英鎊。當前的即期匯率為英鎊/美元匯率＝1.5。

A公司的現金流如表9-9所示。

表9-9　　　　　　　　　　A公司的現金流

日期	美元現金流(百萬)	英鎊現金流(百萬)
2006年3月1日	-15	10
2007年3月1日	1.2	-1.1
2008年3月1日	1.2	-1.1
2009年3月1日	1.2	-1.1
2010年3月1日	1.2	-1.1
2011年3月1日	16.2	-11.1

Excel 在實驗金融學中的應用

在本例中，A 公司持有的互換頭寸可以看成是一份年利率為 8% 的美元債券多頭頭寸和一份年利率為 11% 的英鎊債券空頭頭寸的組合。

$$B_D = 1,200,000e^{-0.055\times 1} + 1,200,000e^{-0.055\times 2} + 1,200,000e^{-0.055\times 3}$$
$$+ 1,200,000e^{-0.055\times 4}$$
$$+ 16,200,000e^{-0.055\times 5}$$
$$= 16,496,346.54(\text{美元})$$

$$B_F = 1,100,000e^{-0.045\times 1} + 1,100,000e^{-0.045\times 2} + 1,100,000e^{-0.045\times 3}$$
$$+ 1,100,000e^{-0.045\times 4}$$
$$+ 11,100,000e^{-0.045\times 5}$$
$$= 12,800,336.30(\text{英鎊})$$

互換的價格：$12,800,336.30\times 1.5 - 16,496,346.54 = 2,704,157.91$（美元）

下表是 Excel 中的計算：

表 9-10　　　　　　　　　運用債券組合給貨幣互換定價

現金流交換日期	期限	美元債券現金流	英鎊債券現金流
2004 年 10 月 1 日	1	1,200,000	1,100,000
2005 年 10 月 1 日	2	1,200,000	1,100,000
2006 年 10 月 1 日	3	1,200,000	1,100,000
2007 年 10 月 1 日	4	1,200,000	1,100,000
2008 年 10 月 1 日	5	16,200,000	11,100,000
	債券價值	16,496,346.54	12,800,336.30
	互換合約價值	2,704,157.91	

9.5.2.2　運用遠期組合給貨幣互換定價

貨幣互換還可以分解成一系列遠期合約的組合，貨幣互換中的每一次支付都可以用一筆遠期外匯協議的現金流來代替。因此只要能夠計算貨幣互換中分解出來的每筆遠期外匯協議的價值，就可以知道對應的貨幣互換的價值。

考慮上面的例子，即期匯率是每英鎊 1.5 美元，或者每美元 0.666,7 英鎊。因為美元和英鎊的利差是每年 1%，我們可以計算出一年期、兩年期、三年期、四年期和五年期的遠期匯率分別是：

$1.5e^{0.01\times 1} = 1.515,075$

$1.5e^{0.01\times 2} = 1.530,302$

$1.5e^{0.01\times 3} = 1.545,682$

$1.5e^{0.01\times 4} = 1.561,216$

$1.5e^{0.01\times 5} = 1.576,907$

利息的互換包括收取 1,100,000 英鎊並支付 1,200,000 美元。美元的無風險利

9 互換定價

率為每年 5.5%。因此,對應於一年期、兩年期、三年期、四年期和五年期的遠期合約的價值為:

$(1,100,000 \times 1.515,075 - 1,200,000)e^{-0.055 \times 1} = 441,613.67(美元)$

$(1,100,000 \times 1.530,302 - 1,200,000)e^{-0.055 \times 2} = 432,985.49(美元)$

$(1,100,000 \times 1.545,682 - 1,200,000)e^{-0.055 \times 3} = 424,158.81(美元)$

$(1,100,000 \times 1.561,216 - 1,200,000)e^{-0.055 \times 4} = 415,173.29(美元)$

$(1,100,000 \times 1.576,907 - 1,200,000)e^{-0.055 \times 5} = 406,065.21(美元)$

最后的本金互換包括收取 10,000,000 英鎊,並支付 15,000,000 美元。這個遠期合約的價值為:

$(10,000,000 \times 1.576,907 - 15,000,000)e^{-0.055 \times 5} = 584,161.43(美元)$

該貨幣互換協議的總價值為:

441,613.67+432,985.49+424,158.81+415,173.29+406,065.21+584,161.43 = 2,704,157.91(美元),與上題計算的結果相同。

表 9-11 是 Excel 中的計算:

(1)計算遠期匯率

表 9-11　　　運用遠期組合給貨幣互換定價——計算遠期匯率

即期匯率(美元/英鎊)	1.5
美元利率	5.50%
英鎊利率	4.50%
期限(年)	遠期匯率
1	1.515,075
2	1.530,302
3	1.545,682
4	1.561,216
5	1.576,907

(2)確定現金流,貼現並計算遠期合約價值

表 9-12　　　　運用遠期組合給貨幣互換定價
　　　　　　——確定現金流,貼現並計算遠期合約價值

美元利息	1,200,000
英鎊利息	1,100,000
美元無風險利率	5.50%

表9-12(續)

期限(年)	每份遠期合約價值(美元)
1	441,613.667,5
2	432,985.493,3
3	424,158.809,4
4	415,173.291,3
5	406,065.213,1
互換美元本金額	15,000,000
互換英鎊本金額	10,000,000
最后的本金互換遠期合約價值(美元)	584,161.433,0

(3) 計算貨幣互換合約價值

V_{swap} = 2,704,157.91（美元）

9.5.3 利率與匯率

在上一小節討論的案例中，我們假設互換雙方面對的利率期限結構都是水平的。實際上，利率是隨著資金市場供求關係的變化而變化著的，期限不同，利率也有所不同。這裡我們引入利率的期限結構，以使案例更貼近現實。

現在我們假設兩種貨幣利率的期限結構如表9-13所示。

表9-13　　　　　　兩種貨幣利率的期限結構

利率	1年	2年	3年	4年	5年
美元	5.100,0%	5.068,0%	5.053,5%	5.060,0%	5.069,0%
英鎊	4.588,1%	4.560,0%	4.585,0%	4.578,8%	4.560,0%

利率期限結構不再是水平線時，貨幣互換協議價格的計算就要複雜一些，因為非水平的期限結構會對遠期匯率，以及現金流現值等的計算產生影響。在Excel中，可以用下面的步驟計算貨幣互換協議的價值。我們仍然用兩種方法進行計算：

(1) 運用債券組合給貨幣互換定價

表9-14　　　　　　運用債券組合給貨幣互換定價

現金流交換日期	期限	美元債券現金流	英鎊債券現金流
2004年10月1日	1	1,200,000	1,100,000
2005年10月1日	2	1,200,000	1,100,000
2006年10月1日	3	1,200,000	1,100,000

9 互換定價

表9-14(續)

現金流交換日期	期限	美元債券現金流	英鎊債券現金流
2007年10月1日	4	1,200,000	1,100,000
2008年10月1日	5	16,200,000	11,100,000
	債券價值	16,809,099.09	12,766,314.70
	貨幣互換合約價值	2,340,372.96	

與之前計算的不同之處在於對債券的每筆現金流貼現時,使用了不同的貼現率,以體現利率期限的作用。Excel中輸入的數據和運用的公式為:

$B_D = 1,200,000e^{-0.051 \times 1} + 1,200,000e^{-0.050.68 \times 2} + 1,200,000e^{-0.050.535 \times 3} +$
$1,200,000e^{-0.050.6 \times 4} + 16,200,000e^{-0.050.69 \times 5}$
$= 16,809,099.09(美元)$

$B_F = 1,100,000e^{-0.045.881 \times 1} + 1,100,000e^{-0.045.6 \times 2} + 1,100,000e^{-0.045.85 \times 3} +$
$1,100,000e^{-0.045.788 \times 4} + 11,100,000e^{-0.045.6 \times 5}$
$= 12,766,314.70(英鎊)$

互換協議的價格:12,766,314.70×1.5-16,809,099.09=2,340,372.96(美元)

(2)運用遠期組合給貨幣互換定價

第一步,計算遠期匯率,如表9-15所示。

表9-15　　運用遠期組合給貨幣互換定價——計算遠期匯率

期限(年)	遠期匯率
1	1.507,698
2	1.515,318
3	1.521,231
4	1.529,152
5	1.538,665

第二步,確定現金流,貼現並計算遠期合約價值,如表9-16所示。

表9-16　　運用遠期組合給貨幣互換定價
——確定現金流,貼現並計算遠期合約價值

期限(年)	每份遠期合約價值(美元)
1	435,672.366,6
2	421,848.746,6
3	406,766.599,9
4	393,736.828,2
5	382,262.768,9

最后的本金互换远期合约价值 = 300,085.649,3(美元)

第三步,计算货币互换合约价值。

V_{swap} = 2,340,372.96(美元)

由於利率期限結構的改變,使每期美元和英鎊的利率差都不相同,在第一步計算遠期匯率時,公式的輸入值發生了變化:

$1.5e^{(0.051-0.045,881)\times 1} = 1.507,698$

$1.5e^{(0.050,68-0.045,6)\times 2} = 1.515,318$

$1.5e^{(0.050,535-0.045,85)\times 3} = 1.521,231$

$1.5e^{(0.050,6-0.045,788)\times 4} = 1.529,152$

$1.5e^{(0.050,69-0.045,6)\times 5} = 1.538,665$

接下來計算各年期遠期合約的價值:

$(1,100,000 \times 1.507,698 - 1,200,000)e^{-0.051\times 1} = 435,672.37$(美元)

$(1,100,000 \times 1.515,318 - 1,200,000)e^{-0.050,68\times 2} = 421,848.75$(美元)

$(1,100,000 \times 1.521,231 - 1,200,000)e^{-0.050,535\times 3} = 406,766.60$(美元)

$(1,100,000 \times 1.529,152 - 1,200,000)e^{-0.050,6\times 4} = 393,736.83$(美元)

$(1,100,000 \times 1.538,665 - 1,200,000)e^{-0.050,69\times 5} = 382,262.77$(美元)

最后的本金互換包括收取 10,000,000 英鎊,並支付 15,000,000 美元。這個遠期合約的價值為:

$(10,000,000 \times 1.538,665 - 15,000,000)e^{-0.050,69\times 5} = 300,085.65$(美元)

該貨幣互換協議的總價值為:

435,672.37+421,848.75+406,766.60+393,736.83+382,262.77+300,085.65 = 2,340,372.96(美元),與用另一種方法計算的結果一致。

10 期權定價方法及其應用

　　期權是最重要的一種衍生產品，在現實生活中我們會經常碰到具有期權性質的問題，同時，期權也是最為複雜的一種衍生產品，從普通的歐式期權到美式期權再到各種路徑依賴期權、多值期權，可以說期權種類是無窮無盡的，許多投資銀行可以為投資者量身定做他們所需要的特異期權。如何對這種複雜的衍生產品進行定價是金融工程研究的一個重要課題，從 Black 和 Scholes(1973) 開創新的論文開始至今對期權定價的討論從未停止過，而且期權定價的模型和方法也在日新月異。

　　本章我們主要介紹的期權定價方法是目前運用最廣和經過實踐檢驗的方法，包括：Black-Scholes 模型、二叉樹方法、三叉樹方法、Monte Carlo 模擬方法和有限差分方法。

　　期權定價的詳細理論都是相當專業和複雜的，限於篇幅所限，在此不對期權定價理論進行詳細介紹，我們假設讀者已經具備期權的基礎知識。有興趣的讀者可以參考這方面一本經典著作：John C. Hull 編寫的《期權、期貨及其衍生產品》（英文名是「Options, Futures and other Derivatives」，Prentice Hall Press, 6ed）。

10.1 期權支付與盈虧

　　期權簡單來說就是一種選擇權，其賦予期權的持有人在一定時間一定價格買入或者賣出一種標的資產的「權利」。這裡我們要特別強調「權利」一詞，這是期權區別於其他衍生產品的最重要一點。

　　我們從最簡單的四種期權頭寸的支付入手，因為期權最終的支付直接決定了期權的價值，這是期權定價的核心。

Excel 在實驗金融學中的應用

以多頭看漲、多頭看跌、空頭看漲、空頭看跌四種情況進行說明,單元格 B4 中-1 表示空頭,1 表示多頭,單元格 B5 中 1 表示看漲、2 表示看跌;其類型變化以單元格 C4、C5 中的兩個窗體控件進行調整。

表 10-1　　　　　　　　　期權的回報與盈虧(輸入)

	A	B	C	D
1	期權的回報與盈虧			
2				
3	輸入			
4	多頭或空頭:1=多頭,-1=空頭	-1		0
5	期權種類:1=看漲,2=看跌	1		0
6	執行價格	40.00		
7	期權價格	10.00		

期權支付用 IF(logical_test,value_if_true,value_if_false) 函數進行計算,其中判斷條件 logical_test 滿足為真,則返回 value_if_true,否則返回 value_if_false。現以單元格 B22 為例進行說明,當空頭看漲(B4=-1、B5=1)時,logical_test=「＄B＄5=1」,value_if_true=「-＄B＄4*MAX(B21-＄B＄6,0)」,value_if_false=「-＄B＄4*MAX(＄B＄6-B21,0)」;其中,符號「＄」表示固定某一列、行、單元格,MAX()為取最大值。

期權盈虧的計算以單元格 B23 為例進行說明,B23=「B22-＄B＄4*＄B＄7」,表示期權回報要扣除期權成本(期權的價格以單元格 B7 表示)才能得到期權的盈虧值。區域 B21:L23 表示在期權到期時的不同股價下,得到的相應的期權回報與盈虧結果。

表 10-2　　　　　　　　　期權的回報與盈虧(輸出)

	A	B	C	D	E	F	G	H	I	J	K	L
20	輸出											
21	期權到期時的股價	0.00	8.00	16.00	24.00	32.00	40.00	48.00	56.00	64.00	72.00	80.00
22	期權回報	0.00	0.00	0.00	0.00	0.00	0.00	-8.00	-16.00	-24.00	-32.00	-40.00
23	期權盈虧	10.00	10.00	10.00	10.00	10.00	2.00	-6.00	-14.00	-22.00	-30.00

10　期權定價方法及其應用

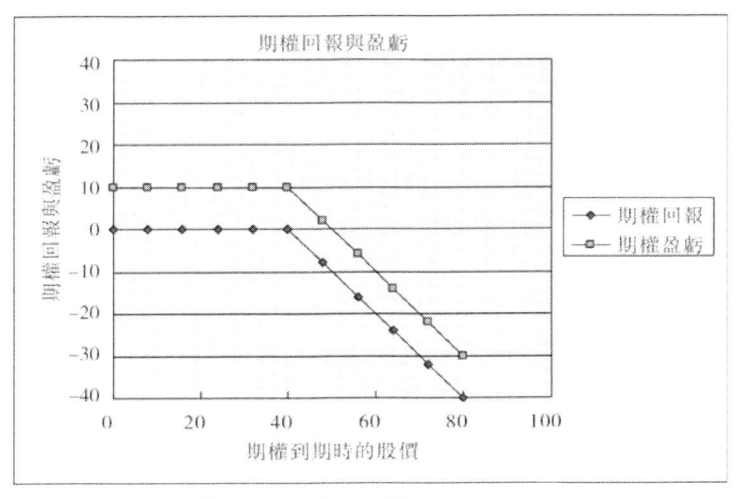

圖 10-1　期權的回報與盈虧(輸出)

10.2　期權交易策略

10.2.1　股票與期權組合

一個簡單期權和一個股票的組合包括四種情況:股票多頭和看漲期權空頭、股票空頭和看漲期權多頭、股票多頭和看跌期權多頭、股票空頭和看跌期權空頭。四種情況的轉換通過單元格 B4 中的窗體控件來調整,如當 C4 =「1」時,表示股票空頭和看漲期權多頭的組合。

表 10-3　　股票空頭和看漲期權多頭的組合(輸入)

	A	B	C
1	期權交易策略		
2			
3	輸入		
4	選擇期權交易策略類型:		1
5	股票空頭		
6	價格	50	
7	看漲期權多頭		
8	執行價格	60	
9	期權價格	15	

Excel 在實驗金融學中的應用

股票盈虧通過 IF 函數進行處理,以單元格 B20 為例,logical_test=「$A$5=『股票多頭』」,value_if_true=「B19-$B$6」,value_if_false=「$B$6-B19」;期權盈虧計算以單元格 B21 為例進行說明,logical_test=「$A$7=『看漲期權多頭』」,value_if_true=「MAX(B19-$B$8,0)-$B$9」,value_if_false=「IF($A$7=『看漲期權空頭』,-MAX(B19-$B$8,0)+$B$9,IF($A$7=『看跌期權多頭』,MAX($B$8-B19,0)-$B$9,-MAX($B$8-B19,0)+$B$9))」,該單元格的計算為嵌套 IF 語句,其中 3 個參數的取值為第一層 IF 的參數取值。區域 B19:F23 表示在期權到期時的不同股價下,得到的相應的期權回報與組合盈虧結果。

表 10-4　　　　　　　股票空頭和看漲期權多頭的組合(輸出)

	A	B	C	D	E	F
18	輸出					
19	期權到期時的股價	0.0	60.0	120.0	60.0	60.0
20	股票盈虧	50.0	-10.0	-70.0		
21	期權盈虧	-15.0	-15.0	45.0		
22	組合的總盈虧	35.0	-25.0	-25.0		
23	執行價格				60.0	-60.0

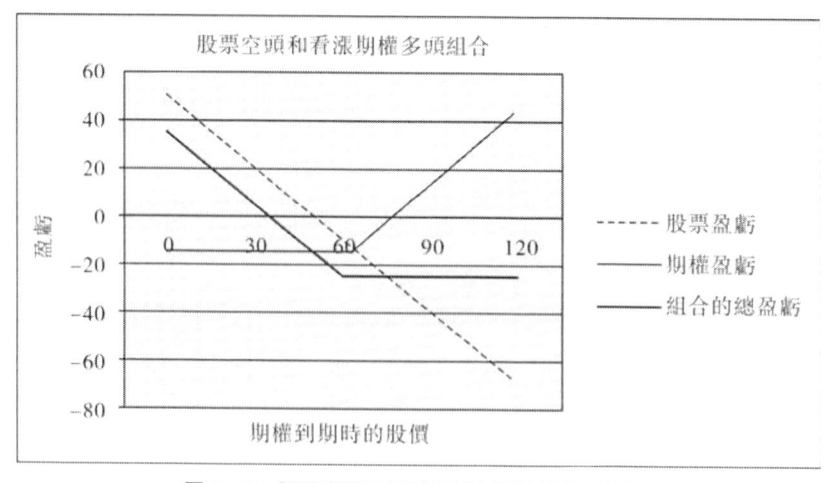

圖 10-2　股票空頭和看漲期權多頭的組合(輸出)

10.2.2 差價期權

10.2.2.1 牛市價差期權

牛市價差期權分為兩種:看漲牛市差價期權和看跌牛市差價期權;前者是看漲期權多頭和看漲期權空頭的組合,后者為看跌期權多頭和看跌期權空頭的組合。當單元

格 C4 為 1 時，表示看漲牛市差價期權，C4 為 2 時，表示看跌牛市差價期權；單元格 A5 和 A8 的期權策略類型以 3 個嵌套的 IF( ) 函數表示。

表 10-5　　　　　　　　　　牛市看漲價差組合(輸入)

	A	B	C
1	期權交易策略		
2			
3	輸入		
4	選擇期權交易策略類型：		1
5	看漲期權多頭		
6	執行價格	45.0	
7	期權價格	10.0	
8	看漲期權空頭		
9	執行價格	60.0	
10	期權價格	5.0	

以看漲牛市差價期權說明其低執行價格和高執行價格的期權盈虧情況，單元格 B23 的計算公式為：

IF($C$4=1,MAX(B22-$B$6,0)-$B$7,IF($C$4=2,MAX($B$6-B22,0)-$B$7,IF($C$4=3,-MAX(B22-$B$6,0)+$B$7,-MAX($B$6-B22,0)+$B$7)))

單元格 B24 的計算公式為：

IF($C$4=1,-MAX(B22-$B$9,0)+$B$10,IF($C$4=2,-MAX($B$9-B22,0)+$B$10,IF($C$4=3,MAX(B22-$B$9,0)-$B$10,MAX($B$9-B22,0)-$B$10)))

表 10-6　　　　　　　　　　牛市看漲價差組合(輸出)

	A	B	C	D	E	F	G	H	I
21	輸出								
22	期權到期時的股價	0.0	45.0	60.0	100.0	45.0	45.0	60.0	60.0
23	低執行價格的期權盈虧	-10.0	-10.0	5.0	45.0				
24	高執行價格的期權盈虧	5.0	5.0	5.0	-35.0				
25	組合的總盈虧	-5.0	-5.0	10.0	10.0				
26	低執行價格					45.0	-45.0		
27	高執行價格							60.0	-60.0

Excel 在實驗金融學中的應用

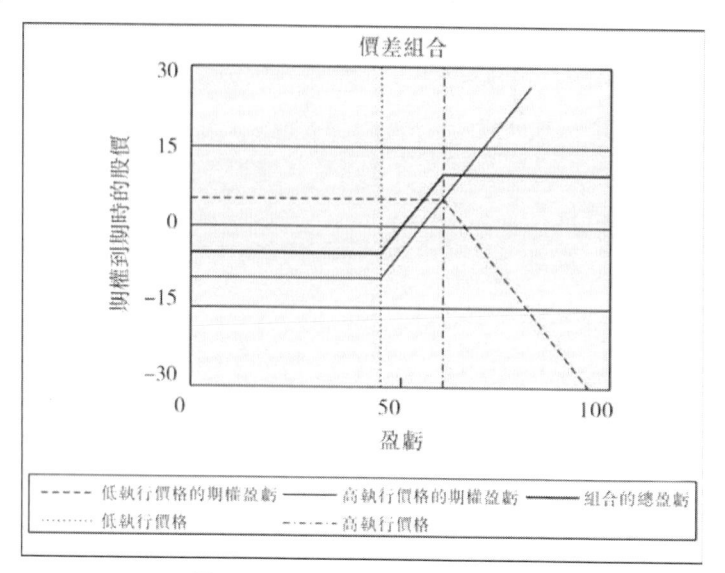

圖 10-3　牛市看漲價差組合(輸出)

10.2.2.2　熊市價差期權

熊市價差期權分為兩種:看漲熊市差價期權和看跌熊市差價期權;前者是看漲期權多頭和看漲期權空頭的組合,后者為看跌期權多頭和看跌期權空頭的組合。當單元格 C4 為 3 時,表示看漲熊市差價期權,C4 為 4 時,表示看跌熊市差價期權;單元格 A5 和 A8 的期權策略類型以 3 個嵌套的 IF( ) 函數表示。

以看漲熊市差價期權說明其低執行價格和高執行價格的期權盈虧情況,單元格 C23 的計算公式為:

IF($C$4=1,MAX(C22-$B$6,0)-$B$7,IF($C$4=2,MAX($B$6-C22,0)-$B$7,IF($C$4=3,-MAX(C22-$B$6,0)+$B$7,-MAX($B$6-C22,0)+$B$7)))

單元格以 C24 的計算公式為:

IF($C$4=1,-MAX(C22-$B$9,0)+$B$10,IF($C$4=2,-MAX($B$9-C22,0)+$B$10,IF($C$4=3,MAX(C22-$B$9,0)-$B$10,MAX($B$9-C22,0)-$B$10)))

表 10-7　　　　　　　　　　熊市看漲價差組合(輸出)

	A	B	C	D	E	F	G	H	I
21	輸出								
22	期權到期時的股價	0.0	45.0	60.0	100.0	45.0	45.0	60.0	60.0
23	低執行價格的期權盈虧	10.0	10.0	-5.0	-45.0				
24	高執行價格的期權盈虧	-5.0	-5.0	-5.0	35.0				

10 期權定價方法及其應用

表10-7(續)

	A	B	C	D	E	F	G	H	I
25	組合的總盈虧	5.0	5.0	-10.0	-10.0				
26	低執行價格					45.0	-45.0		
27	高執行價格							60.0	-60.0

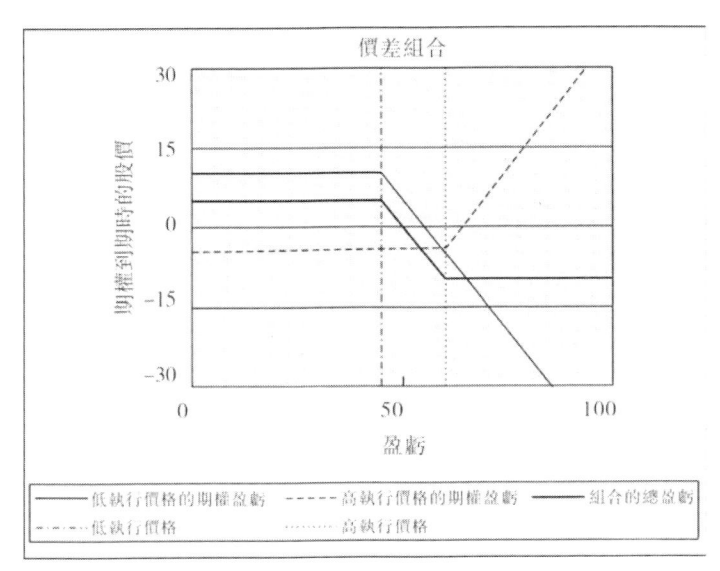

圖 10-4　熊市看漲價差組合(輸出)

10.2.2.3　蝶式差價期權

蝶式差價期權組合有四種形式：看漲正向差價蝶式期權、看漲反向差價蝶式期權、看跌正向差價蝶式期權、看跌反向差價蝶式期權。第一種情況由兩份不同執行價、不同期權價的看漲期權多頭和兩份相同看漲期權空頭組成，第二種情況由兩份不同執行價、不同期權價的看漲期權空頭和兩份相同看漲期權多頭組成，第三種情況由兩份不同執行價、不同期權價的看跌期權多頭和兩份相同看跌期權空頭組成，第四種情況由兩份不同執行價、不同期權價的看跌期權空頭和兩份相同看跌期權多頭組成。當單元格 C4 由 1 到 4 取值時，分別代表上述四種不同的蝶式差價期權組合。

表 10-8　　　　　　　　　　看漲正向差價蝶式期權(輸入)

	A	B	C
1	期權交易策略		
2			
3	輸入		
4	選擇期權交易策略類型：		1

表10-8(續)

	A	B	C
5	看漲期權多頭		
6	執行價格	45.0	
7	期權價格	6.0	
8	看漲期權空頭		
9	執行價格	50.0	
10	期權價格	4.0	
11	看漲期權多頭		
12	執行價格	55.0	
13	期權價格	2.0	

單元格A5、A8、A11分別表示一個差價組合中的4份期權的不同組織形式，通過3層嵌套IF()語句來表示，如A5的表達式為：IF(C4=1,「看漲期權多頭」,IF(C4=2,"看漲期權空頭",IF(C4=3,「看跌期權多頭」,「看跌期權空頭」)))。

當C4=1時分別介紹其低、中、高執行價格的期權盈虧表達式，如B22的表達式為：IF(\$C\$4=1,MAX(B21-\$B\$6,0)-\$B\$7,IF(\$C\$4=2,-MAX(B21-\$B\$6,0)+\$B\$7,IF(\$C\$4=3,MAX(\$B\$6-B21,0)-\$B\$7,-MAX(\$B\$6-B21,0)+\$B\$7)))；B23的表達式為：IF(\$C\$4=1,-MAX(B21-\$B\$9,0)+\$B\$10,IF(\$C\$4=2,MAX(B21-\$B\$9,0)-\$B\$10,IF(\$C\$4=3,-MAX(\$B\$9-B21,0)+\$B\$10,MAX(\$B\$9-B21,0)-\$B\$10)))*2；B24的表達式為：IF(\$C\$4=1,MAX(B21-\$B\$12,0)-\$B\$13,IF(\$C\$4=2,-MAX(B21-\$B\$12,0)+\$B\$13,IF(\$C\$4=3,MAX(\$B\$12-B21,0)-\$B\$13,-MAX(\$B\$12-B21,0)+\$B\$13)))。其餘的3種情況請參看該小節的Excel模板。

表10-9　　　　　　　看漲正向差價蝶式期權(輸出)

	A	B	C	D	E	F	G	H	I	J	K
20	輸出										
21	期權到期時的股價	0.0	45.0	50.0	55.0	100.0	45.0	45.0	50.0	50.0	55.0	55.0
22	低執行價格的期權盈虧	-6.0	-6.0	-1.0	4.0	49.0						
23	中執行價格的期權盈虧	8.0	8.0	8.0	-2.0	-92.0						
24	高執行價格的期權盈虧	-2.0	-2.0	-2.0	-2.0	43.0						
25	組合的總盈虧	0.0	0.0	5.0	0.0	0.0						
26	中執行價格						45.0	-45.0				
27	低執行價格								50.0	-50.0		
28	高執行價格										55.0	-55.0

10 期權定價方法及其應用

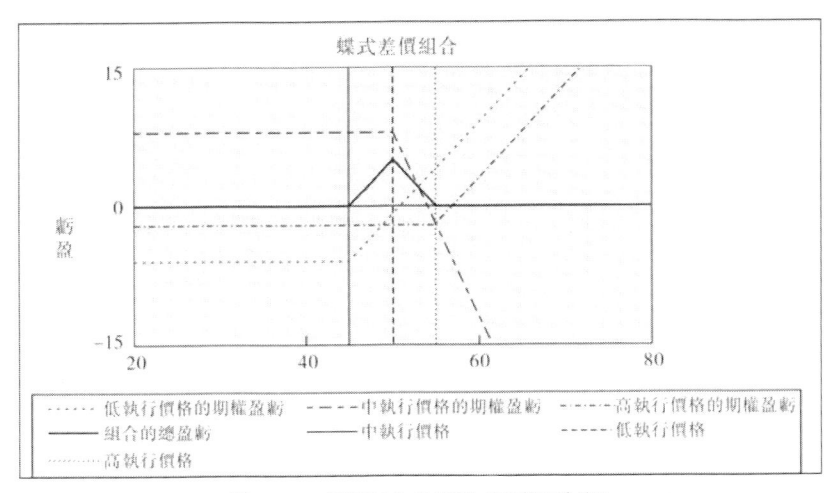

圖 10-5 看漲正向差價蝶式期權(輸出)

10.2.3 組合期權

以下將介紹四種組合期權:跨式期權、條式期權、帶式期權、寬跨式期權;該四種組合期權均有頂部和底部兩種組合形式。現在以底部寬跨式組合為例進行說明,其餘的期權組合形式請詳見本節的 Excel 模板。

單元格 A5 和 A8 表示該組合的 2 份期權的不同組織形式,如 A5 表達式用 IF 語句可表示為:IF(C4=1,「看跌期權多頭」,「看跌期權空頭」),A8 表達式用 IF 語句可表示為:IF(C4=1,「看漲期權多頭」,「看漲期權空頭」)。

表 10-10　　　　　　　　　　底部寬跨式組合(輸入)

	A	B	C
1	期權交易策略		
2			
3	輸入		
4	選擇期權交易策略類型:		1
5	看漲期權多頭		
6	執行價格	50.0	
7	期權價格	5.0	
8	看跌期權多頭		
9	執行價格	50.0	
10	期權價格	10.0	

289

看跌期權的盈虧計算以單元格B23為例進行說明,其表達式為:IF($C$4=1,MAX($B$6-B22,0)-$B$7,-MAX($B$6-B22,0)+$B$7);看漲期權的盈虧計算以單元格B24為例進行說明,其表達式為:IF($C$4=1,MAX(B22-$B$9,0)-$B$10,-MAX(B22-$B$9,0)+$B$10)。區域B22:I27表示在期權到期時的不同股價下,得到相應的期權組合盈虧結果。

表10-11　　　　　　　　底部寬跨式組合(輸出)

	A	B	C	D	E	F
21	輸出					
22	期權到期時的股價	0.0	50.0	100.0	50.0	50.0
23	看漲期權的盈虧	-5.0	-5.0	45.0		
24	看跌期權的盈虧	40.0	-10.0	-10.0		
25	組合的總盈虧	35.0	-15.0	35.0		
26	執行價格				50.0	-50.0

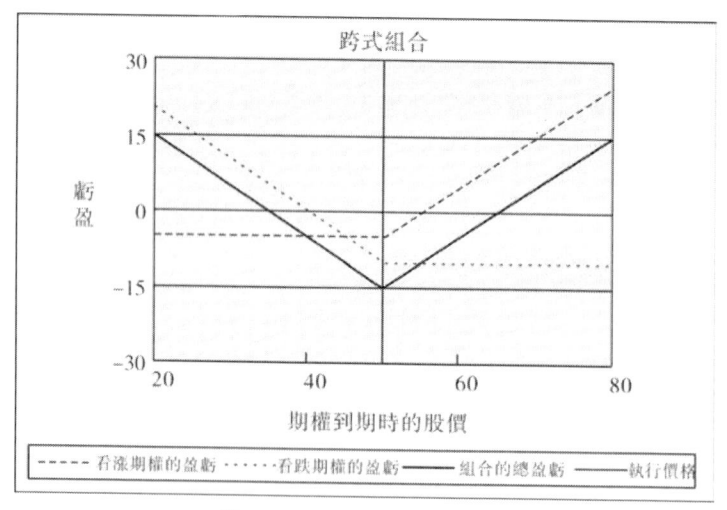

圖10-6　底部寬跨式期權組合

10.3　Black-Scholes 模型

在所有期權定價模型中最有名且運用最廣的莫過於 Black-Scoles 模型(簡記為BS模型)。1973年,芝加哥大學教授 Black 和 MIT 教授 Scholes 在美國「政治經濟學報」(Journal of Political Economy)上發表了一篇題為「期權定價和公司負債」(The pricing of Options and Corporate Liabilities)的論文;同年,哈佛大學教授 Merton 在「貝爾經濟管理科學學報」上發表了另一篇論文「期權的理性定價理論」(Theory of Rational Option Pricing),奠定了期權定價的理論性基礎,也拉開了 100 萬億美元龐大市場的序幕。Scholes 和 Merton 由於在期權定價方面的開拓性貢獻,被授予 1997 年諾貝爾經濟學獎(Black 教授 1995 年逝世未能享此殊譽,但英名也永載史冊)。

10.3.1 Black-Scholes 期權定價模型概述

10.3.1.1 模型的基本概念和假設

Black-Scholes 期權定價模型將股票期權價格的主要因素分為五個:標的資產市場價格 S_t、執行價格 X、無風險利率 r、標的資產價格波動率 σ 和距離到期時間 $T-t$。除此之外,對於股票期權來說,影響其價值的參數還包括股利支付 D。

Black 和 Scholes 在推導 Black-Scholes 模型時做了以下 7 條基本假設:

(1)無風險利率 r 已知,且為常數,不隨時間變化;

(2)有兩種長期存在的證券,一種是股票(標的資產),其價格 S_t 的變化為一個幾何布朗運動,即

$$dS_t = \mu S_t dt + \sigma S_t dB(t)$$

或者說,S_t 服從對數正態分佈,$S_t = S_0 \exp\{(\mu - 1/2 \cdot \sigma^2)t + \sigma B(t)\}$

另一種是無風險證券 L_t,它的價格過程為 $\delta L_t/\delta t = rL_t$。

(3)在衍生證券的有效期內,標的股票沒有紅利支付;

(4)期權為歐式期權;

(5)對於股票市場、期權市場和資金借貸市場來說,不存在交易費用,且沒有印花稅;

(6)投資者可以自由借入和貸出資金,借入利率和貸出利率相等,均為無風險利率。而且所有證券都是高度可分的,即投資者可以購買任意數量的標的股票;

(7)對賣空沒有任何限制(如不設保證金),允許使用全部所得賣空衍生證券。

在上述假設下,記

S_t 為標的資產(股票)的市場價格;X 為買權合同的執行價格;r 為按連續複利計算的無風險利率;σ 為標的資產價格波動率;T 為到期日;t 為當前定價日;$T-t$ 為距離到期時間。

10.3.1.2 模型的結論

(1)在定價日 $t(t < T)$,歐式買權的價值 c_t 為

$$c_t = S_t N(d_1) - X e^{-r(T-t)} N(d_2)$$

其中,

$$d_2 = d_1 - \sigma (T-t)^{1/2}$$

$N(x)$ 是標準正態變量的累積分佈函數,即

$N(x) = P\{X < x\}, X \sim N(0,1)$

（2）由買權-賣權平價公式：$p_t = c_t - S_t + Xe^{-r(T-t)}$，
又由 $N(x) + N(-x) = 1$，歐式賣權在定價日的價值

$$p_t = -S_t N(-d_1) + Xe^{-r(T-t)} N(-d_2)$$

10.3.2　BS 模型在 Excel 中實現

本小節所舉例均為歐式期權且不考慮支付紅利等情況。區域 A4：G5 顯示了 BS 模型的參數設置情況，為了計算方便將期權交易時間設定為月度數據。根據 BS 模型的本身計算過程可在 EXECL 表格中算到 d1、d2、N(d1)、N(d2)、N(-d1)、N(-d2) 等中間結果，如 d1 的值由單元格 B7 表示為：(LN(A5/B5)+(C5+D5^2/2)*E5)/(D5*E5^0.5)，N(d1) 的值由單元格 D7 表示為：NORMSDIST(B7)，N(-d1) 的值由單元格 D9 表示為：NORMSDIST(-B7)；其中，NORMSDIST(x) 函數為返回標準正態累積分佈函數，x 為需要計算其分佈的數值。得到上述相應結果之後，用 BS 模型直接公式計算得到看漲價格的表達式為：A5*D7-B5*EXP(-C5*E5)*D8，看跌價格的表達式為：B5*EXP(-C5*E5)*D10-A5*D9。

表 10-12　　　　　　　期權定價模型：Black-Scholes

	A	B	C	D	E	F	G
1			期權定價模型：Black-Scholes				
2							
3			BS 模型參數設置				
4	股票價格	執行價格	利率	波動率	到期時間	到期前時間	年交易時間
5	19	20	10%	30%	0.500,0	6	12
6							
7	d1	0.100,0	N(d1)	0.539,8			
8	d2	-0.112,2	N(d2)	0.455,3			
9	BS 模型直接公式		N(-d1)	0.460,2			
10	看漲價格	1.593,7	N(-d2)	0.544,7			
11	看跌價格	1.618,3					
12	平價關係	1.618,3					
13	BS 模型自定義函數						
14	看漲價格	1.593,7					
15	看跌價格	1.618,3					

另外，也可採用 BS 模型自定義函數的方式來計算期權的看漲與看跌價格，在

10 期權定價方法及其應用

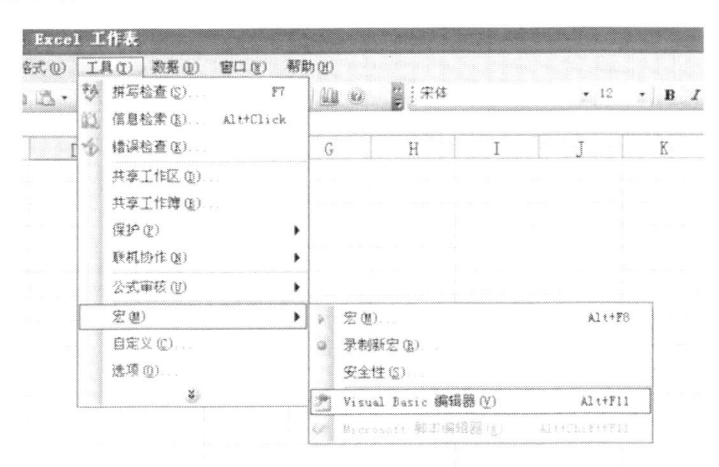

Excel 中用 VBA 語言分別構造 CALLOPT、PUTOPT 兩個自定義函數，前者為看漲、后者為看跌。其操作步驟為：「工具」→「宏」→「visual basic 編輯器」，然后可在其中編寫 VBA 語句。操作方法如下：

圖 10-7　進入 VBA 編輯器

CALLOPT 和 PUTOPT 的程序代碼如下：

'Calculate the price of CALL options.

Function CALLOPT(stock, exercise, maturity, rate, volatility) As Double

d1 = (Log(stock / exercise) + (rate + (volatility ^ 2) / 2) * maturity) / (volatility * Sqr(maturity))

d2 = d1 - volatility * Sqr(maturity)

CALLOPT = stock * Application.NormSDist(d1) - exercise * Exp(-rate * maturity) * Application.NormSDist(d2)

End Function

'Calculate the price of PUT options.

Function PUTOPT(stock, exercise, maturity, rate, volatility) As Double

d1 = (Log(stock / exercise) + (rate + (volatility ^ 2) / 2) * maturity) / (volatility * Sqr(maturity))

d2 = d1 - volatility * Sqr(maturity)

PUTOPT = exercise * Exp(-rate * maturity) * Application.NormSDist(-d2) - stock * Application.NormSDist(-d1)

End Function

通過 BS 模型計算得到期權的看漲和看跌價格后，便可借助於模擬運算表來計算在不同股票價格情況下，該期權的看漲、看跌和相應的內在價值，如圖 10-7 顯示了看漲期權價格與其內在價值的關係。

Excel **在實驗金融學中的應用**

看漲期權價值曲線

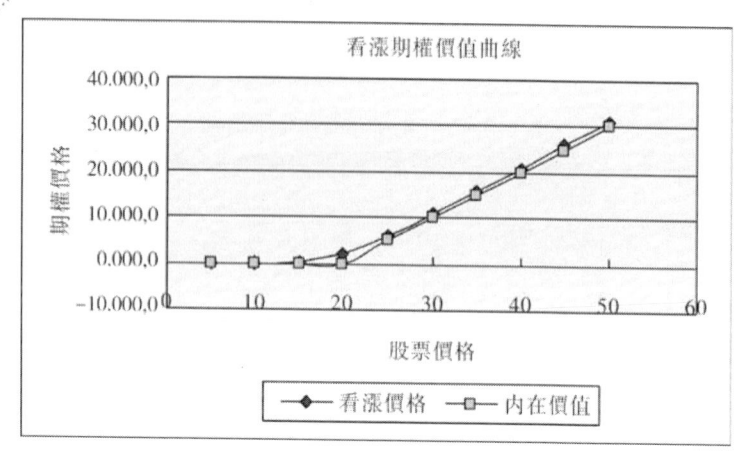

圖 10-8 看漲期權價格與內在價值關係圖

10.3.3 敏感性分析與隱含波動率

根據各希臘字母本身的求解公式,可在 Excel 表格中輕鬆計算出看漲、看跌時的 Delta、Theta、Gamma、Vega、Rho 值,以看漲期權的 Theta 值、看跌期權的 Rho 值為例,單元格 K5 的表達式為:(-A5*D5*EXP(-B7^2/2)/(2*PI())^0.5)/2*E5^0.5-C5*B5*EXP(-C5*E5)*NORMSDIST(B8),單元格 N6 的表達式為:-B5*E5*EXP(-C5*E5)*NORMSDIST(-B8)。

表 10-13　　　　　　　　敏感性分析與隱含波動率

	J	K	L	M	N	O
1						
2						
3				敏感性分析		
4		Delta	Theta	Gamma	Vega	Rho
5	看漲期權	0.539,8	-1.674,3	0.099,5	5.386,7	4.331,4
6	看跌期權	-0.460,2	0.228,2	0.099,5	5.386,7	-5.180,9
7						
8				隱含波動率		
9	股票價格	執行價格	利率	到期時間	到期前時間	年交易時間
10	19	20	10%	0.500,0	6	12
11						
12	看漲期權					

表10-13(續)

	J	K	L	M	N	O
13	市場價格	1.900,0	d1	0.121,3	N(d1)	0.548,3
14	波動率	35.75%	d2	-0.131,5	N(d2)	0.447,7
15						
16	看跌期權					
17	市場價格	2.100,0	d1	0.133,4	N(-d1)	0.446,9
18	波動率	39.05%	d2	-0.142,7	N(-d2)	0.556,8

隱含波動率為市場中觀察到的期權價格所蘊含的波動率,則可以用看漲、看跌期權的市場價格為目標值通過單變量求解來計算各自的波動率,其他參數(如:d1、N(d1)、N(-d1))的計算過程不變,如表 10-13 所示,當看漲期權的市場價格為 1.900 時,可得其隱含波動率為 35.75%,當看跌期權的市場價格為 2.100 時,可得其隱含波動率為 39.05%。

10.4 期權定價的二叉樹

Black-Scholes 期權定價模型雖然有許多優點,但是它的推導過程難以為人們所接受。同時,對美式期權無精確的定價公式,無可能求出解的表達式。在 1979 年,羅斯等人使用一種比較淺顯的方法設計出一種期權的定價模型,稱為二項式模型(Binomial model)或二叉樹法(Binomial tree)。

10.4.1 二叉樹模型介紹

二叉樹期權定價模型是由 J.C.Cox、S.A.Ross 和 M.Rubinstein 於 1979 年首先提出,現已成為金融界最基本的期權定價方法之一。二叉樹模型的優點在於其比較簡單直觀,不需要太多的數學知識就可以加以應用。

應用四步二叉樹模型來表示證券價格變化的完整樹型結構如圖 16-1 所示。

當時間為 0 時,證券價格為 S。時間為 Δt 時,證券價格要麼上漲到 Su,要麼下降到 Sd;時間為 $2\Delta t$ 時,證券價格有三種可能: Su^2、Sud(等於 S)和 Sd^2,以此類推。一般而言,在 $i\Delta t$ 時刻,證券價格有 $i+1$ 種可能,它們可用符號表示為: Su^jd^{i-j}($j=0,1,\cdots,i$)。

注意:由於 $u = \dfrac{1}{d}$,使得許多結點是重合的,從而大大簡化了樹圖在一般的四步二叉樹圖中證券價格的樹型結構,如圖 10-9 所示。

Excel 在實驗金融學中的應用

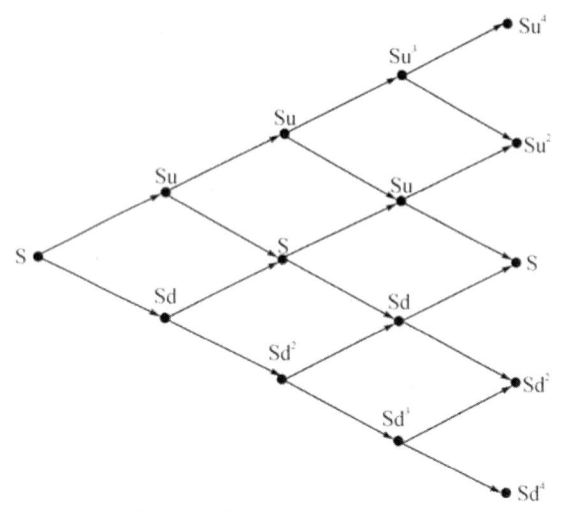

圖 10-9 股票價格變動二叉樹圖

期權價格的計算是從樹圖的末端(時刻 T)向后倒推進行的。T 時刻期權的價值是已知的。例如一個看漲期權的價值為 $max(S_T-X, 0)$，而一個看跌期權價值為 $max(X-S_T, 0)$，其中 S_T 是 T 時刻的股票價格，X 是執行價格。由於假設風險中性，$T-\Delta t$ 時刻每個節點上的期權價值都可以由 T 時刻期權價值的期望值用無風險利率 r 貼現求得。同理，$T-2\Delta t$ 時刻的每個節點的期權價值可由 $T-\Delta t$ 時刻的期望值在 Δt 時間內利用利率 r 貼現求得，以此辦法向后倒推通過所有的節點就可得到 0 時刻的期權價值。如果期權是美式的，則檢查二叉樹的每個節點，以確定提前執行是否比將期權再持有 Δt 時間更有利。

在這裡我們假設市場是風險中性的並利用風險中性定價原理可以求出參數 p、u 和 d 的數值，其計算公式為：

$$p = \frac{a-d}{u-d} ; u = e^{\sigma\sqrt{\Delta t}}$$

$$d = \frac{1}{u} ; a = e^{r\Delta t}$$

其中：r 為無風險利率；σ 指股票價格年化波動率；Δt 期權有效期的時間間隔；u 指二叉樹圖中股票價格向上運動的幅度；d 指二叉樹圖中股票價格向下運動的幅度。

可以驗證，在極限情況下，即 $\Delta t \to 0$ 時，這種股票價格運動的二叉樹模型將符合幾何布朗運動模型。因此，股票價格二叉樹模型就是股票價格連續時間模型的離散形式。

以下我們主要介紹二叉樹模型在普通美式期權、兩值期權和回溯期權定價中的應用。

10 期權定價方法及其應用

10.4.2 二叉樹模型在普通美式期權定價中的應用

美式期權是期權合約的買方在期權合約有效期內的任何一個交易日均可執行權利的期權;歐式期權則是指期權合約的買方只有等到合約到期日方可執行權利的期權。此小節介紹二叉樹模型在不支付紅利條件下股票的普通美式看漲期權和普通美式看跌期權的定價應用。

10.4.2.1 美式看漲期權

假設標的資產為不支付紅利的股票,其當前市場價格為 60 元,股價波動率每年為 30%,無風險連續複利年利率為 10%,該股票的 6 個月期的美式看漲期權執行價格為 65 元,求該美式看漲期權的價值。

為了構造二叉樹,把該期權有效期分為 3 段,每段 2 個月(等於 0.1667 年)。

$S = 60 \quad \sigma = 0.3 \quad r = 0.1 \quad \Delta t = 0.166\,7$

$u = e^{\sigma\sqrt{\Delta t}} = 1.130\,3$

$d = e^{-\sigma\sqrt{\Delta t}} = 0.884\,7$

$\alpha = e^{r\Delta t} = 1.016\,8$

$p = \dfrac{e^{r\Delta t} - d}{u - d} = \dfrac{\alpha - d}{u - d} = \dfrac{1.016\,8 - 0.884\,7}{1.130\,3 - 0.884\,7} = 0.537\,9$

$1 - p = 0.462\,1$

根據以上數據,可以畫出該股票在期權有效期內的價格樹型圖,如圖 10-10 和表 10-14 所示。圖中,在每一結點處有兩個值,上面一個值表示股票價格,下面一個值表示看漲期權價值。股價上漲的概率總是等於 0.537,9,下跌的概率總是等於 0.462,1。

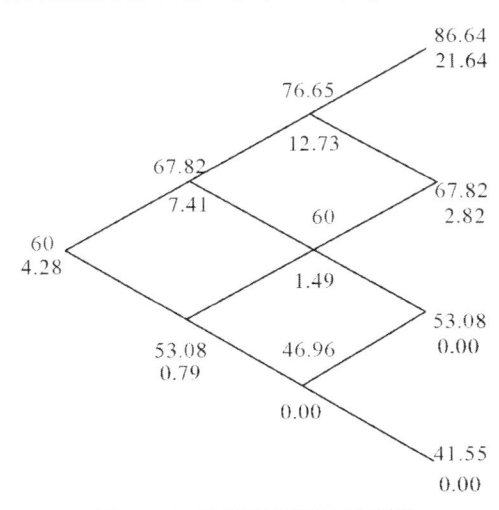

圖 10-10 股票價格變動二叉樹圖

Excel 在實驗金融學中的應用

在 $i\Delta t$ 時刻,股票在第 j 個結點($j=0,1,\cdots,i$)的價格等於 $Su^j d^{i-j}$。例如在 D24 單元格($i=3,j=1$)中股價等於 $60\times 1.130.3^1\times 0.884.7^2=53.08$ 元。在最后那些結點處,期權價值等於 $MAX(S_T-X,0)$。例如,在 D19 單元格處,期權價格等於 $67.82-65=2.82$ 元。

從最后一列結點處的期權價值可以計算出倒數第二列結點的期權價值。

首先,假定在這些結點處期權沒有被提前執行。這意味著所計算的期權價值是 Δt 時間內期權價值期望值的現值。例如,在 C16 單元格處,期權價值為:

$(0.537,9\times 21.64+0.462,1\times 2.82)\times e^{-0.1\times 0.166,7}=12.73$(元)

而 B19 單元格處,期權價值為:

$(0.537,9\times 12.73+0.462,1\times 1.49)\times e^{-0.1\times 0.166,7}=7.41$(元)

然后,檢查提前執行期權是否較有利。在 C16 單元格處,提前執行期權將使期權價值為:$76.65-65=11.65$(元),小於 12.73 元,因此,若股價到達 C15 單元格處的 76.65 元,則不應提前執行期權,從而 C16 單元格處的期權價值應為 12.73 元,而不是 11.65 元。用同樣的方法可以計算出各結點處的期權價值,並最終倒推算出初始結點處的期權價值為 4.28 元。

在 Excel 上的操作步驟為:

(1)在 A4、B4、C4、D4、E4 和 F4 單元格中分別輸入題目給出的相應數據。

(2)在 A8、B8、C8、D8、E8 和 F8 單元格中分別輸入公式:$=E4/12/F4$,$=EXP(D4*SQRT(A8))$,$=1/B8$,$=EXP(\_C4*A8)$,$=(D8-C8)/(B8-C8)$ 和 $1-E8$。

(3)在 A21 單元格輸入公式:$=A4$;在 B18 和 B24 單元格中分別輸入公式:$=A4*B8$、$=A4*C8$;在 C15、C21 和 C27 單元格中分別輸入公式:$=A4*(B8)^2$、$=A4*B8*C8$ 和 $=A4*(C8)^2$;在 D12、D18、D24 和 D30 單元格中分別輸入公式:$=A4*(B8)^3$、$=A4*(B8)^2*C8$,$=A4*B8*(C8)^2$ 和 $A4*(C8)^3$。

(4)從第 D 列開始,計算每一結點處期權的價值。從第 D 列開始,在 D13、D19、D25 和 D31 單元格中分別輸入公式:$=MAX(D12-B4,0)$、$=MAX(D18-B4,0)$、$=MAX(D24-B4,0)$ 和 $=MAX(D30-B4,0)$;然后在第 C 列中的 C16、C22 和 C28 單元格中分別輸入公式:$=MAX((E8*D13+F8*D19)*EXP(-C4*A8),MAX((C15-B4),0))$,$=MAX((E8*D19+F8*D25)*EXP(-C4*A8),MAX((C21-B4),0))$ 和 $=MAX((E8*D25+F8*D31)*EXP(-C4*A8),(C27-B4))$;在第 B 列中的 B19 和 B25 單元格中分別輸入公式:$=MAX((E8*C16+F8*C22)*EXP(-C4*A8),MAX((B18-B4),0))$ 和 $=MAX((E8*C22+F8*C28)*EXP(-C4*A8),MAX((B24-B4),0))$;最后在第 A 列中的 A22 單元格中輸入公式:$=MAX((E8*B19+F8*B25)*EXP(-C4*A8),MAX((A21-B4),0))$,即可得出該不支付紅利普通美式看漲期權的價值為 4.28 元。

當改變第 4 行相應參數值時,可得出相應看漲期權的價值。如果把期權有效期分成更多段數,結點數會更多,計算會更複雜,但得出的期權價值會更精確。

10 期權定價方法及其應用

表 10-14　　　　　不支付紅利股票普通美式看漲期權二叉樹

	A	B	C	D	E	F
1			輸入參數			
2	股票價格	期權執行價格	無風險利率	波動率	期限(月)	段數
3	S	X	r	σ	T	N
4	60.00	65.00	0.10	0.30	6	3
5			計算結果			
6						
7	△t	u	d	a	p	1-p
8	0.166,7	1.130,3	0.884,7	1.016,8	0.537,9	0.462,1
9						
10			不支付紅利股票普通美式看漲期權二叉樹圖			
11						
12				86.64		
13				21.64		
14						
15			76.65			
16			12.73			
17						
18		67.82		67.82		
19		7.41		2.82		
20						
21	60.00		60.00			
22	4.28		1.49			
23						
24		53.08		53.08		
25		0.79		0.00		
26						
27			46.96			
28			0.00			
29						
30				41.55		
31				0.00		

10.4.2.2 美式看跌期權

假設標的資產為不支付紅利的股票,其當前市場價格為 60 元,股價波動率每年為 30%,無風險連續複利年利率為 10%,該股票的 6 個月期的美式看跌期權執行價格為 55 元,求該美式看跌期權的價值。

如上例,為了構造二叉樹,把該期權有效期分為 3 段,每段 2 個月(等於 0.1667 年)。

解題思路與上例類似,現只介紹在 Excel 上的具體操作步驟:

(1)在 A4、B4、C4、D4、E4 和 F4 單元格中分別輸入題目給出的相應數據。

(2)在 A8、B8、C8、D8、E8 和 F8 單元格中分別輸入公式:= E4/12/F4,= EXP(D4 * SQRT(A8))、= 1/B8,= EXP(C4 * A8)、= (D8-C8)/(B8-C8) 和 = 1-E8。

(3)在 A21 單元格輸入公式:= A4;在 B18 和 B24 單元格中分別輸入公式:= A4 * B8、= A4 * C8;在 C15、C21 和 C27 單元格中分別輸入公式:= A4 * (B8)^2、= A4 * B8 * C8 和 = A4 * (C8)^2;在 D12、D18、D24 和 D30 單元格中分別輸入公式:= A4 * (B8)^3、A4 * (B8)^2 * C8,= A4 * B8 * (C8)^2 和 A4 * (C8)^3。

(4)從第 D 列開始,計算每一結點處期權的價值。從 D 列開始,在 D13、D19、D25 和 D31 單元格中分別輸入公式:= MAX(B4-D12,0)、= MAX(B4-D18,0)、= MAX(B4-D24,0) 和 = MAX(B4-D30,0);然後在第 C 列中的 C16、C22 和 C28 單元格中分別輸入公式:= MAX((E8 * D13+F8 * D19) * EXP(-C4 * A8),MAX((B4-C15),0))、= MAX((E8 * D19+F8 * D25) * EXP(-C4 * A8),MAX((B4-C21),0)) 和 MAX((E8 * D25+F8 * D31) * EXP(-C4 * A8),MAX((B4-C27),0));在第 B 列中的 B19 和 B25 單元格中分別輸入公式:= MAX((E8 * C16+F8 * C22) * EXP(-C4 * A8),MAX((B4-B18),0)) 和 MAX((E8 * C22+F8 * C28) * EXP(-C4 * A8),MAX((B4-B24),0));最後在第 A 列中的 A22 單元格中輸入公式:= MAX((E8 * B19+F8 * B25) * EXP(-C4 * A8),MAX((B4-A21),0)),即可得出該不支付紅利普通美式看跌期權的價值為 6.72 元。

類似的,當改變第 4 行相應參數值時,可得出相應看跌期權的價值。如果把期權有效期分成更多段數,結點數會更多,計算會更複雜,但得出的期權價值會更精確。

表 10-15　　　　不支付紅利股票普通美式看跌期權二叉樹

	A	B	C	D	E	F
1	輸入參數					
2	股票價格	期權執行價格	無風險利率	波動率	期限(月)	段數
3	S	X	r	σ	T	N
4	60.00	65.00	0.10	0.30	6	3

10 期權定價方法及其應用

表10-15(續)

	A	B	C	D	E	F
5			計算結果			
6						
7	△t	u	d	a	p	1-p
8	0.166,7	1.130,3	0.884,7	1.016,8	0.537,9	0.462,1
9						
10			不支付紅利股票普通美式看跌期權二叉樹圖			
11						
12				86.64		
13				0.00		
14						
15			76.65			
16			0.00			
17						
18		67.82		67.82		
19		2.46		0.00		
20						
21	60.00		60.00			
22	6.72		5.42			
23						
24		53.08		53.08		
25		11.92		11.92		
26						
27			46.96			
28			18.04			
29						
30				41.55		
31				23.45		
32						
33						

Excel在實驗金融學中的應用

10.4.3 二叉樹模型在兩值期權定價中的應用

兩值期權(Binary Options)是具有不連續收益的期權。其中一種是現金或無價值看漲期權(Cash-or-nothing Call)。在到期日時，如果標的資產價格低於執行價格，該期權沒有價值；如果標的資產價格高於執行價格，則該期權持有者獲得一個固定的數額為 Q 的收益。在風險中性世界中，期權到期時標的資產價格超過執行價格的概率為 $N(d_2)$，因此現金或無價值看漲期權的價值就是 $Qe^{-r(T-t)}N(d_2)$。相應地，現金或無價值看跌期權的價值是 $Qe^{-r(T-t)}N(-d_2)$，其中，$N(-d_2)$ 表示期權到期時標的資產價格等於和低於執行價格的概率。

另一種兩值期權是資產或無價值看漲期權(Asset-or-nothing Call)。在到期日時，如果標的資產價格低於執行價格，該期權沒有價值；如果標的資產價格高於執行價格，則該期權持有者獲得一個等於資產價格本身的款額 S。在風險中性世界中，期權到期時標的資產價格超過執行價格的概率為 $N(d_1)$，因此資產或無價值看漲期權的價值就是 $Se^{-r(T-t)}N(d_1)$。相應地，現金或無價值看跌期權的價值是 $Se^{-r(T-t)}N(-d_1)$。其中，$N(-d_1)$ 表示期權到期時標的資產價格等於和低於執行價格的概率。

常規期權可以分解為兩值期權的組合。例如，一個常規歐式看漲期權就等於一個資產或無價值看漲期權多頭和一個現金或無價值看漲期權空頭之和；一個常規歐式看跌期權等於一個資產或無價值看跌期權多頭和一個現金或無價值看跌期權空頭之和，其中的現金支付金額等於執行價格。

以下僅介紹通過 Excel 利用二叉樹模型在歐式現金或無價值看漲期權和歐式資產或無價值看漲期權定價中的應用。

假設標的資產為不支付紅利的股票，其當前市場價格為60元，股價波動率每年為30%，無風險連續複利年利率為10%，該股票的6個月期的歐式現金或無價值看漲期權執行價格為65元，同時規定若到期日股票價格高於執行價格，期權持有者可以獲得10元的固定收益，如果到期日股票價格等於或低於執行價格，則期權持有者不能獲得任何收益，求該歐式現金或無價值看漲期權的價值。

為了構造二叉樹，把該期權有效期分為3段，每段2個月(等於0.1667年)。

（1）在 A4、B4、C4、D4、E4 和 F4 單元格中分別輸入題目給出的相應數據。

（2）在 A8、B8、C8、D8、E8 和 F8 單元格中分別輸入公式：=E4/12/F4、=EXP(D4*SQRT(A8))、=1/B8、=EXP(C4*A8)、=(D8-C8)/(B8-C8) 和 =1-E8。

（3）在 A21 單元格輸入公式：=A4；在 B18 和 B24 單元格中分別輸入公式：=A4*B8、=A4*C8；在 C15、C21 和 C27 單元格中分別輸入公式：=A4*(B8)^2、=A4*B8*C8 和 =A4*(C8)^2；在 D12、D18、D24 和 D30 單元格中分別輸入公式：=A4*(B8)^3、=A4*(B8)^2*C8、=A4*B8*(C8)^2 和 A4*(C8)^3。

10 期權定價方法及其應用

表 10-16　　不支付紅利股票歐式現金或無價值看漲期權二叉樹圖

	A	B	C	D	E	F
1			輸入參數			
2	股票價格	期權執行價格	無風險利率	波動率	期限（月）	段數
3	S	X	r	σ	T	N
4	60.00	65.00	0.10	0.30	6	3
5			計算結果			
6						
7	△t	u	d	a	p	1-p
8	0.166,7	1.130,3	0.884,7	1.016,8	0.537,9	0.462,1
9						
10			不支付紅利股票歐式現金或無價值看漲期權二叉樹圖			
11						
12				86.64		
13				10.00		
14						
15			76.65			
16			9.83			
17						
18		67.82		67.82		
19		7.61		10.00		
20						
21	60.00		60.00			
22	5.30		5.29			
23						
24		53.08		53.08		
25		2.80		0.00		
26						
27			46.96			
28			0.00			
29						
30				41.55		
31				0.00		
32						

(4)從第 D 列開始,計算每一結點處期權的價值。從第 D 列開始,在 D13、D19、D25 和 D31 單元格中分別輸入公式:=IF(D12>B4,10,0)、=IF(D18>B4,10,0)、=IF(D24>B4,10,0)和=IF(D30>B4,10,0);然後在第 C 列中的 C16、C22 和 C28 單元格中分別輸入公式:=(E8*D13+F8*D19)*EXP(-C4*A8)、=(E8*D19+F8*D25)*EXP(-C4*A8)和=(E8*D25+F8*D31)*EXP(-C4*A8);在第 B 列中的 B19 和 B25 單元格中分別輸入公式:=(E8*C16+F8*C22)*EXP(-C4*A8) 和=(E8*C22+F8*C28)*EXP(-C4*A8);最后在第 A 列中的 A22 單元格中輸入公式:=(E8*B19+F8*B25)*EXP(-C4*A8),即可得出該不支付紅利歐式現金或無價值看漲期權的價值為 5.30 元。

假設標的資產為不支付紅利的股票,其當前市場價格為 60 元,股價波動率每年為 30%,無風險連續複利年利率為 10%,該股票的 6 個月期的歐式資產或無價值看漲期權執行價格為 75 元,同時規定若到期日股票價格高於執行價格,期權持有者可以獲得等於到期日股票價格的數額,如果到期日股票價格等於或低於執行價格,則期權持有者不能獲得任何收益,求該歐式資產或無價值看漲期權的價值。

為了構造二叉樹,把該期權有效期分為 3 段,每段 2 個月(等於 0.1667 年)。

(1)在 A4、B4、C4、D4、E4 和 F4 單元格中分別輸入題目給出的相應數據。

(2)在 A8、B8、C8、D8、E8 和 F8 單元格中分別輸入公式:=E4/12/F4、=EXP(D4*SQRT(A8))、=1/B8、=EXP(C4*A8)、=(D8-C8)/(B8-C8)和=1-E8。

(3)在 A21 單元格輸入公式:=A4;在 B18 和 B24 單元格中分別輸入公式:=A4*B8、=A4*C8;在 C15、C21 和 C27 單元格中分別輸入公式:=A4*(B8)^2、=A4*B8*C8 和=A4*(C8)^2;在 D12、D18、D24 和 D30 單元格中分別輸入公式:=A4*(B8)^3、=A4*(B8)^2*C8、=A4*B8*(C8)^2 和 A4*(C8)^3。

(4)從第 D 列開始,計算每一結點處期權的價值。從第 D 列開始,在 D13、D19、D25 和 D31 單元格中分別輸入公式:=IF(D12>B4,D12,0)、=IF(D18>B4,D18,0)、=IF(D24>B4,D24,0)和=IF(D30>B4,D30,0);然後在第 C 列中的 C16、C22 和 C28 單元格中分別輸入公式:=(E8*D13+F8*D19)*EXP(-C4*A8)、=(E8*D19+F8*D25)*EXP(-C4*A8)和=(E8*D25+F8*D31)*EXP(-C4*A8);在第 B 列中的 B19 和 B25 單元格中分別輸入公式:=(E8*C16+F8*C22)*EXP(-C4*A8) 和=(E8*C22+F8*C28)*EXP(-C4*A8);最后在第 A 列中的 A22 單元格中輸入公式:=(E8*B19+F8*B25)*EXP(-C4*A8),即可得出該不支付紅利歐式現金或無價值看漲期權的價值為 12.82 元。

10 期權定價方法及其應用

表 10-17　不支付紅利股票歐式資產或無價值看漲期權二叉樹圖

	A	B	C	D	E	F
1	輸入參數					
2	股票價格	期權執行價格	無風險利率	波動率	期限（月）	段數
3	S	X	r	σ	T	N
4	60.00	75.00	0.10	0.30	6	3
5	計算結果					
6						
7	$\triangle t$	u	d	a	p	1-p
8	0.166,7	1.130,3	0.884,7	1.016,8	0.537,9	0.462,1
9						
10	不支付紅利股票歐式資產或無價值看漲期權二叉樹圖					
11						
12				86.64		
13				86.64		
14						
15			76.65			
16			45.83			
17						
18		67.82		67.82	
19		24.24		0.00	
20						
21	60.00		60.00		
22	12.82		0.00		
23						
24		53.08		53.08	
25		0.00		0.00	
26						
27			46.96			
28			0.00			
29						
30				41.55		

表10-17(續)

	A	B	C	D	E	F
31				0.00		
32						

10.4.4　二叉樹模型在回溯期權定價中的應用

能夠在價格最高點賣出,或在最低點買進,是市場交易者夢寐以求的事情。回溯期權(Lookback Options)就提供了這樣一種可能。回溯期權的收益依附於標的資產在某個確定的時段(稱為回溯時段)中達到的最大或最小價格(又稱為回溯價)。根據是資產價還是執行價採用這個回溯價格,回溯期權可以分為兩類。

(1)固定執行價期權(Fixed Strike)。除了收益中用回溯價 M 替代資產價格 S,使其等於 MAX(M-X,0)之外,該期權其他地方都與相應的常規期權沒有區別。

(2)浮動執行價期權(Floating Strike)。收益中回溯價替代的是執行價格 X 而不是資產價格 S,使其等於 MAX($M-S_T$,0)(顯然,這是看跌期權。)從某種意義上說,浮動執行價期權的期權意義已經發生了一定的變化,因為它必然會被執行,只不過給予了持有人最優回溯價執行的權利。

回溯期權,或者說回溯的特徵,常常出現在市場上許多種類的合約中,尤其是固定收益類工具中,其中的利息支付取決於確定時間內利率達到的最大水平。總的說來,回溯期權很適合那些對資產價格波動幅度較有把握,但是對到期價格把握不大的投資者,保證了持有者可以得到一段時期內的最優價格,因此價格也相對昂貴。

我們以兩個例子說明二叉樹模型在回溯期權定價中的應用。

10.4.4.1　美式浮動執行價看漲期權

假設標的資產為不支付紅利的股票,其當前市場價格為 60 元,股價波動率每年為 30%,無風險連續複利年利率為 10%,求該股票的 6 個月期的美式浮動執行價看漲期權的價值。

當該看漲期權被執行時,其收益等於股票現價超出最低價格的超額部分。定義 $F(t)$ 為到時間 t 為止的最低股票價格,並且設定:

$$Y(t) = \frac{S(t)}{F(t)}$$

首先要注意到,與看跌回溯期權類似,Y 的變化規律和股票價格變化規律相反。在初始零時刻,由於 $F=S$,故 $Y=1$。之後的結點按一下規律獲得:

(1)若 t 時刻 $Y=1$,則 $t+\Delta t$ 時刻,當股票價格 S 按二叉樹圖中的 u 以概率 p 上升為 Su 的時候,Y 將以概率 p 上升為 u;當股票價格 S 以概率 $1-p$ 下降為 Sd 的時候,Y 將以概率 $1-p$ 保持 1 的值。

10 期權定價方法及其應用

(2)若 t 時刻 $Y = u^m (m \geq 1)$ 股票價格 $s \neq F(t)$,則 $t + \Delta t$ 時刻,當股票價格 S 以概率 p 向上運動 u 的時候,Y 將以概率 p 上升為 u^{m+1};當股票價格 S 以概率 $1 - p$ 向下運動 d 的時候,Y 將以概率 $1 - p$ 下降為 u^{m-1}。

也就是說,樹圖將呈現如圖 10-9(第 304 頁)的形狀。

運用樹圖對美式看漲回溯期權進定價,也是以股票價格為單位而不是以人民幣為單位。用人民幣表示,期權的收益為 $S - \dfrac{S}{Y}$;以股票價格為單位表示,期權的收益為 $1 - \dfrac{1}{Y}$。樹圖中的期權價值要轉化成實際的期權價值,需要再乘以該結點的股票價格。這意味著在倒推過程中,後兩個分支給出的值要經過資產價格的調整才能得到前一個結點以該結點價格為單位的期權價值。

比如,假設 $f_{i,j}$ 是 $i\Delta t$ 時刻第 j 結點的看跌回溯期權的以 (i,j) 結點股票價格為單位的價值,則:

$$f_{i,j} = \begin{cases} e^{-r\Delta t}[pf_{i+1,j+1}u + (1-p)f_{i+1,j-1}d], & \text{當 } j \geq 1 \text{ 時(結點不在最下面一行)} \\ e^{-r\Delta t}[pf_{i+1,j+1}u + (1-p)f_{i+1,j}d], & \text{當 } j = 0 \text{ 時(結點在最下面一行)} \end{cases}$$

$f_{i+1,j+1}$ 與 u 相乘,$f_{i+1,j-1}$ 與 d 相乘,是因為結點 $(i+1,j+1)$ 的股票價格是 (i,j) 結點價格的 u 倍,而結點 $(i+1,j-1)$ 的股票價格是 (i,j) 結點價格的 d 倍,這樣就體現了以結點 (i,j) 股票價格為測度單位的思想。

如果是美式期權,在每一個結點還需要與提前執行的回報比較,舉 $j \geq 1$ 的例子:

$$f_{i,j} = MAX\left\{1 - \dfrac{1}{Y}, e^{-r\Delta t}[pf_{i+1,j+1}u + (1-p)f_{i+1,j-1}d]\right\}, \text{當 } j \geq 1 \text{ 時}。$$

應用以上方法求出 $f_{i,j}$ 之後,再乘以該結點的股票價格,就能得到實際的期權價值。以下給出在 Excel 中的具體操作步驟:

(1)在 A4、B4、C4、D4 和 E4 單元格中分別輸入題目給出的相應數據。

(2)在 A8、B8、C8、D8、E8 和 F8 單元格中分別輸入公式:=D4/12/E4、=EXP(C4 * SQRT(A8))、=1/B8、=EXP(B4 * A8)、=(D8-C8)/(B8-C8) 和 =1-E8。

(3)在 A24 單元格輸入 1;在 C20 和 C24 單元格中分別輸入:=A24 * B8、1;在 E16、E20 和 E24 單元格中分別輸入公式:=C20 * B8、=C24 * B8 和 =C20 * C8;在 G12、G16、G20 和 G24 單元格中分別輸入公式:=E16 * B8、=E20 * B8、=E24 * B8 和 =E20 * C8。

(4)從第 G 列開始,計算每一結點處期權的價值。從第 G 列開始,在 G12、G16、G20 和 G24 單元格中分別輸入公式:=1-1/G12、=1-1/G16、=1-1/G20 和 =1-1/G24;然後在第 E 列中的 E17、E21 和 E25 單元格中分別輸入公式:=MAX(1-1/E16, EXP(-B4 * A8) * (E8 * G13 * B8+F8 * G21 * C8))、=MAX(1-1/E20, EXP(-B4 * A8) * (E8 * G17 * B8+F8 * G25 * C8)) 和 =MAX(1-1/E24, EXP(-B4 * A8) * (E8 * G21 * B8+F8 * G25 * C8));在第 C 列中的 C21 和 C25 單元格中分別輸入公式:=MAX(1-1/C20, EXP(-B4 * A8) * (E8 * E17 * B8+F8 * E25 * C8)) 和 =MAX(1-1/C24,

EXP(-B4*A8)*(E8*E21*B8+F8*E25*C8));最后在第 A 列中的 A25 單元格中輸入公式:=MAX(1-1/A24,EXP(-B4*A8)*(E8*C21*B8+F8*C25*C8)),即可得出該不支付紅利美式看漲回溯期權的價值(以股票價格為單位)為 0.141,2。這意味著期權的人民幣價值為 0.141,2×60=8.47 元。

　　類似的,當改變第 4 行相應參數值時,可得出相應看漲期權的價值。如果把期權有效期分成更多段數,結點數會更多,計算會更複雜,但得出的期權價值會更精確。

表 10-18　　　　不支付紅利股票美式看漲回溯期權的二叉樹

	A	B	C	D	E	F	G
1				輸入參數			
2	股票價格	無風險利率	波動率	期限(月)	段數		
3	S0	r	σ	T	N		
4	60.00	0.10	0.30	6	3		
5				計算結果			
6							
7	△t	u	d	a	p	1-p	
8	0.166,7	1.130,3	0.884,7	1.016,8	0.537,9	0.462,1	
9							
10			不支付紅利股票美式看漲回溯期權的二叉樹圖				
11							
12							1.444,0
13							0.307,5
14							
15							
16					1.277,6		1.277,6
17					0.230,2		0.217,3
18							
19							
20				1.130,3		1.130,3	1.130,3
21				0.165,3		0.129,9	0.115,3
22							
23							
24	1.000,0		1.000,0		1.000,0		1.000,0
25	0.141,2		0.105,4		0.068,9		0.000,0
26							

10 期權定價方法及其應用

10.4.4.2 美式浮動執行價看跌期權

假設標的資產為不支付紅利的股票,其當前市場價格為60元,股價波動率每年為30%,無風險連續複利年利率為10%,求該股票的6個月期的美式浮動執行價看跌期權的價值。

當該看跌期權被執行時,其收益等於最高股票價格超出股票現價的超額部分。定義 $F(t)$ 為到時間 t 為止的最高股票價格,並且設定:

$$Y(t) = \frac{F(t)}{S(t)}$$

用 Y 來衡量股票價格的變化,並為期權定價,會帶來樹圖形狀和相關參數的一些變化。

首先要注意到,Y 的變化規律和股票價格變化規律相反。在初始零時刻,由於 $F = S$,故 $Y = 1$。之後的結點按一下規律獲得:

(1)若 t 時刻 $Y = 1$,則 $t + \Delta t$ 時刻,當股票價格 S 按二叉樹圖中的 u 以概率 p 上升為 Su 的時候,Y 將以概率 p 保持1的值;當股票價格 S 以概率 $1 - p$ 下降為 Sd 的時候,Y 將以概率 $1 - p$ 上升為 u。

(2)若 t 時刻 $Y = u^m (m \geq 1)$ 且股票價格 $s \neq F(t)$,則 $t + \Delta t$ 時刻,當股票價格 S 以概率 p 向上運動 u 的時候,Y 將以概率 p 下降為 u^{m-1};當股票價格 S 以概率 $1 - p$ 向下運動 d 的時候,Y 將以概率 $1 - p$ 上升為 u^{m+1}。

也就是說,樹圖將呈現如圖16-17的形狀。

運用樹圖對美式看跌回溯期權進行定價,以股票價格為單位而不是以人民幣為單位。用人民幣表示,期權的收益為 $SY - S$;以股票價格為單位表示,期權的收益為 $Y - 1$。樹圖中的期權價值要轉化成實際的期權價值,需要再乘以該結點的股票價格。這意味著在倒推過程中,后兩個分支給出的值要經過資產價格的調整才能得到前一個結點以該結點價格為單位的期權價值。

比如,假設 $f_{i,j}$ 是 $i\Delta t$ 時刻第 j 結點的回溯期權的以 (i, j) 結點股票價格為單位的價值,則:

$$f_{i,j} = \begin{cases} e^{-r\Delta t}[(1-p)f_{i+1,j+1}d + pf_{i+1,j-1}u], & \text{當} j \geq 1 \text{時(結點不在最下面一行)} \\ e^{-r\Delta t}[(1-p)f_{i+1,j+1}d + pf_{i+1,j}u], & \text{當} j = 0 \text{時(結點在最下面一行)} \end{cases}$$

$f_{i+1,j+1}$ 與 d 相乘,$f_{i+1,j-1}$ 與 u 相乘,是因為結點 $(i+1, j+1)$ 的股票價格是 (i, j) 結點價格的 d 倍,而結點 $(i+1, j-1)$ 的股票價格是 (i, j) 結點價格的 u 倍,這樣就體現了以結點 (i, j) 股票價格為測度單位的思想。

如果是美式期權,在每一個結點還需要與提前執行的回報比較,舉 $j \geq 1$ 的例子:

$$f_{i,j} = MAX\{Y - 1, e^{-r\Delta t}[(1-p)f_{i+1,j+1}d + pf_{i+1,j-1}u]\}, \text{當} j \geq 1 \text{時}。$$

應用以上方法求出 $f_{i,j}$ 之後,再乘以該結點的股票價格,就能得到實際的期權價值。

Excel 在實驗金融學中的應用

以下給出在 Excel 中的具體操作步驟：

(1) 在 A4、B4、C4、D4 和 E4 單元格中分別輸入題目給出的相應數據。

(2) 在 A8、B8、C8、D8、E8 和 F8 單元格中分別輸入公式：=D4/12/E4、=EXP(C4*SQRT(A8))、=1/B8、=EXP(_B4*A8)、=(D8-C8)/(B8-C8) 和 =1-E8。

(3) 在 A24 單元格輸入 1；在 C20 和 C24 單元格中分別輸入：=A24*B8、1；在 E16、E20 和 E24 單元格中分別輸入公式：=C20*B8、=C24*B8 和 =C20*C8；在 G12、G16、G20 和 G24 單元格中分別輸入公式：=E16*B8、=E20*B8、=E24*B8 和 =E20*C8。

(4) 從第 G 列開始，計算每一結點處期權的價值。從第 G 列開始，在 G12、G16、G20 和 G24 單元格中分別輸入公式：=G12-1、=G16-1、=G20-1 和 =G24-1；然後在第 E 列中的 E17、E21 和 E25 單元格中分別輸入公式：=MAX(E16-1, EXP(-B4*A8)*(F8*G13*C8+E8*G21*B8))、=MAX(E20-1, EXP(-B4*A8)*(F8*G17*C8+E8*G25*B8))、=MAX(E24-1, EXP(-B4*A8)*(F8*G21*C8+E8*G25*B8))；在第 C 列中的 C21 和 C25 單元格中分別輸入公式：=MAX(C20-1, EXP(-B4*A8)*(F8*E17*C8+E8*E25*B8)) 和 =MAX(C24-1, EXP(-B4*A8)*(F8*E21*C8+E8*E25*B8))；最後在第 A 列中的 A25 單元格中輸入公式：=MAX(A24-1, EXP(-B4*A8)*(F8*C21*C8+E8*C25*B8))，即可得出該不支付紅利美式看跌回溯期權的價值（以股票價格為單位）為 0.107,5。這意味著期權的人民幣價值為 0.107,5×60=6.45 元。

類似的，當改變第 4 行相應參數值時，可得出相應看跌期權的價值。如果把期權有效期分成更多段數，結點數會更多，計算會更複雜，但得出的期權價值會更精確。

表 10-19　　　　　不支付紅利股票美式看跌回溯期權的二叉樹圖

	A	B	C	D	E	F	G
1			輸入參數				
2	股票價格	無風險利率	波動率	期限（月）	段數		
3	S0	r	σ	T	N		
4	60.00	0.10	0.30	6	3		
5			計算結果				
6							
7	△t	u	d	a	p	1-p	
8	0.166,7	1.130,3	0.884,7	1.016,8	0.537,9	0.462,1	
9							
10		不支付紅利股票美式看跌回溯期權的二叉樹圖					

表10-19(續)

	A	B	C	D	E	F	G
11							
12							1.444,0
13							0.444,0
14							
15							
16					1.277,6		1.277,6
17				0.277,6			0.277,6
18							
19							
20			1.130,3		1.130,3		1.130,3
21			0.142,9		0.130,3		0.130,3
22							
23							
24	1.000,0		1.000,0		1.000,0		1.000,0
25	0.107,5		0.083,7		0.052,4		0.000,0
26							

比較看跌回溯期權和看漲回溯期權的二叉樹定價方法可以總結出以下異同：

(1)看跌時以 $Y(t) = \dfrac{F(t)}{S(t)}$ 建樹，其中 $F(t)$ 表示到時間 t 為止的最大股價，水平(或向下傾斜)方向上的概率為 p，向上傾斜方向上的概率為 $1-p$；看漲時以 $Y(t) = \dfrac{S(t)}{F(t)}$ 建樹，其中 $F(t)$ 表示到時間 t 為止的最小股價，水平(或向下傾斜)方向上的概率為 $1-p$，向上傾斜方向上的概率為 p。

(2)T 時刻各結點期權的價值，看跌期權為 $Y(t)-1$，看漲期權為 $1-1/Y(t)$。然后回溯依次求解 T 時刻之前各結點期權的價值。

10.5 三叉樹期權定價方法

三叉樹是在二叉樹的基礎上發展而來的一種方法，其在期權價值的研究領域有著重要意義，是計算某些奇異期權價值的常用而有效的方法。該樹圖形態通常如圖

10-11所示：

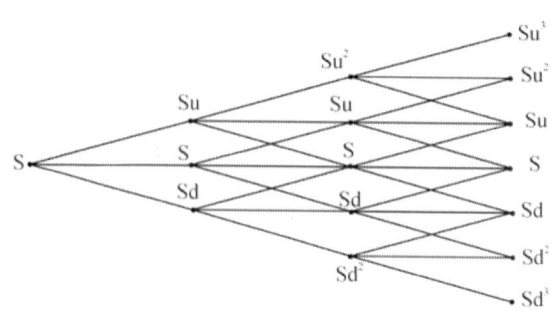

圖 10-11　普通三叉樹示意圖

其一般原理為：假設 Δt 為期權當前距到期時間段的長度，S 為股票當前價格，S_u，S，S_d 分別為某一節點股票上升、不變、下降的價格，p_u，p_m 和 p_d 分別為每個節點價格上升、不變和下降的概率。對不支付紅利的股票而言，當 Δt 的高階小量可忽略時，滿足股票價格變化均值和方差的參數分別為：

$$u = e^{\sigma\sqrt{3\Delta t}}$$

$$d = 1/u$$

$$p_d = -\sqrt{\frac{\Delta t}{12\sigma^2}}\left(r - \frac{\sigma^2}{2}\right) + \frac{1}{6}$$

$$p_m = \frac{2}{3}$$

$$p_u = \sqrt{\frac{\Delta t}{12\sigma^2}}\left(r - \frac{\sigma^2}{2}\right) + \frac{1}{6}$$

三叉樹的計算過程與二叉樹的方法類似。三叉樹方法在計算一些奇異期權，如障礙期權等，有優於其他方法的優勢。這裡我們以障礙期權中向上敲出看漲期權(up-and-out call)為例，介紹如何利用 Excel 運用三叉樹方法計算期權價值。

向上敲出看漲期權可以被看成是一種常規期權，不同的是，如果標的資產價格達到某個障礙水平 H，該期權作廢，其中 H 大於當前標的資產價格。

假設一向上敲出看漲期權，標的資產價格 S 為 $ 55，執行價格 X 為 $ 60，障礙 H 為 $ 75，無風險利率 r 為 8%，股息率 q 為 0%，波動率 v 為 30%，期限 T 為 0.5 年，對此障礙期權進行估值。

第一步，利用 Excel，將已知條件輸入，如表 10-20、表 10-21 所示。

10 期權定價方法及其應用

表 10-20　三叉數輸入變量

輸入	
股價 S	55
執行價格 X	60
障礙 H	75
無風險利率 r	8%
股息率 q	0
波動率 v	30%
期限 T	0.5
分段 N	4

其中分段 N 不超過 250。

表 10-21　三叉數輸出變量

輸出	
時間間隔 t	0.125
M	2.00
u	1.167,748,416
d	0.856,348,839
pu	0.244,937,046
pm	0.539,000,417
pd	0.216,062,537

其中時間間隔 t=T/N；

M=INT((LN(H)-LN(S))/(v*(3*t)^0.5)+0.5)；

u=EXP((LN(H)-LN(S))/M)；

d=1/u

pu=((EXP(r*t)-d)*(EXP(r*t)-1)+v^2*t)/((u-1)*(u-d))；

pm=1-pu-pd；

pd=((EXP(r*t)-1)*(EXP(r*t)-u)+v^2*t)/((1-d)*(u-d))；

第二步，打開工具欄，選擇「宏」，點擊 Visual Basic 編輯器(V)。

第三步，選擇 Microsoft Visual Basic 工作表左側的對象 Sheet1 (Sheet1)，如圖 10-12 所示。

圖 10-12 選擇 Sheet1 對象(一)

隨后,工作表右側會跳出空白區域,用於編程,如圖 10-13 所示。

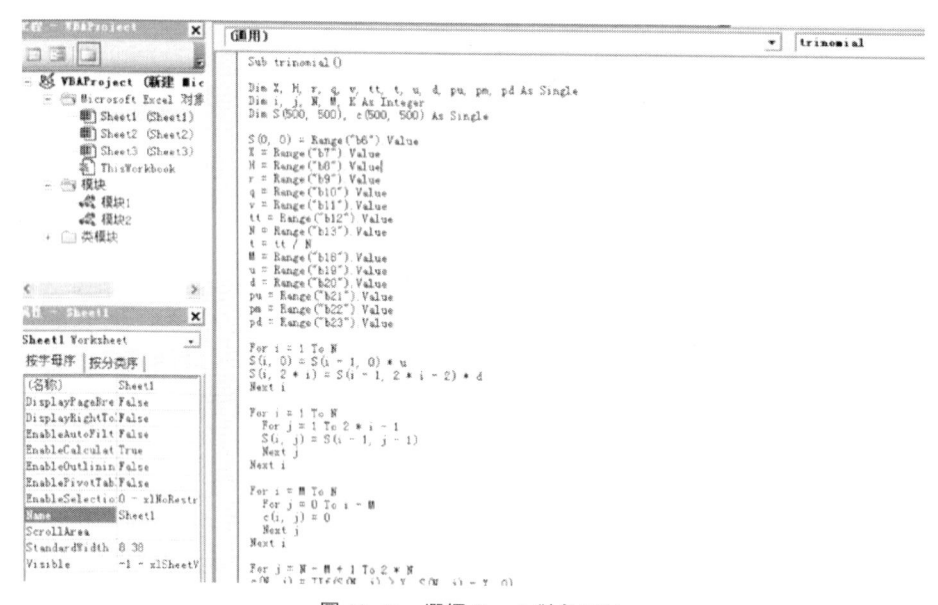

圖 10-13 選擇 Sheet1 對象(二)

輸入程序(具體程序請讀者參考本書附送的光碟部分),程序完成后,點擊 F5 運行程序,在原 Excel 文件中會顯示計算結果,如表 10-22 所示。

表 10-22　　　　　　　　　三叉樹模型運行結果

	A	B	C	D	E
1					102.272,7
2					0
3				87.581,131	87.581,13
4				0	0
5			75	75	75
6			0	0	0
7		64.226,16	64.226,16	64.226,163	64.226,16
8		0.993,185	1.422,706	2.255,238,1	4.226,163
9	55	55	55	55	55
10	0.849,910,557	0.981,856	1.093,79	1.024,844,1	0
11		47.099,19	47.099,19	47.099,186	47.099,19
12		0.397,866	0.248,525	0	0
13			40.333,33	40.333,333	40.333,33
14			0	0	0
15				34.539,403	34.539,4
16				0	0
17					29.577,78
18					0

10.6　Monte Carlo 模擬的方法

　　蒙特卡羅模擬是一種通過模擬標的資產價格的隨機運動路徑得到期權價值期望值的數值方法，也是一種應用十分廣泛的期權定價方法。

　　蒙特卡羅模擬期權定價的基本過程：蒙特卡羅模擬要用到風險中性定價原理，其基本思路是：由於大部分期權價值實際上都可以歸結為期權到期回報的期望值的折現，因此，盡可能地模擬風險中性世界中標的資產價格的多種運動路徑，計算每種路徑結果下的期權回報均值，之后貼現可以得到期權價值。

　　在此我們以亞式期權為例，介紹用 Monte Carlo 方法對特異期權進行定價。

Excel 在實驗金融學中的應用

10.6.1 亞式期權的定價步驟

亞式期權是指期權最終的期權支付(payoff)依賴於在期權到期前一段時間標的資產的平均價格。通常亞式期權有兩種不同類型:

第一,行權價格固定,但是最終資產的價值取決於標的資產的平價價格,即 $Max(\sum_{n=1}^{N} S_n/N - X)$;

第二,行權價格是期權到期日前某一段時間的標的資產的平均價格: $Max(S_N - \sum_{n=1}^{N} S_n/N)$。

亞式期權在以下兩個例子中非常有用:

第一,標的資產持有人在一段時間內出售資產,因此希望能獲得平均價格;

第二,標的資產的價格在一段時間內有受到操縱的危險。亞式期權能夠消除操縱的影響,因為它不是依賴某個價格,而是一個價格的序列。

用 Monte Carlo 方法對亞式期權定價有以下幾個步驟:

第一,我們隨機生成多個股票價格的序列;

第二,對應於每個股票價格序列,計算出期權到期時的支付和風險中性概率;

第三,在產生大量價格序列后,用以下公式計算期權價格:

$$V_{MC} = \sum_{n=1}^{N} P_n/N$$

其中, V_{MC} 為 Monte Carlo 模擬的股票價格; P_n 為第 n 條路徑的期權支付; N 為生成的路徑總數,即模擬次數。

10.6.2 運用 Excel 工作表進行亞式期權 Monte Carlo 定價

下面運用 Excel 工作表來解釋如何進行亞式期權的 Monte Carlo 定價。在以下的工作表中,我們模擬了一條價格路徑(單元格 B8:B13),期權的支付(單元格 B13),及其現值(B14):

表 10-23   亞式期權定價:單一路徑

	A	B	C
1	直接在工作表中對亞式期權定價		
2	上漲(Up)	1.4	
3	下跌(Down)	0.8	
4	折現率(R)	1.1	
5	行權價格(Exercise price)	30	

10 期權定價方法及其應用

表10-23(續)

	A	B	C
6			
7	時間段	正股價格	
8	0	30.00	
9	1	42.00	←=B8*IF(RAND()>0.5,$B$2,$B$3)
10	2	33.60	←=B9*IF(RAND()>0.5,$B$2,$B$3)
11	3	26.88	
12	4	37.63	
13	5	52.68	
14			
15			
16	期權支付	7.13	←=MAX(AVERAGE(B8:B13)-$B$5,0)
17	期權價格=期權支付的現值	4.43	←=B16/B4^5

在B9：B13的單元格中，如果Excel隨機數發生器生成的數值大於0.5，則股票價格向上漂移；如果隨機數小於0.5，則股票價格下降。可以按F9鍵進行重新計算。

通過重複上述路徑生產過程多次，我們就可以運用Monte Carlo模擬來對亞式期權進行定價：

表10-24　　　　　　　　亞式期權定價：多重路徑

	A	B	C	D	E	F	G	H
1	直接在工作表中對亞式期權定價							
2	上漲(Up)	1.4						
3	下跌(Down)	0.8						
4	折現率(R)	1.1						
5	行權價格(Exercise price)	30						
6								
7	時間段	路徑1	路徑2	路徑3	路徑4	路徑5	路徑6	
8	0	30.00	30.00	30.00	30.00	30.00	30.00	←=$B$5
9	1	24.00	42.00	42.00	24.00	42.00	42.00	←=G8*IF(RAND()>0.5,$B$2,$B$3)
10	2	33.60	33.60	33.60	19.20	33.60	58.80	←=G9*IF(RAND()>0.5,$B$2,$B$3)
11	3	26.88	47.04	26.88	26.88	47.04	47.04	

表10-24(續)

	A	B	C	D	E	F	G	H
12	4	37.63	65.86	21.50	21.50	37.63	37.63	
13	5	30.11	52.68	17.20	30.11	52.68	52.68	
14								
15	期權支付	0.370	15.197	0.000	0.000	10.493	14.693	←=MAX(AVERAGE(G8:G13)-$B$5,0)
16								
17	平均值=Monte Carlo 期權價值	4.22	←=AVERAGE(B15:G15)/B4^5					
18	Monte Carlo 期權價值的標準差	4.24	←=STDEVP(B15:G15)/B4^5					

Monte Carlo 期權價值(單元格B17)就是在第15行中路徑依賴期權的支付平均值的現值。

以上工作表的例子是為了解釋 Monte Carlo 期權定價方法的原則和直接在工作表中對期權定價的問題。如果要準確地得到期權的價值，我們需要成千上萬次的模擬。如果要在工作表中完成顯然是很困難的。而通過寫簡單的VBA語句可以自動重複運算以上過程，並且可以進行大量的模擬。

10.6.3 通過 VBA 進行 Monte Carlo 模擬

我們撰寫了一個名為 MCAsian 的 VBA 的函數來對期權進行定價，函數的代碼可以在附贈光盤中本章的工作表的宏命令中看到。

表10-25　　　　　　　　亞式期權定價:VBA 函數

	A	B	C	D	E	F
1		亞式期權定價——VBA 函數				
2						
3	上漲(Up)	1.4				
4	下跌(Down)	0.8				
5	折現率(R)	1.1	←=(B3+B4)/2			
6	初始價格	30				
7	時間段	4				
8	行權價格(Exercise price)	30				
9	模擬次數	500				
10	亞式期權價值					

318

10 期權定價方法及其應用

表10-25(續)

	A	B	C	D	E	F
11	Monte Carlo 模擬結果	5,806.4	←=MCAsian (B6,B8,B3,B4, B5,B7,B9)			
12	真實值	5,756.6	←='Asian option example'!O37			
13						
14	6,198.7	6,028.8	5,699.1	5,663.8	5,738.5	5,730.6
15	6,295.5	5,677.7	6,126.8	5,771.0	5,723.6	6,092.9
16	5,991.6	5,837.5	5,771.2	5,996.7	5,733.3	5,784.7
17	5,632.6	5,302.5	5,853.9	5,941.4	5,704.6	5,595.8
18	5,797.5	5,795.3	5,770.3	5,719.8	5,962.4	5,850.2
19	5,842.7	5,444.8	5,662.7	5,956.8	5,679.2	5,038.5
20	6,021.5	5,617.6	5,622.6	6,073.5	6,166.8	5,324.5
21	6,070.5	6,141.4	5,149.0	5,620.3	5,728.0	5,944.5
22						
23		5,789.4	←=AVERAGE(A14:F21)			
24		5,038.5	←=MIN(A14:F21)			
25		6,295.5	←=MAX(A14:F21)			
26		0,259.2	←=STDEV(A14:F21)			

以下我們在工作表中解釋這個函數：

在單元格 B11 是該期權 Monte Carlo 的估值。在單元格 A14：F21 包含了 MCAsian 這個函數，所以我們進行了 48 次期權價格的模擬。在單元格 B23：B26，你可以看到該計算的統計參數。

當運行次數(單元格 B9)增加，減少了估計值的標準差(單元格 B26)，這就相當於增加了模擬的精度。在該例子中，我們運行了 48 次模擬，每次運行 500 條路徑。從兩個圖中看到差別，方差縮減到以前的 1/3。

10.7 有限差分方法

在金融界，有限差分方法越來越多地用在期權定價當中。有限差分方法在定價某些特異期權時具有特殊的地位。

10.7.1 有限差分方法介紹

有限差分法的基本思想是:將期權所滿足的微分方程轉化為一系列的差分方程後,再用迭代法求解差分方程後得到期權的價值。下面以一個不付紅利股票的美式看跌期權來說明這種方法。

期權所滿足的微分方程[1]如下:

$$\frac{\partial f}{\partial t} + rS\frac{\partial f}{\partial S} + \frac{1}{2}\sigma^2 S^2 \frac{\partial^2 f}{\partial S^2} = rf$$

其中,f是期權價值,r為無風險利率,S為股票價格,σ為股票價格波動率,t表示時間。

有限差分法就是要把上述微分方程中的$\frac{\partial f}{\partial t}$,$\frac{\partial f}{\partial S}$,$\frac{\partial^2 f}{\partial S^2}$用差分式替換,然後求解$f$。具體做法如下:把從現在(即0時刻)到期權到期日(即T時刻)分成有限個等間隔的不同的小時間段。假設$\Delta t = T/N$,則共有N+1個時間段:0, Δt, 2Δt, …, T;同時選擇有限個等間隔的不同小股票價格段。設S_{max}為可達到的足夠高的股票價格,當達到這一價格時,看跌期權實質上已沒有價值了。我們定義$\Delta S = S_{max}/M$並考慮M+1個股票價格:0, ΔS, 2ΔS, …, S_{max}。

這一方法可用一個坐標圖說明。如下圖所示,橫軸表示時間分段,縱軸表示股票價格分段。坐標軸內的點$f_{i,j}$表示時間為$i\Delta t$和股票價格為$j\Delta S$時對應的期權價值。

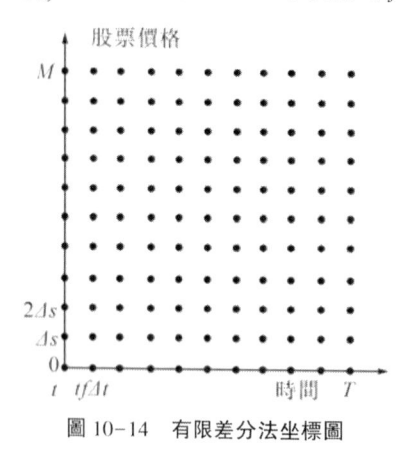

圖 10-14　有限差分法坐標圖

有限差分一般有外推(隱性)和內推(顯性)兩種方法。隱性有限差分法可以理解為從格點圖內部向外推知外部格點的期權價值,如圖10-15所示。

---

[1] 約翰·赫爾.期權、期貨和其他衍生產品[M]. 3版.張陶偉,譯.北京:華夏出版社,2,000;212.

10 期權定價方法及其應用

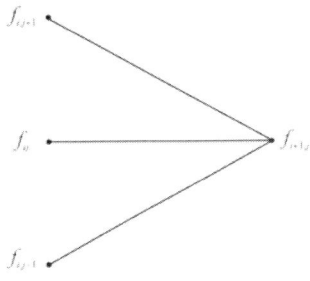

圖 10-15　隱性(外推)差分法

而顯性有限差分方法則是為從格點圖外部向內推知外部格點的期權價值。

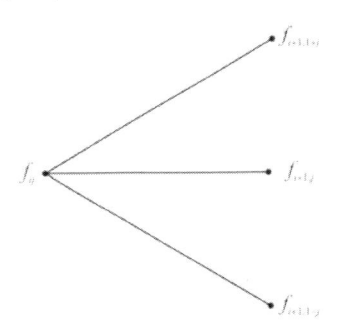

圖 10-16　顯性(內推)差分法

顯性方法計算比較直接方便,無需像隱性方法那樣需要求解大量的聯立方程,工作量小,易於應用。但是顯性方法存在一個缺陷:它的三個「概率」可能小於零,這導致了這種方法的不穩定,它的解有可能不收斂於偏微分方程的解。而隱性方法則不存在這個問題,它始終是有效的。因此,我們在此僅介紹內推有限差分法。

10.7.2　外推有限差分方法

內推法通過如下替換[①],

$$\frac{\partial f}{\partial t} = \frac{f_{i+1,j} - f_{i,j}}{\Delta t}$$

$$\frac{\partial f}{\partial S} = \frac{f_{i+1,j+1} - f_{i+1,j-1}}{2\Delta S}$$

$$\frac{\partial^2 f}{\partial S^2} = \frac{f_{i+1,j+1} + f_{i+1,j-1} - 2f_{i+1,j}}{\Delta S^2}$$

原來的微分方程可以轉化為如下差分方程:

---

① 此種替換法稱為外推的有限差分法,另外一種內推的有限差分法由於求解較為繁雜,在此不予介紹,詳細內容可參閱約翰·赫爾.期權、期貨和其他衍生產品[M].3 版.張陶偉,譯.北京:華夏出版社,2000:212.

$$f_{i,j} = a_j{}^* f_{i+1,j-1} + b_j{}^* f_{i+1,j} + c_j{}^* f_{i+1,j+1}$$

其中，$a_j{}^* = \dfrac{1}{1+r\Delta t}\left(-\dfrac{1}{2}rj\Delta t + \dfrac{1}{2}\sigma^2 j^2 \Delta t\right)$

$b_j{}^* = \dfrac{1}{1+r\Delta t}(1-\sigma^2 j^2 \Delta t)$

$c_j{}^* = \dfrac{1}{1+r\Delta t}\left(\dfrac{1}{2}rj\Delta t + \dfrac{1}{2}\sigma^2 j^2 \Delta t\right)$

在實際應用中，標的資產價格變量 S 常被置換為 $Z = \ln S$，而將偏微分方程改為：

$$\dfrac{\partial f}{\partial t} + \left(r - \dfrac{\sigma^2}{2}\right)\dfrac{\partial f}{\partial Z} + \dfrac{1}{2}\sigma^2 \dfrac{\partial^2 f}{\partial Z^2} = rf$$

相應的外推有限差法方程為：

$$\alpha_j{}^* f_{i+1,j-1} + \beta_j{}^* f_{i+1,j} + \gamma_j{}^* f_{i+1,j+1} = f_{i,j}$$

其中，$\alpha_j{}^* = \dfrac{1}{1+r\Delta t}\left[-\dfrac{\Delta t}{2\Delta Z}\left(r-\dfrac{\sigma^2}{2}\right) + \dfrac{\Delta t}{2\Delta Z^2}\sigma^2\right]$

$\beta_j{}^* = \dfrac{1}{1+r\Delta t}\left(1-\dfrac{\Delta t}{\Delta Z^2}\sigma^2\right)$

$\gamma_j{}^* = \dfrac{1}{1+r\Delta t}\left[\dfrac{\Delta t}{2\Delta Z}\left(r-\dfrac{\sigma^2}{2}\right) + \dfrac{\Delta t}{2\Delta Z^2}\sigma^2\right]$

置換變量最大的好處是 $\alpha_j{}^*$、$\beta_j{}^*$、$\gamma_j{}^*$ 將獨立於 j。轉換后，理論上標的資產對數值的最小變動值 $\Delta Z = \sigma\sqrt{3\Delta t}$ 時最為有效。

10.7.3 期權定價運用

下面舉例說明。

設有一上升敲出歐式看漲期權[1]（up-and-out call），期權執行價格為 50 元，障礙為 70 元，標的資產價格為 50 元，期限為 0.5 年，試用外推差分法求該期權的價值。已知 σ 為 40%，無風險利率為 10%。

求解期權價值的關鍵就是計算出 $\alpha_j{}^*$、$\beta_j{}^*$、$\gamma_j{}^*$ 三個參數。我們把期限分為十段，則 $\Delta t = 0.5/10 = 0.05$，把 Z 分為 40 段，則 $\Delta Z = LN(50)/40 = 0.106\,2$。代入上面的公式得到三個參數 $\alpha_j{}^*$、$\beta_j{}^*$、$\gamma_j{}^*$，分別為：0.348,1，0.289,4，0.357,5。

需要說明的是，Z 分段為 40 是規劃求解的結果，規劃求解的約束條件是三個參數各自都大於 0，三者之和等於 1，滿足這些條件求解得到的期權價格是 S 最接近 50 的期權價格。

最后程序運算結果得到期權價格為 1.612。結果如圖 10-17 所示，相應過程參見

---

[1] 上升敲出看漲期權是一個常規看漲期權，但如果標的資產價格達到某個障礙水平 H，則該期權作廢，其中 H 大於當前標的資產價格。

10 期權定價方法及其應用

Excel 文件。

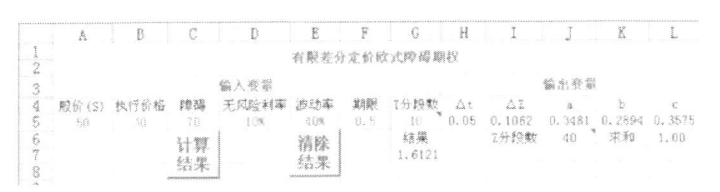

圖 10-17 有限差分障礙期權定價

11 嵌期權債券定價

本章著重分析按揭過手證券、含贖回權債券、含回售權債券、可轉換債券的定價，以及利率期限結構的三次樣條函數擬合法，對於按揭過手證券的定價運用了 VBA、CB 工具實現蒙特卡羅模擬（Monte Carlo Simulation），含贖回、回售權債券的定價主要由二叉樹、有限差分法完成，可轉換債券採用二叉樹定價法分析並附上招行轉債作為案例演示，該章中的所有定價程序均由 VBA 實現。

● 11.1 提前償還權與過手債券定價

11.1.1 按揭支持過手證券

按揭支持過手證券（Mortgage Passthrough Security）是由一個或多個按揭貸款所有者將其按揭貸款集中起來，所發行的該貸款組合的份額或參與憑證。在按揭貸款組合中，某筆按揭貸款作為按揭支持過手證券的抵押品，則此筆按揭貸款經過了證券化。

按揭支持過手證券的現金流取決於基礎按揭貸款組合的現金流，要評估過手證券的價值則必須預測其現金流。由於眾多因素，按揭貸款有提前償還的可能性，則每月的按揭貸款還款轉付給證券持有人也就存在不確定性。要準確預測貸款的提前償還率是非常困難的，因此，一般是假設基礎按揭貸款組合有效期內的提前還款比率，有兩種慣例作為提前還款比率的參照標準：條件提前還款比率和公共證券協會（Public Securities Association, PSA）提前還款基準。

條件提前還款比率（Conditional Prepayment Rate, CPR）是根據貸款組合的特徵（歷史提前還款數據）及當前和預測的未來經濟環境進行假設的。通常情況下所說的 CPR 都是年度的，要將其轉換為月度提前還款比率——單月衰減率（Single-Monthly

11 嵌期權債券定價

Mortality Rate,SMM),才能預測每月的提前還款額。

$$SMM = 1 - (1 - CPR)^{1/12} \tag{11-1}$$

若 SMM 等於 β,則表示月初按揭貸款餘額與計劃本金償還額之差後,約有 β 會在本月提前償還。

第 t 月提前還款額 = SMM×(第 t 月月初按揭貸款餘額 - 第 t 月計劃本金償還額)

【例題11-1】某投資者有一份過手證券,本月初按揭貸款餘額為3億美元,計劃償還400萬美元,CPR 為 6%;則 SMM 為 0.514,3%,該月提前還款額為:0.514,3%×(300,000,000-4,000,000)=1,522,328(美元)

PSA 基準假設新發放的按揭貸款提前還款比率較低,隨著按揭貸款到期時間的臨近,該比率會逐漸上升。30 年期按揭貸款的提前還款比率為:①第一個月的 CPR 為 0.2%,以後 30 個月中,每月的年度 CPR 增加 0.2%,②當年度 CPR 達到 6% 時,則以後年度維持 6% 的 CPR。這一基準為「100%PSA」或「100PSA」,可表示為:①t<30 時,CPR=6%×(t/30),②t>30 時,CPR=6%,t 為從按揭貸款發放至計算日之間的月份。

可以用 PSA 的一定百分比來表示不同的提前還款速度。比如,假設提前還款速度為 100PSA,可以按此方法計算第 5 個月、第 20 個月、及第 31 到 360 個月的 SMM:

第 5 個月:$CPR = 6\% \times (5/30) = 1\%$,

$SMM = 1 - (1-1\%)^{1/12} = 1 - 0.99^{0.083,33} = 0.083,7\%$

第 20 個月:$CPR = 6\% \times (20/30) = 4\%$,

$SMM = 1 - (1-4\%)^{1/12} = 1 - 0.96^{0.083,33} = 0.339,6\%$

第 31 到 360 個月:$CPR = 6\%$,$SMM = 1 - (1-6\%)^{1/12} = 1 - 0.94^{0.083,33} = 0.514,3\%$

若提前還款速度為 200PSA,則第 5 個月、第 20 個月、及第 31 到 360 個月的 SMM 為:

第 5 個月:$CPR = 6\% \times (5/30) = 1\%$,$200PSA = 2.00 \times 1\% = 2\%$,$SMM = 1 - (1-2\%)^{1/12} = 1 - 0.98^{0.083,33} = 0.168,2\%$

第 20 個月:$CPR = 6\% \times (20/30) = 4\%$,$200PSA = 2.00 \times 4\% = 8\%$,$SMM = 1 - (1-8\%)^{1/12} = 1 - 0.92^{0.083,33} = 0.692,4\%$

第 31 到 360 個月:$CPR = 6\%$,$200PSA = 2.00 \times 6\% = 12\%$,$SMM = 1 - (1-12\%)^{1/12} = 1 - 0.88^{0.083,33} = 1.059,6\%$

11.1.2 蒙特卡羅模型(Monte Carlo Model)估值過手證券

採用模擬的方法產生相應的利率路徑和現金流,便可對按揭支持證券定價。利率的隨機路徑應當從利率未來期限結構的無套利模型中得出。模擬出來的月利率用於貼現預測的現金流,按揭再融資利率用於確定現金流,因為它代表借款者的機會成本。如果再融資利率高於借款的合同息票率,借款者就不會考慮再融資;如果再融資利率低於借款的合同息票率,則有再融資的可能性。在提前償還模型中輸入再融資利率和

Excel在實驗金融學中的應用

貸款帳齡等,可以預測提前償還情況,根據預測出的提前償還比率可以確定某條利率路徑上的現金流。

根據以上思路,可舉例加以說明,考慮某種新發行的按揭過手證券,期限為360個月:①模擬出一個月期未來利率路徑(見表11-1);②模擬出按揭貸款再融資利率路徑(見表11-2);③根據按揭貸款再融資利率路徑確定每條利率路徑的現金流(見表11-3);④根據表11-1模擬出月度即期利率用於貼現現金流(見表11-4)。

表11-1　　　　　　　　1個月期未來利率路徑

月份	利率路徑數量					
	1	2	3	4	……	N
1	$f_1(1)$	$f_1(2)$	$f_1(3)$	$f_1(4)$	……	$f_1(N)$
2	$f_2(1)$	$f_2(2)$	$f_2(3)$	$f_2(4)$	……	$f_2(N)$
3	$f_3(1)$	$f_3(2)$	$f_3(3)$	$f_3(4)$	……	$f_3(N)$
t	$f_t(1)$	$f_t(2)$	$f_t(3)$	$f_t(4)$	……	$f_t(N)$
358	$f_{358}(1)$	$f_{358}(2)$	$f_{358}(3)$	$f_{358}(4)$	……	$f_{358}(N)$
359	$f_{359}(1)$	$f_{359}(2)$	$f_{359}(3)$	$f_{359}(4)$	……	$f_{359}(N)$
360	$f_{360}(1)$	$f_{360}(2)$	$f_{360}(3)$	$f_{360}(4)$	……	$f_{360}(N)$

註:$f_t(n)$為路徑n上第t月的1個月期未來利率,N為全部利率路徑的數目

表11-2　　　　　　　　按揭貸款再融資利率路徑

月份	利率路徑數量					
	1	2	3	4	……	N
1	$r_1(1)$	$r_1(2)$	$r_1(3)$	$r_1(4)$	……	$r_1(N)$
2	$r_2(1)$	$r_2(2)$	$r_2(3)$	$r_2(4)$	……	$r_2(N)$
3	$r_3(1)$	$r_3(2)$	$r_3(3)$	$r_3(4)$	……	$r_3(N)$
t	$r_t(1)$	$r_t(2)$	$r_t(3)$	$r_t(4)$	……	$r_t(N)$
358	$r_{358}(1)$	$r_{358}(2)$	$r_{358}(3)$	$r_{358}(4)$	……	$r_{358}(N)$
359	$r_{359}(1)$	$r_{359}(2)$	$r_{359}(3)$	$r_{359}(4)$	……	$r_{359}(N)$
360	$r_{360}(1)$	$r_{360}(2)$	$r_{360}(3)$	$r_{360}(4)$	……	$r_{360}(N)$

註:$r_t(n)$為路徑n上第t月的按揭貸款再融資利率,N為全部利率路徑的數目

11 嵌期權債券定價

表 11-3　　　　　　　　　　每條利率路徑的現金流

月份	利率路徑數量					
	1	2	3	4	……	N
1	$C_1(1)$	$C_1(2)$	$C_1(3)$	$C_1(4)$	……	$C_1(N)$
2	$C_2(1)$	$C_2(2)$	$C_2(3)$	$C_2(4)$	……	$C_2(N)$
3	$C_3(1)$	$C_3(2)$	$C_3(3)$	$C_3(4)$	……	$C_3(N)$
t	$C_t(1)$	$C_t(2)$	$C_t(3)$	$C_t(4)$	……	$C_t(N)$
358	$C_{358}(1)$	$C_{358}(2)$	$C_{358}(3)$	$C_{358}(4)$	……	$C_{358}(N)$
359	$C_{359}(1)$	$C_{359}(2)$	$C_{359}(3)$	$C_{359}(4)$	……	$C_{359}(N)$
360	$C_{360}(1)$	$C_{360}(2)$	$C_{360}(3)$	$C_{360}(4)$	……	$C_{360}(N)$

註：$C_t(n)$為路徑n上第t月的現金流，N為全部利率路徑的數目

表 11-4　　　　　　　　　　月度即期利率路徑

月份	利率路徑數量					
	1	2	3	4	……	N
1	$z_1(1)$	$z_1(2)$	$z_1(3)$	$z_1(4)$	……	$z_1(N)$
2	$z_2(1)$	$z_2(2)$	$z_2(3)$	$z_2(4)$	……	$z_2(N)$
3	$z_3(1)$	$z_3(2)$	$z_3(3)$	$z_3(4)$	……	$z_3(N)$
t	$z_t(1)$	$z_t(2)$	$z_t(3)$	$z_t(4)$	……	$z_t(N)$
358	$z_{358}(1)$	$z_{358}(2)$	$z_{358}(3)$	$z_{358}(4)$	……	$z_{358}(N)$
359	$z_{359}(1)$	$z_{359}(2)$	$z_{359}(3)$	$z_{359}(4)$	……	$z_{359}(N)$
360	$z_{360}(1)$	$z_{360}(2)$	$z_{360}(3)$	$z_{360}(4)$	……	$z_{360}(N)$

註：$z_t(n)$為路徑n上第t月的即期利率，N為全部利率路徑的數目

表 11-4 中的月度即期利率與表 11-1 中的 1 月期未來利率的關係為：$z_T(n) = \{[1+f_1(n)][1+f_2(n)]\cdots[1+f_T(n)]\}^{1/T} - 1$。因此考慮到風險利差，可以計算出第 n 條利率路徑上第 T 月的現金流現值如下：

$$PV[C_T(n)] = \frac{C_T(n)}{[1 + z_T(n) + \delta]^{1/T}} \tag{11-2}$$

其中：$PV[C_T(n)]$為第 n 條利率路徑上第 T 月的現金流現值；$C_T(n)$為第 n 條利率路徑上第 T 月的現金流；$z_T(n)$為第 n 條件利率路徑上第 T 月的即期利率。

由於在不同地區、不同國家，其按揭貸款還款的情況均不相同，且也很難找出一定的規律，即對提前還款模型的講述已經超出本書的範圍。因此，在採用 Monte Carlo 模擬時，僅運用公共證券協會(PSA)提前還款基準來處理現金流的不確定性，表 11-5 為

蒙特卡羅模擬定價過手證券的 Excel 模板，可通過調整相關參數設置得到相對應的估算結果。

表 11-5　　　　　　　　　Monte Carlo 模擬定價過手證券

	A	B	C	D	E	F	G	H	I
1				Monte Carlo Simulation 定价过手证券					
2					输入参数				
3	总贷款额 S	加权平均期限 WAM	加权平均利率 WAC	过手利率 R	拟前还款基准 PSA	利率年波动率 σ	当前月利率 r	平均利率增长率 u	模拟路径
4	100000000	360	5.00%	4.50%	100%	20%	0.20%	0.01%	5000
5									
6	输出结果					利差调整	0.001		
7	估算价值								
8			运行命令		清除界面		10		

11.2.3　蒙特卡羅模擬在 Crystal Ball 中的運用

在上一小節中，我們介紹了用 VBA 的方法做蒙特卡羅模擬(Monte Carlo Simulation)，這裡將介紹用 Crystal Ball 做 Monte Carlo Simulation，並模擬過手證券定價中的貼現利率。一般來說有兩種方法可以啟動 Crystal Ball：①從「開始」→「程序」中直接啟動，②在 Excel 中執行「工具」→「加載宏」→「Crystal Ball」。啟動 Crystal Ball(以下簡稱 CB)後將看到如圖 11-1 所示的界面，在工具欄上多出了「Cell」「Run」和「CBTools」三項內容(對於 CB 的詳細內容請參考相關專業書籍及公司網站 www.decisioneering.com)。

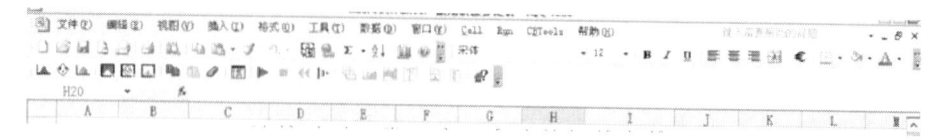

圖 11-1　嵌有 Crystal Ball 的 Excel 界面

第一步應建立月度貼現利率的模擬模型，在 Excel 中依次輸入如下變量、計算公式及相應數值(如表 11-6)。當前月利率、平均利率增長率、利率年波動率和隨機因子的數值(該四個變量的數據可適度假設)分別為 0.2%、0.01%、20%、0.5，由此計算得到的月度貼現利率為 0.2%。

表 11-6　　　　　　　模擬模型的相關參數設置

	A	B	C	D	E	F	G	H	I	J	K	L
7		在 Crystal Ball 中运用 Monte Carlo Simulation 模拟月度贴现利率										
8		当前月利率(r)	0.2000%									
9		平均利率增长率(u)	0.0100%									
10		利率波动率(σ)	20.0000%									
11		随机因子(RAND)	0.500000									
12												
13		月度贴现利率(R)	0.2000%									

第二步定義假設變量(assumption)：當前月利率、平均利率增長率、利率年波動率和隨機因子。首先，點中當前月利率的數值即單元格 C8；其次，點擊「Cell」→「Define

11 嵌期權債券定價

Assumption」，便會出現如圖 11-2 所示的眾多分佈圖形；再次，點擊「Uniform」圖形→「OK」，進入如圖 11-3 所示的操作界面；最後，輸入最小、最大參數值並點擊「OK」，這樣便完成了當前月利率的定義。

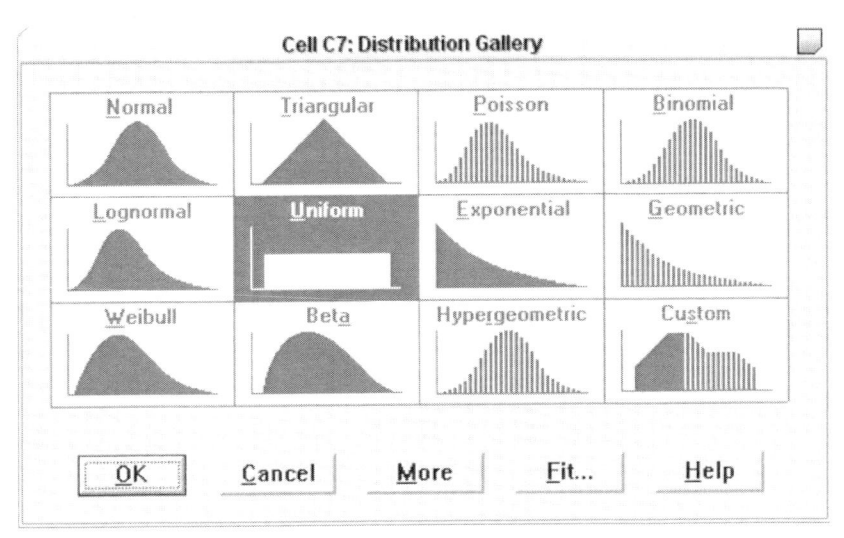

圖 11-2　CB 中的概率分佈圖形

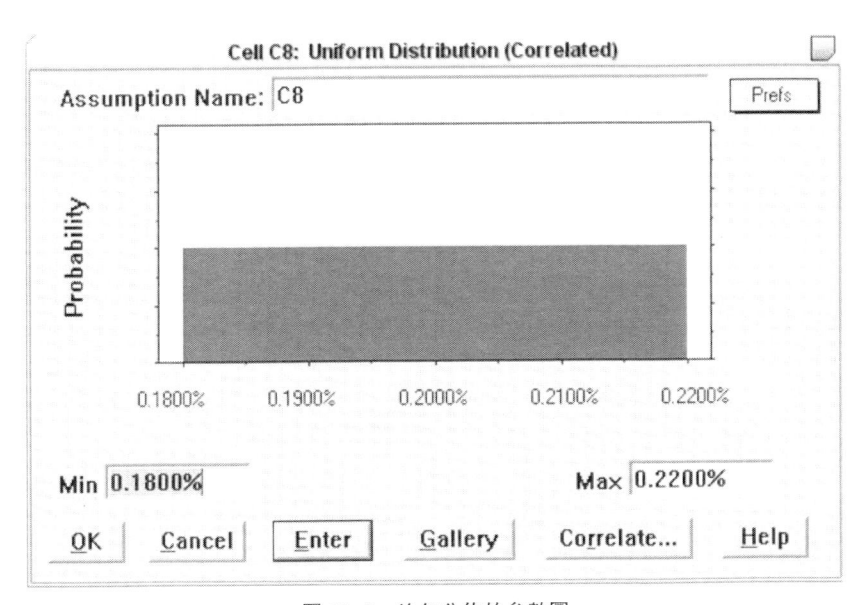

圖 11-3　均勻分佈的參數圖

可進行類似操作完成其他三個變量的定義，變量的相關參數設置見圖 11-3（這些數據可適度的假設）。其中，可點擊圖 11-4 中的「Correlate」進行相關性設置，表 11-7

Excel 在實驗金融學中的應用

顯示了平均利率增長率與利率年波動率的相關性設置。

表 11-7　　　　　　　　四個假設變量的相關參數信息

變量	分佈	參數	相關性
當前月利率	均勻分佈	Min：0.18%，Max：0.22%	平均利率增長率與當前月利率呈負相關：-0.5；與利率波動率呈正相關：0.7
平均利率增長率	對數正態分佈	Mean：0.01%，Std Dev：0.001%	
利率年波動率	正態分佈	Mean：20%，Std Dev：2%	
隨機因子	標準正態分佈	Mean：0，Std Dev：1	

說明：表中相關性部分為便於說明該方法如何操作而假設的相關性關係，讀者可以在實際運用中，根據實際情況給予適當賦值。

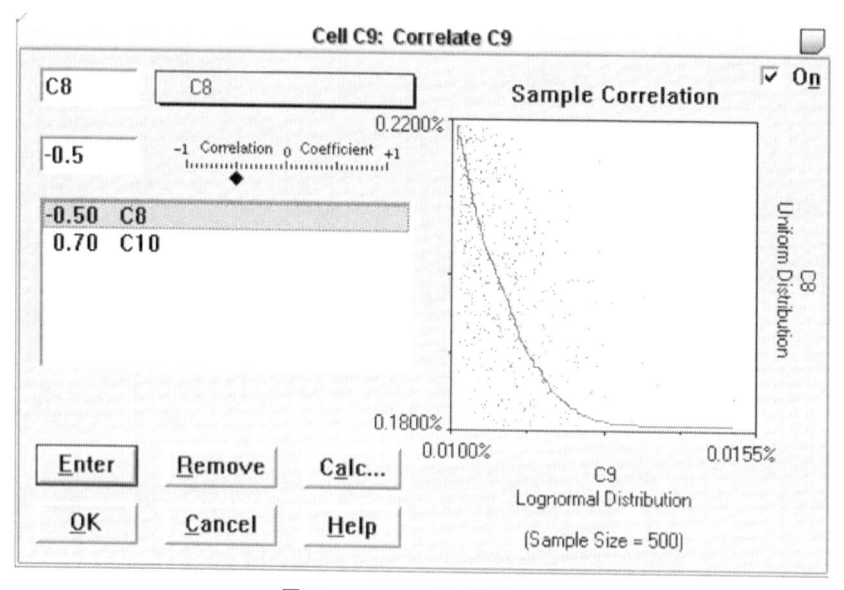

圖 11-4　CB 中的相關性設置

　　第三步定義預測變量（forecast）：月度貼現利率。首先，選中單元格 C13 后，點擊「Cell」→「Define Forecast」出現如圖 11-5 所示的窗口，直接點「OK」便可；其次，點擊「Run」→「Run Preferences」，便出現如圖 11-6 所示的窗口，對於「Trials」「Sampling」「Speed」「Macros」「Options」的設置可依其默認情況，當然也可以在「Trials」中調整模擬次數，此處為 2,000 次；最后，點擊「Sampling」進入模擬方法選擇界面，選擇「Monte Carlo」后，點擊「OK」返回到 Excel 界面，點擊工具欄上的綠色小三角形（Start Simulation）進行模擬，並得到如圖 11-7 所示的模擬結果。

330

11　嵌期權債券定價

圖 11-5　定義預測變量窗口

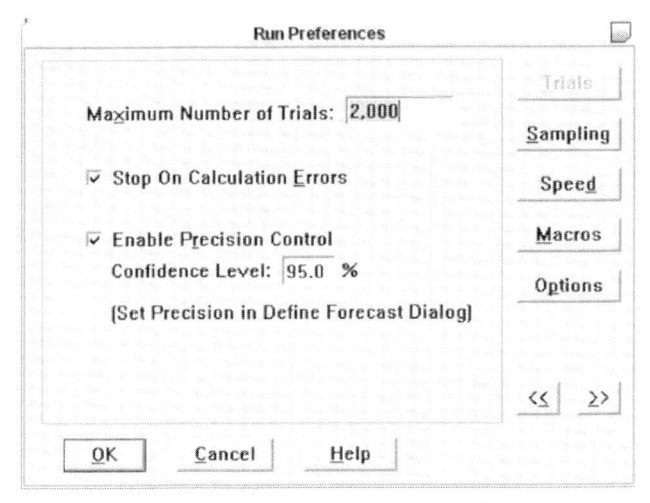

圖 11-6　CB 中的預測變量相關參數定義窗口

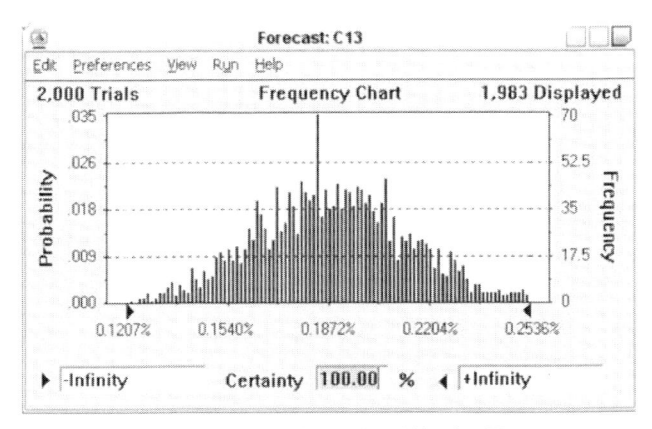

圖 11-7　月度貼現利率的模擬結果圖

最后，點擊「Run」→「Extract Data」便可得到月度貼現利率的 2,000 個模擬數據；點擊「Run」→「Create Report」后出現如圖 11-8 所示的對話窗口，可默認其設置，也可

根據情況設定參數,點擊「OK」後便會得到關於該模擬情況的一系列分析結果(具體詳情請見本節內容的 Excel 模板)。根據模擬得到的貼現利率,可以計算出一系列月度的現金流的現值,為了減少該模板的容量,我們僅在 Excel「Crystal Ball 運用」中的單元格 I5 計算出第一期現金流的貼現值;若要計算其他各期的現金流貼現值,讀者可以重複進行上述四個步驟,按照前面的分析模板模擬出其他各期的貼現利率,並採用類似方法將 Excel「過手證券月度現金流」中的還款現金流與 Excel「CB DATA」中模擬得出的相對應利率進行貼現再求均值,便可求出相應可期的現金流貼現值。

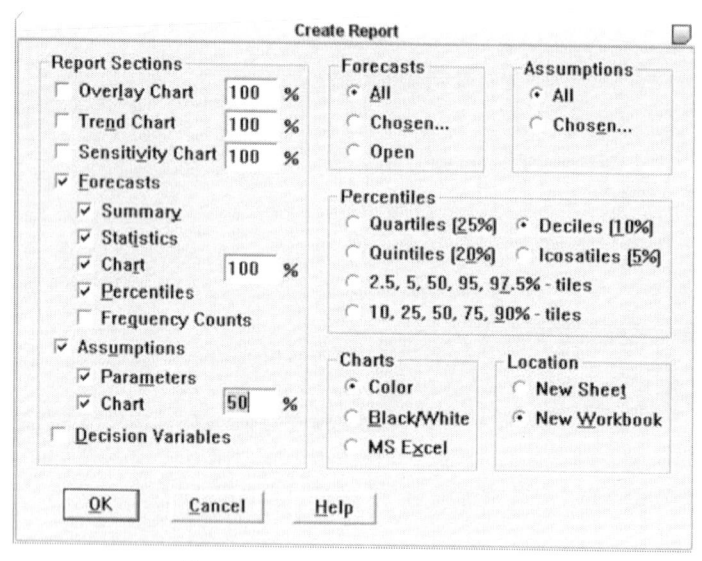

圖 11-8　CB 中的報告結果對話窗口

● 11.2　內嵌期權債券定價

11.2.1　簡析內嵌期權債券的組成部分

內嵌期權債券主要有以下幾種:可贖回債券、可回售債券、浮動利率債券的上限與下限、遞升債券、範圍債券、加速贖回債券以及可轉換債券等。本小節主要介紹可贖回債券與可回售債券,后面章節將重點介紹可換債券。

可贖回債券的持有者其實作了兩筆單獨的交易:①投資者以一定的價格向債券的發行人購買了不包含期權的債券,②持有人向發行人賣出看漲期權,並收到期權費用。因此,可以總結可贖回債券持有人的頭寸為:買入可贖回債券=買入不含期權的債券+賣出看漲期權;則可贖回債券的價值為:可贖回債券價值=不包含期權債券價值-看漲期權價值。

11 嵌期權債券定價

持有可回售債券也是在作兩筆單獨的交易：①持有人購買不含期權債券，②持有人向債券發行人購買看跌期權，可以向發行人賣出債券。因此，可回售債券持有人的頭寸為：買入可回售債券＝買入不含期權債券＋買入看跌期權；其價值表示為：可回售債券價值＝不含期權債券價值＋看跌期權價值。

11.2.2 以可贖回、可回售債券為例說明其價格與收益率關係

當市場利率下降到一定程度時，贖回債券進行再融資對發行人有利，則債券就很有可能被贖回。如圖 11-9 所示，當收益率在 r^* 的左方變化時，含贖回權債券價格隨著市場要求收益率下降而上升的幅度會小於同等條件下不含贖回權債券的價格變化；收益率在 r^* 的右方變化時，兩曲線無差異。嵌贖回權債券的價格——收益曲線凸性，由無期權債券的正凸性變成了有期權債券的負凸性。

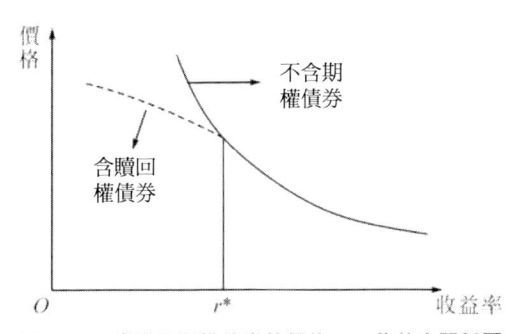

圖 11-9　嵌贖回期權債券的價格——收益率關係圖

假如，有一面值為 100 元，期限為 5 年，息票利率為 6%，要求收益率為 4%，且每半年付一次利息的債券。在 Excel「價格—收益率關係」中，計算其不含權情況下的價格見 D16 為 108.98 元。若該債券兩年后有權以 104 元贖回（且附有息票），表 11-8 中從 C22 到 C26 分別為其第 1 年年初到第 5 年年初的價格為：108.98、107.33、105.60、103.81、101.94，則最佳贖回時期應在第 3 年年初。兩年年末以 104 元加上 3 元的利息贖回該債券，D32 顯示其價格為 107.50 元。

333

Excel在實驗金融學中的應用

	A	B	C	D	E	F	G
17			嵌贖回權債券的价格与收益率关系				
18							
19			两年后有权以104元将债券赎回且附息票				
20		第N年初	价格	赎回时机			
21		1	108.9826				
22		2	107.3255				
23		3	105.6014	104			
24		4	103.8077				
25		5	101.9416				
26		期限	现金流	贴现值			
27		1	3	2.9412			
28		2	3	2.8835			
29		3	3	2.8270			
30		4	107	98.8515			
31				107.5031			

圖11-10　嵌贖回權債券定價

在此基礎上運用模擬運算表計算嵌贖回債券的價格與收益率關係。在 Excel 中（若不作其他申明，以下的類似操作均在 Excel 中完成）依次點擊：「數據(D)」→模擬運算表(T)」，得到如圖11-11所示內容。

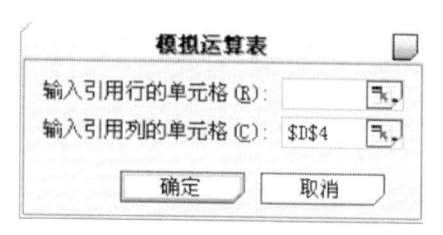

圖11-11　模擬運算表圖示

如圖11-12所示，首先在C35、D35分別填入不含權價格與含權價格108.982,6、107.503,1；再選中B35到D53的區域；然後在模擬運算表「引用列」中點擊單元格D4（見圖11-12），再點「確定」鍵。這樣就得到圖11-12中陰影部分的所有結果。根據該結果做出趨勢圖，以收益率4.56%為分界點，其左邊紅線部分為含贖回權債券價格走勢，右邊藍線部分為不含贖回權債券價格走勢，這與圖11-9的情況相同。

334

11 嵌期權債券定價

	A	B	C	D	E	F	G
32	運用模擬運算表計算價格與收益率關系						
33		收益率	不含權價格	含權價格			
34			108.982 6	107.503 1			
35		3.800%	109.932 7	107.908 6			
36		3.900%	109.456 4	107.705 6			
37		4.000%	108.982 6	107.503 1			
38		4.100%	108.511 2	107.301 1			
39		4.200%	108.042 2	107.099 6			

含贖回權債券價格與收益率關系

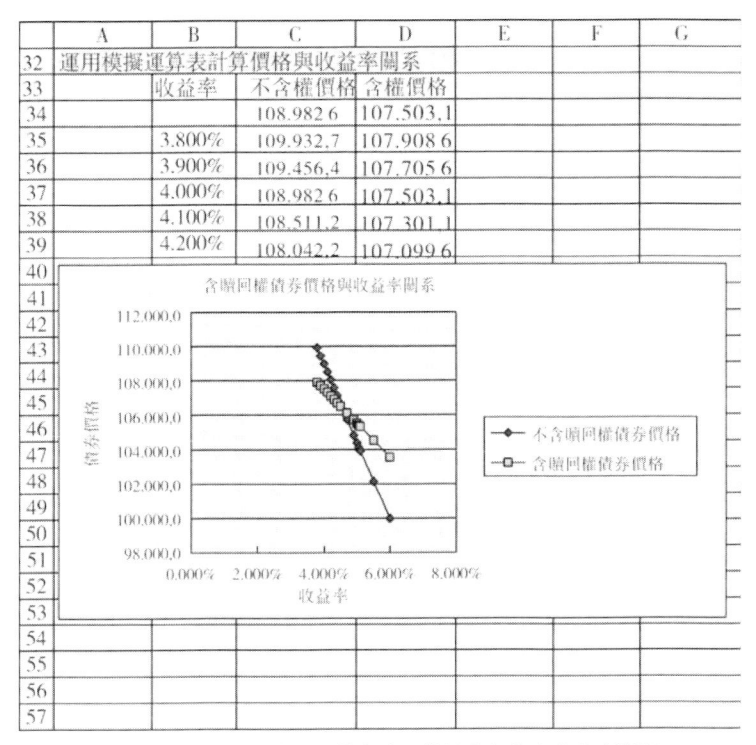

圖11-12　模擬運算表計算嵌贖回權債券價格與收益率關係

回售權是屬於投資者的選擇權,當市場利率較高時,投資者有權按既定條件將含回售權債券賣給發行人,並取得資金用於再投資。嵌回售權的債券,其價格—收益曲線圖見圖11-13。

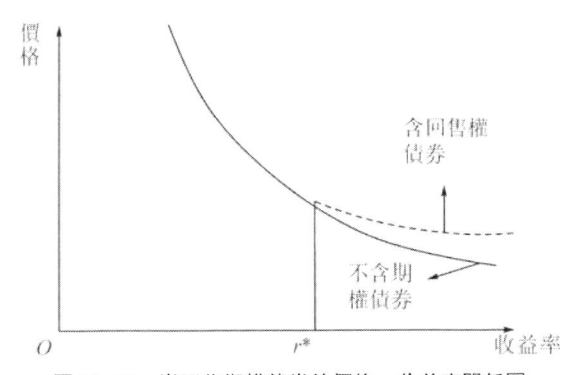

圖11-13　嵌回售期權債券的價格—收益率關係圖

依然利用上述不含權債券的基本數據(在本節中若不作其他說明,以下的債券基本數據均來自上例),根據同樣的操作步驟,可得到含回售權債券的計算結果如下。圖11-14中,在第3年初以106元加3元的息票回售該債券,在L32單元格得其回售

335

價為 109.35 元。圖 11-15 顯示了利用模擬運算表得到的價格與收益率關係，以收益率 3.75% 為分界點，其右邊紅線部分為含回售權債券價格走勢，左邊藍線部分為不含回售權債券價格走勢，與圖 11-13 的價格走勢情況相同。

	J	K	L	M	N	O	P
17		嵌回售权债券的价格与收益率关系					
18							
19		两年后有权以106元将债券回售且附息票					
20		第N年初	價格	回售時機			
21		1	108.9826				
22		2	107.3255				
23		3	105.6014	106			
24		4	103.8077				
25		5	101.9416				
26		期限	現金流	貼現值			
27		1	3	2.9412			
28		2	3	2.8835			
29		3	3	2.8270			
30		4	109	100.6992			
31				109.3508			

圖 11-14　嵌回售權債券定價

	J	K	L	M	N	O	P
32		運用模擬運算表計算價格與收益率關係					
33		收益率	不含權價格	含權價格			
34			108.9826	109.3508			
35		3.000%	113.8333	111.4347			
36		3.500%	111.3765	110.3864			
37		3.800%	109.9327	109.7635			
38		3.900%	109.4564	109.5569			

圖 11-15　模擬運算表計算嵌回售權債券價格與收益率關係

11.2.3 建立利率二叉樹

本小節介紹兩種建立利率二叉樹的方法:市場平均利率與遠期利率。前者以市場平均利率為基礎,考慮在一定的利率波動情況來推算下一期的利率(以某種概率值上升或下降);后者以即期利率期限結構推算出遠期利率,並以遠期利率為基礎繪製出利率樹。

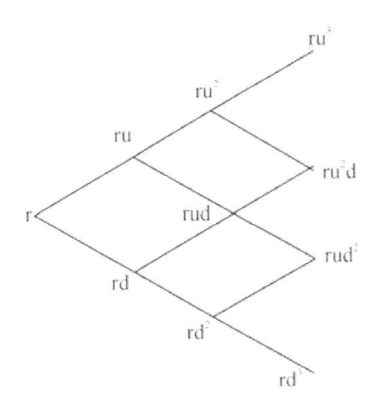

圖 11-16 風險中性原理建立利率二叉樹

風險中性原理認為,當為期權和其他衍生證券估值時,世界是風險中性的,則衍生證券的價值是其預期收益在風險中性世界中按無風險利率貼現的值(Cox、Ross 和 Rubinstein,1979),其建立利率二叉樹的基本理論假定為:①下一期的利率波動只有兩種可能的情況(上升或下降);②各期利率上升或下降的概率保持不變;③各期利率的分佈為隨機分佈,且符合對數正態分佈;④各期利率的波動性保持不變。若利率的波動性為 σ,則利率上升的比例 u、下降的比例 d 以及利率上升的概率分別為:

$$u = e^{\sigma\sqrt{\Delta t}}, d = e^{-\sigma\sqrt{\Delta t}} \tag{11-3}$$

$$p = \frac{e^{r\Delta t} - d}{u - d} \tag{11-4}$$

其中:u 為利率上升的比例;d 為利率下降的比例;σ 為利率波動率;e 為自然對數常數;p 為利率上升的概率;Δt 為單個時間段長度;Δr 為利率的平均值。

運用該原理在 Excel「利率二叉樹」中建立了 5 年期的利率樹。假設:r 為 0.04,σ 為 30%,Δt 為 1 年期(若不作其他說明,本節以下相同符號的數據均為此);計算得到 u 為 1.349.9,d 為 0.740.8,p 為 0.492.6。圖 11-17 中,C6 到 H16 的區域顯示了 5 年期的利率樹分佈情況,I6 到 I16 的區域為第 5 年每個結點上的概率分佈,由函數 BINOMDIST(number_s, trial_s, probability_s, cumulative)計算得到,該函數返回一元二次項分佈的概率值。

其中:number_s 為試驗成功的次數,trial_s 為獨立試驗的次數,probability_s 為每

Excel 在實驗金融學中的應用

次試驗中成功的概率，Cumulative 為一邏輯值，用於確定函數的形式。如果 cumulative 為 TRUE，函數 BINOMDIST 返回累積分佈函數，即至多 number_s 次成功的概率；如果為 FALSE，返回概率密度函數，即 number_s 次成功的概率。

	A	B	C	D	E	F	G	H	I
3	r	0.0400				市場平均利率			
4	$e^{r\Delta t}$	1.0408							
5	p	0.4926							概率
6	1-p	0.5074						0.1793	0.0290
7	σ	0.3000					0.1328		
8	Δt	1				0.0984		0.0984	0.1494
9	U	1.3499			0.0729		0.0729		
10	D	0.7408		0.0540		0.0540		0.0540	0.3077
11			0.0400		0.0400		0.0400		
12				0.0296		0.0296		0.0296	0.3170
13					0.0220		0.0220		
14						0.0163		0.0163	0.1633
15							0.0120		
16								0.0089	0.0336
17		年限	0	1	2	3	4	5	

圖 11-17 以市場平均利率為基礎建立利率樹

可利用該利率樹為不含權債券進行定價。我們以 G24 這個單元格結點為例進行說明，以 V_H 代表上一結點處（H22）的現金流，V_L 代表下一結點處（H26）的現金流，C 為息票，r^* 為當前結點處（G23）的貼現率。則有：

$$G24 \text{ 價值} = [p \times (V_H + C) + (1-p) \times (V_L + C)] \div (1 + r^*)$$
$$= [0.492, 6 \times (89.886, 3 + 6) + 0.507, 4 \times (96.505, 4 + 6)] \div (1 + 0.132, 8)$$
$$= 87.610, 04$$

根據以上計算過程，倒推二叉樹得到債券價值為 108.79 元，見單元格 C32。

下面採用遠期利率為基礎建立利率樹。我們假設當前的國債即期利率期限結構（5 年期）為：0.04、0.045、0.05、0.055、0.06。然後，根據下例公式計算出相應的遠期利率為：0.04、0.05、0.060,1、0.070,1、0.080,2。

$$f_m = \frac{(1+z_{m-1})^{m+1}}{(1+z_m)^m} - 1 \tag{11-5}$$

其中：f_m 為從現在起第 m 個 1 年期遠期利率；z_m 為第 m 個 1 年期的即期利率；z_{m+1} 為第 m+1 個 1 年期的即期利率。

11 嵌期權債券定價

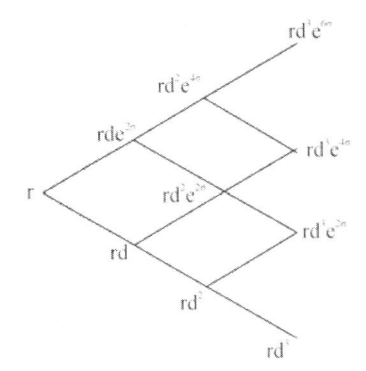

圖 11-18　遠期利率原理建立利率二叉樹

　　根據遠期利率及下例公式可計算出每期內的最低利率,以每期的最低利率為基礎乘以 $e^{2k\sigma}$,便可得到該期內相應結點的其他利率分佈。在 Excel 中運用單變量求解可得到第 1 期到第 5 期的最低利率分別為:0.020,7、0.018,3、0.015,9、0.013,2、0.011,0。

$$\frac{1}{1+r_f} = \sum_{k=0}^{n} \frac{n!}{k!(n-k)!} \times p^k(1-p)^{n-k} \times \frac{1}{1+r_b \times e^{2k\sigma\sqrt{\Delta t}}}$$

　　其中:r_b 為下期利率變動中的最低利率;k 為下期利率上升的第 k 次;n 為下期利率上升或下降的總次數;r_f 為遠期利率。

　　先用鼠標點擊 M20,再依次點擊:工具(T)→單變量求解(G),在「目標值(V)」中輸入 M21 的值 0.961,5,在「可變單元格(C)」處點擊 M12,再確定。則求出了第 1 期的最低利率為 0.020,7,遵循該方法可求出其他各期的最低利率(見圖 11-19)。期數較多時,可用函數 FACT(number) 計算階乘,number 為要計算其階乘的非負數,如果輸入的 Number 不是整數,則截尾取整。利用該利率樹計算出的不含權債券價值(見單元格 L40) 為:109.60 元;該值比由市場平均利率計算出的債券價值高,其原因在於該 5 年期內由市場平均利率推導出的利率期限結構高於由遠期利率推導出的利率期限結構。

	J	K	L	M	N	O	P	Q	R	S
3						远期利率				
4										
5									概率	
6								0.2203	0.0290	
7							0.1460			
8						0.0959		0.1209	0.1494	
9					0.0609		0.0802			
10				0.0377		0.0526		0.0664	0.3077	
11			0.0400		0.0334		0.0440			
12				0.0207		0.0289		0.0364	0.3170	
13					0.0183		0.0241			
14						0.0159		0.0200	0.1633	
15										
16									0.0336	
17	年限	0	1	2						
18	远期利率		0.0400	0.0500						
19	即期利率		0.0400	0.0450						
20			0.9610	0.9522						
21			0.9615	0.9524						

圖 11-19　以遠期利率為基礎建立利率樹

11.2.4　嵌贖回、回售權債券定價

　　以市場平均利率得到的利率二叉樹為基礎計算嵌贖回、回售權的債券價值。假定在第 2 年年末分別以 104 元、106 元立即贖回、回售該債券。二叉樹第 2 期內 3 個結點處的價值分別為：94.641,94（單元格 E14 和 E45）、106.497,5（單元格 E18 和 E49）、113.924,3（單元格 E22 和 E53）。在嵌贖回權的情況下，在結點 E18 和 E22 處就會以 104 元立即贖回該債券；在嵌回售的情況下，在結點 E45 處以 106 元立即回售該債券。

　　表 11-20 中，C18 顯示了不含權情況的債券價值為 108.79 元，C19 是含贖回權情況下債券價值為 105.25 元，由前面的嵌期權債券組成部分內容可知，該債券所嵌贖回權價值（看漲期權價值）為 3.54 元。由於債券嵌有贖回權，其價值自然低於不含贖回權情況下的價值，該結果符合這一理論。

11 嵌期權債券定價

	A	B	C	D	E	F	G	H	I
3	第2年末以104元立即贖回債券且附有息票								
4	r	0.0400							
5	e^r△t	1.0408							100
6	p	0.4926							6
7	1-p	0.5074						0.1793	
8	σ	0.3000						89.8863	
9	△t	1						0.1328	100
10	U	1.3499						87.61004	6
11	D	0.7408					0.0984	0.0984	
12							89.77766	96.5054	
13						0.0729	0.0729		100
14						94.64194	97.46416		6
15				0.0540		0.0540		0.0540	
16				101.194		101.1333		100.5698	
17	利率		0.0400	99.99156	0.0400		0.0400		100
18	債券價格		108.7925		106.4975		103.632		6
19			105.2536	0.0296	104	0.0296		0.0296	
20				112.92		108.2754		102.9493	
21				106.8342	0.0220		0.0220		100
22					113.9243		107.2815		6
23					104	0.0163		0.0163	
24						112.512		104.3037	
25							0.0120		100
26							109.371		6
27								0.0089	
28								105.0623	
29									100
30	年限								6
31		0	1	2	3	4	5		

圖11-20　二叉樹定價嵌贖回權債券價格

對於含期權的債券來說,期權調整利差(OAS)是將理論價值與價格之間的金額差值轉化為收益率差值的量度,其主要被用於調整價值,使其與市場價格相一致。將 OAS 分別調整 10、50、100、150、200 個基點,得到其嵌贖回權債券價值分別為:104.99元、103.93元、102.63元、101.36元、100.11元。圖 11-21 中,單元格 L12 顯示的 OAS 值為 50 個基點,則 M17 所示的貼現率增加到了 0.045,0,所對應的嵌贖回權債券理論價值為 103.93 元見 M18。

图 11-21 二叉树定价嵌赎回权债券价格

对于嵌回售权债券的理论价值计算，以及调整 OAS 的方法与嵌赎回权债券类同。单元格 C49 和 C50 所示分别为不含权与含回售债券的价值：108.79 元和 111.31 元，由嵌回售权债券价值组成部分内容可知，该回售期权的价值（看跌期权价值）为 2.52 元。这一结果符合含回售权债券价值高于不含回售权债券价值的理论。当 OAS 分别变化 10、50、100、150、200 个基点时，其价值分别为 110.83 元、108.936,9 元、106.64 元、104.41 元、102.24 元。可见，该含回售权债券不宜过多调整 OAS，否则其理论价值会低于 108.79 元。L43 所示 OAS 为 10 个基点，M48 所示的贴值率增加到 0.041，对应的理论价值为 110.83 元。

11.2.5　含赎回、回售权债券价格波动性分析

久期是收益曲线平行移动时的债券价格敏感性的一般性描述，主要有修正久期和有效久期。前者是假设收益率变化不改变期望现金流时的久期测度；后者是收益率改变可能改变预期现金流的久期，这更适合内含期权债券的分析。同样的，凸率也主要有修正凸率和有效凸率，后者适合分析嵌期权债券。

11 嵌期權債券定價

我們以遠期利率為基礎建立的利率二叉樹分析有效久期和有效凸率。無論是計算有效久期，還是有效凸率均需得到如下幾個變量：

$$有效久期 = \frac{V_- - V_+}{2 \times \Delta y \times V_0}$$

$$有效凸率 = \frac{V_+ + V_- - 2 \times V_0}{2 \times V_0 \times \Delta y^2}$$

(11-6)

其中：Δy：債券收益率的變化基點數；V_+：收益率上升 Δy 時債券價格的估計價值；V_-：收益率下降 Δy 時債券價格的估計值；V_0：債券的最初價格（收益率未變化時）。

在 Excel「含權債券價格波動率」工作表中，首先，將即期利率期限結構上調一定基點如 50 個基點，從 E18 到 I18 依次變化 0.045、0.05、0.055、0.06、0.065；其次，根據新的收益曲線算到遠期利率並建立利率樹；再次，給該利率樹上的每個短期利率加上一定量的 OAS 如 20 個基點，單元格 B22 可根據需要調整 OAS 值；最后，根據以上步驟可計算出 V_+。將即期利率期限結構下調一定基點，其他步驟不變便可求到 V_-；對利率期限結構不做任何調整，其他操作方法不變也可求得 V_0。

在圖 11-22 中，D48 所示的是利率上調 50 個基點，OAS 調整 20 個基點基礎上計算出的嵌贖回權債券價格（債券發行后便可執行該贖回權、回售權且未考慮息票）102.77 元。按同樣的方法可得到利率下調 50 個基點，OAS 調整 20 個基點的嵌贖回權債券價格 105.25 元見 N48，以及 V_0 為 104.02 元見 W48。同理，對於嵌回售權債券的 V_+、V_-、V_0 分別為 113.24 元見 D75、116.38 元見 N75、114.64 元見 W75。

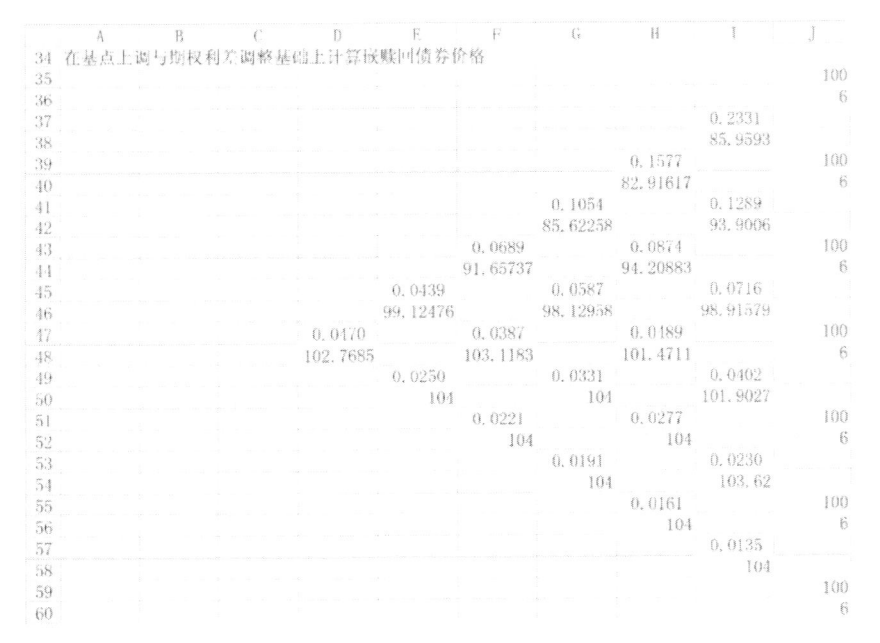

圖 11-22　考慮 OAS 調整的嵌贖回權債券定價

圖 11-23 顯示了嵌贖回、回售權債券的價格波動率分析結果。在利率期限結構上調或下調 50 個基點，OAS 調整 20 個基點的基礎上，得到嵌贖回權債券的有效久期、有效凸率由 E95、E96 所示為 2.38 和 -3.94；嵌回售權債券的有效久期和有效凸率分別為 2.74 和 58.34 見 F95、F96。嵌贖回權債券的有效凸率為負，這一結果符合圖 11-1 所示的價格與收益率關係；但隨著利率期限結構和 OAS 的不同比例調整，也許會造成嵌贖回權債券產生正的有效凸率。

	A	B	C	D	E	F	G
88	含贖回与回售期权债券价格波动性分析						
89					贖回	回售	
90				V_0	104.0178	114.6384	
91				V_-	105.2467	116.3753	
92				V_+	102.7685	113.2359	
93				利率调整	0.005	0.005	
94				OAS	0.002	0.002	
95				有效久期	2.38247	2.73857	
96				有效凸率	-3.93995	58.34038	
97							
98							

圖 11-23　嵌期權債券的價格波動性分析

11.3　可轉換債券定價

11.3.1　可轉換債券簡介

可轉換債（以下簡稱「可轉債」）是集股性與債性於一身的金融衍生產品，其內嵌有眾多的期權。一般而言，可轉債內嵌有賦予發行人的贖回權和轉股價向下修正權，賦予投資者的轉股權和回售權。下面舉一特例來說明這些權利的執行情況。

某公司在 4 年前發行了一 5 年期的可轉債，轉股價格為 10 元，債券面值為 100 元，且最後一年的息票率為 5%，在有效期內均可執行轉股權、回售權、贖回權及轉股價向下修正權（因為是特例，所以僅列出 Excel 中二叉樹定價所用數據）。

轉股價向下修正權的條件：A 股股票在任意連續 20 個交易日中收盤價低於當期轉股價格的 80% 時，董事會有權在不超過 20% 的幅度內向下修正轉股價格（這裡設定修正幅度為 20%）。

執行贖回權的條件：A 股股票連續 20 個交易日的收盤價高於當期轉股價格的 110%，公司有權以 103 元的價格贖回未轉股的可轉債。

11 嵌期權債券定價

執行回售權的條件:收盤價連續20個交易日低於當期轉股價格的75%時,轉債持有人有權將持有的全部或部分可轉債以107元的價格回售。

執行轉股權的條件:當轉換價值(當期的股價乘以100再除以轉股價格)大於當期的債券價值時,轉股對投資者有利。

11.3.2 利用二叉樹對可轉債定價

本小節從四個方面來分析可轉債定價:第一,估算僅考慮轉股權時的可轉債價值;第二,估算嵌有轉股權和贖回權時的可轉債價值;第三,估算嵌有轉股權和回售權時的可轉債價值(考慮轉股價修正);第四,估算嵌有轉股權、贖回權及回售權時的可轉債價值(考慮轉股價修正)。

假設建立股價二叉樹的初始股價為8.5元,無風險利率為10%,波動率為40%,年交易日為241天;具體相關的參數設置見圖11-24中A3:L7的區域。由於Excel表格本身列數的限制,單元格F5中的步長數不應超過255步;單元格L5中鑲嵌了一微調控鍵,用於選擇估算可轉債價值的四種情況。比如,當L3顯示「1」表示「僅考慮轉股權」情況;L3顯示「2」表示「考慮轉股權與贖回權」;L3顯示「3」表示「考慮轉股權與回售權」;L3顯示「4」表示「考慮轉股權、贖回權與回售權」的情況。

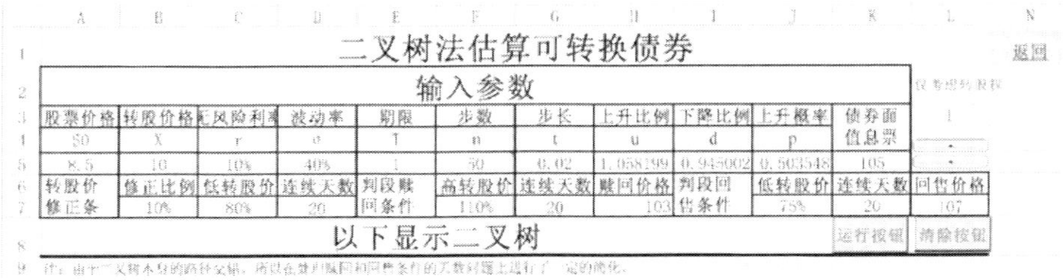

圖11-24

因該特例中,可轉債的有效期還有一年即241個交易日,我們可令單元格F5等於241,在L3中依次顯示4種情況,其他條件保持不變,點擊「運行按鈕」後,可在單元格A252依次得到上述4種情況下的可轉債價值為:104.821,6、104.817,9、104.821,6、104.574,3。在該二叉樹定價模板中,會採用不同的顏色來表明不同條件下的二叉樹路徑圖,具體情況請見本節Excel模板中的VBA程序,以下的程序段為第3種情況「考慮轉股權與回售權」的主要程序。

```
Case 3
For k = 1 To n    '畫股價路徑
For i = 0 To k
Cells( 10 + n - k + 2 * i, 1 + k ).Value = s0 * u ^ ( k - 2 * i )
Cells( 10 + n - k + 2 * i, 1 + k ).Font.ColorIndex = 23
Next i
```

Next k

For i = 0 To n   求最后一步的可轉債價值

Cells(10 + n − n + 2 * i + 1, 1 + n).Value = m(Cells(5, 11), Cells(n + 10 − n + 2 * i, 1 + n).Value * 100 / Cells(5, 2))

Cells(10 + n − n + 2 * i + 1, 1 + n).Font.ColorIndex = 22

Next i

For k = 1 To n   求邊界條件

For i = 0 To k

If s0 * u ^ (k − 2 * i) < (1 − Cells(7, 3)) * Cells(5, 2) Then

Cells(10 + n − k + 2 * i, 1 + k).Font.ColorIndex = 21

End If

Next i

Next k

For k1 = 1 To n

If Cells(10 + n + k1, 1 + k1).Font.ColorIndex = 21 Then

j = j + 1

If j = Cells(7, 4) Then

Exit For

End If

End If

Next k1

For k = 1 To n

For i = 0 To k

If Cells(10 + n − k + 2 * i, 1 + k).Value < s0 * d ^ k1 Then

Cells(10 + n − k + 2 * i, 1 + k).Font.ColorIndex = 11

End If

Next i

Next k

For k2 = 1 To n

If Cells(10 + n + k2, 1 + k2).Font.ColorIndex = 11 Then

Exit For

End If

Next k2

For k = k2 To n

For i = 0 To k

If s0 * u ^ (k − 2 * i) < (1 − Cells(7, 10)) * Cells(5, 2) * (1 − Cells(7,

11 嵌期權債券定價

2))Then
　　Cells(10 + n - k + 2 * i, 1 + k).Font.ColorIndex = 26
　　End If
　　Next i
　　Next k
　　For k3 = 1 To n
　　If Cells(10 + n + k3, 1 + k3).Font.ColorIndex = 26 Then
　　j1 = j1 + 1
　　If j1 = Cells(7, 11) Then
　　Exit For
　　End If
　　End If
　　Next k3
　　For k = 1 To n
　　For i = 0 To k
　　If Cells(10 + n - k + 2 * i, 1 + k).Value < s0 * d ^ k3 Then
　　Cells(10 + n - k + 2 * i, 1 + k).Font.ColorIndex = 28
　　End If
　　Next i
　　Next k
　　For k = n - 1 To 0 Step -1　　求每步的可轉債價值
　　For i = 0 To k
　　If Cells(10 + n - k + 2 * i, 1 + k).Font.ColorIndex = 28 Then
　　Cells(10 + n - k + 2 * i + 1, 1 + k).Value = w(Cells(7, 12), (p * Cells(10 + n - k + 2 * i, 2 + k).Value + (1 - p) * Cells(10 + n - k + 2 * i + 2, 2 + k).Value) * Exp(-r * t))
　　Else
　　Cells(10 + n - k + 2 * i + 1, 1 + k).Value = m(Cells(n - k + 10 + 2 * i, 1 + k).Value * 100 / Cells(5, 2), (p * Cells(10 + n - k + 2 * i, 2 + k).Value + (1 - p) * Cells(10 + n - k + 2 * i + 2, 2 + k).Value) * Exp(-r * t))
　　End If
　　Cells(10 + n - k + 2 * i + 1, 1 + k).Font.ColorIndex = 22
　　Next i
　　Cells(n + 10 - k + 2 * k, 1 + k).Select
　　Next k

347

11.3.3　運用有限差分法對可轉債定價

可轉債中所嵌期權屬於奇異期權，且不同公司所發行的可轉債有不同的條款，因此，可轉債定價難以得到一般化的解析解，大多通過數值方法來處理定價問題。本小節的有限差分法運用也是通過特殊的例子來實現的，其具體情況見 Excel 模板。

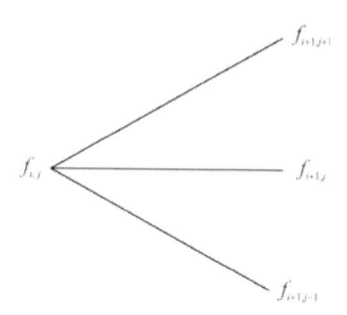

圖 11-25　顯性有限差分法

圖 11-26 表明了有限差分法的相關參數設置，輸入相關參數並運行 VBA 程序，在區域 I7：L7 中將顯示不同參數下所對應的結果。該小節 Excel 中的 VBA 程序，根據顯性有限差分法的原理進行編寫，該方法涉及的主要內容為：

$$\alpha_j f_{i+1,j+1} + \beta_j f_{i+1,j} + \gamma_j f_{i+1,j-1} = f_{i,j}$$

$$\alpha_j = \frac{1}{1+r\Delta t}\left[-\frac{\Delta t}{2\Delta z}\left(r-\frac{\sigma^2}{2}\right)+\frac{\Delta t}{2\Delta z^2}\sigma^2\right]$$

$$\beta_j = \frac{1}{1+r\Delta t}\left[1-\frac{\Delta t}{\Delta z^2}\sigma^2\right]$$

$$\gamma_j = \frac{1}{1+r\Delta t}\left[\frac{\Delta t}{2\Delta z}\left(r-\frac{\sigma^2}{2}\right)+\frac{\Delta t}{2\Delta z^2}\sigma^2\right]$$

$$\Delta z = \sigma\sqrt{3\Delta t} \tag{11-7}$$

其中：f 為代表期權價值；σ 為波動率；r 為利率；Δt 為期限間隔。

圖 11-26　顯性有限差分法定價可轉債

11.4　可轉換債券案例分析

本小節運用二叉樹模型分析招商銀行可轉換債券價值(對於招行轉債的具體條款不再作說明),具體操作過程如下:①以 2005 年 12 月 9 日為定價基準日期,當日招行 A 股股價為 6.69 元;②收集整理招行 A 股收盤價(2005 年 12 月 9 日前一年數據)計算其波動率為 25.39%;③由年交易日 241 天和波動率結果,可計算出股價上升和下降的比例分別為 1.016,488 和 0.983,78;④選取剩餘期限錯落有致的 18 只國債(最好為零息債券),採用息票剝離法計算利率期限結構;⑤依據②~④可計算股價上升的概率值為 0.499,254;⑥根據以上結果建立步長為 940 步的股價二叉樹圖;⑦計算相應的風險溢價;⑧依據招行債券的條款進行二叉樹倒推,定價轉債價值。這裡對於波動率、股價上升和下降以及概率計算等不給予過多介紹,主要介紹三次樣條函數擬合利率期限結構和定價。

由過程④所得到的利率期限為依據,在 Excel 中利用「規劃求解」方法可得到三次樣條函數 $y=a+bx+cx^2+dx^3$(公式 1)中的四個參數 a,b,c,d。表 11-17 顯示了過程④所得到的到期收益率結構,區域 I5 : I22 中的數據由於公式 1 計算得到,其中自變量 x 代表區域 D5 : D22 中的數值。由 $Z=\min\sum(y-y^{\rm I})^2$(公式 2)可計算得到區域 J5 : J22 的值,其中 $y^{\rm I}$ 代表到期收益率。

	A	B	C	D	E	F	G	H	I	J
1	拟合利率期限结构									
2	三次样条函数计算相关参数									
3	挂牌代码	债券全称	到期日	剩余期限	发行价	当前价格	息票利率	到期收益率	y	z
4		当前	2005-12-9	0.00				0		
5	010502	05国债(2)	2006-3-15	0.27	97.93	99.53	0.00%	0.017954	0.015471	6.16691E-06
6	000696	01国债(5)	2006-6-15	0.52	93.76	99.22	0.00%	0.015263	0.01632	1.11866E-06
7	010510	05国债(10)	2006-9-15	0.77	98.87	98.87	0.00%	0.014899	0.017202	5.3032E-06
8	010411	04国债(11)	2006-12-15	1.02	100	101.27	2.98%	0.017086	0.018104	1.03592E-06
9	010507	05国债(7)	2007-7-15	1.60	100	99.49	1.58%	0.019049	0.020231	1.39575E-06
10	010211	02国债(11)	2007-10-21	1.88	100	100.41	2.65%	0.024217	0.021214	9.01792E-06
11	010010	20国债(10)	2007-11-11	1.93	100	100.35	2.36%	0.021721	0.021409	9.7833E-08
12	010103	21国债(3)	2008-4-24	2.38	100	101.79	3.27%	0.024797	0.022908	3.56766E-06
13	010508	05国债(8)	2008-8-15	2.68	100	99.40	1.93%	0.021609	0.023863	5.07979E-06
14	010115	21国债(15)	2008-12-18	3.03	100	100.99	3.00%	0.026547	0.024811	3.01395E-06
15	010403	04国债(3)	2009-4-20	3.36	100	106.43	4.42%	0.024023	0.025611	2.5227E-06
16	009908	99国债(8)	2009-9-23	3.79	100	101.73	3.30%	0.028102	0.026376	2.97637E-06
17	010215	02国债(15)	2009-12-6	3.99	100	101.60	2.93%	0.025037	0.026634	2.54853E-06
18	010301	03国债(1)	2010-2-19	4.19	100	100.45	2.66%	0.025443	0.026814	1.88064E-06
19	010004	20国债(4)	2010-5-23	4.46	100	100.20	2.87%	0.028192	0.026923	1.61062E-06
20	010511	05国债(11)	2010-10-20	4.86	100	97.65	2.14%	0.026608	0.026787	3.20611E-08
21	010311	03国债(11)	2010-11-19	4.94	100	103.96	3.50%	0.026349	0.026713	1.3263E-07
22	010404	04国债(4)	2011-5-25	5.46	100	111.33	4.89%	0.026311	0.025832	2.29356E-07
23									总和	4.77305E-05
24	三次样条函数				参数计算结果					
25	$y=a+bx+cx^2+dx^3$			a	b	c	d			
26	$z=\min\sum(y-y')^2$			0.014612	0.003114	0.000432	-0.00011			
27										
28	利用上述参数拟合利率期限结构									
29	时间间隔	期限	收益率							
30	0.15	0.00	0.014611842							

圖 11-27　依據國債計算的利率期限結構

Excel 在實驗金融學中的應用

單元格 J23 為一系列 z 值的總和，在圖 11-28 中「設置目標單元格(E)」點擊 J23，並選擇「最小值」，然後在「可變單元格(B)」中點擊區域 D26：G26，最後點擊「求解」按鈕便可計算出四個參數的值分別為：0.014,612、0.003,114、0.000,432、-0.000,11。

值得注意的是，在使用 Excel 進行規劃求解時，可能由於迭代次數、允許誤差等參數設置的不同，而在進行計算時會出現不同的運行結果，本例採用了迭代次數 10,000 次、允許誤差 5%的參數設置方式；讀者可以根據實際情況自行調整相關參數的設置。

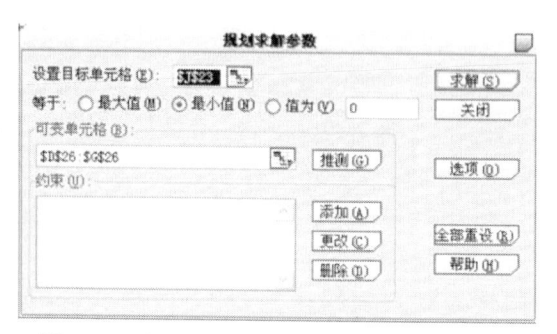

圖 11-28 規劃求解計算三次樣條函數的四個參數

把求到的四個參數返帶回到公式 1，設定相應的時間間隔如單元格 A30 所示，便可得到三次樣條函數擬合的利率期限結構。圖 11-29 顯示了時間間隔為 0.15 時的利率期限結構，可根據單元格 A31 所鑲嵌的控件來調整收益率期限結構。

	A	B	C
28	利用上述參數擬合利率期限結構		
29	時間間隔	期限	收益率
30	0.15	0.00	0.014,611,842
31	▲	0.15	0.015,088,314
32	▼	0.30	0.015,581,893
33	15	0.45	0.016,090,256
34		0.60	0.016,611,085
35		0.75	0.017,142,059
36		0.90	0.017,680,857
37		1.05	0.018,225,159
38		1.20	0.018,772,646
39		1.35	0.019,320,995
40		1.50	0.019,867,889
41		1.65	0.020,411,005
42		1.80	0.020,948,023
43		1.95	0.021,476,625
44		2.10	0.021,994,488
45		2.25	0.022,499,292
46		2.40	0.022,988,719
47		2.55	0.023,460,446
48		2.70	0.023,912,154
49		2.85	0.024,341,523
50		3.00	0.024,746,231
51		3.15	0.025,123,946
52		3.30	0.025,472,388
53		3.45	0.025,789,195
54		3.60	0.026,072,062
55		3.75	0.026,318,666
56		3.90	0.026,526,689
57		4.05	0.026,693,811
58		4.20	0.026,817,709
59		4.35	0.026,896,065

圖 11-29 三次樣條函數擬合的利率期限結構

11 嵌期權債券定價

將以上結果編入 VBA 程序中,可計算得到 2005 年 12 月 9 日招行轉債的價值為 114.87 元,當時的市場價格為 106.9 元,其差額約為 7.97 元(見圖 11-30),這也印證了中國的可轉債有普遍被低估的情況。產生該差額的主要原因有:①未考慮發放紅利后的稀釋效應(本章所有的可轉債例子均未考慮紅利);②轉股價修正一次性達到其條款規定的最大值20%;③因二叉樹本身路徑交錯,在考慮天數判斷上有一定的簡化(具體見 Excel 模板中的 VBA 程序);④沒有引入二叉利率樹貼現各結點的價值。

	A	B	C	D	E	F	G	H	I	J
1	二叉树定价招商银行可转债									
2	以下显示相关参数及定价结果									
3	基点股价	交易天数	时间步长	上升比例	下降比例	上升概率	下降概率	转股价格	运行命令	清除界面
4	S0	N	n	u	d	p	1-p	x		
5	6.69	241	0.004149	1.016488	0.98378	0.499254	0.500746	6.23		
6	转债价值	市场价格	差额							
7	114.8733	106.9	7.973306							

圖 11-30　二叉樹定價招商銀行可轉債

12 在險價值(VaR)的計算

在險價值(Value at Risk, VaR)是 20 世紀 90 年代以來極受銀行業和其他金融機構關注的一種風險管理技術,它借助統計學的思想與方法來評估資產所面臨的風險,已經逐步成為當前許多金融機構實施有效的風險管理的基礎性工具。

VaR 按字面的解釋就是「處在風險狀態的價值」,其含義是,在通常或正常(Normal)的市場狀況下;某一特定時期,例如一年時間內;在一定置信水平上某一金融工具或投資組合所可能面臨的最大潛在損失值。用公式表示為:

$$Prob(\Delta p < VaR) = \alpha \qquad (12-1)$$

其中,Prob 為資產價值損失小於可能損失上限的概率;$\Delta 99 \Delta P$ 為某一金融資產在一定持有期內價值變化值;VaR 為置信水平 α 下的在險價值——可能的損失上限;α 為給定的概率(置信水平)。

例如,某金融機構在 2005 年的年報中披露,其 2005 年每日 99% VaR 值平均為3,000萬元。這表明,該金融機構可以以 99% 的可能性保證,2005 年每一特定時點上的投資組合在未來 24 小時內,由於市場價格變動帶來的損失平均不會超過 3,000 萬元。

相對於傳統的風險管理工具,VaR 不僅可以把各種金融工具、資產組合以及金融機構總體市場風險具體化為一個簡單的數值,使管理者能十分清楚地瞭解他所持有的資產在某段時間所面臨的最大風險;而且它也有助於監管部門掌握被監管對象的風險,且這一指標具有一定的可比性,這就為更公平、有效的監管奠定了良好的基礎。正因如此,國際互換與衍生品協會(International Swap and Derivatives Association, ISDA)、國際清算銀行(Bank for International Settlements, BIS)和巴賽爾銀行監管委員會(Basel Committee on Banking Supervision)都推薦使用 VaR 方法作為衡量風險的重要工具。VaR 方法不僅可以為金融機構所用,非金融機構如西門子、IBM 等公司也運用這一工具對其風險進行管理。

12　在險價值(VaR)的計算

● 12.1　數據採集與統計

　　利用 VaR 進行風險度量首先要收集並整理數據然後對數據進行檢驗,考察其自相關性和方差恒定性的問題,並以這些參數為基礎,選擇相應的模型計算 VaR 值。

　　VaR 計算時使用的數據,主要分為歷史數據、當前市場數據、未來預測數據幾個方面。也可按數據來源不同,分為宏觀經濟數據、市場基準數據和所針對對象的特定數據等。在歷史數據中,包括如資產組合中各種資產頭寸的期限、價格、收益、價格變化等;當前市場數據,則主要指相應對象當前的市場價格、交易量等;未來預測數據,主要指根據當前宏觀經濟情況及未來發展趨勢,對未來的利率走勢、通貨膨脹情況等進行的預測和判斷。數據來源包括專用數據庫,例如各交易所的數據庫、一些數據經營機構和一些公開出版物等。不同的模型對數據的要求不盡一致,在下面的內容中將分類說明。

12.1.1　最大損失概率

　　最大損失概率,即出現最大損失值時的置信水平。置信水平是計算 VaR 的一個重要參數。給定同樣的風險分佈,置信水平越高,計算出的 VaR 值越大。在實踐中,使用 VaR 系統的商業銀行和非金融企業根據自身情況選擇不同的概率水平。一般來說,如果計算的 VaR 是為了確定資本充足率,或者說是為了針對風險水平準備資本緩衝,則置信水平的選擇取決於金融機構的風險偏好。如果金融機構在承擔風險方面比較保守,或者風險發生時導致的資本成本較高,則應該選擇較高的置信水平。如果計算 VaR 的目的僅僅是為了比較不同市場的風險狀況,則置信水平的選擇就不那麼重要了。要說明的是,一些金融機構的置信水平選擇,是由監管部門或監管協議確定的。例如,在巴塞爾協議Ⅱ中,就建議商業銀行在計算 VaR 時使用的協議水平應為 99%。由於置信水平與 VaR 水平是直接對應的,在目標變量呈正態分佈時,不同置信水平下的 VaR 值可按正態分佈的規律進行相互轉換。

　　實踐中的置信水平一般位於 95% 與 99% 之間,表 12-1 歸納了美國一些銀行和非金融公司採用的置信水平(等於 $1-p$)。

表 12-1　　　　　　　　各機構選用的置信水平

公司名稱	置信水平(%)
銀行信託公司	99
花旗銀行	95.4
J.P.摩根銀行	95
美洲銀行	95
美孚石油公司	99.7

Excel 在實驗金融學中的應用

從監管當局的角度看,維持高的置信水平從而維持一個高的資本水平有助於維護金融體系的穩定,但也將加大銀行的資本成本,削減其競爭力。而較低的 VaR 置信水平,雖然資本成本較低,但可能潛藏較大的風險。隨著金融機構信息透明度的增加,較低的置信水平還可能使機構的信譽受到影響。作為行業標準,國際清算銀行(BIS)建議的置信水平為 99%。

12.1.2 在險價值計算模型

VaR 方法的核心在於描述金融時間序列的統計分佈或概率密度函數。雖然 VaR 從概念上看比較容易理解,但是它的測度方法卻是一個比較複雜的統計問題。我們先討論 VaR 計算的一般性原理:

考慮一個證券組合,假定 p_0 為證券組合的初始價值,R 是持有期內的投資報酬率,在期末 V 證券組合的價值為 $P = p_0(1 + R)$。若在某一置信水平 α 下,證券組合的最低價值為 $P^* = P_0(1 + R^*)$,則根據 VaR 的定義——在一定置信水平下,證券組合在未來特定一段時間內的最大可能損失為:$VaR = P_0 - P^* = -P_0 R^*$。由此可見,計算 VaR 就相當於在一定信水平下計算最小的 P^* 或最低回報率 R^*。由於指數日回報行為是個隨機過程,假定概率密度函數為 $f(p)$,則對於一定置信水平 α 下的證券組合最低值 P^*,有 $\alpha = \int_{p^*}^{+\infty} f(p) dp$,即該組合未來價值低於 P^* 的概率為 $1 - \alpha$。

現在已有的關於計算 VaR 的模型運用了不同的方法,他們都有一個大體的結構,包括三個方面:①對投資組合在市場中的頭寸變化進行統計;②估計投資組合收益的分佈;③計算投資組合的 VaR。

各種 VaR 模型的主要不同在於上面的第二點,也就是他們怎樣估計投資組合價值的可能變化。VaR 概念的簡約性來自兩個基本假設:一是假設資產回報是正態分佈,二是假設可以直接從投資回報計算回報標準差。但事實上,正態假設只適用於特定情況下的少數幾個資產或市場變量。而且資產價格或投資回報最終取決於一系列的風險因子,如利率匯率等。實際的計算必須考慮到這些假設的局限性,對假設的不同修正產生了不同的在險值計算方法。目前,VaR 的計算方法主要有三類:一是參數化模型法,或者稱方差——協方差方法(Variance-Covariance Approach);二是非參數模型法;三是半參數模型法。

12.1.3 參數模型(Parametric)

參數模型法是以正態假設為基礎的,即假設資產價格或市場變化服從正態分佈,並以此作為採用方差——協方差矩陣來計算波動性和 VaR 的前提。

12.1.3.1 組合正態法(Portfolio Normal Approach)

這種方法不考慮市場變量的波動性,而是把 VaR 看作是組合收益率標準差一系

12 在險價值(VaR)的計算

列元素的乘積,直接從整個投資組合的回報率來計算 VaR,即

$$VaR = \alpha \sigma_p \sqrt{t} \times P \tag{12-2}$$

其中,α 為常數,它是所選取的置信概率水平 p 對應的 Z 值。舉例來說,如果 p = 5%,則 α = 1.645;如果 p = 2.5%,則 α = 1.96;如果 p = 1%,則 α = 2.33。

σ_p 是在給定時間範圍內資產收益率的標準差;$\sqrt{t}$ 為時間調整因子,用於不同時間段波動率之間的轉換。例如,我們要計算一個月的 VaR,如果已經計算出 1 天的 σ,則計算一個月波動率時的調整因子等於 $\sqrt{30}$,這樣就將日波動率轉換為了月波動率;P 是資產組合的頭寸規模。

要特別說明的是,上述方法是基於態性假定的,即 $r_p \sim N(\mu_p, \sigma_p)$。如果這一假設條件不成立時,請不要直接套用上述公式,而應加以調整。

【例題 12-1】計算一個價值為 $ 500.00,標準差為 8% 的資產,概率為 1.00% 的 VaR。

首先,求出給定概率的標準正態分佈的區間點。在 Excel 中,由內置統計函數 NORMSINV(Probability) 求得。

具體操作為「插入」「函數」中選擇「統計函數」中的 NORMSINV,在對話框中輸入要計算的正態分佈的概率,要注意,這裡輸入的值不是 1%,而是 1-1% = 99%。按「確定」后得到標準正態分佈的區間點的值,如圖 12-1 所示。

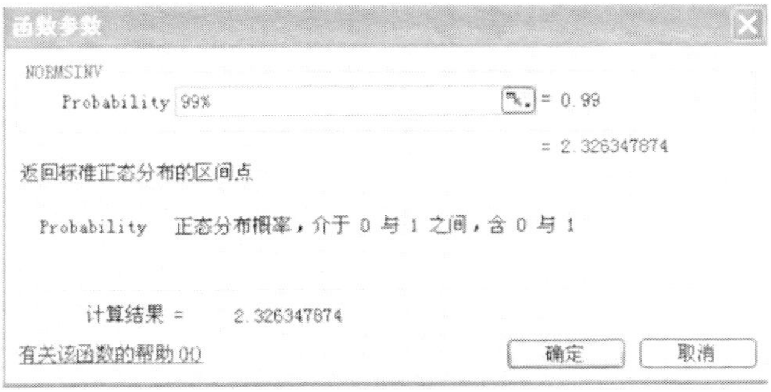

圖 12-1 概率函數參數設置

然后利用 VaR 的計算公式,求出給定概率下的最大損失。

表 12-2　　　　　　　　　　VaR 公式計算結果

資產價值	500	標準差	8%	
置信度	1%			
VAR	93.053,914,96			

即該資產在 1% 的概率下的最大損失為 $ 93.05。

這一方法的優點在於其簡潔性,不需要詳細的歷史數據,不要求估計大規模的相

355

關矩陣。雖然它計算起來比較簡單,但其運用有一定局限性,特別是在投資組合中包含大量高度非線性資產(如期權)時,或在評估各行業組合時應尤為謹慎。

組合正態法主要集中應用於兩個領域:一是用於計算包含大量彼此相同又彼此獨立頭寸的投資組合的風險;二是用於業務部門 VaR 的快速計算,以反應交易單位的風險承擔水平和交易績效。

12.1.3.2 資產正態法(Asset Normal Approach)

這種方法是根據組合中各資產的權重和它們收益率之間的相關性來計算組合的標準差。計算公式與組合—正態法相同,即 $VaR = \alpha\sigma_p\sqrt{t} \times P$。唯一不同的是參數 σ_p 的確定。根據資產正態法,對組合回報的標準差的計算不是直接來自組合回報,而是來自組合中的各頭寸的回報。假設某投資組合含有 N 個頭寸,組合中各頭寸的權重為 W,W 為一個 $N \times 1$ 向量,同時設 R 為各頭寸回報之間的 $N \times N$ 協方差矩陣。則該組合的標準差為:

$$\sigma_p = \sqrt{W'RW} \qquad (12-3)$$

舉例說明:假定要計算某投資組合在 95% 的置信水平下,某一天的 VaR 值,在投資組合服從條件正態分佈的前提下,VaR 可表示為 $VaR = 1.65\sqrt{W^TRW}$。

【例題 12-2】組合中包括兩種資產 A 和 B,組合價值為 10,000,在組合中所占權重分別為 40% 和 60%,如果組合頭寸的協方差矩陣為 $R = \begin{pmatrix} 1 & 2 \\ 3 & 4 \end{pmatrix}$,計算該組合在 96% 的置信水平下的 VaR 值。

首先,利用 Excel 的 TRANSPOSE 函數得到矩陣的轉置:

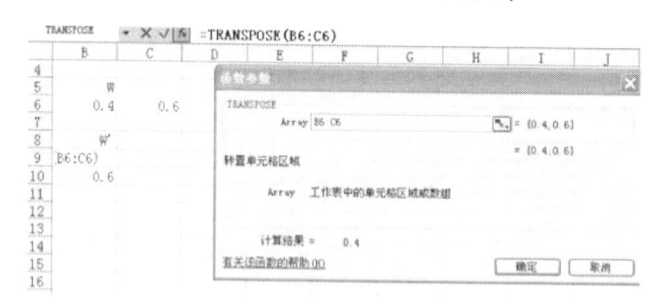

圖 12-2 矩陣的轉置

注意:在 Excel 中進行矩陣運算時,要在輸入公式後,返回要同時按「ctrl+shift+enter」鍵。

計算結果如下表 12-3 所示。

12 在險價值(VaR)的計算

表 12-3　　　　　　　　　矩陣運算結果

R				
1	2			
3	4			
W				
0.4	0.6			
W'			置信度	95%
0.4			組合價值	10,000
0.6			VAR	2,631.765,803

　　資產正態法具有特別的優勢,它是從馬柯維茲的現代組合理論直接推導出來的。現代投資組合理論認為,資產組合的風險不僅是組合內單個資產風險的加總,還包括資產本身之間價格變動的協方差。在 VaR 理論中,說明我們必須考慮風險因素之間的協方差,才能正確計算組合的 VaR。只要市場因素之間不完全相關,資產分散化就會降低風險,從而降低 VaR 值。事實上,資產正態法的假定(資產收益率服從正態分佈,用組合收益率的標準差度量風險)也是現代投資組合理論和資本資產定價理論的基礎。資產—正態法是 Risk Metrics 模型的基礎,后者是 J. P. 摩根銀行的著名風險管理算法(20 世紀 90 年代初通過互聯網公布),它對整個行業產生了深遠影響,掀起了人們對 VaR 的興趣和研究熱潮。

　　但是,資產—正態法也存在缺陷。如,它依賴於頭寸收益率的正態性;它是一種局部的方法,即只適應於頭寸收益率變動為無窮小的情況;它是徹底的線性方法,對現金流高度非線性特徵的資產(如期權)沒有相應的二次項估計,因而不適合衡量諸如期權或抵押等非線性金融工具的風險。它運算繁瑣,不僅有資產分解還有對應現金流工作,而且要計算規模很大的相關矩陣,在 N 個頭寸下就要計算 N 個方差和 N(N-1)/2 個協方差。

12.1.3.3　Delta 正態法

　　Delta 正態法假設風險因子(或市場變量如匯率、利率等)的變化服從聯合正態分佈,通過一階線性近似計算正態分佈的組合價格(回報)。

　　以期權為例,由於存在 Gamma、Vega、Theta 等風險因子,期權的價格並不隨標的資產價格的變化而作線性變化。為了確定兩者之間的線性關係,我們可以通過一階泰勒展開,將價格的變化表示成風險因子變化的線性函數。這就是 Delta 正態法。在使用此方法時,我們實際上假定組合頭寸中的非線性足夠有限,即使忽略,仍然能得到足夠滿意的 VaR。

考慮一個股票的看漲期權的風險值：$VaR \approx \delta VaR^s = -\delta\alpha\sigma_s S$

其中，δ 是期權的 Delta 值，$VaR_s = -\alpha\sigma_s S$ 是一單位股票頭寸的 VaR。

通過公式可以看出，期權價格的波動性是標的股票價格波動性的 δ 倍，即 $\delta\sigma_s$。如果是一個期權組合，比如有 M 個期權頭寸，此時的 δ 是一個 $M\times 1$ 向量，σ_s 是一個 $M\times M$ 協方差矩陣，則組合之於市場變化的波動性可以通過股票的協方差矩陣來表示：

$\sigma_p = \sqrt{\delta'\sigma_s\delta}$，將其直接帶入上述公式，就可以得到該期權組合的風險值。

Delta 正態法不僅保持了組合的線性特徵，也沒有添加任何新的風險因子，計算中引入的新的參數 Delta 在任何交易期權中都可以得到。此外，該方法繼續保持了正態假設。如果持有期的長度非常短，並且期權頭寸很少，該方法尤為方便。此方法經常用於貨幣市場，特別是外匯市場的 VaR 的計算。

12.1.3.4 Delta-Gamma 正態法

如果組合中包含的期權成分比較顯著，Delta 正態法近似的精確度就會大大下降。事實上，期權面臨的不只是 Delta 風險，還包括其他風險，如 Gamma 風險、Vega 風險、Theta 風險和利率相關性風險等。對此，維持正態性假設的方法是進行二階近似，提高線形近似的精確度。二階近似通常稱為 Delta-Gamma 近似。

根據 Delta-Gamma 正態法，期權的 VaR 是：

$VaR = -\alpha\sigma_p S = -\alpha S\sqrt{\delta^2\sigma^2 + (1/2)\gamma^2\sigma^4} = -\alpha\sigma S\sqrt{\delta^2 + (1/2)\gamma^2\sigma^2} > -\alpha\sigma\delta S =$ Delta 正態 VaR。

12.1.4 非參數模型 (Nonparametric)

非參數模型是假定經濟變量之間的函數關係未知，需要對整個分佈的情況進行估計時，其函數形式可以是任意的、沒有約束的。由於對變量分佈限制很少，這一方法有較大的適應性並可能有更好的擬合效果。用於計算 VaR 的非參數模型主要有：歷史模擬法 (Historical Simulation) 和情景分析法等。

所謂歷史模擬法，就是利用歷史數據集，將過去已經實現的回報率分佈或市場變量分佈應用於目前的投資組合，以模擬下一期投資組合可能面臨的回報率分佈計算 VaR。因此，使用歷史模擬法有一個隱含的前提，即假設歷史在一定條件下，或在將來重複或至少是有效地重複，因而可以用過去的情況來分析現在或預測未來。

其主要步驟為：

(1) 選擇適當期限內，某資產或組合的歷史收益率的時間序列值；

(2) 採用實際價格函數計算組合中的單個金融工具的盯市價格。根據市場因子過去 $N+1$ 個時期的價格時間序列值，計算市場因子過去 $N+1$ 個時期價格水平的實際變化 (得到 N 個價格變化水平)。假定未來的價格變化水平與過去一致，即過去 $N+1$ 個時期價格的 N 個變化在未來都以相同變化比例出現，再以當前的市場價格為基礎，就可以直接模擬出未來一個時期內的價格變化的幅度和範圍了。

12 在險價值(VaR)的計算

(3)根據模擬出的市場因子的未來 N 種可能價格水平,利用定價公式算出資產組合的 N 種未來盯市價格,並與當前市場因子比較,得到證券組合未來的 N 個潛在損益的分佈。

(4)根據損益分佈,通過分位數求出給定置信度下的 VaR。

應用歷史模擬法的關鍵是要識別出組合中所包含的不同資產種類或金融工具類別,收集它們在某個觀測期間的歷史回報樣本,然后使用當前組合中各類資產的權重來模擬假設的回報率。

設 $R_{i,k}$ 是資產 i 在第 k 期的回報,k 位於 0 期和 t 期之間。$w_{i,t}$ 是資產 i 在當前組合中的權重。設當前的投資組合共有 n 種資產,則該組合在第 k 期的回報 $R_{p,k}$ 為:

$$R_{p,k} = \sum_{i=1}^{N} w_{i,t} R_{i,k} \quad k = 1, 2, \cdots, t \tag{12-4}$$

根據公式,每一個時期都有一個特定的組合回報 $R_{p,k}$。因此,通過歷史的回報樣本數據,能夠得到一個假設的組合回報的時間序列數據。下一步,可以將組合的回報轉化為組合的損益,然后從損益的分佈中直接讀取風險值。

除了直接通過資產價格計算資產回報外,實踐中更常用的做法是從市場變量如利率、匯率等的變化來計算資產的價格變化,並進一步計算出資產回報。由於組合中每一種資產可能同時受多個風險因子的影響,資產的價格或回報是多個風險因子的函數,因此組合的回報可以表示成一個向量矩陣的形式。

這種方法對生成組合收益率的市場價格過程幾乎不做假定,它只是假設未來的市場價格信息與歷史上的市場價格信息一致,都取自於同一經驗分佈。用統計學術語來說,這種方法唯一的假定就是市場因素收益率服從一個靜態的過程,從而概率密度函數不隨時間變化,或不發生大幅變化。下面舉例說明:

【例題 12-3】以單個股票 1,256 天每日價格為樣本,持有數量為 800,000,資產頭寸為 35,440,000。

用歷史模擬法計算其十天的 VaR(部分)。見表 12-4。

表 12-4　　　　　　　收益率及其變化計算

每日價格	收益率每日變化(%)	收益率每 10 天的變化(%)	資產頭寸價值的變化
27.01			
27.23	0.008,112,139		
27.03	−0.007,371,946		
27.26	0.008,473,066		
27.04	−0.008,103,175		
27.25	0.00,773,627		
27.37	0.004,394,002		
27.1	−0.009,913,795		

Excel在實驗金融學中的應用

表12-4(續)

每日價格	收益率每日變化(%)	收益率每10天的變化(%)	資產頭寸價值的變化
26.92	-0.006,664,223		
26.32	-0.022,540,398		
26.82	0.018,818,771	-0.007,059,29	-249,300.259,2
27.16	0.012,597,425	-0.002,574,004	-91,105.398,46
27.2	0.001,471,671	0.006,269,613	222,893.081,8
27.18	-0.000,735,565	-0.002,939,018	-104,005.869,4
27.24	0.002,205,073	0.007,369,23	262,130.177,5
27.12	-0.004,415,018	-0.004,782,058	-169,071.559,6
27.24	0.004,415,018	-0.004,761,042	-168,330.288,6
26.99	-0.009,220,054	-0.004,067,301	-143,852.398,5
26.8	-0.007,064,54	-0.004,467,617	-157,979.197,6
26.75	-0.001,867,414	0.016,205,367	578,996.960,5

在這裡,我們用公式 $e^{(P_{t1}-P_{t0})}$ 來計算股票收益率的變化率。在給定99%的置信度下,用PERCENTILE(array, k)函數計算股票的VAR,函數返回「資產頭寸價值變化」區域中數值的第K個百分點的值。

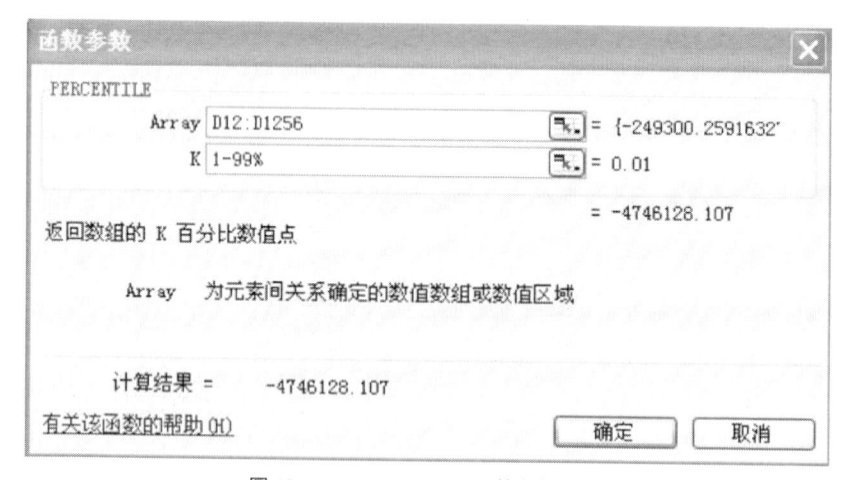

圖12-3 PERCENTILE函數參數選擇

表12-5　　　　　　　　基於歷史模擬的VaR計算

基於歷史模擬的VAR計算		
置信度	損失	資產價值
99%	-4,746,128.107	30,693,872
99%的置信度下10天的VAR		4,746,128

12 在險價值(VaR)的計算

股票頭寸價值變化用圖形表示為：

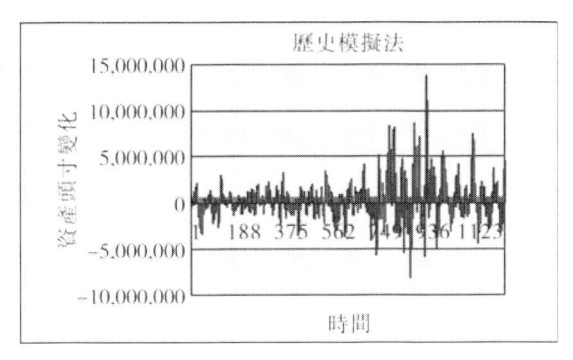

圖 12-4　歷史模擬法結果

【例題 12-4】一個組合包括股票 A 和 B 兩種資產，組合的價值是 100,000，A、B 在組合中所占的權重分別是 40%和 60%。首先根據價格的日數據，分別計算 A、B 每日的價格變化率：

表 12-6　　　　　　　　　　　兩只股票的價格變化率

價格日數據		價格變化率(CH%=V(1)/V(0)-1)	
股票 A	股票 B	股票 A	股票 B
9.56	6.89		
9.06	7.61	-0.05	0.10
7.94	8.17	-0.12	0.07
8.25	7.23	0.04	-0.12
9.38	7.59	0.14	0.05
9.94	8	0.06	0.05
10.88	8.28	0.09	0.03
9.94	8.7	-0.09	0.05
9.81	8.75	-0.01	0.01

根據價格變化率和各種資產在組合中所占的權重計算各資產的價值，並加總到組合的價值。按照組合價值的大小進行排序：

表 12-7　　　　　　　　　　　股票組合價值及其排序

資產頭寸				按組合價值大小排序		
股票 A	股票 B	組合		股票 A	股票 B	組合
37,907.95	66,269.96	104,177.9	1	37,050.98	52,595.64	89,646.62
35,055.19	64,415.24	99,470.43	2	33,104.76	56,765.85	89,870.61

表12-7(續)

資產頭寸				按組合價值大小排序		
41,561.71	53,096.7	94,658.41	3	32,172.97	58,855.16	91,028.13
45,478.79	62,987.55	108,466.3	4	40,000	51,722.2	91,722.2
42,388.06	63,241.11	105,629.2	5	35,435.68	56,535.83	91,971.51
43,782.7	62,100	105,882.7	6	36,391.85	55,700.26	92,092.11
36,544.12	63,043.48	99,587.6	7	33,333.33	59,050.15	92,383.49
39,476.86	60,344.83	99,821.69	8	32,547.37	60,040.39	92,587.76
40,000	59,794.29	99,794.29	9	35,827.54	56,795.58	92,623.12

最後,根據組合排序的結果,用 VLOOKUP(lookup_value,table_array,col_index_num, range_lookup)返回按組合價值大小排序後組合那一行中指定列處的數值。

這裡的 Lookup_value 為需要在數組第一列中查找的數值,此處定義為概率與樣本總數的乘積。

Table_array 為需要在其中查找數據的數據表;Col_index_num 為 table_array 中待返回的匹配值的列序號;Range_lookup 為一邏輯值,指明函數 VLOOKUP 返回時是精確匹配還是近似匹配。如果為 TRUE 或省略,則返回近似匹配值,也就是說,如果找不到精確匹配值,則返回小於 lookup_value 的最大值;如果 range_value 為 FALSE,函數 VLOOKUP 將返回精確匹配值。如果找不到,則返回錯誤值#N/A。此處我們將其設為 FALSE,即尋找精確匹配值。

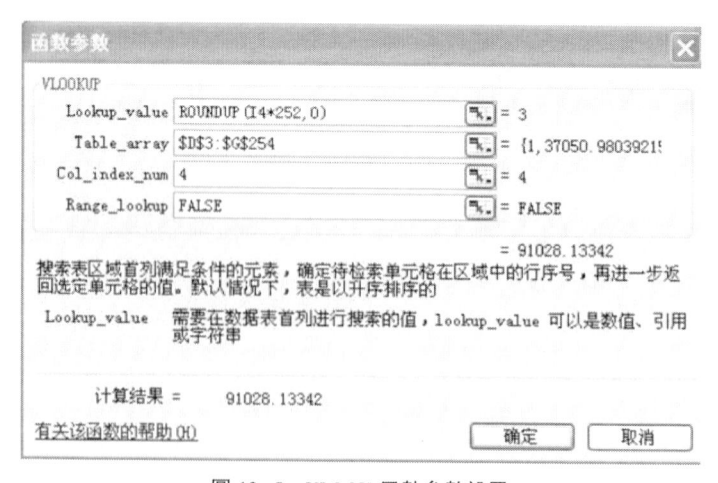

圖 12-5　VLOOK 函數參數設置

計算結果與組合價值 100,000 的差即為組合的 VaR。

12 在險價值(VaR)的計算

表 12-8　　　　　　　　　歷史模擬法 VaR

歷史模擬法計算 VaR		
概率	頭寸損益	組合價值
1%	-8,971.87	91,028.13
5%	-6,491.87	93,508.13
10%	-4,312.38	95,687.62
50%	904.812,2	100,904.8
90%	6,612.531	106,612.5
95%	9,826.739	109,826.7
99%	15,627.76	115,627.8

歷史模擬法的優勢:第一,如果歷史數據能按每日及時行情收集的話,模型本質上是非常簡單的,多數時候無需估計任何參數,市場因素序列都是觀測出來的;避開了必須估計協方差矩陣的情形。簡化了含有資產數目變大和樣本期較短的資產組合的計算。所有需要的信息僅僅是整體投資組合收益率的時間序列變量。第二,無需估計波動性、相關性等各種參數,不需要假定市場因子變化的統計分佈,可以有效處理非對稱和厚尾問題。並且由於歷史模擬法不依賴於定價模型,因此不容易產生模型風險。這個方法是穩健和直觀的,因此,一定程度上,可以廣泛地使用該種方法計算 VaR。第三,歷史模擬法是一種全值估計方法,可以較好處理非線性、市場大幅波動的情況,捕捉各種風險。

歷史模擬法的缺陷:第一,由於假定市場因子的未來變化與歷史變化完全一樣,因此不能預測和反應未來的突然變化和極端事件。第二,和其他模擬法一樣,要承擔大量的運算,通常認為,歷史模擬法需要的樣本數不能少於 1,500 個;如果市場因素收益率觀察值所得數據很少,就不太可能精確界定分佈的尾部形態,如果樣本時間段過短,相對於真實分佈,該方法就會低估或者高估極端波動,反過來,如果樣本區間過長,就很難再假設市場因素的分佈是靜態的了。第三,歷史模擬法計算出的 VaR 波動性較大,當樣本數據較大時,歷史模擬法存在嚴重的滯後效應,尤其是含有異常樣本數據時,滯後效應更加明顯,從而導致 VaR 的嚴重高估。

12.1.5　半參數模型(Semiparametric)

半參數模型是指模型中既有參數部分,又有非參數部分。以蒙特卡羅模型為代表。與歷史模擬法一樣,蒙特卡羅模型也是通過產生一個模擬的回報分佈來估計風險值,通過模擬回報排序,可以估計出對應分位點的風險值指標。與歷史模擬法不同的是,蒙特卡羅模型的基礎是假設一個隨機過程,即特定的價格動態模型或市場變量動態模型,而不是價格或市場變量變化的歷史數據。在計算包括不同期權的投資組合頭

對的 VaR 時,該方法尤為適用,此時組合是標的資產收益變化的非線性函數。

蒙特卡羅模型的基本步驟如下:

步驟 1,選擇隨機過程和其中隨機變量的分佈,並估計相應參數。

步驟 2,產生一個虛擬的隨機變量序列 ε_i ($i=1,2,\cdots,n$)。利用隨機過程求出資產的價格 S_{t+1}, S_{t+2}, $\cdots$, S_{t+n}。

步驟 3,在該價格序列下估計組合價值 $P_{t+n} = P_T$,以及其變化 $\Delta P_{t+n} = \Delta P_T$。可採用定價公式進行全值估計,也可用一階靈敏度及高階靈敏度進行近似估計。

步驟 4,重複步驟 2 和步驟 3,直到達到模擬要求,得到組合價值變化分佈 ΔP_T^1,ΔP_T^2,$\cdots$ 根據特定的置信度,求 VaR。

在 Excel 中,可通過內置函數 RAND( ) 返回大於或等於 0 且小於 1 的均勻分佈隨機數。

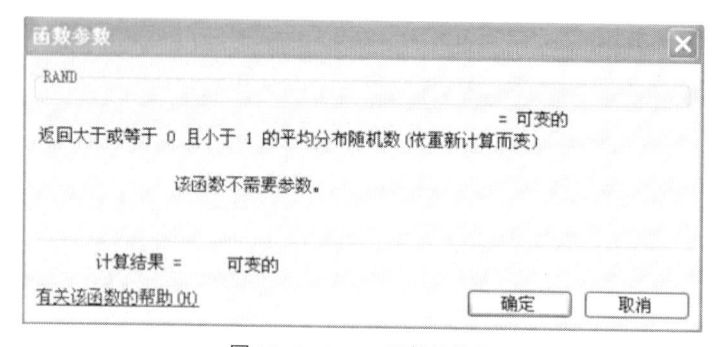

圖 12-6　RAND 函數的使用

由此得到一組虛擬的隨機變量,用 RAND( )*(b-a)+a 生成 a 與 b 之間的隨機實數。

由於價格模擬遵循維納過程,用 S 表示當前的股票價格,ΔS 為短時間 Δt 後股票價格 S 的變化,則股票價格行為模型由維納過程的離散形式表示為:

$$\frac{\Delta S}{S} = \mu \Delta t + \sigma \varepsilon \sqrt{\Delta t} \qquad (12-5)$$

其中,ε 為標準正態分佈的隨機抽樣值;μ 為單位時間內股票的預期收益率;σ 為股票價格的波動率。

由此,可得到價格的模擬路徑:$S_t = S + \Delta S = S + S \times (\mu \Delta t + \sigma \varepsilon \sqrt{\Delta t})$。

在 Excel 中,標準正態分佈的隨機抽樣值 ε 用函數 RAND( )*(1+1)-1 表示。

【例 12-5】假定當前的月利率為 0.2%,平均利率的增長率為一個基點,即 0.01%,利率的年波動率為 15%,每月的現金流為 100,000。首先根據公式模擬出利率變化的路徑:

12　在險價值(VaR)的計算

表 12-9　　　　　　　　　利率路徑模擬

點擊 F9 進行模擬變動調整						
當前月利率	0.20%					
平均利率增長率	0.01%					
利率年波動率	15%					
						現值
月份	1	2	10	11	12	
現金流	10,000,000	10,500,000	14,500,000	15,000,000	15,500,000	
利率路徑 1	0.198%	0.200%	0.197%	0.205%	0.207%	150,849,685.4
利率路徑 2	0.192%	0.201%	0.193%	0.199%	0.195%	150,895,455.7
利率路徑 3	0.195%	0.204%	0.204%	0.195%	0.209%	150,887,354.9
利率路徑 4	0.197%	0.202%	0.207%	0.206%	0.202%	150,856,697.6
利率路徑 5	0.198%	0.208%	0.208%	0.205%	0.198%	150,878,834.6

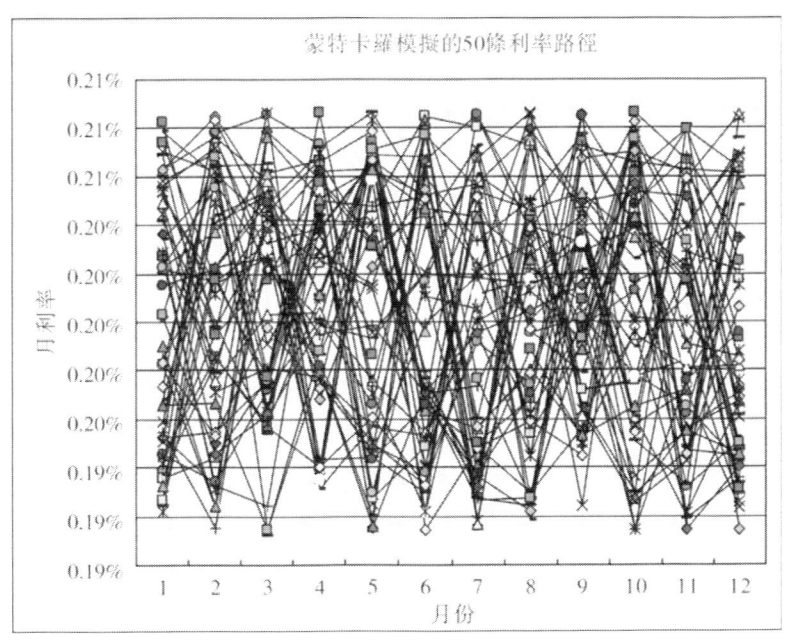

圖 12-7　利率路徑模擬結果

根據模擬出的利率和每期的現金流得到不同模擬路徑下的價格的貼現值 $P_t = \dfrac{C_t}{(1+r_t)^t}$，將每一種路徑下的價格分別加總，得到總的現值。

按不同利率路徑計算的債券價值

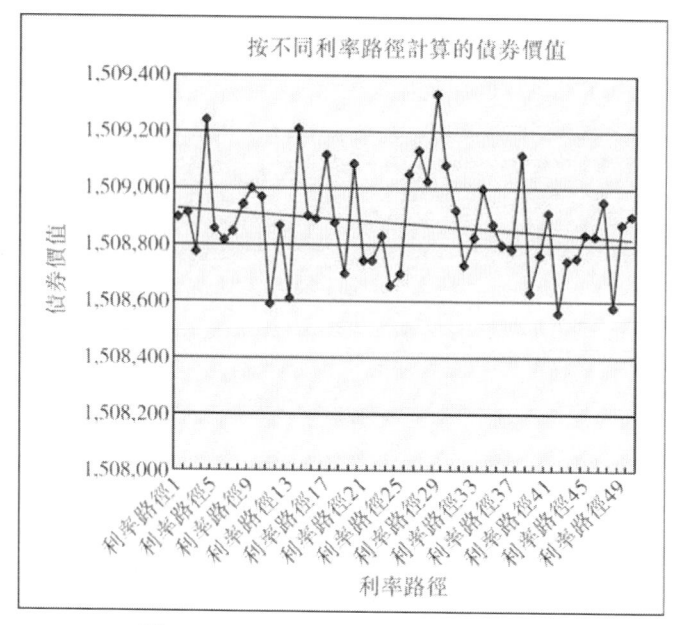

圖 12-8　按不同利率路徑計算的債券價值

　　蒙特卡羅法的優勢:蒙特卡羅法是衡量金融風險很重要的數值分析方法。應用靈活,可以處理其他方法所無法處理的問題,如非線性價格風險、波動性風險、粗尾分佈、極端事件甚至信用風險。而且,這一方法幾乎適用於對任意頭寸的處理。

　　蒙特卡羅法的缺陷:需要大量的重複抽樣,模擬所需的樣本數必須要足夠大,才能使佔計出的分佈與真實分佈接近。另外,對代表價格變動的隨機模型,若是選擇不當,可能導致模型風險的產生。

12.2　動態 VaR 模型

　　傳統的 VaR 模型最主要的不足之一,是在其構建的時候是一種靜態的分析,沒有分析金融、經濟和社會環境的變化。同時,模型還假定市場規則不變,並且期望通過市場數據建立一個不變的波動和相關性。例如,對市場上普遍存在的流動性風險,傳統的 VaR 就沒有考慮。為了計算流動性風險,需要引入一種新的動態 VaR 模型。

　　我們需要定義流動性風險。當市場上出現大量的拋售行為,造成投資者意願的買賣價差急遽升高,導致想變現某種金融資產時可能蒙受較大的損失;或者在某一時期用於交易的數量越來越少,想買的投資者,沒有產品可買時,都叫流動性風險。尤其在經濟危機時期,一方面市場價格波動急遽增加,另一方面金融資產質量急遽下降,資產組合中各資產原有的相關性被打破,這個時候,大量投資者可能在同一時間賣掉持有

12 在險價值(VaR)的計算

的某一相同或相似的資產,買入某種「公認的」預期不會因市場混亂而產生波動的其他資產,可能形成對某種資產的超賣、對另一種資產的超買,將極大地影響資產的流動性。這時的流動性風險,就不能再不考慮了。

多時期的分析框架可以改進 VaR 的計算和情景分析,通過引入事先制定的交易規則來調整隨市場環境變化而變化的資產頭寸,這種方法還可以對情景的展開進行研究。

統計情景是通過一定時期的數據估計的。風險因子的隨機過程並不恒定,可以允許在一定時期內的跳躍和改變。動態模型事先制定好交易規則,例如,可以加上一定的風險限制,當違反了一個規避項目時,運用風險限制來降低風險頭寸。當頭寸被調整以後,每天的利潤和損失都記入每一個模擬路徑。當大量的模擬生成以後,就產生了每一天在風險水平上的損益分佈。

動態模擬也可以運用於情景測試,既可使用模擬情景進行測試,也可使用指定的情景進行測試。對情景的選擇,可以事先假定所有影響資產組合頭寸的風險因子。

● 12.3 回溯測試

回溯測試是最常用的一種檢驗 VaR 的方法,巴塞爾銀行監管委員會在《關於使用「回溯測試」法檢驗計算市場風險的內部模型法的監管框架》的文件中專門就這一檢驗方法的使用進行了詳細說明。目前,這一方法已經被許多機構用於 VaR 模型的檢驗。其原理是通過「失敗率」來檢驗。即記錄實際發生的損失,然後計算損失超過 VaR 的次數(或天數)的比例是否大於設定的顯著性水平。

例如,對於一年的數據 $T=255$,若置信度為 95% 則實際損失超過 VaR 值的天數應該在 $255 \times 5\% = 13$ 天左右。若在一年的觀察期內觀測到的實際偏離天數顯著地大於或小於 13 天,就說明模型本身存在著問題。顯著地大於 13 天說明該模型低估了風險;顯著地小於 13 天說明該模型高估了風險。

為了達到回溯測試的目標,選擇 VaR 數量參數就必須非常慎重。首先,為了避免觀測值數量太大和減輕投資組合結構的變化帶來的影響,選擇的期限越短越好。其次,置信水平不應該定得太高,否則會導致統計檢驗方法效率的下降。

12.3.1 Kupiec 提出的檢驗的置信區間

Kupiec(1995)提出了在一定置信區間以及一定的樣本數之下,實際損失超過風險值個數的區間,如表 12-10 所示。

表 12-10　　　　　　　模型回溯測試置信區間非拒絕檢定

概率	VAR 置信區間	無法拒絕原假設的個數（N）		
		T = 225 天	T = 510 天	T = 1,000 天
0.01	99%	N < 7	1 < N < 11	4 < N < 17
0.025	97.5%	2 < N < 12	6 < N < 21	15 < N < 36
0.05	95%	6 < N < 21	16 < N < 36	37 < N < 65
0.075	92.5%	11 < N < 28	27 < N < 51	59 < N < 92
0.1	90%	16 < N < 36	38 < N < 65	81 < N < 120

上表說明在不同置信區間以及不同觀察樣本數之下，無法拒絕原假設的個數（N），其中原假設在置信區間中概率正確的個數。以樣本 510 天為例，在 95% 的置信區間下，只要損失偏離天數 N 落在 [16, 36] 之間，則認為 VAR 模型預測是有效的，若 $N > 36$，則表明 VAR 模型低估了大額損失發生的可能性，如果 $N < 16$，則表明 VAR 模型的估計過於保守。

該方法的不足之處在於，對於小概率水平較難確定是否存在損失的偏離。例如假定概率水平 p 為 0.01，$T = 255$，在 95% 的置信度下接受區間為 $N < 7$。如果 N 比較小時就不能確定是屬於正常情況還是系統過度估計了風險。從直觀上講 p 值小也就是所對應事件的發生概率就小，因而發現系統偏離就越困難。因此有些銀行習慣選擇較大的 p 值以便能觀測到足夠多的偏離來判斷模型是否有效。

12.3.2　巴塞爾委員會的內部模型的懲罰乘數

《巴塞爾協議》建議以回溯測試來說明風險值計算模型的可接受性。以投資組合每日風險的驗證為例，協議中的超限數的決定是以過去 250 個營業日為觀察期間，比較每日實際投資組合的利潤及損失金額，並與內部模型所估計出來的每日投資組合的風險值相比較。然後，測試過去一年投資組合真實損失超過風險值的次數。若在過去 250 天的測試中，超限數在 4 個以內，則為綠燈區，表示該風險值衡量模型可以接受。如果超限數在 5 個到 9 個之間，則為黃燈區，代表風險值衡量模型可能不正確。若超限數在 10 個以上，則為紅燈區，表示該風險值測度模型嚴重不正確，主管機構可以視情況限制該模型的使用。

12 在險價值(VaR)的計算

表 12-11　　　　　　　　　　　巴塞爾懲罰區

區域	N	保證金系數
綠	0-4	3.00
黃	5	3.40
	6	3.50
	7	3.65
	8	3.75
	9	3.85
紅	10+	4.00

從上表可以看出,隨著 VaR 模型精度的降低,監管當局對金融機構的保證金要求也相應提高了。當處於紅色區域後,不僅保證金系數提高到 4,而且該金融機構不能再繼續使用原有的內部模型來計算 VaR。必須改由監管部門採用標準的 VaR 方法來設定其 VaR 值。

回溯檢驗這種「事後檢驗」方法本身也存在著是否有效(可靠)的問題。對檢驗方法有效性的判斷是基於零假設:事後檢驗是有效的,沒有發生兩類錯誤。相反,如果事後檢驗本身存在問題,則意味著可能出現兩類錯誤:第一類錯誤,VaR 的預測實際是正確的,但檢驗的結果卻表明它低估了風險;第二類錯誤,VaR 的預測實際上是低估了風險,但檢驗卻認為 VaR 的估計是正確的。

分析框架的效率當然是越高越好,最好能以較高的概率同時拒絕第一和第二類錯誤,尤其是第二類錯誤。然而以例外情況為基礎的檢測方法效力很低,現在有些分析框架可以通過選擇較低的 VaR 置信水平,或增加數據觀測數量加以改進。

除了上述統計方面的困難之外,歷史回溯法還存在實踐上的困難。如:投資組合在期限範圍內是變化的,隨著風險管理者對風險模擬技術的改進,各種模型也得到了發展。所有這些都會要求投資者不斷地、動態地對自身的模型進行修正,對自身的技術進行完善和提高。如果這方面的交易成本過高,就難以保證這一方法的有效性。

儘管存在這些問題,但是回溯也已經成為風險管理系統中的重要組成部分,其最大的功能之一,是它可以迫使風險管理者必須不斷改進自己的模型,以確保錯誤的風險模型不會永遠錯下去。

12.4　壓力測試

　　VaR 雖然能較為準確地測量由不同風險來源及相互作用而產生的潛在損失,但是 VaR 的有效性,依賴於一個非常重要的前提,就是資產收益率呈正態分佈。對於那些不可預測的、少數的極端事件,雖然發生的概率較小,但一旦發生,卻可能會帶來致命的風險,甚至導致公司破產。壓力測試,是分析風險因子發生極端不利變化的一種方法,其含義是在極端不利的市場條件下評價資產組合的收益或損失。

　　在某種程度上,壓力測試可被看作是在更高的置信水平上的歷史模擬法。不過從理論上說,壓力測試為標準 VaR 方法提供了有益的補充,因為它能讓投資者知道,某些事件雖然正常情況下 VaR 界定的置信範圍內不會發生,但在一些特定條件仍然是可能發生的,而且能告訴投資者,當這些極端事件發生時,最大的可能損失。也就是說,它能顯示出風險管理系統中的「盲點」。壓力測試的主要優點是能提示資產或資產組合在一些極端情況下的最大危險;其缺陷是它的高度主觀性,脫離實際的、過分主觀的情景會導致錯誤的 VaR 衡量。另外,由於壓力測試的結果沒有固定的概率,這會使這些結果難以理解。

　　總之,壓力測試應該被看作 VaR 衡量的補充,而不應被看作其他 VaR 衡量的替代。壓力測試對評估關鍵變量發生大變動時的最壞效果是有用的。此外,壓力測試給了我們一個很好的提示,那就是 VaR 並不能保證測出所有的最壞損失。

　　VaR 的局限性:第一,失真風險。VaR 最明顯的缺陷在於其無法衡量絕對的最大損失。它只是在一定的置信水平下對損失進行估計,因此 VaR 會有失真的情況發生。置信水平越低,VaR 衡量標準越低,但同時數據失真的概率也會越高。第二,頭寸變化風險。VaR 假設頭寸固定不變,因此在對一天至數天的期限做出調整時,要用到時間因素的平方根。但是這一調整忽略了交易頭寸在期間內隨市場變化的可能性。

13　Credit Metrics 模型

　　Credit Metrics 模型的基礎是：在一個既定的期限內(通常是 1 年)估計一項貸款或者債券資產組合未來價值變動的分佈。資產組合價值的變化與信用等級變化、債務人信用質量以及違約時間有關。Credit Metrics 的風險衡量框架主要有兩個組成部分：

(1) 單一金融工具「信用風險的在險價值」
(2) 資產組合的在險價值,這包括了資產組合的分散化效應。

　　這個框架有兩個輔助函數。通過「相關度」可以導出淨資產回收的相關性,可以用這個相關性來計算信用等級轉移的聯合概率;通過「風險」可以計算諸如互換之類衍生證券的遠期風險。

◯ 13.1　單一金融工具的信用在險價值

　　要計算單一金融工具的信用在險價值,首先要找出信用等級轉移矩陣。這個矩陣是 Credit Metrics 模型的關鍵組成部分。確定矩陣初始變量的數據來源,可以採用穆迪的評級系統、標準普爾的評級系統,也可以採用內部的評級系統。以初始評級為 A 級為例,其在年末評級升級為 AAA 級的比率是 9%,升級為 AA 級的比率為 2.27%,仍維持在 A 級的比率為 91.05%,依此類推。從表 13-1 中可以看出,年初與年末評級維持一致時的比率最大。

表 13-1　　　　　　　　　單個債券的信用風險在險價值

初始評級	年末評級(%)							
	AAA	AA	A	BBB	BB	B	CCC	違約
AAA	90.81	8.33	0.68	0.06	0.12	0	0	0
AA	0.7	90.65	7.79	0.64	0.06	0.14	0.02	0
A	0.09	2.27	91.05	5.52	0.74	0.26	0.01	0.06
BBB	0.02	0.33	5.95	86.93	5.3	1.17	0.12	0.18
BB	0.03	0.14	0.67	7.73	80.53	8.84	1	1.06
B	0	0.11	0.24	0.43	6.48	83.46	4.07	5.2
CCC	0.22	0	0.22	1.3	2.38	11.24	64.86	19.79

其次要確定遠期定價模型。對某種債券的重新估價是從和債券發行人信用級別相對應的即期收益率曲線推導得來的，因此 1 年期債券的遠期價值要從一年期遠期收益率曲線推導而來。表 13-2 給出了每一個信用等級的 1 年期遠期收益率曲線。

表 13-2　　　　　　每個信用班級的 1 年期遠期收益率曲線

評級	1 年	2 年	3 年	4 年
AAA	3.60	4.17	4.73	5.12
AA	3.65	4.22	4.78	5.17
A	3.72	4.32	4.93	5.32
BBB	4.10	4.67	5.25	5.63
BB	5.55	6.02	6.78	7.27
B	6.05	7.02	8.03	8.52
CCC	15.05	15.02	14.03	13.52

假設一個初始評級為 BBB 的債券，一年之后依然停留在 BBB 級，那麼期限 5 年、利息 6% 的債券 1 年期的遠期價值 V 就是：

$$V = 6 + \frac{6}{1.041} + \frac{6}{(1+1.046,7)^2} + \frac{6}{(1+1.052,5)^3} + \frac{106}{(1+1.056,3)^4} = 107.55,$$

13 Credit Metrics 模型

依次計算一年之后轉移到其他信用評級的遠期價值。

	A	B	C	D	E	F
38						
39	BBB級債券的1年期遠期價值			=(6+6/(1+B24/100)+6/(1+C24/100)^2+6/(1+D24/100)^3+106/(1+E24/100)^4		
40						
41	年末的評級	價值				
42	AAA	109.35				
43	AA	109.17				
44	A	108.64				
45	BBB	107.53				
46	BB	102.01				
47	B	98.09				
48	CCC	83.63				
49	Default	—				

圖 13-1　BBB 級債券的 1 年期遠期價值

最后,計算因信用等級變化而引起債券價值波動的均值與標準差。

	A	B	C	D	E	F
54	年末評級	概率(%)	債券價值	概率*債券價值	離差	離差^2*概率
55	AAA	0.02	109.35	0.02	2.38	0.001,1
56	AA	0.33	109.17	0.36	2.20	0.015,9
57	A	5.95	108.64	6.46	1.67	0.165,1
58	BBB	86.93	107.53	93.48	0.55	0.266,4
59	BB	5.30	102.01	5.41	-4.97	1.309,7
60	B	1.17	98.09	1.15	-8.89	0.925,0
61	CCC	0.12	83.63	0.10	-23.35	0.654,4
62	Default	0.18	—	—	-106.98	20.599 5
63			均值=	106.977	方差	23.937,0
64					標準差	4.89

也可以用EXCEL內部的函數SUPRODUCT,公式為 = SUMPRODUCT(B55:B62/100,C55:C62)

也可以用SUPRODUCT函數計算,公式為 = SUMPRODUCT(B55:B62/100,C55:C62^2)

圖 13-2　計算因信用變化而引起的債券價值波動

但是另外一點需要注意的是,Credit Metrics 假定債券發行人違約之後的清償率隨著債券的優先級別不同而不同,下表是 Credit Metrics Technical Document 中給出的清償率。

表 13-3　　　　　　　　按優先級給出的清償率

優先級	均值（%）	標準差（%）
優先擔保債券	53.80	26.86
優先無擔保債券	51.13	25.45
優先次級債券	38.52	23.81
次級債券	32.74	20.18

因此,當清償率具有不確定性時,由於信用等級轉移而引起的債券價值的波動的

373

Excel 在實驗金融學中的應用

計算,就有所不同(表 13-4):

表 13-4　考慮實際違約時,資產清償率變化與債券價值波動

年末評級	概率(%)	債券價值	標準差
AAA	0.02	109.35	0
AA	0.33	109.17	0
A	5.95	108.64	0
BBB	86.93	107.53	0
BB	5.30	102.01	0
B	1.17	98.09	0
CCC	0.12	83.63	0
違約	0.18	—	—
		均值=	106.977, 341.5
		標準差=	4.89

除了上述用均值與標準差的方法來度量因信用風險而引起的債券價值波動,還可以用置信區間來度量此種風險。如果指定 99% 的置信區間,就意味著債券價值以 99%的概率大於信用在險價值。表 13-4 列出了由信用質量變化而引起的債券價值變動的分佈(期限為 1 年)。

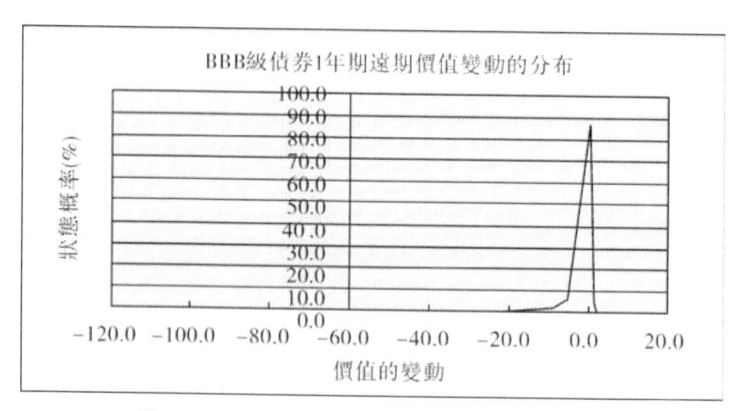

圖 13-3　BBB 級債券 1 年期遠期價值變動的分佈

該分佈的圖形中有一個長長的「向下的尾部」。與 99% 置信區間相對應,V 分佈的第一個百分位數值為-9.45。如果假定該分佈服從正態分佈時,99% 置信區間內的信用風險為-7.87。二者之間的差異,主要是源於債券價值的分佈與正態分佈假設之間並不完全吻合。

13.2 投資組合的信用在險價值

假設一個投資組合包含 3 只債券,分別由公司 1、公司 2 和公司 3 發行,其初始評級分別是 BBB 級、A 級和 CCC 級。投資組合的具體構成如下:

(1)公司 1 發行的債券 1,初始信用評級為 BBB,面值為 100,票面利率為 6%,期限還有 5 年,優先等級為優先無擔保,共持有價值 40,000 張;

(2)公司 2 發行的債券 2,初始信用評級為 A,面值 100,票面利率為 5%,期限為 3 年,優先等級為優先無擔保,共持有 20,000 張;

(3)公司 3 發行的債券 3,初始信用評級為 CCC,面值 100,票面利率為 10%,期限為 2 年,優先等級為優先無擔保,共持有 10,000 張。

計算投資組合的信用 VaR 的步驟與上面介紹的基本相同,但有一個難點:如何由不同債券的信用等級轉移概率導出投資組合的信用聯合轉移概率。如果三只債券的發行人之間的違約相關度為 0,那麼我們可以輕易計算出信用聯合轉移概率。舉例來說,公司 1、公司 2 和公司 3 將停留在原定評級裡的聯合概率,等於債券 1 在年末停留在當前評級的概率 86.93%、債券 2 停留在當前評級概率 91.05% 與債券 3 停留在當前評級概率 64.86% 的乘積:

51% = 86.93% × 91.05% × 64.86%

表 13-5　　　　　　　　　　　信用等級轉移概率

評級	信用等級轉移概率(%) 公司 1	公司 2	公司 3
AAA	0.02	0.09	0.22
AA	0.33	2.27	—
A	5.95	91.05	0.22
BBB	86.93	5.52	1.30
BB	5.30	0.74	2.38
B	1.17	0.26	11.24
CCC	0.12	0.01	64.86
Default	0.18	0.06	19.79

但是在實際中,信用等級變動之間的相關度並不為 0。可想而知,同一個行業或者同一個地區內企業的違約相關度會比無關企業之間的違約相關度要高。此外,違約相關度隨著商業週期中相關經濟狀況的變動而變動。如果經濟增長放緩或者陷入衰退,債務人大多數資產的價值和質量都會惡化,並且多重違約的可能性就會大大提高。

Excel 在實驗金融學中的應用

當經濟表現良好時,情況相反:違約相關度下降。因此,違約相關度和信用等級轉移的可能性隨著時間的推移會改變。Credit Metrics 和下節介紹的 KMV 都是從企業資產相關度來推導違約率和信用等級轉移率。

為簡化起見,CreditMetrics 用企業股票價格作為無法直接觀察到的實際資產價值的一種近似值。CreditMetrics 估算各種債務人資本收益之間的相關度,然后從這些資本收益的聯合分佈中推導出信用質量變動之間的相關度。所有這些用於估測證券價值的期權定價方法都是以 Merton(1974)的期權定價模型為基礎的。在 Merton 的模型中,假設企業有一個非常簡單的資本結構,該企業由所有者權益 S_t 和發行的一種零息債券來獲得融資,債券在 T 時到期,面值為 F,當前的市場價值為 B_t。因此,該企業的資產總價值 $V_t = B_t(F) + S_t$。在這個框架中,對於債券持有人來說,只有當資產價值低於承諾的支付額 F 時,違約行為才會在債務的到期日發生。

CreditMetrics 模型利用企業資產價值的原則是門檻方法(Threshold Methodology)。根據 Merton 模型,企業資產價值在任何時間 t 都服從對數正態分佈,並表示為:

$$V_t = V_0 \exp\left\{\left(\mu_v - \frac{\sigma_v^2}{2}\right)t + \sigma_v\sqrt{t}Z_t\right\} \tag{13.1}$$

其中 μ_v 是企業資產價值的即刻回報率,σ_v^2 是方差,Z_t 是服從標準正態分佈的隨機變量。

由於企業發行了債券,因此,違約事件就有可能發生,並使得企業資產的價值不足以償還債務。我們需要確定一個導致違約的門檻價值 V,以及每一個信用級別的門檻價值,企業資產價值和違約門檻價值之間的差額決定了發行債券的企業的信用等級。BB 級企業資產價值在 1 年中可能出現的變動情況的整個分佈,又會隨信用等級的不同而不同,如圖 13-4 所示。圖中從左到右依次為企業違約、降級為 B 級、仍維持 BB 級和升級為 BBB 級的概率分佈和 z 值的臨界值。

由於 Z_t 服從標準正態分佈,上式可以變形為:

$$Z_t = \frac{ln\left(\frac{V_T}{V_0}\right) - \left(\mu_v - \frac{\sigma_v^2}{2}\right)t}{\sigma_v\sqrt{t}} \tag{13.2}$$

注意,$ln\left(\frac{V_T}{V_0}\right) = R_t$,為對數收益率。即,在時間 t 內,正態化的資產回報為 $N(0, 1)$。

13 Credit Metrics 模型

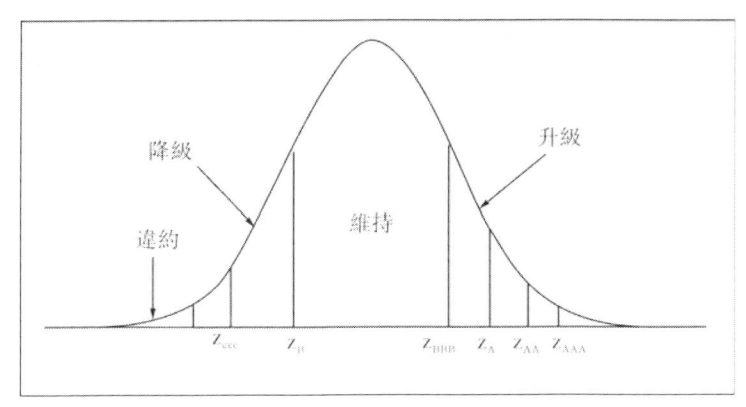

圖 13-4 信用級別變化的概率分佈

所以，我們可以用累計標準正態分佈的反函數來求解劃分不同信用評級的門檻價值。在 Excel 中運用內部函數 NORMSINV( )，如表 13-6 所示。

表 13-6　　BBB 級債務人的信用等級轉移概率和信用質量下限

評級	轉移概率	f	Z
AAA	0.02	100.00	
AA	0.33	99.98	3.54
A	5.95	99.65	2.70
BBB	86.93	93.70	1.53
BB	5.30	6.77	-1.49
B	1.17	1.47	-2.18
CCC	0.12	0.30	-2.75
Default	0.18	0.18	-2.91

依據上面的方法，我們同樣可以依次計算出 A 級債務人和 CCC 級債務人的門檻價值。表 13-7 是三只債券的門檻價值：

表 13-7　　　　　　　　　　　　資產回報門檻價值

	公司 1	評級	公司 2	評級	公司 3	評級
	-10.00	違約	-10.00	違約	-10.00	違約
ZDef	-2.91	CCC	-3.24	CCC	-0.85	CCC
ZCCC	-2.75	B	-3.19	B	1.02	B
ZB	-2.18	BB	-2.72	BB	1.74	BB
ZBB	-1.49	BBB	-2.30	BBB	2.11	BBB

Excel 在實驗金融學中的應用

表13-7(續)

	公司1	評級	公司2	評級	公司3	評級
ZBBB	1.53	A	-1.51	A	2.63	A
ZA	2.70	AA	1.98	AA	2.86	AA
ZAA	3.54	AAA	3.12	AAA	—	AAA

現在，假定資產回報率之間的相關度是可知的，由 ρ 來表示。在我們的例子中假設公司1和公司2的相關度 ρ 為0.3，公司2與公司3資產收益的相關度為0.2。如表13-8所示。

表 13-8　　　　　　　　資產組合相關性矩陣

	公司1	公司2	公司3
公司1	1.0	0.3	0.1
公司2	0.3	1.0	0.2
公司3	0.1	0.2	1.0

三種資產的標準化的對數收益都符合聯合正態分佈。之後，我們就能夠計算出這三個債務人處於任何等級的聯合分佈概率。舉例來說，我們能夠計算三個債務人各自維持原有等級，即處於 BBB 級、A 級和 CCC 級的概率：

$$\text{Prob}(1.53 < r_{BBB} < 2.70, -1.51 < r_A < 1.98, -0.85 < r_{CCC} < 1.02) = \int_{1.53}^{2.70} \int_{-1.51}^{1.98} \int_{-0.85}^{1.02} f(r_{BBB}, r_A, r_{CCC}; \rho_{12}, \rho_{13}, \rho_{23})(dr_{BBB})(dr_A)dr_{CCC} \quad (13.3)$$

可以看出，當投資組合包括不止兩個債券時，聯合信用轉移概率的計算量就會變得非常大，而且在 Excel 上也不易實現，所以我們採用模擬方法來計算信用風險 VaR。

第一步，用 NORMINV(RAND(),0,1) 函數來生成服從標準正態分佈的隨機數，來模擬三個債務人資產收益率的變動狀況。

表 13-9　　　　　　　　模擬標準正態分佈

模擬標準正態分佈		
2.209,27	-0.766,77	0.992,47
-1.866,75	1.305,92	0.051,93
-0.500,40	1.451,62	0.280,56
-0.795,64	0.359,56	0.105,12
-0.390,65	1.708,37	0.536,81
0.467,84	0.080,79	-0.535,36
0.324,74	0.832,52	-1.957,92

13 Credit Metrics 模型

表13-9(續)

模擬標準正態分佈		
2.150,70	2.301,17	0.540,41
0.558,55	-0.757,68	0.316,64
-0.430,09	-0.363,34	0.379,43

第二步,用Cholesky分解法來分解資產組合相關性矩陣。所謂Cholesky分解就是將一個對稱矩陣,分解為兩個矩陣。如圖所示,要將 $V = C * C^T$,其中 C^T 是 C 的轉置矩陣,且 C 為下三角矩陣。

$$\begin{pmatrix} a_1 & a_4 & a_5 \\ a_4 & a_2 & a_6 \\ a_5 & a_6 & a_3 \end{pmatrix} = \begin{pmatrix} b_1 & 0 & 0 \\ b_4 & b_2 & 0 \\ b_5 & b_6 & b_3 \end{pmatrix} \begin{pmatrix} b_1 & b_4 & b_5 \\ 0 & b_2 & b_6 \\ 0 & 0 & b_3 \end{pmatrix}$$

其中相關性矩陣 V 為已知,我們可以很容易求解。除了用手工算法進行Cholesky分解之外,還同時可利用一個用VBA定義的函數來求解,程序源代碼如下:

```
Function Cholesky(dataRange As Object) As Variant
Dim r As Integer, n As Integer, i As Integer, j As Integer, k As Integer
Dim c( ) As Double, s( ) As Double
'r 和 n 分別是待分解矩陣的行數與列數
r = dataRange.Rows.Count
n = dataRange.Columns.Count
'定義動態數組
ReDim s(1 To r, 1 To n), c(1 To r, 1 To n)
For i = 1 To n
For j = 1 To n
s(i, j) = dataRange.Cells(i, j).Value
Next j
Next i
For j = 1 To n
For i = 1 To n
If i = j Then
k = 1
If k < i Then
For k = 1 To i - 1
c(i, j) = c(i, j) + (c(i, k) ^ 2)
Next k
```

c(i, j) = (s(i, j) − c(i, j)) ^ (1 / 2)
Else
c(i, j) = s(i, j)
End If
Else
If i > j Then
k = 1
If k < j Then
For k = 1 To j − 1
c(i, j) = c(i, j) + (c(i, k) * c(j, k))
Next k
c(i, j) = (s(i, j) − c(i, j)) / c(j, j)
Else
c(i, j) = s(i, j) / c(j, j)
End If
Else
c(i, j) = 0
End If
End If
Next i
Next j
Cholesky = c
End Function

如果要得到如圖 13-5 所示的結果,則需選定數據結果的輸出區域(A101:C104)。鍵入公式=Cholesky(B78:D80),然后按[Ctrl]+[Shift]+[Enter]完成便可。

99	A	B	C	D	E	F	G
100	cholesky分解						
101			C			CT	
102	1.000,00	—	—		1.000,00	0.300,00	0.100,00
103	0.300,00	0.953,94	—		—	0.953,94	0.178,21
104	0.100,00	0.178,21	0.978,90		—	—	0.978,90

這個加框區域內含有數組函數=TRANSPOSE(A102:C104)。使用這個函數:選中整個區域,輸入這公式,然後按

圖 13-5 Cholesky 分解

根據上面兩步的結果,我們可以模擬產生三個債務人的資產收益率。假設模擬標準正態分佈的矩陣為 $Z(N×3)$,Cholesky 分解矩陣為 $C(3×3)$,轉置矩陣為 $C^T(3×3)$,三個債務人的模擬資產收益率矩陣為 $X(N×3)$。$X = Z \cdot C^T$。我們以 N = 10 為例,如表

13 Credit Metrics 模型

13-10 所示：

表 13-10　　　　　　　　　　　模擬資產回報率

	A	B	C	D	E	F	G
111							
112					Matrix Z		
113	情景	公司 1	公司 2	公司 3	2.209,27	-0.766,77	0.992,47
114	1	2.209,3	-0.068,7	1.055,8		Matrix Z^T	
115	2	-1.866,8	0.685,7	0.096,9		2.209,3	
116	3	-0.500,4	1.234,6	0.483,3		-0.766,8	
117	4	-0.795,6	0.104,3	0.087,4		0.992,5	
118	5	-0.390,7	1.512,5	0.790,9		Matrix Y	
119	6	0.467,8	0.217,4	-0.462,9		2.209,3	
120	7	0.324,7	0.891,6	-1.735,8		-0.068,7	
121	8	2.150,7	2.840,4	1.154,2		1.055,8	
122	9	0.558,6	-0.555,2	0.230,8	Matrix X		
123	10	-0.430,1	-0.475,6	0.263,7	2.209,3	-0.068,7	1.055,8

對每一個情景，可以利用 SUMPRODUCT 函數來求得每個債務人的模擬資產回報率。如我們要求情景 1 下公司 1 的資產回報率，使用等式 =SUMPRODUCT(＄A86：＄C86, A＄102：C＄102)計算，這個公式在這裡是什麼含義，請加以解釋。同一情景下，公司 2 的資產回報率計算公式為 SUMPRODUCT(＄A86：＄C86, A＄103：C＄103)。

另外還可以利用矩陣的乘法來計算。具體步驟如下：①必須開始選中放置輸出結果的整個區域，本例所放置的區域應為 10×3；②然後鍵入 =MMULT(A86：C95, E102：G104)；③完成後，按[Ctrl]+[Shift]+[Enter]。Excel 會加上括弧，以便能在單元格中看到{=MMULT(A86:C95,E102:G104)}。

第三步，對於每一種資產回報率狀況和對每一個債務人來說，應該把標準化了的資產回報率按照第一步推導出來的門檻值引入到對應的信用評級中去。

表 13-11　　　　　　　　將模擬資產收益率分配相應信用評級

情景	資產回報率			新評級		
	公司 1	公司 2	公司 3	公司 1	公司 2	公司 3
1	2.209,3	-0.068,7	1.055,8	A	A	B
2	-1.866,8	0.685,7	0.096,9	BB	A	CCC
3	-0.500,4	1.234,6	0.483,3	BBB	A	CCC

表13-11(續)

情景	資產回報率			新評級		
	公司1	公司2	公司3	公司1	公司2	公司3
4	-0.795,6	0.104,3	0.087,4	BBB	A	CCC
5	-0.390,7	1.512,5	0.790,9	BBB	A	CCC
6	0.467,8	0.217,4	-0.462,9	BBB	A	CCC
7	0.324,7	0.891,6	-1.735,8	BBB	A	違約
8	2.150,7	2.840,4	1.154,2	A	AA	B
9	0.558,6	-0.555,6	0.230,8	BBB	A	CCC
10	-0.430,1	-0.475,6	0.263,7	BBB	A	CCC

第四步,每一個債務人不同的信用評級都有其適用的信用價差曲線,就能對該投資組合進行重新評價。此處可參考計算單一債券信用風險 VaR 中,對債券遠期價值的計算。

表13-12　　　　　　　　　證券的遠期價值

評級	遠期價值(百萬)		
	公司1	公司2	公司3
AAA	4.374	2.132	1.162
AA	4.367	2.130	1.161
A	4.346	2.126	1.161
BBB	4.301	2.113	1.157
BB	4.080	2.063	1.142
B	3.923	2.028	1.137
CCC	3.345	1.774	1.056
違約	3.378	0.871	0.360

表13-13　　　　　　　　　按優先級給出的收益率

優先級	均值(%)	標準差(%)
優先擔保債券	53.80	26.86
優先無擔保債券	51.13	25.45
優先次級債券	38.52	23.81
次級債券	32.74	20.18
低等次級債券	17.09	10.90

13　Credit Metrics 模型

在計算證券的遠期價值時,需要注意的一點是:當債務人處於實際違約的情況下,資產的清償率具有不確定性。Credit Metrics 假定清償率服從 BETA 分佈。所以在計算債券實際違約情況下的遠期價值時,應該根據給定的均值與標準差,模擬服從 BETA 分佈的隨機數。

但是 BETINV 函數並不是 Excel 的內部自帶函數,必須安裝 simtools 插件。此插件的安裝方法主要有兩步:

(1)複製 Simtools 插件至 C:\Program Files\Microsoft Office\OFFICE11\Library 目錄下(XP 系統),這裡 Excel 是安裝在 C 盤下的上述文件夾中,如果安裝目錄不同,應作相應修改。

(2)點擊菜單欄上「工具」,找到「加載宏」。如圖 13-6 所示。

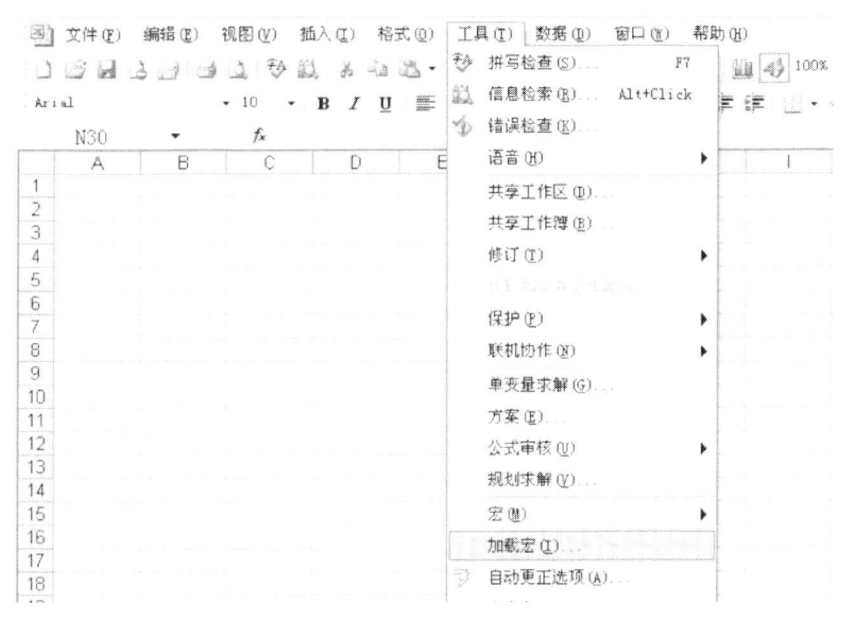

圖 13-6　加載宏

點擊「加載宏」之后,就會彈出如下對話框,選中復選框「Simulation Tools」,點擊「確定」后就可使用 Simtools 插件了。

Excel 在實驗金融學中的應用

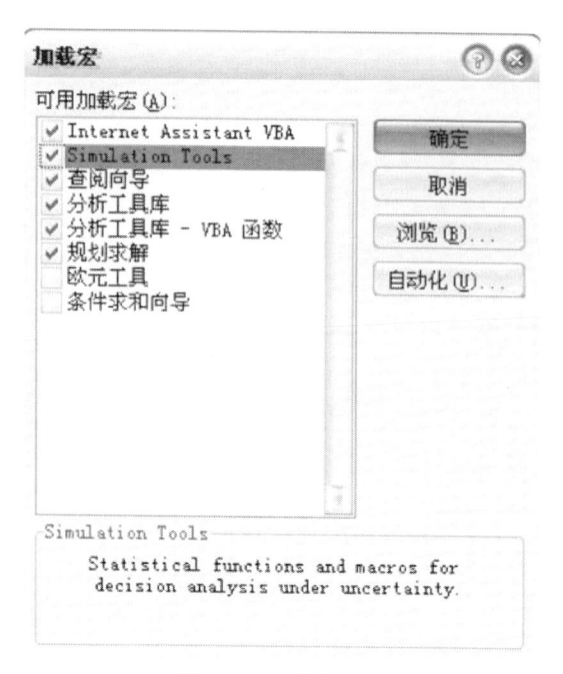

圖 13-7　加載宏選項

　　使用 VLOOKUP 函數找出對應與不同信用評級的不同債券遠期價值。其中 VLOOKUP 函數是 Excel 中的一個縱向查找函數，與 LOOKUP 函數和 HLOOKUP 函數屬於一類函數。其語句為 VLOOKUP(lookup_value, table_array, col_index_num, range_lookup)，其中第一個參數意為需要在數據表第一列中查找的第一個參數，第二個參數為查找區域，第三個參數為返回的數據在查找的第幾列，第四個參數為模糊匹配。如在單元格 E174 中鍵入公式=VLOOKUP(B174, $ A $ 148 : $ D $ 155, 2, FALSE)，FALSE 表示函數 VLOOKUP 將返回精確匹配值。另外在計算價值變動時，其比較基準是三個債務人均保持信用評級不變時的三種證券遠期價值的和。所以，當公司 1、公司 2 和公司 3 的信用評級分別停留在 BBB 級、A 級和 CCC 級時，價值變動為 0。

表 13-14　　　　　　　　　　證券組合價值的變動

情景	新評級			價值			證券組合	價值變動
	公司1	公司2	公司3	公司1	公司2	公司3		
1	A	A	B	4.346	2.126	1.137	7.609	0.126
2	BB	A	CCC	4.080	2.126	1.056	7.262	(0.221)
3	BBB	A	CCC	4.301	2.126	1.056	7.483	0.000
4	BBB	A	CCC	4.301	2.126	1.056	7.483	0.000
5	BBB	A	CCC	4.301	2.126	1.056	7.483	0.000

13 Credit Metrics 模型

表13-14(續)

情景	新評級 公司1	新評級 公司2	新評級 公司3	價值 公司1	價值 公司2	價值 公司3	證券組合	價值變動
6	BBB	A	CCC	4.301	2.126	1.056	7.483	0.000
7	BBB	A	違約	4.301	2.126	0.360	6.787	(0.696)
8	A	AA	B	4.346	2.130	1.137	7.613	0.129
9	BBB	A	CCC	4.301	2.126	1.056	7.483	0.000
10	BBB	A	CCC	4.301	2.126	1.056	7.483	0.000

為了簡單起見,我們僅模擬了10次,但是根據上述介紹的步驟可以大量重複該過程,比如說10萬次,就能推導出投資組合將來價值分佈的百分比了,進而可計算出(例如1%百分位)信用風險VaR。本書所附帶光盤中,我們用Excel VBA編程對該過程進行了10,000次模擬。

13.3 KMV 模型

13.3.1 概述

Credit Metrics 模型保持精確性依賴的兩個重要假設是:首先,同一個評級內的所有企業都有同樣的違約率和同樣的信用價差曲線,甚至當債務人之間的收益率不同時也是如此;其次,實際違約率等同於歷史平均違約率。這兩個觀點受到了KMV強有力的挑戰。

KMV模型認為,實際違約頻率和歷史平均違約率的差異很大,並且對相同信用級別的企業而言也存在很大的差異。而KMV公司已經通過一個模擬試驗說明歷史平均違約率和信用等級轉移概率與實際概率相差很大。還說明同一個債券評級等級內的違約率會有很大的不同,並且違約範圍的交疊也會很大;舉例來說,評級為BBB級和AA級債券的實際違約率可能相同。

KMV模型的出發點不是兩個信用級別之間的轉換矩陣,因而也不需要對兩個信用級別相同的對手的共同行為進行假設。KMV模型的理論基礎是VK(Vasicek-Kealhofer)模型。VK模型是對Merton模型的擴展和改良,其核心是定義債務人的「距違約距離」(Distance to Default-DD),然后在大量的違約數據庫基礎上,將DD與每一個債券發行人的「預期違約頻率」(EDF)聯繫在一起。因此,KMV模型衡量信用風險的方法是或有要求分析(Contingent Claim Analysis),而其關鍵在於計算出「預期違約頻率」(EDF)。

13.3.2 預期違約頻率(EDF)的計算

通過一個例子來說明這一系列計算步驟:假設一個公司權益市場價值為 30 億,其股價波動率為 40%,企業負債面值為 100 億,將在一年後到期,無風險利率為 5%。

表 13-15　　　　　　　　　　相關參數說明

參數	數值
資產價值(V)	?
股價波動率(σ_E)	40%
資產價值波動率(σ_V)	?
債務面值(F)	100,000(萬元)
無風險利率(r)	5%
到期期限(T)	1(年)
漂移率(μ)	5%

第一步,估計基礎信用風險參數,即可能會導致違約事件發生的企業資產市場價值 V,和該價值相對變動的波動率 σ_V,該波動率將界定 V 達到違約邊界的可能性。

在企業證券定價的或有要求分析中,假定企業資產的市場價值服從對數正態分佈,即資產收益的對數服從正態分佈。從 KMV 的經驗研究來看,實際數據同這個假設非常吻合,因此具有一定的可靠性。此外,還假設資產收益的分佈在一定時期內相對穩定。

為了便於使用 Merton 模型,假定企業資產負債表的資產一方,總值是通過股本 E 和一個無息票不可贖回債券 D 來融資,債券的到期日為 T,面值為 F,則有:$V_t = D_t + E_t$。

給定這些簡化假設,根據 Merton 模型,企業股本價值 E 是執行價為 F 的企業資產的看漲期權價值:

$$E_t = C(V_t, \sigma_V, F, T, r) \text{ (其中 } r \text{ 是無風險利率)}$$
$$E_t = V_t N(d_1) - Fe^{-r(T-t)} N(d_2)$$

其中:

$$d_1 = \frac{ln(\frac{V_t}{F}) + (r + \frac{\sigma_V^2}{2})T}{\sigma_V \sqrt{T}}$$

$$d_2 = d_1 - \sigma_V \sqrt{T} \tag{13.4}$$

13　Credit Metrics 模型

表 13-16　　　　　　　　　KMV 模型計算表

資產市場價值	V	1,251,162.63	目標	誤差	0.00
股價波動率	s_E	40.00%	40.00%	-0.00	使用規劃求解功能求得最小值
資產價值波動率	s_A	9.61%			
債務面值	F	1,000,000			
無風險利率	r	5.00%			
到期期限	T	1			
漂移率	m_A	5.00%			
B&S 公式	d_1	2.900,30			
B&S 公式	d_2	2.804,21			
權益市場價值 E		300,000.00	300,000	0.00	
債務市場價值 D		951,162.63			
資產市場價值 V		1,251,162.63			
違約距離	DD	2.80			
	EDF	0.252,2%			
	評級	BB			

股本價值 E 波動率 σ_E 也可由公式表達如下：
$\sigma_E = f(V, \sigma_V, F, T, r)$（其中 r 是無風險利率）

$$\sigma_E = \frac{V}{E}\sigma_V N(d_1) \tag{13.5}$$

同時從另一個角度來看，考慮以下兩個證券組合：

組合 A：一個無風險債務頭寸 Fe^{-rT}。

組合 B：價值為 D 的債券，和一個企業價值 V 的看跌期權。

顯然，在時間 T 時，兩個證券組合的價值都為 F。

根據無風險套利原則，一個無風險債務頭寸應該相當於在持有金額 D 債務合約的多頭頭寸的同時，買入一個企業價值的看跌期權。則在時間 0，應該有：$Fe^{-rT} = D_0 + P$。於是得到如下方程：

$$\begin{aligned} D_0 &= Fe^{-rT} - [-N(-d_1) + Fe^{-rT}N(-d_2)] \\ &= V_0 N(-d_1) + Fe^{-rT}N(d_2) \end{aligned} \tag{13.6}$$

這個等式相當有用，我們會在隨後的 Excel 文檔中說明這一點。

Excel 在實驗金融學中的應用

表 13-17　　　　　　　　　　KMV 模型計算結果

	A	B	C
7	資產市場價值	V	1,251,162.63
8	股價波動率	s_E	40.00%
9	資產價值波動率	s_A	9.61%
10	債務面值	F	1,000,000
11	無風險利率	r	5.00%
12	到期期限	T	1
13	漂移率	m_A	5.00%
14	B&S 公式	d_1	2.900,30
15	B&S 公式	d_2	2.804,21
16	權益市場價值 E		300,000.00
17	債務市場價值 D		951,162.63

因為股本價值 E 和股本價值的波動率 σ_E 均可在市場中直接觀察得到，所以我們可以使用(13.4)、(13.5)和(13.6)式通過迭代法，計算求得資產價值 V 和資產價值的波動率 σ_V。具體方法如表 13-18 所示：①在單元格「C7」和「C9」中鍵入任意數值，例如 1,300,000 和 5%；②將從市場中直接觀察得到的數據 E 和 σ_E 作為目標值與單元格「C8」和「C16」中的數值比較，生成誤差項；③求生成的誤差項的平方和；④點擊「工具」→「規劃求解」，求誤差項平方和的最小值。最後單元格「C7」和「C9」的數值即為所求。

表 13-18　　　　　　　　利用規劃求解計算 KMV 值

	A	B	C	D	E
7	資產市場價值	V	1,251,162.63	目標	誤差
8	股價波動率	s_E	40.00%	40.00%	−0.00
9	資產價值波動率	s_A	9.61%		
10	債務面值	F	1,000,000		
11	無風險利率	r	5.00%		
12	到期期限	T	1		
13	漂移率	m_A	5.00%		
14	B&S 公式	d_1	2.900,30		
15	B&S 公式	d_2	2.804,21		
16		權益市場價值 E	300,000.00	300,000	0.00

13 Credit Metrics 模型

圖 13-8 規劃求解參數選擇

第二步,通過將 V 與違約門檻值分離,確定正態化的相對距違約距離。

在 Merton 模型中,當資產價值跌到企業負債的價值之下時,就會發生違約或者破產。實際上,這個假設在實際中並不成立。KMV 模型中將「違約點」(Default Point)處理為短期負債加上長期負債的一半。為了在 Excel 中便於處理,我們在這裡使用 Merton 模型的定義。

假定資產價值服從對數正態分佈,按照資產收益在 T 時的標準差來表示違約距離,則:

$$DD = \frac{In \frac{V_0}{DPT} + (\mu - \frac{\sigma^2}{2})T}{\sigma \sqrt{T}} \tag{13.6}$$

其中 V_0 和 σ 是第一步所求得企業資產價值和資產價值的波動率,μ 是漂移率,DPT 為「違約點」(Default Point),等於企業負債的面值 F。

第三步,從違約距離中推導出違約率。

從上一步所得到違約距離 DD 很容易計算出預期違約頻率(EDF)。

$$EDF = \Phi(-DD) \tag{13.7}$$

表 13-19　　　　　　　　　　KMV 模型與規劃求解

	A	B	C	D	E
7	資產市場價值	v	1,251,162.63	目標	誤差
8	股價波動率	s_L	40.00%	40.00%	-0.00
9	資產價值波動率	s_V	9.61%		
10	債務面值	F	1,000,000		

表13-19(續)

	A	B	C	D	E
11	無風險利率	r	5.00%		
12	到期期限	T	1		
13	漂移率	m_A	5.00%		
14	B&S公式	d_1	2.900,30		
15	B&S公式	d_2	2.804,21		
16		權益市場價值 E	300,000.00	300,000	0.00
17		債務市場價值 D	951,162.63		
18		資產市場價值 V	1,251,162.63		
19	違約距離	DD	2.80		
20		EDF	0.252,2%		
21		評級	BB		

國家圖書館出版品預行編目(CIP)資料

EXCEL 在實驗金融學中的應用/潘席龍 主編. -- 第二版.
-- 臺北市：崧博出版：財經錢線文化發行, 2018.10

面 ； 公分

ISBN 978-957-735-526-3(平裝)

1. 金融學 2. EXCEL(電腦程式)

561.029　　　107016279

書　名：EXCEL 在實驗金融學中的應用
作　者：潘席龍 主編
發行人：黃振庭
出版者：崧博出版事業有限公司
發行者：財經錢線文化事業有限公司
E-mail：sonbookservice@gmail.com
粉絲頁　　　　　　網　址：
地　址：台北市中正區延平南路六十一號五樓一室
8F.-815, No.61, Sec. 1, Chongqing S. Rd., Zhongzheng Dist., Taipei City 100, Taiwan (R.O.C.)
電　話：(02)2370-3310　傳　真：(02) 2370-3210
總經銷：紅螞蟻圖書有限公司
地　址：台北市內湖區舊宗路二段 121 巷 19 號
電　話：02-2795-3656　傳真：02-2795-4100　網址：
印　刷：京峯彩色印刷有限公司（京峰數位）

　　本書版權為西南財經大學出版社所有授權崧博出版事業有限公司獨家發行電子書及繁體書繁體版。若有其他相關權利及授權需求請與本公司聯繫。

定價：650元

發行日期：2018 年 10 月第二版

◎ 本書以POD印製發行